島内景二

新訳 紫式部日記

花鳥社

新訳紫式部日記

目次

II 日記（寛弘六年・一〇〇九年）

III ある人に宛《あ》てた手紙（消息文）

Ⅳ 日記（寛弘七年・一〇一〇年）

はじめに……紫式部と『紫式部日記』への誘《いざな》い

『紫式部日記』の世界へ、ようこそ。

私の花鳥社版「新訳シリーズ」も、『更級日記』、『和泉式部日記』、『蜻蛉日記　上巻』と進んできた。姉妹作の『王朝日記の魅力』にも、『蜻蛉日記』中巻の現代語訳を含んでいる。新たに『紫式部日記』に挑むに際して、この作品の特質を説明しておきたい。

『更級日記』では、作者である菅原孝標《すがわらのたかすえ》の女《むすめ》が、祐子《ゆうし》内親王に宮仕えしたことが書いてあった。祐子内親王は、後朱雀《ごすざく》天皇の皇女である。『和泉式部日記』では、和泉式部と敦《あつ》道《みち》親王の恋愛が繰り広げられていた。敦道親王は、冷泉《れいぜい》天皇の皇子である。

『蜻蛉日記』では、作者と、藤原兼家の夫婦生活が書いてあった。藤原兼家の孫娘に当たるのが、中宮定子《ていし》（父親は道隆）であり、中宮彰子《しょうし》（父親は道長）である。定子も彰子も、一条天皇の后（皇后・中宮）である。

けれども、天皇や后のことは、これまで読んできた作品では、話題となることはあっても、天皇や中宮本人が、直接に作者と関わることはなかった。

『紫式部日記』では、一条天皇の中宮である彰子に仕えた紫式部によって、日本文化が一つの頂点に達した十一世紀初頭の宮廷文化の実態が、ありのままに記録されている。そこに、『紫式部日記』の最大の魅力がある。

『紫式部日記』を読み始める前に、謎の多い紫式部の人生について考えておきたい。彼女は、本名も、生まれた年も、亡くなった年も、わかっていない。

けれども、紫式部が『源氏物語』の作者であることは確実である。『源氏物語』は、江戸時代には、北村季吟《きぎん》が著した『湖月抄《こげつしょう》』という、注釈付きの本文で広く読まれた。明治時代の文化人の多くも、『湖月抄』で『源氏物語』を読むことが多かった。

『湖月抄』には、本文以外に、『源氏物語』の作者についての解説が書かれている。鎌倉時代・室町時代・安土桃山時代に書かれた『源氏物語』の注釈書を引用しながら、『源氏物語』の作者について、さまざまな説を紹介している。

それによると、紫式部が『源氏物語』の単独作者であることが疑われている。

それを厳しく批判したのが、江戸時代後期の国学者である本居宣長《もとおりのりなが》だった。本居宣長が『玉の小櫛《たまのおぐし》』で展開した『湖月抄』への批判を読んでみよう。宣長は、『湖月抄』に書かれている説を、一つ一つ論破してゆく。

此《こ》の物語は、紫式部が作れりと言《い》ふ事は、世《よ》に周《あまね》く知れる事にて、早く、自《みづか》らの日《に》記《き》にも、其《そ》の趣《おもむき》に見えたれば、論無《ろんな》きを、其《そ》れに就《つ》きても、種々《くさぐさ》の説《せつ》あり。

先《ま》づ、『宇治の大納言の物語』に、「『源氏』は、越前の守《かみ》・為時《ためとき》、此《これ》を作りて、細《こま》かなる事どもを、女《むすめ》の式部に書かせたり」と言へること、『花鳥余情《くわてうよせい》』にも引き給へり。然《さ》れど、此《こ》の説、用《もち》ふべからず。彼《か》の書《ふみ》にも、確かには申さず、「いづれか真《まこと》ならむ」など、見えたり。

又、『河海抄《かかいせう》』に、御堂殿《みだうどの》、奥書《おくがき》を加へられて、「老比丘《らうびく》、筆を加ふる所なり」と書き給へりと見ゆ。此《これ》、又、僻事《ひがごと》なり。その由《よし》は、安藤の為章《ためあきら》と言ふ人の、『紫家七論《しかしちろん》』と言ふ物に、詳しく弁《わきま》へたるが如《ごと》し。

此《これ》らを置《お》きても、種々《くさぐさ》の説ども有《あ》れど、皆、後《のち》の人の、作り言へる事どものみなり。唯《ただ》、「紫式部、作れり」と言ふ他《ほか》は、皆、請《う》け難《がた》し。

又、末《すゑ》の宇治十帖は、式部が作れるにあらず、と言ふ説あれど、僻事《ひがごと》なり。同じ人の作れる事、明《あき》らけし。

論理的な文章なので、宣長の主張もわかりやすい。

『湖月抄』に書かれているさまざまな説は、すべて間違っている、と本居宣長は断言している。

『玉の小櫛』に書かれていた宣長の考えを、現代語訳しておこう。

《この『源氏物語』を紫式部が書いたことは、世間の人が広く知っている通りである。紫式部本人が、『紫式部日記』の中で、そのことを書いているのだから、『源氏物語』の作者が紫式部であることは、確実な事実である。それなのに、『湖月抄』などのように、さまざまな俗説が存在しているのは遺憾である。

俗説の、その一。『宇治の大納言の物語』という書物を根拠として、『源氏物語』の大きな輪郭は、父親の藤原為時《ためとき》が書いた。そのあとで、細かな描写のみを、娘の紫式部が担当したとする説があるが、この説は採用できない。そもそも、『宇治の大納言の物語』ですら、「どれが本当だろうか」と、疑問を呈しているほどである。

俗説の、その二。「御堂殿」、すなわち、「御堂関白」藤原の道長が、『源氏物語』の写本の奥書《おくがき》に、「この『源氏物語』は、私、道長が筆を加えた箇所がある」と書き添えた、とする説がある。この説が間違っていることは、既に、安藤為章《ためあきら》という人が、『紫家七論』という書物の中で、明らかにしている。

このほかにも、『源氏物語』の作者については、さまざまな説があるが、「紫式部が書いた」というほかは、いっさい、認められない。

ついでに述べておけば、俗説の、その三。『源氏物語』の後半部分の宇治十帖については、作者は紫式部ではないとする説があるが、これも間違いである。『源氏物語』五十四帖のすべてを、同一人物が書いたことは、明らかである。≫

『源氏物語』は、女性が書いたにしては、あまりにも漢詩文の教養にあふれ、政治的な背景が詳しく描かれている。そのために、男性知識人の手が加わっている、という俗説が発生したのだろう。

父親の藤原為時や、パトロンであった藤原道長の手が加わっている、という俗説もあるが間違いである、と宣長は切って捨てる。

また、私が大変に興味深いのは、宇治十帖の作者が紫式部とは別人だとする説を、宣長が、完全に否定している点である。紫式部の娘である「大弐《だいに》の三位《さんみ》」が宇治十帖を書いたなどとする説もあるが、宣長は、『源氏物語』の全体を深く読み込んだ結果として、宇治十帖の作者も紫式部としか考えられない、と断言する。

実は、私も、宣長と同じ立場である。その理由は、『源氏物語』を読んだら、そうとしか思えない、ということに尽きる。ただし、このあたり、読者の皆さんにも、自分の読後感に基づいた異見があることだろう。

さて、『湖月抄』は、『源氏物語』の作者についての諸説を挙げた後で、紫式部の系図を掲げている。

紫式部の父親は、藤原為時である。為時は、越前の守を務めた受領《ずりょう》階級であるが、この時代を代表する、有名な漢詩人でもあった。

父の為時の兄に、為頼《ためより》がいる。紫式部から見たら、伯父《おじ》に当たる。為頼は歌人としても有名である。彼の代表作と、その歌を用いて紫式部が書いた玉鬘《たまかずら》の巻の冒頭部分を、続けて読んでみよう。

世の中にあらましかばと思ふ人なきが多くもなりにけるかな

『拾遺和歌集』

年月《としつき》隔たりぬれど、飽《あ》かざりし夕顔を、つゆ忘れ給はず、心々《こころごころ》なる人の有様《ありさま》どもを、見給ひ重《かさ》ぬるにつけても、「あらましかば」と、哀《あは》れに、口惜《くちを》しくのみ、思《おぼ》し出《い》づ。

『源氏物語』玉鬘の巻

為頼の「世の中にあらましかばと思ふ人なきが多くもなりにけるかな」という歌は、世の中で疫病《えきびょう》が大流行して、多くの人が相次いで亡くなったのを悲しんで、詠まれた。

この世の中には、「あらましかば」、いつまでも生きていて欲しい、と思う人が、たくさんいる。けれども、「なきが多くもなりにけるかな」、いつの間にか気づいたら、長生きしてほしい人の多くが、既に「亡《な》き人」となり、鬼籍に入っていたのである。

紫式部は、伯父の為頼が詠んだ、この歌を、今は亡き夕顔を、いつまでも偲び続ける光源氏の思いに重ねている。夕顔を「あらましかば」と願う光源氏の心に応《こた》えて、夕顔の娘である玉鬘が、光源氏の目の前に姿を現すことになる。紫式部は、伯父の歌を巧みに利用して、玉鬘を物語の中に呼び込むことに成功した。

紫式部の系図に話を戻すと、父の為時の祖父に当たるのが、藤原兼輔《かねすけ》である。紫式部から見たら曾祖父《そうそふ》である。兼輔は大変な文化人で、「堤中納言《つつみ》」と呼ばれた。この兼輔にも、有名な歌がある。

人の親の心は闇《やみ》にあらねども子を思ふ道に惑《まど》ひぬるかな

この歌のテーマは、子ども（宮中に入内する娘）のことを心配する親心の悲しさである。我が子の行く末を思えば、親である私の心は、闇夜《やみよ》でもないのに、真っ暗に掻き曇ってしまい、道に迷ったかのように、どうしようもなくなってしまう、というのだ。

「子《こ》ゆえの闇《やみ》」という慣用句の出典となった、名歌である。

紫式部は、『源氏物語』の中で、自分の曾祖父である兼輔の、この歌を、二十回以上、用いている。『源氏物語』は、男と女の恋愛が主眼なのだが、親子関係も、大切なテーマになっていることがわかる。

紫式部は、本名も、生まれた年も、亡くなった年も、わからない。

ただし、『湖月抄』は、紫式部本人について、三つの情報を提供している。

情報、その一。母親は、藤原為信《ためのぶ》の娘である。

情報、その二。御堂関白と呼ばれた藤原の道長の「妾《しょう》」である。

情報、その三。藤原宣孝《のぶたか》の「室《しつ》」、妻である。


最初の情報の紫式部の母親だが、『袋草紙《ふくろぞうし》』という歌論書には、彼女は一条天皇の「乳母《めのと》」であった、とする説が載っている。

もし、これが本当だとすれば、紫式部は、一条天皇の「乳母子《めのとご》」、乳兄弟《ちきょうだい》ということになる。一条天皇は、西暦九八〇年の生まれだから、紫式部も同じくらいの年齢ということになり、『紫式部日記』で自分が『源氏物語』を執筆中であると証言している寛弘五年、西暦一〇〇八年は、二十八歳前後だった計算になる。

俗説を厳しく否定する本居宣長ですら、「これは、後《のち》の人の推し量りとは見えず」、「考ふべし」、と述べ、紫式部が一条天皇の「乳母子」である可能性については、資料を集めて考慮すべきだと、結論を保留している。なお、現在では、この説は否定されている。

二つ目の情報は、道長との男女関係である。主人と愛人関係にある女房のことを「召人《めしうど》」と言う。紫式部は、道長の召人だったのだろうか。これについては、これから、『紫式部日記』を読みながら、私たちもじっくり考えることにしよう。

三つ目の情報は、紫式部の夫である。宣孝《のぶたか》にとって、紫式部は再婚の相手だった。紫式部にとっては、宣孝が最初の夫なのか、二番目の夫なのかは、よくわからない。

『湖月抄』は、紫式部が宣孝との間に、『狭衣《さごろも》物語』の作者である「大弐《だいに》ノ三位《さんみ》弁ノ局《つぼね》」を生んだ、と記している。紫式部の娘である「大弐の三位」は、現在は否定されているけれども、江戸時代には、宇治十帖や、『源氏物語』と並ぶ傑作とされた『狭衣物語』の作者だと考えられていた。大弐の三位は、後冷泉《ごれいぜい》天皇の乳母《めのと》に任じられたので、「弁ノ乳母《めのと》」などとも呼ばれた。

ちなみに、藤原定家が選んだ『小倉百人一首』には、紫式部と大弐の三位の親子が、二人揃って選ばれている。

話が少しそれるけれども、ここで、『小倉百人一首』の話をしておこう。

巡り逢《あ》ひて見しやそれとも分《わ》かぬ間《ま》に雲隠《くもがく》れにし夜半《よは》の月かな　　紫式部
有馬山猪名《ありまやまゐな》の笹原《ささはら》風吹けばいでそよ人を忘れやはする　　大弐の三位

娘の歌は、「いでそよ」の部分が、笹の葉が「そよそよ」とそよぐ音と、「そよ」、そうです、そのことです、という意味の掛詞が、巧みである。

紫式部の歌は、第五句が「夜半の月影」と、体言止めになっていることもある。少女時代から幼《おさ》な友達だった人と、たまたま巡り会ったけれども、すぐに別れなければならなかった、残念な気持ちを詠んでいる。

江戸時代の『小倉百人一首』の注釈書に、国学の先駆者である契沖《けいちゅう》の『百人一首改観抄《かいかんしょう》』がある。契沖は、紫式部の歌が、『伊勢物語』の第十一段の歌を本歌としている、と指摘している。その説が妥当であるか確認するために、『伊勢物語』の歌と、紫式部の歌を、並べて読んでみよう。

昔、男、東《あづま》へ行《ゆ》きけるに、友だちどもに、道より言ひ遣《おこ》せける。

忘るなよ程《ほど》は雲居《くもゐ》に成《な》りぬとも空行《そらゆ》く月の巡り逢ふまで

巡り逢ひて見しやそれとも分《わ》かぬ間《ま》に雲隠《くもがく》れにし夜半《よは》の月かな

「月」が「巡り逢う」と歌っている点で、『伊勢物語』と紫式部の歌は、確かに似ている。『伊勢物語』の第十一段では、遠くへ旅に出た男が、都に残った友だちに向かって、「空にかかっている月は沈んでも、翌日には必ず元の場所に戻ってくる。自分も今は旅に出ているけれども、必ず都に戻るから、また逢う日を楽しみにしている」と歌っている。

紫式部は、「何年かぶりに、やっと同じ場所で行き逢って、巡り逢った私たちなのに、あっという間に、離れ離れになるのが残念です」と歌っている。

契沖の言う通り、『伊勢物語』を念頭に置くと、『小倉百人一首』に選ばれた紫式部の歌の解釈も、深みが増してくる。

契沖は、なおも、『小倉百人一首』の歌の配列について、意見を述べている。紫式部の歌の直前は、和泉式部である。それで、和泉式部と紫式部が連続しているのは、歌の内容だけでなく、二人が同じような身分で、文学者としても並び称されているからだろう、と述べている。そして、紫式部と大弐の三位が連続しているのは、母と娘だからだと述べている。これも妥当な説である。

さて、『湖月抄』に書かれている、紫式部に関する解説に、話を戻そう。

『湖月抄』は、紫式部の住居の所在地や、お墓の場所を書き記したあとで、なぜ「紫式部」と呼ばれたのかを、解説している。これにも、さまざまな説があったのである。

『湖月抄』は、中宮彰子に宮仕えに出た当初は、藤原氏出身なので、「藤《とう》式部」と呼ばれていたと記した後で、「紫式部」という呼び名に変わった理由を、いくつか挙げている。

その一、『源氏物語』全編の中で、若紫の巻が、甚だ深く、「甚深《じんしん》」に書かれているから。

その二、『源氏物語』の登場人物の中で、紫の上が、特によく描かれているから。

その三、「藤式部」では、幽玄な感じがしないから。

その四、一条天皇の「乳母子」なので、天皇と「紫のゆかり」だから。

これらについて、本居宣長は、どのように述べているだろうか。「一条天皇の乳母子である」説については、否定せず、これからよく調べて考える必要がある、という立場であることは、既に述べた。

それ以外の説について述べた『玉の小櫛』の考えを読もう。なお、書物名を省略した箇所があることを、お断りしておく。

然《さ》て、又、「紫《むらさき》」としも言へる由《よし》は、もと「藤式部」と言へるを、幽玄ならずとて、藤《ふち》の花の色のゆかりに、「紫《むらさき》」の字に改められる、と有り。今思ふに、此《こ》の説は、「紫《むらさき》」と言ふに因《よ》りて、思ひ寄りて、推し量りに言へるものなり。其《そ》の姓《かばね》を呼ぶに、何《なに》の幽《いう》玄《げん》ならざることか有《あ》らむ。

一部《いちぶ》のうち、紫ノ上の事を、優《すぐ》れて書き成《な》したる故《ゆゑ》に、「藤式部」を改めて、「紫式部」と号せられたり、と有り。今思ふに、紫ノ上の事を、優《すぐ》れて書ける故《ゆゑ》と言ふは、然《さ》も有るべし。若紫の巻を作れる、甚深《じんしん》なる故《ゆゑ》と言ふは、心得《こころえ》ず。いかでか、若紫ノ巻のみ、殊《こと》に甚深なる事、有《あ》らむ。

宣長の立場を、わかりやすく、現代語訳しておこう。

《紫式部という呼び名については、最初は「藤《とう》式部」であったけれども、それでは美しくないという理由で、「紫式部」と改めたという説がある。これは、後の時代に、「紫式部」という名前から思い付いた俗説であり、信じるにたらない。「藤原」という自分の苗字のどこが、美しくないことがあるだろうか。

次に、『源氏物語』では、紫の上のことが、とりわけ、よく書かれているので、それに因《ちな》んで、「紫式部」と呼ばれるようになったという説がある。これは、そうかもしれないと思われる。

ただし、『源氏物語』全体の中で、若紫の巻が、とりわけ優れているから、若紫の巻に因んで「紫式部」と呼ばれるようになったという説には、納得できない。どうして、若紫の巻だけが、ほかの巻より格段に優れているなどということがありうるだろうか。『源氏物語』は、五十四帖、どの巻も素晴らしいのである。》

宣長の立場は明瞭である。紫式部の「紫」は、「紫の上」から来ているとする説に、宣長が最も心を寄せていることがわかる。

『紫式部日記』には、藤原公任《きんとう》が、紫式部を意識して、「この辺《わた》りに、若紫や候《さぶら》ふ」と問いかける場面がある。その場面を読む時に、宣長の説を思い出すことにしよう。

北村季吟の『湖月抄』に書かれている紫式部に関する解説は、このあと、紫式部の教養の広さを、四点にわたって、指摘している。

第一に、和歌の素養が深かったこと。

第二に、漢籍に詳しかったこと。歴史書である『史記』には、特に通暁していた。

第三に、仏教にも精通していたこと。紫式部が観音の化身であるとする言い伝えも、この点と関連している。

第四に、『日本紀《にほんぎ》』、すなわち『日本書紀』にも詳しく、我が国の歴史もよく知っていたこと。

これらの広い知識が、『源氏物語』に反映している、というのだ。『紫式部日記』からも、紫式部の教養の深さと広さを、うかがい知ることができる。

『湖月抄』は、このあと、『源氏物語』がなぜ書かれたかについて、石山寺で、琵琶湖に映る仲秋の名月を見て発想を得た、という伝説を紹介している。

『湖月抄』の表現で、読んでみよう。ただし、書物の名称など、一部、省略してある。

> 紫式部、上東門院《じやうとうもんゐん》に官女《くわんぢよ》として伺候《しこう》の頃、大斎院《おほさいゐん》より、「珍《めづら》かなる物語や侍《はべ》る」と所望ありしに、『うつほ』『竹取』様《やう》の古《ふる》物語は、目慣《めな》れたれば、新しく作りて奉《たてまつ》るべき由《よし》、式部に仰《おほ》せられければ、すなはち、作りて、此《これ》を奉《たてまつ》る。
>
> 上東門院の仰《おほ》せを承《うけたまは》りて、石山寺に詣《まう》でて、此《こ》の事を祈り申すに、折しも、八月

十五夜の月、湖水に映《うつ》りて、心の澄《す》み渡るままに、物語の風情《ふぜい》、心に浮かびければ、先《ま》づ、須磨・明石の両巻を、書き留《とど》めたり。これによりて、須磨の巻に、『今宵《こよひ》は、十五夜《じふごや》なりけり』と思《おぼ》し出《い》でて」と書ける、と云々《うんぬん》。

斯《か》くて、其《そ》の後《のち》、次第《しだい》に書き加へて、五十四帖に成《な》して奉《たてまつ》りしを、行成《かうぜい》ノ卿《きやう》に清書させられて、斎院へ参《まゐ》らせられけるに、法成寺《ほふじやうじ》の入道関白、奥書《おくがき》を加へられける、となり。

右《みぎ》、当流《たうりう》の説《せつ》なり。

有名な伝説である。『湖月抄』という本のタイトルも、ここから来ている。

「上東門院」は、紫式部が女房として仕えた一条天皇の中宮、彰子のこと。「大斎院」は、半世紀以上も、賀茂の斎院を務めた選子《せんし》内親王のこと。選子内親王は、文化サロンの中心人物だった。それに対する紫式部の強烈なライバル意識が、『紫式部日記』には書かれている。

中宮彰子の文化サロンと、賀茂の斎院である選子内親王の文化サロンの挑み合いの中から、『源氏物語』が生まれたという伝説なのである。賀茂の斎院から、「何か、面白い物語はありませんか」という問い合わせが、中宮彰子にあった。彰子は、『うつほ物語』や『竹取物語』などの、古めかしい物語では面白くないと考え、全く新しい物語を創作するようにと、紫式部に命じた。

紫式部は、石山寺に詣でて、観音に祈ったところ、ちょうどその時が八月十五夜で、仲秋の名月が琵琶湖の湖水に映って、見事だった。紫式部の心は澄み渡り、須磨・明石の二つの巻の情景が心に浮かんだので、まず、それを書き記した。

その後、少しずつ書き足していって、五十四帖の堂々たる大長編として完成させた。書道の名人である藤原行成《ゆきなり》が清書して、斎院に献上したのだった。

なお、その際に、「法成寺の入道関白」、すなわち藤原道長が奥書を書き加えた、と言う。それが、道長も、紫式部の書いた『源氏物語』に、一部、筆を加えた箇所があるという内容であることは、先ほど、述べた通りである。

「右《みぎ》、当流の説なり」と、結ばれている。「当流」は、「自分が属している流派・系統」という意味。具体的には、北村季吟が受け継いだ学問の系統を指している。藤原定家から始まる中世の古典学は、「古今伝授」という儀式を通して、次の世代へと受け継がれた。その古今伝授の系譜が、「当流」なのだ。

石山寺で『源氏物語』の最初の発想を得たという伝説は、北村季吟にとっては大切な言い伝えだったのである。ただし、江戸時代後期の本居宣長は、この伝説を「いといと、請《う》けられず」、まったくもって承服できない、と完全否定している。宣長は、面白い反証を用意している。

「須磨の巻に、『今宵は十五夜なりけり』とある箇所を、紫式部が八月十五夜に書いたと言うのならば、初音《はつね》の巻で、『今日は、子《ね》の日《ひ》なりけり』、今日は、元日が、初子《はつね》の日だったと書いてあるのは、紫式部がこの箇所を書いたのも、正月の子の日でなければならないことになる。そんなことは、ありえない。まことにもって幼稚で、稚拙な文学観である」。宣長の合理性は、もっともである。ただし、北村季吟たちも、石山寺の伝説を信じているわけではなく、伝説と知ったうえで、伝説を楽しんでいるのではないか。

ここから、『湖月抄』を離れて、『紫式部日記』そのものへと話を進めよう。

『紫式部日記』は、『源氏物語』の作者が書いた日記である。『紫式部日記』は、大変に不思議な構成、組み立てになっている。

『紫式部日記』の内容を、まとめてみよう。年代的に見ると、大きく四つに分かれる。

その一……寛弘五年、西暦一〇〇八年の、秋の初めから大晦日まで。

この部分は、中宮彰子が、敦成《あつひら》親王、後《のち》の後一条天皇を出産することが、テーマとなっている。

その二……寛弘六年、西暦一〇〇九年の、いくつかの出来事。

その三……紫式部が、ある人物に宛《あ》てて書いた、書簡体の文章。

この部分は、「消息文《しょうそくぶん》」と呼ばれている。「消息」は、ここでは「手紙」のこと。この部分に、賀茂の斎院の文化サロンに対するライバル意識や、和泉式部・清少納言・赤染衛門たちに対する、歯に衣《きぬ》を着せぬ批評が含まれる。

その四……寛弘七年、西暦一〇一〇年の、正月の記録。

ただし、ここには、年時未詳のエピソードが含まれている。また、中宮彰子にとっては二人目の男皇子《おとこみこ》である敦良《あつなが》親王、後の後朱雀《ごすざく》天皇の誕生直後の出来事が書かれている。

書簡体の文章が、記録の中に入り込んでいるのが、不思議と言えば不思議である。けれども、実際に『紫式部日記』の本文を読んでゆくと、実に自然に、スムースに読める。不自然さは感じられない。

なぜ、ここに、書簡体の文章が入っているのか、昔から大きな問題となっている。

けれども、紫式部が書いた『源氏物語』にも、ストーリーが大きく展開する部分と、人々が女性論や芸術論を交わす批評的な部分とが、絶妙に組み合わされている。それと同じような組み立てになっているのが『紫式部日記』なのである。

それとも一つ、『紫式部日記』は、構成上、内容上の問題点がある。寛弘五年の秋の初めから始まっているのだが、その前に、この年の五月からの出来事が書いてあったのではないか、それが、脱落したり、寛弘七年に入りこんだりしたのではないかとする説があるのだ。

けれども、現在の『紫式部日記』で読んでも、違和感がないので、現存している『紫式部日記』を、そのまま読んでゆくことにしたい。

藤原道長にとっては、娘の彰子が、二人の男親王《おとこみこ》、つまり、「将来の天皇候補」を二人、生んでくれたのだから、藤原摂関政治にとっての重要な出来事が『紫式部日記』に記録されていることになる。

また、華やかな儀式の描写も、女房たちが身に纏っている衣裳についての記述も詳しく、王朝文化の華やかな実態を知りたい読者の好奇心を満たしてくれる。

紫式部が『源氏物語』を執筆している、まさに同じ時期なので、『源氏物語』の創作にまつわるエピソードも満載である。

紫式部は、寛弘七年のあと、何年か経《た》ってから、この日記を書いたのだろうが、正確な執筆時期はわからない。


もう一つ、説明しておきたいことがある。本書では、『紫式部日記』の本文を読み進めるが、私は「群書類従《ぐんしょるいじゅう》」という古典アンソロジーに収められている『紫式部日記』の本文で読む方針を立てた。

「群書類従」は、江戸時代の後期に、塙《はなわ》保《ほ》己《き》一《いち》が中心となって編纂された。一七九三年から、一八一九年にかけて、印刷されて出版されている。文学と歴史に関連する古典作品が、膨大に収録されている。

私も、大学院生の頃に購入して、書斎の一番目立つ所に並べた。今も、並んでいる。

この「群書類従」の『紫式部日記』で、江戸時代後期・明治・大正・昭和の人々は、『紫式部日記』を読んできたのである。

ところが、昭和四十二年に、宮内庁書陵部蔵の『紫式部日記』の本文が紹介されて以来、現在は、これが最も良い写本であると、多くの研究者たちに考えられるようになった。この本は、「黒川本」と呼ばれている。

けれども、私は、現在の研究の主流である黒川本ではなくて、群書類従本を使うことにした。それは、黒川本だけでは解釈できない箇所が、いくつも残っているからである。ならば、日本の近代文化を作り上げた人々が、実際に読んできた「群書類従」の本文で読みたい、と思う気持ちが強くなった。むろん、黒川本と違っている箇所には、できるだけ言及するつもりである。

近代日本で、『源氏物語』に関する最大の功績者である与謝野晶子も、「群書類従」で『紫式部日記』を読み、紫式部という文学者のイメージを作り上げている。彼女の『紫式部日記』の現代語訳は、群書類従の本文に基づいている。

今回の最後に、本書で私が『紫式部日記』の「現代語訳」を試みる際に、窮極のライバルとみなしている与謝野晶子の『紫式部日記』の冒頭部分の訳文を掲げておこう。

夏から初秋に移ったこの世界に最も趣《おもむき》の多い所があった。それは土御門殿《つちみかどどの》である。

池を中心として立ち繞《めぐ》って居《い》る大木の梢にも、小流を挟んだ草原《くさはら》にも、いろいろの紅葉が出来て、上にはすべての色を引き立てるような美くしい空があり、下には不断経の声が響き、白金《しろがね》のような快い風に涼しい水の音《おと》が夜通し混《まじ》って聞《きこ》えた。

小説は、最初の一文で、読者の心を鷲摑みにしなければならない。訳文でも、同じことである。「夏から初秋に移ったこの世界に最も趣《おもむき》の多い所があった」。研究者には、とても思い付かない名訳である。何よりも、「この世界」という言葉が印象的である。「上には」「下には」という言葉も、大きな世界の存在を教えてくれる。晶子は、「白金のような快い風」が吹き渡る近代の現代語訳の世界を発見したのである。

私は晶子の訳文に学びつつ、人間の心の奥を照らし出す「令和の現代語訳」を本書で目指したい。

【凡例】

一、『紫式部日記』の本文は、「群書類従本」を用いる。群書類従本は、昭和四十二年に黒川真道《まみち》旧蔵本（宮内庁書陵部蔵）が紹介され、『紫式部日記』の本文として読まれるようになる以前に、江戸時代後期から昭和四十二年まで、広く読まれてきた本文である。江戸時代後期・明治・大正・昭和の文化人たちは、この「群書類従本」で『紫式部日記』を読み、『源氏物語』の作者である紫式部の心に迫ろうとしてきた。そのことを、重く受け止めたいからである。

一、「群書類従本」の本文を、他本によって変更することはしない。ただし、「群書類従本」で意味の通りにくい箇所については、［評］において、その他の本文に言及した。

一、「群書類従本」は、国立国会図書館のホームページで公開されている画像を用いた。また、「群書類従本」を底本として翻刻した「日本古典文学大系」の『紫式部日記』（秋山虔校注、昭和三十三年）を参看した。また、多数の注釈書を参照したが、最も裨益されたのは、萩谷朴『紫式部日記全注釈・上下』であった。

一、本文には、漢字を多く宛《あ》てた。

一、本文を、四章と、一三九の節に分け、通し番号と小題を付けた。

一、本文の仮名遣いは、通行の「歴史的仮名づかい」とした。本文中のルビも「歴史的仮名づかい」とした。

一、［訳］と［評］のルビは「現代仮名づかい」としたが、古文の引用部分については「歴史的仮名づかい」とした。

一、本文で、撥音《はつおん》の「ん」は、「ン」と表記した。

例　なめり・なんめり　↓　なンめり　　びな（便無）し　↓　びンなし

一、［注］は設けず、［訳］や［評］の中に盛り込むことを原則とした。

一、［訳］は、逐語訳ではなく、大胆な意訳である。『紫式部日記』の魅力を、現代日本語に置き換えたかったからである。その際には、与謝野晶子の現代語訳を強く意識し、それを超えようと努めた。

一、［訳］は、「群書類従本」の本文から導き出された訳文である。現在市販されている多くの『紫式部日記』は、「黒川真道旧蔵本」を本文とした訳文なので、本書とは大きく違っている。

一、『紫式部日記』は、「侍り」という言葉が多用されていることからわかるように、話し言葉（会話文）で書かれている。熟慮した結果、本書の［訳］は、「です・ます」の敬体を採用した。

一、［評］は、［訳］に盛り込めなかった作者の執筆心理を明らかにすることに努めると同時に、日本文学史の中で占める『紫式部日記』の位置を解説しようとした。

一、本文は総ルビとし、読みが確定できない「御」や、数字にも、仮のルビを振った。

一、和歌の掛詞は、本文の左横に明記した。

新訳紫式部日記

I　日記（寛弘五年・一〇〇八年）

0　原文にはない、語り手の前口上

読者の皆さん、こんにちは。私は、紫式部という名前で呼ばれている者です。

これからお話しするのは、私が、ごく身近で接しえた藤原彰子《しょうし》様と、そのお父君《ちちぎみ》である藤原道長《みちなが》様の、嘘偽りのない、真実の暮らしぶりです。私が、自分の目で見たのですから、これほど信憑性に富んだ証言は、ございますまい。

彰子様は、一条天皇様の中宮《ちゅうぐう》（お后）でしたが、先に入内《じゅだい》した皇后定子《ていし》様がいらっしゃいました。八年ほど前にお亡《な》くなりになりましたが、定子様は親王一人、内親王二人を遺《のこ》されました。

この『紫式部日記』は、四年近く、私が彰子様の女房として、お仕えしたころから、始まります。もちろん、私だけではなく、個性的な女房たちも、たくさん集まっていました。女房たちは才能や容貌などの面で互いに挑み合いつつも、それぞれの長所を認め合って、不思議な友情で結ばれていたのです。

道長様は、「藤原摂関政治」を代表する政治家として、この国の歴史で、永く語り伝えられることになる人物です。この道長様と私とが、男と女の関係にあると、まことしやかに噂している手合いも、世の中にはいるようです。

道長様と、彰子様。この父と娘は、この世に生まれた人間が、望みうるほとんどすべての幸せを、手にしておられました。けれども、たった一つだけですが、「完璧な幸福」と言うには不足しているものがあったのです。それは、「男皇子《おとこみこ》」でした。道長様が摂政や関白として、政治権力をほしいままにするには、自分の娘が産んだ孫を、天皇に即位させる必要があります。それが実現したあかつきに、道長様は「摂関政治」の最高の実力者となり、彰子様も「国母《こくも》」（天皇の母親）となりうるのです。

そして、今、彰子様は、お腹《なか》に、将来の天皇様を身ごもっておられ、出産の日が、刻一刻と近づいてきています。完全な幸福を実現する「最後の鍵」が、この父と娘の手に、入ろうとしているのです。

時は、寛弘五年、西暦一〇〇八年です。場所は、都の中の土御門邸《つちみかどてい》（京極殿《きょうごくどの》）です。ここは、およそ一万坪もある、広大な道長様のお屋敷です。

そうそう、言い忘れましたが、私は、物語というものを書いています。『源氏物語』という作品なのですが、皆さんは、お読みになったことがあるでしょうか。これから私がお話しするのは、私が『源氏物語』を執筆中であった時期と、まさに重なっていた時期なのです。この物語に興味をお持ちの方は、『紫式部日記』で「メイキング・オブ・源氏物語」をお楽しみいただけるかと思います。寛弘五年は、私にとっても、運命の年だったのです。

それでは、日記を書き始めます。これからお話しすることは、「紫式部」と呼ばれて、十一世紀初頭の最高の文化サロンを生きた、一人の女が体験した「生活」と、その過程で心の中に蓄積された「意見＝人生観」です。

えっ、なぜ、私がこのような日記を書いたか、知りたいのですか。それは、読者の皆さんが、この『紫式部日記』を読みながら、考えてください。

これから始まる「紫式部の生活と意見」を、お楽しみくださいますよう。

1　土御門邸の季節は秋から始まった

秋《あき》の気配《けはひ》の立《た》つままに、土御門殿《つちみかどどの》の有様《ありさま》、言《い》はむ方無《かたな》く、をかし。池《いけ》の辺《わた》りの梢《こずゑ》ども、遣水《やりみづ》の辺《ほと》りの草叢《くさむら》、己《おの》がじし色付《いろづ》き渡《わた》りつつ、大方《おほかた》の空《そら》も艶《えん》なるに、持《も》て囃《はや》されて、不断《ふだん》の御読経《みどきやう》の声々《こゑごゑ》、哀《あは》れ増《ま》さりけり。

漸《やうや》う、涼《すず》しき風《かぜ》の気色《けしき》にも、例《れい》の、絶《た》えせぬ水《みづ》の音《おと》なむ、夜《よ》もすがら、聞《き》き紛《まぎ》はさる。

御前《おまへ》にも、近《ちか》う候《さぶら》ふ人々《ひとびと》、儚《はかな》き物語《ものがたり》するを、聞《き》こし召《め》しつつ、悩《なや》ましう御座《おは》しますべかンめるを、然《さ》り気無《げな》く、持《も》て隠《かく》させ給《たま》へり。

御有様《おほんありさま》などの、いと更《さら》なる事《こと》なれど、(紫式部)「憂《う》き世《よ》の慰《なぐさ》めには、斯《か》かる御前《おまへ》をこそ、尋《たづ》ね参《まゐ》るべかりけれ」と、現《うつ》し心《ごころ》をば引《ひ》き違《たが》へ、譬《たとしへ》無《な》く、万忘《よろづわす》るるにも、且《か》つは、奇《あや》しき。

［訳］　毎年、どこにいても、ああ、秋なのだなと感じると、心の底から深い感動が湧き上がってくるものですが、ここ、土御門のお屋敷で感じる秋の気配には、まことに心に染《し》

みるものがあります。どんな言葉で言い表そうとしても不可能なくらいの素晴らしさです。何と言っても、想像も及ばないほどに大きな権力を手にしておられる殿、すなわち藤原道長様のお屋敷ですから、まことに広大で、ここが都の中であることを忘れてしまいそうな、別天地です。

殿（道長様）のお嬢様である彰子様は、一条天皇様の中宮なのですが、めでたく懐妊されました。そして、出産のために、ここに里下がりしてこられたのが、寛弘五年（一〇〇八）七月十六日だったのです。彰子様に、女房としてお仕えしている私も、一緒に、盂蘭盆《うらぼん》の頃の初秋の風情を、満喫しているのです。

寝殿造りの建物ですから、南側には広い池があり、水が満々と湛《たた》えられています。池の周りには、都の郊外の山々から集められた名木が、たくさん植えられています。それらの木々の梢《こずえ》が、秋になったことを察知したのか、少しずつ色づき始めているのです。色づき始めているのは、木々だけではありません。お庭には、池だけでなく、遣水《やりみず》が引き入れられていて、そこからは水の流れる爽やかな音が聞こえてきます。その遣水のほとりに植えられている草花が、これまた秋の訪れを知って、ほのかに秋の色に染《そ》まりつつあるのです。

ふと見上げると、お屋敷の上に広がっている大空も、ちょうど今が黄昏時《たそがれどき》なので、美しく夕映《ゆうば》えています。天と地が、一つになって秋の情緒を生み出し、それに包まれて、「人」である彰子様が、未来の天皇を出産するという、運命の時を迎えておられるのです。

安産をお祈りするために、名高い高僧たちが集められ、十二人の僧が一人二時間ずつ、昼夜絶えることなくお祈りのお経を誦《よ》んでおられます。そのお経の声が、お屋敷の木々や草花の情緒や、空のたたずまいと調和し、溶け込んでいるように感じられ、しみじみと感じられるのでした。

暑かった夏は、やっと終わりましたが、かと言って、秋の初めですから、急に涼しくなることはありません。けれども、秋風には、少しずつ涼しさが増してくるように感じられます。その秋風は、聞こえるともなしに、吹いていて、ただ気配だけが感じられます。

先ほど書いた遣水のせせらぐ音は、昼夜となく聞こえてきますし、僧侶たちの唱えるお経の声も、四六時中、耳に入ります。この二つの「通奏低音」が、ともすれば一つに溶け合って、私の耳には聞こえてくるのです。

目や耳を、庭から建物の中に転じますと、中宮様の周りを、女房たちが取り巻いて、気の利《き》いた会話をお耳に入れ、臨月の近づいている中宮様のお心を少しでもお慰めしようとしています。

中宮様は、数えの二十一歳。どんなにか初産の苦しみにお悩みのことであろうかと拝察されますが、ご自分はごく普通の様子であると、周りの者たちに思わせようと、振る舞っておいでです。増殖してくる不安を、ご自分一人で我慢して他人には感じさせない心配りには、さすがにお妃様として、女性の最高の地位におられるお方だ、という思いを強くします。

中宮様のお人柄の素晴らしさは、私などがことさらに申す必要もなく、皆が知っていることではありますが、やはり、書かずにはおられず、ついつい、しかも何度も称賛の言葉が口をついて出てきてしまうのです。

私は、中宮様にお仕えするようになって、まだ四年くらいしか経っていません。その前には、結婚や出産を経験しています。夫――宣孝《のぶたか》という人でした――との死別では、生きることの切なさを嚙みしめました。また、『源氏物語』も、いくつかの巻を、少しずつ執筆していました。

人間には、運命の出会いがあるそうですが、私の場合には、それが中宮様との出会いでした。「こういうお方にお仕えして、接していると、人生の辛さを忘れることができる。

こういう素晴らしいお方に、自分から進んで、もっと早く、お仕えすべきだった」という思いを禁じえません。ここに出仕するようになってから、私の『源氏物語』の執筆も、一気に本格化したのでした。

自分で申すのも変ですが、私はもともと沈んだ性格の持ち主なのです。それなのに、このお方の前にいると、なぜか、私の心を苦しめてきた不条理が雲散霧消し、一転して、人生に対する希望が湧いてくるのが、不思議でならないのです。

［評］『紫式部日記』は、七月の中旬の記述から始まる。

「秋《あき》の気配《けはひ》の立《た》つままに」で始まるのが群書類従本である。黒川本では、「秋《あき》の気配《けはひ》、入《い》り立《た》つままに」で始まっている。また、「水の音なむ」は、黒川本などでは「水の音なひ」とある。群書類従では、「絶《た》えせぬ水《みづ》の音《おと》なむ、夜《よ》もすがら、聞《き》き紛《まぎ》はさる」であり、「聞《き》き紛《まぎ》はさる」となっておらず、係り結びになっていない。「水の音なひ」のほうに、分《ぶ》がある。

道長の土御門邸（京極殿）は、妻の源倫子《りんし》の所有する土地を基盤として、拡大したものである。倫子は、中宮彰子や、長男頼通、五男教通《のりみち》の母親である。一辺百二十メートル四方の「町」が二町ある広さなので、『源氏物語』で光源氏が栄華を極めた六条院の半分の敷地である。

水の流れと、不断の御読経の声が一つに入り交じるのは、『源氏物語』でも山奥の滝の音と、読経の声が融け合っているなどと書かれることと同じ発想である。

また、ここで、「彰子と紫式部」の主従が登場する。『枕草子』の「定子と清少納言」の主従と比べると、清少納言には明るい笑顔が似合い、紫式部には思案顔が似合う。それが、「をかし」と「あはれ」の違いなのだろう。

2　中宮のお産を女房と僧侶が見守る

未《ま》だ、夜深《よふか》き程《ほど》の月《つき》、差《さ》し曇《くも》り、木《こ》の下《した》、小暗《をぐら》きに、（女房たち）「御格子《みかうし》、参《まゐ》りなばや」、「女官《にようくわん》は、未《いま》だ候《さぶら》はじ」、「蔵人《くらうど》、参《まゐ》れ」など、言《い》ひしらふ程《ほど》に、後夜《ごや》の鉦《かね》、打《う》ち驚《おどろ》かし、五壇《ごだん》の御修法《みずほふ》、時《じ》、始《はじ》めつ。（供僧たち）「我《われ》も、我《われ》も」と、打《う》ち上《あ》げたる伴僧《ばんそう》の声々《こゑごゑ》、遠《とほ》く、近《ちか》く、聞《き》き渡《わた》されたる程《ほど》、おどろおどろしく、尊《たふと》し。

観音院《くわんおんゐん》の僧正《そうじやう》、東《ひんがし》の対《たい》より、二十人《はたたり》の伴僧《ばんそう》を率《ひき》ゐて、御加持《ごかち》、参《まゐ》り給《たま》ふ足音《あしおと》、渡殿《わたどの》の橋《はし》の、とどろとどろと、踏《ふ》み鳴《な》らさるるさへぞ、異事《ことごと》の気配《けはひ》には似《に》ぬ。

法住寺《ほふぢゆうじ》の座主《ざす》は、馬場《むまば》の御殿《おとど》、「へんち寺《じ》」の僧都《そうづ》は、文殿《ふどの》などに、打《う》ち連《つ》れたる浄衣《じやうえ》姿《すがた》まで、故々《ゆゑゆゑ》しき唐橋《からはし》どもを渡《わた》りつつ、木《こ》の間《ま》を分《わ》けて、帰《かへ》り入《い》る程《ほど》も、遥《はる》かに見遣《みや》らるる心地《ここち》して、哀《あは》れなり。「さいさ」阿闍梨《あざり》も、大威徳《だいゐとく》を敬《うやま》ひて、腰《こし》を屈《かが》めたり。人々《ひとびと》、参《まゐ》りつれば、夜《よ》も明《あ》けぬ。


［訳］中宮様に少しでもくつろいでいただけるように、女房たちが、各自の取って置きの話を持ち出して、熱心に話し合っているうちに、長い時間が経《た》ってしまいました。部屋の外は、まだ暗くて、夜が明けきるには、もうちょっと時間があろうかという、そんな時間になっていたのです。満月を過ぎていますので、明け方近くまで、空にはお月様が架

かっています。その月が、ふと雲に隠れたので、あたりは急に暗くなりました。ですから、格子を上げるのには、早い時間帯なのではありります。「そろそろ、格子を上げたいものですね」と女房の一人が言うと、別の女房が、「格子の上げ下げを担当する女官《にょうかん》は、こんな時間帯には、まだ起きていないでしょう」と言う。すると別の女房が、「それなら、何でも雑用をこなす女蔵人《にょくろうど》に来てもらって、上げさせましょう」などと、口々に言い合っていると、そのおしゃべりを黙らせるためであるかのように、鉦《かね》が鳴り響きました。一同、びっくりして、口を閉ざしたのは、言うまでもありません。

その鉦の音で、大体の時間の見当が付いたのですが、今は、午前四時頃なのです。「後《ご》夜《や》」の祈りが、これから始まる合図だったのです。

今、この土御門邸では、「五壇《ごだん》の法《ほう》」が、執《と》り行われているのです。これは、五大明王《ごだいみょうおう》(中央に不動明王、東の壇に降三世《ごうざんぜ》明王、南の壇に軍荼利《ぐんだり》明王、西の壇に大威徳《だいいとく》明王、北の壇に金剛夜叉《こんごうやしゃ》明王)をお呼びして、そのお力を借りて、世の中を正しくするためのお祈りです。天皇様や国家の重大事に限って、執り行われる秘法です。このたびは、中宮様の初めてのお産ですので、この「五壇の法」がなされているのです。その後夜の祈りが始まったことを告げる鉦だったのです。

祈禱を担当する高僧のほかに、お供の僧たちも、大勢参加しています。彼らは、「このたびの重大事に、愚僧もぜひ力を尽くしたい」「愚僧もです」と言わんばかりに、気合いの入った声を張り上げています。彼らの座っている場所によって、遠くから聞こえたり、近くで聞こえたりするのが、いかにも荘重で、尊く感じられます。

五壇法は、お屋敷の「東の対屋《ひんがしたいのや》」に設置された五つの祭壇の前で、執り行われます。祈りを命じられた高僧たちは、それぞれの控えの間から、東の対屋まで足を運んでは祈禱をし、渾身の祈りを済ませたら、また控えの間に戻ってゆくのです。また、高僧たちは、中宮様の加持のために、母屋まで足を運んでお勤めもなさいます。

観音院《かんのんいん》の僧正《そうじょう》は、不動明王を受け持っていますが、今、二十人のお供の僧侶を率いて、寝殿までやって来られます。彼らが渡り廊下の板を踏みならす足音が、まるで雷様が鳴り響くかのように、「とどろとどろ」と聞こえてきます。その音さえ、霊力に満ちているので、ほかの時の足音とはまったく違って、尊《とうと》げです。「行道《ぎょうどう》」と言うのでしょうか、歩き方にも決まった作法があるようなのです。

法住寺《ほうじゅうじ》の座主《ざす》は、馬場に面した建物が、詰所です。「へんち寺」の僧都は、書物を収める文殿《ふどの》が詰所です。彼らは、秘法を執り行う際に着る法衣《ほうえ》までが、お揃《そろ》いのものです。彼らが詰所に戻ってゆくのを見ていますと、立派な法衣を着た二人が、土御門邸の中国風の橋をたくさん渡って、ある時には、木々の影になって見えなくなったりして、遠くまで歩いてゆくのが、見えます。詰所から上《のぼ》ってくる時も、同じです。中宮様のために、彼らは自分の持てるだけの法力《ほうりき》を使っておられるのですから、見ていて、心が締め付けられるような感動を覚えます。

「さいさ」阿闍梨《あじゃり》は、どういう漢字を書くのかわかりませんが、皆は「さいさ」とお呼びしています。その「さいさ」阿闍梨が、今、東の対屋で、大威徳明王に、懸命の祈りを捧げておられます。腰を深く屈めて、拝礼するのです。

そうこうしているうちに、女房たちが賑やかに出仕してきて、夜が明け、また、新しい一日が始まったのでした。

[評]　この場面は、中宮の御前で、夜通し語り合っていた女房たちが、「御《み》格子《かうし》、参《まゐ》りなばや」と語るところから始まる。古典では、「格子を上げる」ことも「下ろす」ことも、同じ「格子、参る」と表現する。ここは、上げるのか、下

げるのか、両説がある。「下ろす」説が有力のようだが、ここでは「上げる」説に従った。

平安時代の文学は、女性が担った。「平仮名の発明」がいかに大きな文化変革をもたらしたか、計り知れない。ただし、音読みする漢語は、平仮名では表記できず、誤写を誘発することが多い。ここでも、「へんち寺の僧都」や「さいさ阿闍梨」など、平仮名では書き留めることの困難な固有名詞が乱舞している。五壇の御修法を唱える高僧と伴僧の声の聞こえ方が違っているというくだりは、オーケストラの楽器の配列の仕方で音の聞こえ方が変わってくるのと同じである。

観音院の僧正の名前を、群書類従本では「余慶」と傍記している。与謝野晶子の現代語訳も、それに従っている。ただし現在では「勝算」だとされている。

3　道長が紫式部に女郎花《おみなえし》を差し出す

渡殿《わたどの》の戸口《とぐち》の局《つぼね》に見出《みい》だせば、仄打《ほのう》ち霧《き》りたる朝《あした》の露《つゆ》も、未《ま》だ落《お》ちぬに、殿《との》、歩《あり》かせ給《たま》ひて、御随身《みずいじん》召《め》して、遣水《やりみづ》、払《はら》はせ給《たま》ふ。橋《はし》の南《みなみ》なる女郎花《をみなへし》の、いみじう盛《さか》りなるを、一《ひと》枝《えだ》、折《を》らせ給《たま》ひて、几帳《きちやう》の上《かみ》より、差《さ》し覗《のぞ》かせ給《たま》へり。

御様《おんさま》の、いと恥《は》づかし気《げ》なるに、我《わ》が朝顔《あさがほ》の思《おも》ひ知《し》らるれば、（藤原道長）「此《これ》、遅《おそ》くては、悪《わ》ろからむ」と、宣《のたま》はするに、託《ことづ》けて、硯《すずり》の許《もと》に寄《よ》りぬ。

（紫式部）女郎花《をみなへし》盛《さか》りの色《いろ》を見《み》るからに露《つゆ》の分《わ》きける身《み》こそ知《し》らるれ

（道長）「あな、疾《と》」と、微笑《ほほゑ》みて、硯《すずり》、召《め》し出《い》づ。

（道長）白露《しらつゆ》は分《わ》きても置《お》かじ女郎花《をみなへし》心《こころ》からにや色《いろ》の染《そ》むらむ

［訳］私の局《つぼね》は、寝殿と東の対屋を結ぶ、渡り廊下の、端《はし》近くにありました。その局から、庭の朝景色を眺めると、初秋なので、かすかな朝霧があたりを包んでいました。木々

や草花には、朝露が結んでいますが、風で落とされたりもしておらず、まだお日様も昇っていないので、消えてもいませんでした。

そんな朝早い時間に、この屋敷の主《あるじ》である殿――中宮様のお父君である道長様です――が、庭を逍遥なさっているのが、目に入ってきました。「不断の御読経」などのことが、気になっておられたのかもしれません。

おやっ、殿（道長様）のお声がしたように感じました。警備を担当するので、いつも身近に控えている随身《ずいじん》をお呼びになったようでした。何を命じられるのだろうかと、興味津々《きょうみしんしん》で聞いていますと、渡り廊下の下を流れている遣水《やりみず》に、枯草か何かが浮かんで、流れが淀んでいるので、それを取り払わせになったのでした。将来、良くないことをもたらしかねない危険の種は、事前に取り払っておくのが、殿の流儀なのです。これは、政治の世界でも貫かれた流儀でした。

その渡り廊下の南側に咲いている女郎花《おみなえし》が、ちょうど今、盛りと見えて、華やかに咲いていました。殿は、気になるごみを取り払ったついでに、随身に命じて、女郎花を一枝、折り取らせなさって、それをお受け取りになりました。どうなさるのだろうかと、私がなおも様子をうかがっていますと、殿は、何と、私の局までやって来られたではありませんか。

私の局には、目隠しのために、几帳《きちょう》を置いてあります。その真上から、殿は局の中をのぞき込まれたのです。その手には、先ほど随身に折り取らせた女郎花の枝が握られていて、「これを見なさい」と言わんばかりに、かざしておられます。殿が、この女郎花の花に託して、どういうメッセージを伝えておられるのか、その時の私はわかりませんでした。

殿は、今、四十三歳。左大臣の要職です。そのお姿が立派であるのに、この私ときたら、寝不足ではあるし、まだお化粧もしていないので、朝、起きたばかりの顔は、まったくひどいものに違いありません。女郎花ではなく、しぼんだ朝顔です。ですから、顔向けできないので、しばらく何の反応もできなかったのです。

すると殿は、「そなたは、『源氏物語』を書くほどに、類《たぐ》い稀な文才に恵まれておる。物語には、和歌がつきものだ。『源氏物語』にも、女郎花の歌は、含まれておろう。今、女郎花の花を見ても、すぐに歌が詠めずに、もたもたしているのは、そなたの文才の名折れではないかの」とおっしゃる。そうか、殿は、女郎花の花を見て、和歌を詠ませようとして、私の局まで来られたのだと、やっと気づいたのです。

もしかしたら、私と親密なお話でもなさりたいのだろうかと思って、緊張しつつ、局の出入り口まで出て行って、殿の相手をしていたのですが、歌ならば、安心です。ほっとして、その場を離れ、局の奥の硯を置いてある場所まで、移動しました。そして、深い考えもなしに、思ったままの歌を詠んだのでした。

(紫式部)女郎花《をみなへし》盛《さか》りの色《いろ》を見《み》るからに露《つゆ》の分《わ》きける身《み》こそ知《し》らるれ

(美しい女郎花ですこと。ですから、殿も心引かれて、折り取らせたのですね。秋の朝露が、毎朝、たくさん女郎花の花の上に結んでいますから、その露に洗われ、綺麗な色に染められ、これほど華やかな色になったのでしょう。けれども、露は、依怙贔屓《えこひいき》をして、私の上には、少しも結んでくれません。ですから、私という花は、美しい色に染まることもできず、色褪せてゆくばかりです。そのことが、はっきりと思い知らされまして、まことに恥ずかしいことです。)

早いだけが取り柄《とりえ》の、つまらない歌ですのに、殿は、「おお、何と早いことだ。いちはやき雅《みや》び心《ごころ》じゃの」と、早さだけは誉めてくださいました。頬をゆるめてお笑いになりながら、「今、私も歌を思いついた。返事をするから、忘れないうちに、そなたの硯をここまで持ってきなさい」と所望なさって、私が歌を記した紙の余白に、お返しの歌を書き添えられたのです。

（道長）白露《しらつゆ》は分《わ》きても置《お》かじ女郎花心《をみなへしこころ》からにや色《いろ》の染《そ》むらむ

（白露は、依怙贔屓なんか、しないでしょう。女郎花は、自分が美しくなりたいという気持ちを強く持っているから、白露に触れて、自分の心の美しさを明らかにするのです。そなたも、自分でも美しく見せようと思いさえすれば、どんなにでも美しい女性になれるはずなのに。もったいないことだ。）

［評］ この土御門邸の主人である道長の登場である。

四十三歳の道長は、今まさに「孫」（敦成親王）に恵まれようとしている。ただし、『源氏物語』柏木の巻で、「晩年の子」（実は不義の子）に恵まれた光源氏は、四十八歳であったから、道長の四十三歳は、颯爽と感じられる。

道長が「此《こ》の世をば我が世とぞ思ふ望月《もちづき》の欠けたることも無しと思へば」と詠んだ絶頂期は、これから十年後の五十三歳の時だった。光源氏は、その五十三歳で出家して隠棲したことになっているから、道長の栄華がいかに晩年まで上り調子であったかが窺われる。

その道長と紫式部が、いかにも親しげに歌を詠み合っている。紫式部は、

「もう少し、私にも殿の情けを掛けてください」と、拗《す》ねている。この二人は、どういう関係なのだろうか。紫式部が道長の「召人《めしうど》」（主人のお手つきの女房）だったという伝承は、根強い。この女郎花の場面は、その傍証となるだろう。

また、道長と艶《なま》めかしい歌を詠み交わしていることからも、紫式部の年齢は、かなり若かったのではないだろうかと、思われてくる。

4　頼通もまた女郎花を話題にする

しめやかなる夕暮《ゆふぐれ》に、宰相《さいしやう》の君《きみ》と二人《ふたり》、物語《ものがたり》して居《ゐ》たるに、殿《との》の三位《さんゐ》の君《きみ》、簾《すだれ》の端《つま》、引《ひ》き上《あ》げて、居給《ゐたま》ふ。年《とし》の程《ほど》よりは、いと大人《おとな》しく、心憎《こころにく》き様《さま》して、（藤原頼通）「人《ひと》は、猶《なほ》、心延《こころば》へこそ、難《かた》き物《もの》なンめれ」など、世《よ》の物語《ものがたり》、しめじめとして御座《おは》する気配《けはひ》、（紫式部）「稚《をさな》しと、人《ひと》の侮《あなづ》り聞《き》こゆるこそ悪《あ》しけれ」と、恥《は》づかし気《げ》に見《み》ゆ。打《う》ち解《と》けぬ程《ほど》にて、「多《おほ》かる野辺《のべ》に」と、打《う》ち誦《ず》んじて、立《た》ち給《たま》ひにし様《さま》こそ、物語《ものがたり》に誉《ほ》めたる男《をとこ》の心地《ここち》、し侍《はべ》りしか。
斯計《かばか》りの事《こと》の、打《う》ち思《おも》ひ出《い》でらるるも、有《あ》り。其《そ》の折《をり》は、をかしき事《こと》の、過《す》ぎぬれば、忘《わす》るるも有《あ》るは、如何《いか》なるぞ。

［訳］殿（道長様）の昧爽《よあけ》の思い出を記した後は、そのご長男である頼通様との黄昏《たそがれ》の思い出を書いておきましょう。しかも、道長様と同じ「女郎花《おみなえし》」繋《つな》がりの思い出なのです。やはり、しみじみとした情緒の漂う秋の夕暮れでした。

私は、中宮様にお仕えする女房仲間の「宰相の君」さんと二人で、いろいろな世間話に興じていました。宰相の君は、藤原道綱《みちつな》様の娘さんです。つまり、あの美貌と文才であまりにも有名だった『蜻蛉日記』の作者から見ると、お孫さんに当たる方です。

ふと、人の気配がしたので、振り返ってみると、殿のご長男である頼通様のお姿があったのです。中宮様と母親が同じ弟君です。

頼通様は、気づかないうちに、部屋の端《はし》に掛かっていた簾《すだれ》を引き上げなさって、ちょこんと、そこに坐っておられたのです。私たちの世間話を、いつから聞いておられたのかと思うと、どきっとしました。

頼通様は、この時、十七歳でした。その年齢のわりには、大人びておられました。また、少年らしい幼さなどは微塵もなく、大人の男らしい、奥ゆかしい雰囲気を漂わせていらっしゃいました。さすがに、殿の後継者です。

頼通様は、私たちの会話を引き継いだのかどうか、わかりませんが、私たちに向かって、「そうそう、あなたたちの言う通りだ。人は、正しい心を持つことが、どうしてこんなに難しいのだろうね。特に、我々男性から見た女性の場合にはね」と、大人の男と女の関係について、しんみりとした口調で、お話しになりました。

私は、「この大人びた頼通様のことを、どうして、皆は、まだお子様でいらっしゃるので、男と女の心の恋愛感情の機微に通じておられないなどと、軽く扱うのだろうか。おかしなことだ」と思いながら、双葉より芳しい頼通様の素晴らしさに、感心したものです。

このあとの頼通様の振る舞いが、さらにまた、見事でした。私たちが頼通様に好意を寄せているのを感じ取られたものの、そこにつけ込んできて長《なが》っ尻《ちり》するのではなく、さっさと立ち去られたのです。べたべたしないのも立派でしたが、去り際《ぎわ》のお言葉もウイットが効《き》いていました。

「多《おほ》かる野辺《のべ》に」と、口ずさまれたのです。そうです。これは、『古今和歌集』にある、「女郎花《をみなへし》多《おほ》かる野辺《のべ》に宿《やど》りせば文無《あやな》く徒《あだ》の名《な》をや立《た》ちなむ」という歌の一節なのです。「これ以上、お美しいあなた方二人とお話をしていたら、あなた方に好意を寄せる私の浮名《うきな》が立ってしまい、あなた方にもご迷惑をおかけするでしょうから」という心を込めて、頼通様は「多《おほ》かる野辺《のべ》に」と口になさったのです。なかなか、十七歳の青年にできることではありません。私は、びくっとしました。自分が書き続けている『源氏物語』の中から、まるで一人の登場人物が抜け出して、私たちの前に姿を現したかのように思えたからです。

むろん、頼通様は、光源氏ではありませんよ。光源氏に匹敵する殿方など、この世には存在しないのですが、強いて言うならば、殿（道長様）でしょうか。ならば、頼通様は、そのお子様で、真面目《まじめ》人間ではあるものの、心の奥底に色好みへの嗜好を秘めておられる夕霧なのでしょうか。

殿（道長様）の朝のお姿と言い、頼通様の夕暮れのお姿と言い、既に何年か前の出来事です。思い出は、時間の経過と共に忘れてしまうのが普通ではないでしょうか。それなのに、何かの「意識の流れ」で、突然に記憶の底から蘇ってくるのは、本当に不思議なことです。そうかと思えば、この逆で、その時には大変に面白く思ったものの、いつの間《ま》にか忘れてしまうということも、あるようです。人の心は、本当に不思議千万ですね。

［評］「道長＝光源氏」とすれば、道長の子の頼通は、さしずめ「夕霧」か。けれども、「女郎花」繋がりで考えれば、蜻蛉《かげろう》の巻の薫が思い浮かぶ。薫は、六条院で女房たちと会話を楽しんでいる。薫の歌。

　女郎花《をみなへし》乱るる野辺《のべ》に交じるともつゆの徒名《あだな》は我掛《か》けめやは

頼通が口ずさんだ「女郎花《をみなへし》多《おほ》かる野辺《のべ》に宿《やど》りせば文無《あやな》く徒《あだ》の名《な》をや立《た》ちなむ」という和歌を踏まえている。薫は、「自分は、真面目人間だという定評がありますから、艶めかしい女郎花のようなあなた方女房と一緒にいたとしても、徒っぽい噂などは立ちませんよ」と言ったのである。頼通は、「悪い噂が立つ前に、ここを失礼します」と言って、去った。薫との違いが、同じ女郎花の和歌によって、際立っている。

ちなみに、「宰相の君」は、紫式部の親友である。なおかつ、『蜻蛉日記』に登場した道綱の娘であり、道長から見たら姪に当たる。本名は、豊子《ほうし》。

5　碁盤に凝縮している王朝の雅び

播磨《はりま》の守《かみ》、碁《ご》の負態《まけわざ》しける日《ひ》、あからさまに罷出《まかで》て、後《のち》にぞ、碁盤《ごばん》の様《さま》など、見給《みたま》へしかば、華足《けそく》など、故々《ゆゑゆゑ》しくして、州浜《すはま》の辺《ほと》りの水《みづ》に、書《か》き混《ま》ぜたり。

紀《き》の国《くに》の白良《しらら》の浜《はま》《はま》に拾《ひろ》ふてふ此《こ》《碁》の石《いし》こそは巌《いはほ》とも成《な》れ

扇《あふぎ》どもの、をかしきを、其《そ》の頃《ころ》は、人々《ひとびと》、持《も》たり。

［訳］　播磨《はりま》の守《かみ》が、中宮様の御前《ごぜん》で行われた碁の遊びで負けて、買った側に饗応《きょうおう》をしたことがありました。囲碁ではなく「乱碁《らんご》」で、指を使って碁石をたくさん取った方が勝ち、というゲームです。私は、この時、短い期間でしたが、里に下がっていましたので、饗応のありさまを、自分の目で見ることができませんでした。

宮仕えに戻ってきてから、その時の饗応で用いられた、料理を載せるお膳の台を拝見しました。それには、見事な趣向が、いくつも凝《こ》らされていました。

まず、台の足――花の形をしているので華足《けそく》と言います――が、何とも風流な形をしていました。そして、更に見事だったのは、台の表面です。州浜《すはま》の風景が象《かたど》られていたのですが、輝く銀箔が、水の流れを表しており、そこに金泥《きんでい》で、和歌が書き記されていました。その和歌の言葉も、葦手書《あしでが》きになっていて、まるで葦が群生しているかのように、文字が絵画化されて記されていたのです。

その和歌を、たどりたどり、読み取ってみますと、

紀《き》の国《くに》の白良《しらら》の浜《はま》《はま》に拾《ひろ》ふて此《こ》《碁》の石《いし》こそは巌《いはほ》とも成《な》れ

と書いてありました。「此《こ》の石《いし》」が「碁の石」の掛詞であるのは、皆さんもすぐにおわかりでしょうが、もう一つ、掛詞があります。囲碁で、盤上から取り除かれた石のことを、「はま」あるいは「あげはま」と言うのです。「白良《しらら》の浜《はま》」の「浜」が、地名と、碁の「はま」の掛詞だったのですね。また、「拾ふ」という言葉も、碁の縁語です。歌の意味は、次のようなものです。

《紀伊の国の「白良《しらら》の浜《はま》＝白浜」には、真っ白な砂浜がどこまでも続いています。そこで拾ったという、この白い碁石ですが、今は小さくとも、時と共に少しずつ大きくなり、やがては大きな巌《いわお》になることでしょう。このお屋敷の方々の、末永い幸福を、心からお祈りしています。》

天皇家と、それを支える殿(道長様)と中宮様の末永い繁栄を、お祝いした和歌だったのですね。

それにしても、私は、乱碁の様子も、饗応の場面も、自分の目で見られなかったのが、残念でなりません。このように晴れやかな場に列席する女房たちは、皆が、播磨の守が献上した台の趣向に負けないほどに、趣向を凝らした扇を、手に持っていたことでしょう。その絢爛たる情景を、私も見て楽しみたかったと思ったことです。


【評】「播磨の守」は、群書類従の書き込みでは、藤原行成。ただし、現在の研究では平生昌《なりまさ》のことかとされる。平生昌は、『枕草子』の「大進生昌《だいじんなりまさ》が家に」の段に登場し、清少納言にやりこめられる姿が、印象的である。そのほか、藤原有国《ありくに》とする説もある。

文化の成熟度や爛熟度は、女性たちの着ている衣裳や、遊戯の道具、身の周りの調度品などに、はっきりと表れる。碁盤や扇も、雅びを代表する品物である。

6　公卿たちの宿直が始まる

八月《はづき》二十日《はつか》余《あま》りの程《ほど》よりは、上達部《かんだちめ》、殿上人《てんじやうびと》ども、然《さ》るべきは、皆《みな》、宿直《とのゐ》勝《が》ちにて、橋《はし》の上《うへ》、対《たい》の簀子《すのこ》などに、皆《みな》、転寝《うたたね》をしつつ、儚《はかな》う、遊《あそ》び明《あ》かす。琴《こと》、笛《ふえ》の音《ね》などには、たどたどしき若人達《わかうどたち》の、「とね」争《あらそ》ひ、今様歌《いまやううた》どもも、所《ところ》に付《つ》けては、をかしかりけり。宮《みや》の大夫《だいぶ》（斉信《ただのぶ》）、左《ひだり》の宰相《さいしやう》の中将《ちゆうじやう》（経房《つねふさ》）、兵衛《ひやうゑ》の督《かみ》、美濃《みの》の少将《せうしやう》（済政《なりまさ》）などして、遊《あそ》び給《たま》ふ夜《よ》も、有《あ》り。態《わざ》との御遊《みあそ》びは、殿《との》、思《おぼ》す様《やう》や有《あ》らむ、せさせ給《たま》はず。年頃《としごろ》、里居《さとゐ》したる人々《ひとびと》の、中絶《なかだ》えを思《おも》ひ起《お》こしつつ、参《まゐ》り集《つど》ふ気配《けはひ》、騒《さわ》がしうて、其《そ》の頃《ころ》は、しめやかなる事《こと》、無《な》し。

［訳］八月の二十日も過ぎました。中宮様が、土御門邸に里下がりされてから、一月《ひとつき》ほどが経《た》ったのです。この頃から、中宮様のお産が近づいて来ているので、「ざわついている」とか「落ち着きがない」などと言うほどではありませんが、お屋敷の空気が、さざ波

のような動きを持つようになったように感じられます。

公卿《くぎょう》や殿上人《てんじょうびと》などで、とりわけ殿（道長様）との関わりが深く、このたびの中宮様のご出産のことにつけて、少しでもお役に立ちたいと願っておられる方々は、まるで宮中で天皇様をお守りするための「宿直《とのい》」をするように、この土御門邸に夜通し詰めておられます。渡り廊下の橋の上や、対屋《たいのや》の簀子《すのこ》（縁側）などで、皆様は仮眠を取っておられるのですが、眠られぬ夜は、少人数での管絃の遊びをしたりしながら、朝になるまでの時間を過ごしています。

公卿や殿上人などよりは若い君達《きんだち》の方々は、琴でも笛でも演奏の力量がまだまだ不足しているので、「とね」の競争（お経を美しく唱える競争）や、七五調の歌謡である今様歌《いまよううた》を歌ったりしています。それらの声々が、土御門邸という最高の舞台では、それなりに面白く聞こえるのでした。

ご出産の近づきつつある中宮様のお心を和《なご》ませようと、御前《ごぜん》で、音楽の遊びが開かれることもあります。演奏を披露するのは、中宮様に仕える中宮職《ちゅうぐうしき》の長官である藤原斉信《ただのぶ》様、左近衛中将の源経房《つねふさ》様、兵衛《ひょうえ》の督《かみ》様（源憲定《のりさだ》）、美濃の少将の源済政《なりまさ》様の方々です。経房様は、笙《しょう》の名手として知られていますし、済政様も、笛や和琴《わごん》の名手として有名です。

けれども、殿（道長様）は、深い考えがおありになるのでしょう、表立った盛大な管絃の遊びは、催されないのです。

そうそう、女房たちにも、動きがありました。以前に女房として中宮様にお仕えしたことがあって、さまざまの事情で永く里に下がっていた者たちが、このたびの慶事によって、久しぶりに出仕して顔を見せたりして、お屋敷が賑やかになったのです。人数が増えれば、おのずと話し声も高くなってきますし、目の前を行ったり来たりしますので、落ち着きがなくなり、しめやかさとはほど遠い雰囲気で、その頃は過ぎていきました。

［評］「とね争ひ」の部分は、「読経争ひ」の書き間違えであろう。「読経 → ど経 → と経（濁点未表記） → とね（誤写）」という順である。

道長の「外孫」である男皇子誕生への期待が、日に日に高まってきている。『紫式部日記』が実際に執筆されたのは、敦成親王の誕生後、しばらくしてからである。だから、まだ誕生前であるものの、作者も読者も、生まれてくるのが男皇子であることを知っているのである。その点では、物語の予言や夢のお告げと近い。

7　昼寝する女房は、どんな夢を見る

二十六日《はつかあまりむいか》、御薫物《おほんたきもの》、合《あ》はせ果《は》てて、人々《ひとびと》にも配《くば》らせ給《たま》ふ。転《まろ》がし居《ゐ》たる人々《ひとびと》、数多《あまた》、集《つど》ひ居《ゐ》たり。

上《うへ》より下《お》るる道《みち》に、弁《べん》の宰相《さいしやう》の君《きみ》の戸口《とぐち》を、差《さ》し覗《のぞ》きたれば、昼寝《ひるね》し給《たま》へる程《ほど》なりけり。萩《はぎ》、紫苑《しをん》、色々《いろいろ》の衣《きぬ》に、濃《こ》きが、擣目《うちめ》、心異《こころこと》なるを、上《うへ》に着《き》て、顔《かほ》は、引《ひ》き入《い》れて、硯《すずり》の筥《はこ》に枕《まくら》して、臥《ふ》し給《たま》へる額付《ひたひつ》き、いと労《らう》た気《げ》に、艶《なま》めかし。絵《ゑ》に描《か》きたる、物《もの》の姫君《ひめぎみ》の心地《ここち》すれば、口覆《くちおほ》ひを引《ひ》き遣《や》りて、（紫式部）「物語《ものがたり》の女《をんな》の心地《ここち》も、し給《たま》へるかな」と言《い》ふに、見開《みあ》けて、（宰相の君）「物狂《ものぐる》ほしの御様《おんさま》や。寝《ね》たる人《ひと》を、心《こころ》無《な》く驚《おどろ》かすものか」とて、少《すこ》し起《お》き上《あ》がり給《たま》へる顔《かほ》の、打《う》ち赤《あか》み給《たま》へるなど、細《こま》かに、をかしうこそ侍《はべ》りしか。

大方《おほかた》も良《よ》き人《ひと》の、折《をり》からに、又《また》、こよなく増《ま》さる業《わざ》なりけり。

［訳］　八月二十六日に、私は、「宰相の君」さんの可愛らしい昼寝姿を見ました。なぜ、その日付をはっきり記憶しているかと言えば、この日、薫物《たきもの》の調合が行われたからです。薫物の調合は、中宮様の御前《ごぜん》でなされました。沈《じん》・白檀《びゃくだん》・丁字《ちょうじ》などの香料を粉末にして、蜂蜜などで練《ね》り丸めて、複雑にして精妙な香りを作り出すのです。香料の配分の違いなどで、微妙な香りの違いが生じます。その作業が終わると、それまで熱心に香料を練ったり、丸めたりしていた女房たちに、中宮様からそれらの薫物がお下げ渡しになりました。それを頂戴しようと、たくさんの女房たちが、中宮様のお部屋に参上します。私も、その一人でした。

さて、私は薫物をありがたく押し戴《いただ》いて、自分の局《つぼね》に下がる途中で、「弁の宰相の君」の局の前を通りかかりました。「弁の」という言葉が上に付いていますが、前に名前を出した「宰相の君」と同じ人物です。右大将道綱の娘さんです。殿（道長様）から見たら、異母弟の娘ですから、姪に当たります。

私は、ふと、気になったので、宰相の君の局の入口から、軽い気持ちで、中をのぞき込みました。というのは、彼女の顔が、薫物を拝領する女房たちの中に見当たらなかったからです。

彼女は、驚いたことに、お昼寝の真っ最中だったのです。萩《はぎ》や紫苑《しおん》などの、秋にふさわしい色目《いろめ》の袿《うちき》を、何枚か重ねた上に、濃い紅《くれない》色の、際《きわ》だって艶《つや》やかな打衣《うちぎぬ》を着ています。顔は、衣の中にもぐり込んでいるので、よく見えません。小さな頭は、硯の筥《はこ》の上に、ちょこんと乗っています。零《こぼ》れ出ている長い黒髪の起点である額《ひたい》のあたりの可愛らしさは、みずみずしい輝きに溢れています。

物語には、名場面の情景を描いた「絵＝物語絵」が付き物ですが、宰相の君の愛らしさは、まさに物語絵に描かれたお姫様そのものです。私には、自分が執筆中の『源氏物語』の中から抜け出してきた女性の一人が、この宰相の君ではないかとまで思えました。

私は、姫君を恋する男君が、そうするような仕種《しぐさ》で、宰相の君の口の上にかぶさっている衣を、そっと引きのけました。そして、「本当に、まあ、あなたは、物語の世界の中で生きているお姫様そっくりでいらっしゃるわね」と話しかけると、彼女はさすがに目を覚ましました。ぱっちりと目を見開いて、自分の顔を見下ろしているのが、私の顔であることを理解したようでした。

「まあ、びっくりしましたこと。男の人に、突然、言い寄られたのかと思いましたわ。それにしても、紫式部さんも酔狂ないたずらをなさいますこと。ぐっすり眠りこけている人を、こんなにびっくりさせるなんて、性格《たち》が悪いですわ」と言いながら、ゆっくりと起き上がろうとなさる。そのお顔が、恥ずかしさのためか、私への怒りのためかわかりませんが、ほんのりと赤みを帯びておられる。そのお顔も、肌のきめが細かくて、美しいの一言でございましたよ。

宰相の君は、ふだんから可愛らしい人なのですが、ちょうど昼寝をしたりして心をくつろげている時などは、格段に美しさが増すのです。彼女を愛する殿方でなく、同僚である私が、そういうプライベートな美しさを目撃できたのは、まことに幸運なことでありました。

【評】目を覚ました宰相の君が「見開《みあ》けて」とある箇所は、濁点を打って「見上げて」と解釈することもできる。

『源氏物語』で、昼寝する姫君と言えば、常夏《とこなつ》の巻の「雲居《くもい》の雁《かり》」が連想される。彼女は、夕霧との仲を父の内大臣（かつての頭中将《とうのちゅうじょう》）から反対されて、苦しんでいる。その昼寝姿を見て、内大臣は「転《うた》た寝《ね》はよくない」と戒める。この場面でも、目を覚ました雲居の雁が、「何心《なにごころ》もなく見開《みあ》け給へるに」とある。

ここも、「見開け」「見上げ」の両説がある。

また、螢の巻では、紫の上が「こまのの物語」（「くまのの物語」とも）という物語の絵を眺めていたが、そこには、「小さき女君《をんなぎみ》の、何心《なにごころ》もなくて昼寝し給へる所」が描かれてあったという。この物語は現在残っていないが、『枕草子』にも名前が出てくる。螢の巻では、「物語の絵」に、女が寝ている姿が描かれていたとあるので、『紫式部日記』の「絵《ゑ》に描《か》きたる、物《もの》の姫君《ひめぎみ》の心地《ここち》すれば」という表現と合致する。宰相の君は、紫の上のような少女性を感じさせる人柄なのだろう。

8 重陽《ちょうよう》の菊を道長夫人から賜る

九日《ここぬか》、菊《きく》の綿《わた》を、兵部《ひやうぶ》の御許《おもと》の持《も》て来《き》て、（兵部の御許）「此《これ》、殿《との》の上《うへ》の、取《と》り分《わ》きて。（源倫子）『いと良《よ》う、老《お》い、拭《のご》ひ捨《す》て給《たま》へ』と、宣《のたま》はせつる」と有《あ》れば、

（紫式部）菊《きく》の露若《つゆわか》ゆばかりに袖濡《そでぬ》れて花《はな》の主《あるじ》に千代《ちよ》は譲《ゆづ》らむ

とて、返《かへ》し奉《たてまつ》らむとする程《ほど》に、（女房）「彼方《あなた》に、帰《かへ》り渡《わた》らせ給《たま》ひぬ」とあれば、用無《ような》さに、留《とど》めつ。

【訳】 九月になりました。中宮様のお産は、もうまもなくという緊張感が、土御門邸には、ぴりぴりと漂っています。それでも、九日の重陽の節句には、菊の花をめぐる楽しい出来事もありました。

前日の八日のうちに、菊の花に綿をかぶせておいて、九日の朝、露や香りの染みこんだ綿を取って、それで体をぬぐうと、不老長寿を保つことができる、という言い伝えがあります。これが「菊の綿」、あるいは「菊の被綿《きせわた》」です。

「兵部《ひょうぶ》の御許《おもと》」という女房仲間が、私に、菊の花の露をひたした綿を、届けてくれました。「この綿はね、中宮様のお母上である倫子様が、特別の思し召《おぼめ》しで、あなた、紫式部さんに差し上げなさいと、おっしゃったものなのよ」、と言うのです。「倫子様から、あなたへの伝言があるわ。『この綿に染みこんだ菊の露の力で、あなたも迫りくる老いを取り除いて、若さを保ちなさい』という仰《おお》せです」、ということでした。

倫子様は、お二人おられる殿（道長様）の夫人のうちの、お一人です。倫子様のお父君は、宇多天皇の孫に当たる源雅信《まさのぶ》様で、音楽に堪能なことで知られています。頼通様や教通様などの男の子だけでなく、中宮の彰子様をはじめとして、四人の娘を産んでおられます。なお、殿のもう一人の夫人は、明子様で、その父君は、醍醐天皇の子で、「西の宮の大臣《おとど》」と呼ばれた源高明《たかあきら》様でいらっしゃいます。

さて、倫子様から、名指しで菊の綿を賜った私は、お礼の歌を詠むのが礼儀だと思い、何とか詠みました。

（紫式部）菊《きく》の露若《つゆわか》ゆばかりに袖《そで》濡《ぬ》れて花《はな》の主《あるじ》に千代《ちよ》は譲《ゆづ》らむ

（貴重な菊の被綿《きせわた》を賜りまして、ありがとうございます。せっかくの被綿《きせわた》ですが、私はほんの少しだけ、袖を濡らして、数歳だけ若返るに留《とど》めましょう。その数年分だけを自分のために使った残りの膨大な寿命は、倫子様にそのままお譲りいたします。この見事な菊の花の主《あるじ》として、奥方様は、夫の道長様や、娘の中宮様ともども、千代《ちよ》も八千代《やちよ》も、お栄えになることでしょう。）

この歌を記した紙を、菊の綿に結びつけて、倫子様にお返ししようとしたところ、私が歌を詠むのに、もたもたしていたのが良くなかったと見えて、倫子様は、東母屋《ひがしおもや》にある中宮様のお部屋から、西母屋《にしおもや》にあるご自分のお部屋に戻られた、との情報が入ったので、お返事するのは、取りやめました。私の詠んだ歌は、役に立たないままで終わってしまったのです。

［評］紫式部の歌の第三句「袖濡《そでぬ》れて」は、他の本では「袖触《そでふ》れて」となっていることが多い。

倫子は、紫式部に「菊の被綿《きせわた》」を贈ってくれた。破格の厚遇と言えよう。ところが、倫子は、紫式部からのお礼の和歌を受け取らなかった。この点に、倫子の紫式部への悪意を、読もうと思えば読み取ることができる。その理由として、道長が彰子に仕える女房たちの複数を「召人《めしうど》」としており、紫式部もその一人であることを倫子が快からず思っている、というふうにも深読みできる。ただし、それならば紫式部を無視していればよいだけで、わざわざ菊の被綿を贈らなくてもよいのではないか、という反論も可能である。

そもそも、女主人は、自分や娘に仕える女房が夫の「召人」であっても、嫉妬などの軋轢《あつれき》は生じないものである。『源氏物語』でも、光源氏は紫の上に仕える「中将の君」という女房を召人としていたが、紫の上が中将の君を気に入らなく思うことはまったくなかった。

『源氏物語』と言えば、幻の巻に、「菊の被綿」が描かれている。愛する紫の上に先立たれた光源氏の孤独が、際だっている。

九月に成《な》りて、九日、綿覆《わたおほ》ひたる菊を御覧《ごらん》じて、

（光源氏）諸共《もろとも》に起《お》き《置き》居《ゐ》し菊の朝露も一人袂《たもと》に掛かる秋かな

「起き居し」が、露が「置き」との掛詞になっている。

9　中宮の陣痛が始まる

其《そ》の夜《よ》さり、御前《おまへ》に参《まゐ》りたれば、月《つき》、をかしき程《ほど》にて、端《はし》に、御簾《みす》の下《した》より、裳《も》の裾《すそ》など、綻《ほころ》び出《い》づる程々《ほどほど》に、小少将《こせうしやう》の君《きみ》、大納言《だいなごん》の君《きみ》など、候《さぶら》ひ給《たま》ふ。御火取《おほんひとり》に、一日《ひとひ》の薫物《たきもの》、

取《と》う出《で》て、試《こころ》みさせ給《たま》ふ。

御前《おまへ》の有様《ありさま》のをかしさ、蔦《つた》の色《いろ》の、心許無《こころもとな》きなど、口々聞《くちぐちき》こえさするに、例《れい》よりも、悩《なや》ましき御気色《みけしき》に御座《おは》しませば、御加持《ごかち》ども参《まゐ》る方《かた》なり、騒《さわ》がしき心地《ここち》して、入《い》りぬ。人《ひと》の呼《よ》べば、局《つぼね》に下《お》りて、（紫式部）「暫《しば》し」と思《おも》ひしかど、寝《ね》にけり。夜中許《よなかばか》りより、騒《さわ》ぎ立《た》ちて、罵《ののし》る。

［訳］　その日の夜、つまり、九月九日の重陽の夜ですが、私は中宮様のお部屋に上って、祗候《しこう》していました。ちょうど、空には綺麗なお月様が顔を見せていたので、中宮様は、お部屋の中から庭の景色や、月を御覧になっておられました。女房たちも、廂《ひさし》の間《ま》の、庭に近い所に掛かっている簾の下から、着ている裳の裾を少しだけ外に出して、坐っています。

中宮様のお近くに控えているのは、お気に入りの女房である小少将《こしょうしょう》の君《きみ》や大納言《だいなごん》の君《きみ》など、「上臈女房《じょうろう》」の面々です。この二人は、倫子様の父方《ちちかた》の姪に当たっています。つまり、中宮様から見れば、母方の従姉妹《いとこ》に当たるのです。大納言の君は、殿（道長様）の寵愛を受ける「召人《めしうど》」の一人でもあります。

中宮様は、半月ほど前の八月二十六日に調合なさった薫物《たきもの》を、持ってくるように命じられました。薫物は、調合したあとで、壺に入れて、水辺《みずべ》近くの土の中に埋めて、しばらく時間をおくのです。掘り出した薫物を、火取り（香炉）でお薫《た》きになって、その出来映えをお確かめになりました。秋の夜にふさわしい香りでしたよ。

女房たちは、月の光に照らされたお庭の景色が素晴らしいことや、秋も深まっているのに、蔦の葉が紅葉するのが遅くて待ち遠しいなどと、他愛のない話題を口々に申し上げて、中宮様の心を解きほぐそうと努力しています。けれども、いつになく、中宮様はご気分がすぐれないようでした。そろそろ、高僧たちの加持祈禱が始まる時間でもありますし、落ち着かない気持ちになりまして、私たちは廂の間から移動して、母屋の中に入りました。

そのうち、私を呼び出す者がいたので、自分の局《つぼね》へと下《さ》がったのでした。「ほん少しだけ、横になろう」と思ったのですが、不覚にも寝込んでしまいました。その夜中からです。中宮様が産気づかれたということで、上を下への大騒ぎが始まりましたのは。

［評］　これが九日の夜から、十日の朝にかけての出来事である。敦成《あつひら》親王の誕生は十一日で、大変な難産であった。

薫物の香りで、中宮の心を和らげようとする場面は、現代のアロマ人気にも通じている。

10　次々に現れる物《もの》の怪《け》を退散させる

十日《とをか》の、未《ま》だ、仄々《ほのぼの》とするに、御設《おほんしつら》ひ、変《か》はる。白《しろ》き御帳《みちやう》に、移《うつ》らせ給《たま》ふ。殿《との》より始《はじ》め奉《たてまつ》りて、君達《きんだち》、四位《しゐ》・五位《ごゐ》ども、多《おほ》く騒《さわ》ぎて、御帳《みちやう》の帷子《かたびら》、掛《か》け、御座《おまし》ども、持《も》て違《ちが》ふ程《ほど》、いと騒《さわ》がし。

日一日《ひひとひ》、いと心許無気《こころもとなげ》に、起《お》き臥《ふ》し、暮《く》らさせ給《たま》ひつ。

御物《おほんもの》の怪《け》ども、駆《か》り移《うつ》し、限《かぎ》り無《な》く騒《さわ》ぎ罵《ののし》る。月頃《つきごろ》、許多《そこら》候《さぶら》ひつる殿《との》の内《うち》の僧《そう》をば、更《さら》にも言《い》はず、山々寺々《やまやまてらでら》を尋《たづ》ねて、験者《げんざ》と言《い》ふ限《かぎ》りは、残《のこ》る無《な》く参《まゐ》り集《つど》ひ、「三世《みよ》の仏《ほとけ》も、如何《いか》にか聞《き》き給《たま》ふらむ」と思《おも》ひ遣《や》らる。陰陽師《おんやうじ》とて、世《よ》に有《あ》る限《かぎ》り、召《め》し集《あつ》めて、「八百《やほ》万《よろづ》の神《かみ》も、耳《みみ》、振《ふ》り立《た》てぬは有《あ》らじ」と、見《み》え聞《き》こゆ。御誦経《みずきやう》の使《つか》ひ、立《た》ち騒《さわ》ぎ暮《く》らし、其《そ》の夜《よ》も、明《あ》けぬ。

［訳］ やはり、中宮様は産気《さんけ》づかれたのでした。九月十日の、まだ空がほのかに白み始める時間帯でしたが、中宮様の身の周りは、白一色に模様替えされました。「白」は、出産、お産の色なのです。まず、白い御帳台《みちょうだい》の中にお移りになりました。

この御帳台の取り替えに際しては、殿（道長様）自らが率先して、作業の指示をなさいました。頼通様たちご子息も、一門の四位や五位の者たちも加わり、大勢で、御帳台の周りに垂らす帷子《かたびら》（垂《た》れ帳《とばり》）を掛《か》けたり、御帳台の中に敷く上莚《うわむしろ》や茵《しとね》などを運び込んだりして、声を出して相談しながら、大人数が行ったり来たりしています。

この日は、一日中、中宮様は、見るからに不安な様子で、横になったかと思えば起き上がったりして、落ち着かなくお過ごしになりました。

中宮様の出産を妨害しようとして、たくさんの物《もの》の怪《け》が、跳梁《ちょうりょう》し始めました。その物の怪どもを、中宮様のお体から、「憑坐《よりまし》」に移したうえで退散させるために、修験僧《しゅげんそう》たちが、声の限りに調伏《ちょうぶく》のお祈りをしています。何か月も前から、このお屋敷に詰めている修験僧は、たくさんいたのですが、お産が近づくにつれて、物の怪の数も増え、呪《のろ》いも強まったので、どんな山奥の、どんなお寺に籠もっている僧であっても、霊験あらたかな修験僧が探し出されて、ここに結集しているのです。その気力の籠もった祈禱を耳にすると、前世《ぜんせ》の仏様、現世《げんせ》の仏様、来世《らいせ》の仏様、つまり、ありとあらゆる仏様たちが、この祈りをお聞き届けにならないことはないだろうと、頼もしく感じられます。

修験僧だけではありません。世間に名前が知られている陰陽師《おんみょうじ》も、ほとんどが、このお屋敷に集められました。その祈りの声も迫力満点です。その声を聞いたり、祈る所を見たりすると、「この祈りを耳にされる八百万《やおよろず》の神々は、きっと耳を欹《そばだ》ててお聞きになるだろう。願いを叶えてくださらないことは、まずないだろう」と思われるのです。

また、中宮様の安産をお祈りするようにと、あらかじめ依頼してある、由緒あるお寺のあちこちに、「さらにいっそう、読経《どきょう》を加えるように」と依頼する使者たちが、寺々へ向けて出発する騒ぎなどで、その夜も明けていきました。

[評]　群書類従本で「如何《いか》にか聞《き》き給《たま》ふらむ」とある箇所を、「如何《いか》に翔《かけ》り給《たま》

はむ」とする写本もある。その場合には、「私には霊力がないので、見えないのですが、もし霊の世界に通じた人が見ましたら、この屋敷の上空を、修験僧が中宮様を物の怪から守り抜くために呼び出した、前世の仏様、現世の仏様、来世の仏様、すなわち、ありとあらゆる仏様たちが、この屋敷の上空を飛び回って中宮様を護持しているのが、見えたことでしょう」、という意味になる。ただし、「八百万《やほよろづ》の神《かみ》も、耳《みみ》、振《ふ》り立《た》てぬは有《あ》らじ」とあるので、仏様も「聞き給ふらむ」で、よいのではないか。

お産は「白不浄《しろふじょう》」とも言うので、白を基調としたインテリアに一新されたのである。私は、平安時代の産室を再現したセットを見たことがあるが、白一色で、荘厳と言うよりも、畏怖の念に駆られた。白は死の色であると同時に、生の色でもある。命懸けの出産が、白で統一された産室の空気を引き締めていた。『源氏物語』では、葵の上が産後まもなく亡くなっている。宇治十帖でも、八の宮の北の方は、次女(中の君)の出産直後に逝去している。そういう悲劇が、土御門邸で起きてはならない。政治の世界では無敵の道長も、霊の世界ではそうもゆかず、必死なのである。

11　御帳台《みちょうだい》の四囲に人々は犇《ひし》めく

御帳《みちやう》の東面《ひんがしおもて》は、内裏《うち》の女房《にようばう》、参《まゐ》り集《つど》ひて、候《さぶら》ふ。

西《にし》には、御物《おほんもの》の怪《け》、移《うつ》りたる人々《ひとびと》、御屏風《みびやうぶ》一双《ひとよろひ》を引《ひ》き局《つぼ》ね、局口《つぼねぐち》には几帳《きちやう》を立《た》てつつ、験者《げんざ》、預《あづ》かり預《あづ》かり、罵《ののし》り居《ゐ》たり。

南《みなみ》には、やんごとなき僧正《そうじやう》・僧都《そうづ》、重《かさ》なり居《ゐ》て、不動尊《ふどうそん》の、生《い》き給《たま》へる容貌《かたち》をも、呼《よ》び出《い》で顕《あら》はしつべう、頼《たの》みみ、恨《うら》みみ、声《こゑ》、皆《みな》、嗄《か》れ渡《わた》りにたる、いといみじう聞《き》こゆ。

北《きた》の御障子《みさうじ》と、御帳《みちやう》との狭間《はざま》、いと狭《せば》き程《ほど》に、四十人余《よそたりあま》りぞ、後《のち》に数《かぞ》ふれば居《ゐ》たりける。

些《いささ》か、身動《みじろ》ぎもせられず、気《け》、上《あ》がりて、物《もの》ぞ覚《おぼ》えぬや。今《いま》、里《さと》より参《まゐ》る人々《ひとびと》は、却々《なかなか》、居籠《ゐこ》められず。裳《も》の裾《すそ》、衣《きぬ》の袖《そで》、行《ゆ》くらむ方《かた》も知《し》らず。然《さ》るべき大人《おとな》などは、忍《しの》びて泣《な》き惑《まど》ふ。

[訳]　ここで、中宮様が伏しておられる御帳台の四囲《しい》、つまり、東西南北の状況を、説

明しておきましょう。仏教では、中央におられる帝釈天《たいしゃくてん》を、東の持国天《じこくてん》、南の増長天《ぞうじょうてん》、西の広目天《こうもくてん》、北の多聞天《たもんてん》（毘沙門天《びしゃもんてん》）の四天王《してんのう》が守護しておられます。

我らが中宮様は、白い御帳台に入っておられます。その御帳台の東の間《ま》には、「内裏《うち》の女房」、つまり、一条天皇様お付きの女房たちが何人も、主上様《うえさま》の意向を受けて、このお屋敷に遣わされ、事態の推移を、息を詰めて見守っています。

御帳台の西の間《ま》には、中宮様に取り憑《つ》いて安産を妨害しようとしている物の怪どもを移した憑坐《よりまし》たちが、います。一人の憑坐に、一つの物の怪が乗り移っているのです。それぞれの憑坐の周りには、屏風が一双、張り巡らされ、そこから出て行かないように区切られています。その入口、開いた所には、几帳が置かれていますが、その几帳越しに、修験僧の一人が、一人の憑坐《よりまし》を受け持って、懸命に調伏の声を張り上げています。

御帳台の南の間《ま》には、高位・高僧と言われている僧正《そうじょう》や僧都《そうず》たちが、幾重《いくえ》にも重なり合うように犇《ひし》めいています。彼らは、不動明王が、生身《なまみ》のお姿を、今まさに、このお屋敷に立ち現してくださるように、精根を尽くして、力の籠《こ》もった祈禱をしておられます。彼らは、仏様の力を信じている一方で、なかなか物の怪どもが退散せず、中宮様の安産を妨げているので、仏様を恨んだりして、祈りが絶えることがありません。そのため、声がすっかり嗄《か》れてしまって、それがまた、たいそう尊《とうと》げに聞こえるのでした。

四囲のうち残ったのは、御帳台の北側です。ここには、お部屋はありませんで、襖障《ふすましょう》子《じ》があります。その襖障子と御帳台の間《あいだ》にある、ごくごく狭い空間に、私たち、中宮様にお仕えする女房たちが、鮨詰《すしづ》めになって控えておりました。身動きできないくらいに、人数が多かったのです。後《あと》で、その場に誰がいたのか、記憶を頼って数え上げましたところ、何と四十人以上も、女房たちが集まっていたのでした。

もちろん、身動きなど、できるはずがありません。息もできないくらいだったので、上気してしまい、ぼうっとして、物も考えられないほどでした。今回の出産に伴って、再び宮仕えを再開したような女房たちは、自分が座る場所を見つけられず、せっかく出仕したものの、自分の居場所がないことを痛感させられたのでした。とにかく、女房たちは、どこに自分の裳の裾があるのか、自分の着ている袖が、どこに位置しているのかもわからないほどの密集状態でした。

そんな中でも、中宮様の信頼が篤《あつ》い、古参の上臈《じょうろう》女房たちは、中宮様のお産の行方《ゆくえ》が心配でたまりません。不吉なので、涙を見せてはならないはずなのですが、ひそかに泣いている女房もいました。

［評］　御帳台の北側に、中宮に仕えている女房たちが、何と四十人以上も密集していたというのである。「6」に、「年頃《としごろ》、里居《さとゐ》したる人々《ひとびと》の、中絶《なかだ》えを思《おも》ひ起《お》こしつつ、参《まゐ》り集《つど》ふ気配《けはひ》、騒《さわ》がしうて」とあったことが、この場面の「今《いま》、里《さと》より参《まゐ》る人々《ひとびと》は、却々《なかなか》、居《ゐ》籠《こ》められず」とある文章の伏線になっている。

紫式部は「中臈《ちゅうろう》女房」であり、上臈女房ではないが、「文学者＝記録者」であるがゆえに特別待遇を受けている。『枕草子』を書いた清少納言も、中宮定子やその兄弟たちから特別待遇を受けていた。記録者が腐心するのは、「視点の自由」をいかに確保するかである。『紫式部日記』を読むと、まるで作者が空の上から鳥瞰図を描いているかのように、空間感覚がしっかり書き込まれている。紫式部には、世界の全体像が把握できている。

ということは、時間認識もしっかりしているはずで、だからこそ、『源氏物語』では多少の矛盾はあっても、光源氏の「年立《としだて》」が物語の骨格を形成しているのである。

12　九月十一日、長いお産の一日が始まった

十一日《とをかあまりひとひ》の暁《あかつき》に、北《きた》の御障子《みさうじ》、二間《ふたま》放《はな》ちて、廂《ひさし》に移《うつ》らせ給《たま》ふ。御簾《みす》なども、え掛《か》け敢《あ》へねば、御几帳《みきちやう》を押《お》し重《かさ》ねて御座《おは》します。

僧正《そうじやう》、「きやうてふ」僧都《そうづ》、法務僧都《ほふむそうづ》など候《さぶら》ひて、加持参《かぢまゐ》り、院源僧都《ゐんげんそうづ》、昨日《きのふ》書《か》かせ給《たま》ひし御願書《ごぐわんしよ》に、いみじき事《こと》ども書《か》き加《くは》へて、誦《よ》み上《あ》げ続《つづ》けたる言《こと》の葉《は》の、哀《あは》れに、尊《たふと》く、頼《たの》もし気《げ》なる事《こと》、限《かぎ》り無《な》きに、殿《との》の、打《う》ち添《そ》へて、仏《ほとけ》、念《ねん》じ聞《き》こえ給《たま》ふ程《ほど》の、頼《たの》もしく、（紫式部）「然《さ》りとも」とは思《おも》ひながら、いみじう悲《かな》しきに、人々《ひとびと》、涙《なみだ》を、え干《ほ》し敢《あ》へず、（女房たち）「忌々《ゆゆ》しう」、「斯《か》う、な」と、互《かた》みに言《い》ひながらぞ、え堰《せ》き敢《あ》へざりける。

【訳】　寛弘五年九月十一日の暁になりました。この日が、中宮様が主上様《うえさま》の男皇子《おとこみこ》（後の後一条天皇）をお産みになった、記念すべき日になりました。その長い一日が、始まったのでした。

中宮様が、産気づかれてから、なかなか出産なさらず、難産であることが明らかになったので、中宮様の御帳台の場所を変えようということになりました。そこで、これまでの御帳台の北側にあった襖障子《ふすましょうじ》を、二間《ふたま》、取り払って、これまでの母屋《おもや》から北廂の間《きたびさしのま》にお移りになりました。急な移動なので、簾を全部、上から垂らすことができませんで、几帳（移動式カーテン）を何重にも置き回して、その中に中宮様はいらっしゃいます。僧正様《そうじょうさま》や、「きょうちょう」僧都様《そうずさま》、法務《ほうむ》僧都様などが、中宮様のお側《そば》近くにあって、加持祈禱に余念がありません。法務僧都様は、中宮様の母上である倫子様の異母兄であられます。

法性寺の座主で、説経の名人と評判の院源僧都《いんげんそうず》は、昨日、殿（道長様）がお書きになった安産を願う文章に、さらに手を加えて素晴らしい文章として完成させた願文を、見事な声で誦《よ》み上げ続けている言葉が、聞いている私には、まことに心に染《し》みて、尊く感じられました。この願文は、必ず仏のお心に響くだろうと、この上もなく、頼もしく思われました。院源僧都の声に和して、殿御自身も、声を添えて、一緒に、仏様の御加護をお祈りされていますので、仏様も必ずや願いを聞き届けられるだろうと、思われます。

これまで、多くの物の怪が現れていることからもわかるように、大変な難産でおありになるものの、「まさか、万一のことなどは起きないだろう」と思う一方で、やはり中宮様のお体が心配でたまらず、私も、胸が締め付けられるような痛みを感じました。女房たちも、心配のあまりに涙があふれてきて、渇く暇《いとま》がありません。自分の目にも涙が浮かんでいるのに、泣いている女房仲間を見つけては、「涙は縁起がよくないですからね」とか、「そんなに泣いていては、よくありませんわ」などと、互いに注意し合ってはいるものの、こぼれ落ちようとする涙を抑えることは、誰にもできないのでした。

［評］　敦成親王が誕生して、産湯を使うまでの「ザ・ロンゲスト・デイ」が、これから始まる。道長は中宮の御帳台を移したが、これまでの御帳台もそのまま残っている。急遽、新たな御帳台を設置したのである。

仮名文字で書かれる女性の作品なので、音読みする固有名詞が混乱している。「僧正」には名前が欠落しているし、「きやうてふ」にどういう漢字を宛てるのかは、見当も付かない。現在の学説では、「僧正」に関して、観音院の勝算とする説と、倫子の叔父である雅慶とする説がある。「きやうてふ僧都」は、「定澄」（ぢやうちよう）の誤写かとされている。「定澄」ならば、『枕草子』に、身長が異常に高かった僧として、個性的に登場している。

13 中宮のお産を見守る女房たち

（道長）「人気《ひとげ》多《おほ》く込《こ》みては、いとど、御心地《みここち》も苦《くる》しう御座《おは》しますらむ」とて、南《みなみ》・東面《ひんがしおもて》に、出《い》だささせ給《たま》うて、然《さ》るべき限《かぎ》り、此《こ》の二間《ふたま》の許《もと》には候《さぶら》ふ。殿《との》の上《うへ》、讃岐《さぬき》と、宰相《さいしやう》の君《きみ》、内蔵《くら》の命婦《みやうぶ》、御几帳《みきちやう》の内《うち》に、仁和寺《にんわじ》の僧都《そうづ》の君《きみ》、三井寺《みゐでら》の内供《ないぐ》の君《きみ》も、召《め》し入《い》れたり。殿《との》の、万《よろづ》に罵《ののし》らせ給《たま》ふ御声《みこゑ》に、僧《そう》も消《け》たれて、音《おと》せぬ様《やう》なり。

今《いま》、一座《いちざ》に居《ゐ》たる人々《ひとびと》、大納言《だいなごん》の君《きみ》、小少将《こせうしやう》の君《きみ》、宮《みや》の内侍《ないし》、弁《べん》の内侍《ないし》、中務《なかつかさ》の君《きみ》、大輔《たい》《ふ》の命婦《みやうぶ》、大式部《おほしきぶ》の御許《おもと》、殿《との》の宣旨《せんじ》よ。いと年経《としへ》たる人々《ひとびと》の限《かぎ》りにて、心《こころ》を惑《まど》はしたる気色《け》《しき》どもの、いと理《ことわり》なるに、未《ま》だ、見奉《みたてまつ》り馴《な》るる程《ほど》、無《な》けれど、（紫式部）「類《たぐ》ひ無《な》く、いみじ」と、心一《こころひと》つに覚《おぼ》ゆ。

［訳］　殿（道長様）は、四十人もの女房たちが、めそめそ・しくしくしているのを御覧になって、「こんなに多くの人数がお側《そば》近くにいれば、ただでさえ気分の優れない中宮様が、いっそう気を鎮《しず》めることがお出来になれないだろう」とお考えになりました。それで、女房たちを、南面《みなみおもて》や東面《ひがしおもて》の部屋に出してしまわれました。

ということで、中宮様と特に親しい方たちだけが、中宮様の新しい御座所に祗候《しこう》していたのです。女性では、殿の北の方で、中宮様の母君である倫子様。女房では、讃岐と、道綱様の娘である宰相の君。それと、殿の女房で、殿の五男・教通様の乳母《めのと》である内蔵《くら》の命婦《みょうぶ》が、御几帳の中に、いたのです。また、仁和寺《にんなじ》の法務僧都（倫子様の兄）と、三井寺《みいでら》の内供《ないぐ》の君（彰子様の母方の従兄弟に当たる永円《えいえん》）も、御几帳の中に呼び入れられました。

殿が、大きな声で、万事にわたって指図を出しておられます。その迫力に満ちた声に、ともすれば、僧侶たちの祈り声が掻き消され、小さく感じられてしまうほどでした。

御几帳の中ではありませんが、御座所近くに祗候していた上﨟女房の方々を、これから列挙いたします。大納言の君は、倫子様の姪に当たります。小少将の君も、倫子様の姪に当たられます。宮の内侍は、元は、殿の姉君である詮子様（円融天皇の女御）にお仕えしていた方です。弁の内侍。中務の君。大輔《たゆう》の命婦は、元は倫子様にお仕えしていた方です。大式部《おおしきぶ》の御許《おもと》は、殿にお仕えする女房のリーダー格です。これらの女房は、長くお仕えしてきた古参の方々で、それだけに中宮様の難産をたいそう心配し、心を痛めているのも頷《うなず》けます。

私は、まだ中宮様に仕え始めたばかりで、中宮様のご信任は得られていないのですが、それでも、このたびのことは大変な事態で、何とか無事に乗り越えていただきたいものだと、心の底から思ったことです。

【評】群書類従本では、「讃岐《さぬき》と、宰相《さいしやう》の君《きみ》」とあり、いかにも「讃岐」と「宰相の君」とが別人のような印象を受けるが、実は、「讃岐」と「宰相の君」は同一人物である。宰相の君が藤原道綱の娘であることは述べたが、彼女の夫である大江清通《きよみち》が「讃岐の守」だったのである。

また、群書類従本の「今《いま》、一座《いちざ》に居《ゐ》たる人々《ひとびと》」は、他の本では「一間《ひとま》」となっていて、意味はわかりやすい。

道長が、男親王が無事に誕生することを願って、率先して祈禱する姿が印象的である。自分にとっての望ましい未来を呼びよせ、新しい世界を切り拓こうとする強い意志を感じさせる。

14 「後《うし》ろの細道」は誰も通れない

また、此《こ》の後《うし》ろの際《きは》に、立《た》てたる几帳《きちやう》の外《と》に、内侍《ないし》の督《かみ》の乳母《めのと》、姫君《ひめぎみ》の少納言《せうなごん》の乳母《めのと》、幼姫君《いとひめぎみ》の小式部《こしきぶ》の乳母《めのと》など、押《お》し入《い》り来《き》て、御帳《みちやう》、二《ふた》つが後《うし》ろの細道《ほそみち》を、え人《ひと》も通《とほ》らず。行《ゆ》き違《ちが》ひ、身動《みじろ》ぐ人々《ひとびと》は、其《そ》の顔《かほ》なども見分《みわ》かれず。

殿《との》の君達《きんだち》、宰相《さいしやう》の中将《ちゆうじやう》（兼隆《かねたか》）、四位《しゐ》の少将《せうしやう》（雅通《まさみち》）などをば、更《さら》にも言《い》はず、左《ひだり》の宰相《さいしやう》の中将《ちゆうじやう》（経房《つねふさ》）、宮《みや》の大夫《だいぶ》など、例《れい》は、気遠《けどほ》き人々《ひとびと》さへ、御几帳《みきちやう》の上《かみ》より、ともすれば、覗《のぞ》きつつ、腫《は》れたる目《め》どもを見《み》ゆるも、万《よろづ》、恥《はぢ》、忘《わす》れたり。（紫式部）「頭頂《いただき》には、散米《うちまき》の、雪《ゆき》の様《やう》に降《ふ》り掛《か》かり、押《お》し萎《しぼ》みたる衣《きぬ》の、如何《いか》に見苦《みぐる》しかりけむ」と、後《のち》にぞ、をかしき。

［訳］　私たち女房が控えている場所の後方の長押際《なげしぎわ》には、几帳が立てられていました。その向こう側に、無理矢理に割り込んできた人たちがいました。彰子様の妹である「内侍《ないし》の督《かみ》」様（妍子・十五歳）の乳母《めのと》、「姫君」（威子・十歳）の少納言の乳母《めのと》、「幼姫君《いとひめぎみ》」（嬉子・二歳）の小式部《こしきぶ》の乳母《めのと》たちの一団です。

母屋《おもや》に据えてある御帳台と、新たに据えられた北廂《きたびさし》の間《ま》の御帳台の後ろの狭い空間《スペース》には、ただでさえ人が多い中に、どっと割り込んできた連中がいますので、そこを通り抜けようと思っても、できるものではありません。和歌では、通る人もない山道のことを「細道」と詠んだりしますが、この時の鮨詰め状態は、まさに「細道」というのがぴったりでしたよ。それでも、通り抜けようとする者もいますので、すれ違うときなどは、お互いに身体をよじって、何とかすり抜けなければなりませんでした。こうなると、誰が通り抜けたのか、誰とすれ違ったのか、顔も見分けられない団子状態でした。

私たちが直面している異常事態は、殿方の好奇心をそそったと見え、何人もの人が通りすがりに、私たちが押競饅頭《おしくらまんじゅう》している狂態を、几帳の上から覗かれるのです。私たち女房と普段から親しくされている殿（道長様）のご子息たち、宰相の中将（道長様の甥・兼隆様）、四位の少将（倫子様の甥・源雅通様）などは、もちろん何の気兼ねもなく覗かれます。いつもならば、私たち女房とは距離を置いて、めったにお話をすることもない左の宰相の中将（道長様の夫人・明子様の兄弟・源経房様）や、中宮様にお仕えする中宮職の長官である藤原斉信様のような方々ですら、何かのついでに、面白がって覗かれたのです。

覗かれる私たちは、それに気づいても、身じろぐことができないのですから、顔を背けることもできません。かく言う私も、彰子様の難産が心配なあまりに、真っ赤に泣きはらした目を、彼らにはっきりと見られてしまいました。こうなると、「恥ずかしい」などと思う気持ちなど、どこかに消えてしまいます。羞恥心は、心にゆとりがないと、感じないものと見えます。

私も、この時の自分の姿を、後《あと》から思い出すと、失笑をこらえきれません。「あの時は、物《もの》の怪《け》たちを退散させるために、大量の散米《うちまき》が、雪のように撒《ま》かれたので、私の髪の毛は、『白髪三千丈』という詩句のように、真っ白になっていたことだろう。身じろぎもできないで、押し合い圧《へ》し合いしていたので、着ていた物も、よれよれ・しわしわになっていたことだろう。どんなにみっともない姿を、殿方の目にさらしたことか」と考えただけで、思い出し笑いをしてしまうのです。

［評］　御帳台の「後ろの細道」は、そこを通ることの困難な隘路《あいろ》である。『伊勢物語』第九段の「蔦《つた》の細道」は、東海道の難所として知られていた。その「細道」が、都のど真ん中にある最高権力者・藤原道長の宰領する土御門邸にもあった、というのだ。彰子の難産を語る緊迫の場面でありながら、紫式部の筆致は悠揚迫らぬユーモアが漂っている。

そのユーモア精神は、頭を真っ白にして泣いている自分自身の姿を写し取る部分にも反映している。『源氏物語』の末摘花は、読者を笑わせる登場人物の代表者であるが、髪の毛だけは美しかった。それが、年齢と共に白くなり、「滝の淀《よど》み」を思わせる白さになったと、初音《はつね》の巻には書かれている。ここは、紫式部が自分を、自分自身が創作した『源氏物語』の特異なキャラクターである末摘花になぞらえているのだろう。

15　敦成親王《あつひら》、誕生される

御頭頂《おほんいただき》の、御髪《みぐし》、下《お》ろし奉《たてまつ》り、御忌《おほんい》む事《こと》、受《う》けさせ奉《たてまつ》り給《たま》ふ程《ほど》、暗《く》れ惑《まど》ひたる心地《ここち》に、（紫式部）「此《こ》は、如何《いか》なる事《こと》」と、あさましう、悲《かな》しきに、平《たひ》らかにせさせ給《たま》ひて、後《のち》の事《こと》、未《まだ》しき程《ほど》、然《さ》ばかり広《ひろ》き母屋《もや》、南《みなみ》の廂《ひさし》、高欄《かうらん》の程《ほど》まで、立《た》ち込《こ》みたる僧《そう》も、俗《ぞく》も、今一寄《いまひとより》、響《とよ》みて、額《ぬか》を付《つ》く。

［訳］　中宮様の陣痛は、まだ続いています。少しでも仏様のご加護をいただくために、形だけですが、中宮様の御頭《おつむ》の黒髪を、ほんのちょっぴりお削《そ》ぎして、受戒《じゅかい》を受ける真似《まね》事《ごと》をされました。私たち一同は、それが、あくまでも真似事であって、本当に出家して尼になってしまわれるのではないと、わかってはいるのですが、それでも中宮様の受戒の動作が、悲しくてたまりませんでした。私も、心が真っ暗になってしまったように感じて、「これから、どうなってしまわれるのだろう」と、ただただ驚きあきれるばかりで、悲しみの海の底に沈んでいました。

ところが、その時、私たちの心からの祈りが天に通じたものと見え、中宮様は、母子共に健康に、ご出産あそばされたのです。
後産《あとざん》も、まだ終わっていなかったのですが、あれほど広い母屋や、南の廂の間、さらには縁側の欄干まで、いっぱいに蝟集《いしゅう》していた出家者も、そうでない私たちも、今一度、声を合わせて、仏様にお祈りをしながら、額《ぬか》ずいたのでした。その声々は、まるで地響きするかのようでした。

［評］　中宮は難産の末に、敦成親王を無事に出産した。「産声《うぶごえ》が聞こえた」などと書くのは、もっと時代が下ってからのことなのだろう。
安堵した僧侶や女房たちが、一斉に額ずいて感謝したとある。その音が寄り集まって、土御門邸に谺《こだま》している。が、読者も思わず頭を下げたくなってしまう。それだけ、紫式部の筆致が迫真的なのである。

16　女房たちの化粧は崩れていた

東面《ひんがしおもて》なる人々《ひとびと》は、殿上人《てんじやうびと》に交《ま》じりたる様《やう》にて、小中将《こちゆうじやう》の君《きみ》の、左《ひだり》の頭《とう》の中将《ちゆうじやう》に見合《みあ》はせて、呆《あき》れたりし様《さま》を、後《のち》にぞ、人々《ひとびと》、言《い》ひ出《い》でて、笑《わら》ふ。化粧《けさう》などの弛《たゆ》み無《な》く、艶《なま》めかしき人《ひと》にて、暁《あかつき》に顔作《かほづく》りしたりけるを、泣《な》き腫《は》れ、涙《なみだ》に、所々《ところどころ》、濡《ぬ》れ損《そこ》なはれて、あさましう、其《そ》の人《ひと》となむ見《み》えざりし。

宰相《さいしやう》の君《きみ》の、顔変《かほが》はりし給《たま》へる様《さま》などこそ、いと珍《めづ》らかに侍《はべ》りしか。増《ま》して、如何《いか》なりけむ。然《さ》れど、其《そ》の際《きは》に見《み》し人《ひと》の有様《ありさま》の、互《かた》みに覚《おぼ》えざりしなむ、畏《かしこ》かりし。

［訳］　さて、母屋の東《ひがし》の廂《ひさし》にいた女房たちと言えば、極度の混乱と興奮から、殿上人の方々との仕切りなど消え失せてしまい、交じり合っていたようです。中宮様が無事に出産されたことを喜んだ小中将《こちゅうじょう》の君《きみ》は、すぐ隣にいるのが女房仲間だと思って話しかけたら、その人は、何と、左近衛中将で、蔵人《くろうど》の頭《とう》を兼任されている源頼定《よりさだ》様（道長様の夫人・明子様

の甥）だったのです。その時、小中将の君が驚いた顔が、ひどく面白かったので、女房たちはそのことを、後々、話の種にしては、笑ったものです。この小中将の君という人は、ふだんは、念には念を入れてお化粧する人で、殿方には常にあでやかな顔を見せるようにしていたのですが、この日は、本当にひどい顔をしていたのです。この日のまだ暗い時分に、お化粧したのですが、その後はずっと中宮様のことが心配で泣き続けたので、頬を伝い落ちる涙に、お化粧がどろどろになって剝《は》がれ落ち、それがまた、全部落ちるのではなく、まだらに剝がれているときています。一目見たらびっくりする顔で、とても、これが、あの気取り屋の小中将の君とは見えなかったのです。

そうそう、あの、昼寝姿がとても可愛らしかった宰相の君も、この時だけは、さすがに、別人のようになった顔を、人前に晒《さら》していらっしゃいました。あれだけ美しくて、あれだけお化粧の上手な宰相の君ですので、そんな顔を見たのはめったにない体験でした。

宰相の君に比べると、若くもないし、綺麗でもない私などが、この時、どういう顔を他人に見せていたのか、想像するだけでもぞっとします。けれども、幸いなことに、あの時は、誰も彼もが極度の興奮状態にあって、理性を失っていたので、その時に誰がどのような顔をしていたのか、顔を見た側も、顔を見られた側も、互いにほとんど記憶していないのでした。

【評】　ここもユーモア感覚にあふれ、笑いがはじけている。『源氏物語』では、末摘花のほかにも源典侍《げんのないしのすけ》や近江の君など、滑稽なキャラクターが何人も登場している。安土桃山時代の細川幽斎《ゆうさい》は、彼女たちが印象的な場面を、「物語の誹諧《はいかい》」と名づけた。和歌に、滑稽で野卑な誹諧歌《はいかいか》があるように、物語にも滑稽な「物語の誹諧」がある、と考えたのである。『紫式部日記』にも、「日記の誹諧」が随所に存在している。そう言えば、日記文学の祖とされる『土佐日記』にも、野卑な笑いの要素が満載である。

紫式部は、敦成親王の出産の事実を読者に報告して、安心させてから、時間を巻き戻し、出産直前の緊迫した状況を語り始める。この「時間の先取り」も、『源氏物語』でしばしば用いられた手法である。

17　物《もの》の怪《け》たちは、中宮と道長の幸福を阻止しようとした

「今《いま》」と、せさせ給《たま》ふ程《ほど》、御物《おほんもの》の怪《け》の、妬《ねた》み、罵《ののし》る声《こゑ》などの、むくつけさよ。源《げん》の蔵人《くらうど》には、心誉阿闍梨《しんよあざり》、兵衛《ひやうゑ》の蔵人《くらうど》には、「そうそ」と言《い》ふ人《ひと》、右近《うこん》の蔵人《くらうど》には、法住寺《ほふぢゆうじ》の律《り》師《し》、宮《みや》の内侍《ないし》の局《つぼね》には、「ちそう」阿闍梨《あざり》を預《あづ》けたれば、物《もの》の怪《け》に引《ひ》き倒《たふ》されて、いと、いとほしかりければ、念覚阿闍梨《ねんがくあざり》を召《め》し加《くは》へてぞ罵《ののし》る。阿闍梨《あざり》の験《げん》の薄《うす》きにあらず、御物《おほんもの》の怪《け》の、いみじう強《こは》きなりけり。

宰相《さいしやう》の君《きみ》、招人《をきびと》に、叡効《ゑいかう》を添《そ》へたるに、夜一夜《よひとよ》、罵《ののし》り明《あ》かして、声《こゑ》も嗄《か》れにたり。「御《おほん》物《もの》の怪《け》、移《うつ》れ」と、召《め》し出《い》でたる人々《ひとびと》も、皆《みな》、移《うつ》らで、騒《さわ》がれけり。

［訳］　少し時間が、さかのぼります。中宮様がご出産なさる直前に、物《もの》の怪《け》たちが大騒ぎしたことを書き忘れるところでした。「いよいよ、ご出産が始まる」という段になって、中宮様のおめでたを妬み、憎み、大声で泣きわめく物の怪の声々が、何とおぞましかった

ことでしょう。

前にも書きましたけれども、中宮様に取り憑《つ》いている、しつこい物の怪どもを、一つ一つ、何人かの「憑坐《よりまし》」に移しては、調伏しているのです。衝立《ついたて》などで区切って「局《つぼね》」と呼んでいる空間を作り、その中に憑坐となる少女一人と、憑坐に移された物の怪を調伏する修験者が入っていることは、前に申しましたね。それぞれの局には、担当者と言うか責任者がいて、その責任者が霊感の強い少女を憑坐役として差し出すのです。

女蔵人《にょくろうど》(下仕えの女性役人)たちも、局の責任者を務めていました。源の蔵人の受け持つ局の憑坐に移された物の怪は、心誉阿闍梨《しんよあざり》が調伏しました。兵衛《ひょうえ》の蔵人《くろうど》の局の憑坐に移された物の怪は、「そうそ」という僧都が受け持ちました。右近の蔵人の局の憑坐に移された物の怪は、法住寺の律師(尋覚)が折伏《しゃくぶく》しました。

そのほか、宮の内侍や、宰相の君が担当している局もありました。宮の内侍の局では、憑坐の少女に乗り移った物の怪が暴れて、調伏すべき「ちそう」阿闍梨が、逆に物の怪の乗り移った憑坐に引きずり倒されて、見るに見かねたので、新たに念覚阿闍梨に応援に来てもらって、大騒ぎしながら何とか調伏できたのでした。これは、「ちそう」僧都の霊験が足りなかったのではありません。これから将来の天皇を生もうとなさっている彰子様と、その父親で将来の摂政の地位を手に入れようとしておられる道長様を憎悪する物の怪の怒りと憎悪がすさまじかったからなのです。

宰相の君が担当している局では、憑坐の少女になかなか物の怪を移すことができず、霊を招き出す役目として、名高い叡効《えいこう》に新たに来てもらい、一晩中、祈り続けてもらったので、さすがの叡効の声も、すっかり嗄《か》れてしまったほどでした。そのほか、「中宮様に取り憑いた物の怪を、移すために必要だ」ということで、憑坐となるべく集められた少女たちにも、執念深い物の怪どもが、いつまでも中宮様のお体にしがみついて、すべては憑坐に乗り移ってくれず、人々は、「どうしたらよいだろうか」と、大騒ぎしたものでした。

こういう、すさまじい物の怪たちとの戦いに勝って、中宮様はめでたくご出産あそばされたのです。

［評］ 若い女蔵人《にょくろうど》が、みずから「憑坐《よりまし》」となったと解釈する説もある。けれども、憑坐となるには、宗教的な感性と修練が必要だと思われるので、ここは女蔵人や女房たちが「責任者」ないし「担当者」となった、と考えたい。『源氏物語』の葵の巻でも、六条御息所の生霊以外にも、大勢の物の怪たち

が出現している。

それにしても、「ちそう僧都」を引き倒す物の怪の迫力は凄まじい。道長の権力の「負」の側面を、これらの物の怪の跳梁跋扈《ちょうりょうばっこ》が照らし出している。「ちそう」には、智尊、智照、千算などという漢字が宛《あ》てられているが、未詳である。

18 朝日のような男皇子が生誕された

午《むま》の時《とき》に、空晴《そらは》れて、朝日《あさひ》、差《さ》し出《い》でたる心地《ここち》す。平《たひ》らかに御座《おは》します嬉《うれ》しさの類《たぐ》ひも無《な》きに、男《をとこ》にさへ御座《おは》しましける喜び、如何《いか》がは、斜《なの》めならむ。

昨日《きのふ》、萎《しを》れ暮《く》らし、今朝《けさ》の程《ほど》、朝霧《あさぎり》に溺《おぼ》ほれつる女房《にようばう》など、皆《みな》、立《た》ち散《あか》れつつ休《やす》む。御《お》前《まへ》には、打《う》ち老《ね》びたる人々《ひとびと》の、斯《か》かる折節《をりふし》、付《つ》き付《づ》きしき、候《さぶら》ふ。

【訳】 中宮様のご出産は、九月十一日のことでした。その日の正午頃、土御門邸の上空には、晴れ渡った秋空が広がっていました。人々の心にわだかまっていた不安や心配が、すべて雲散霧消したので、今はお昼なのですが、まるで朝日が差してきたような、晴れやかな気持ちを、人々は満喫していました。これまでにも日が差していたのに、まったく気づかずに、物の怪退治に躍起になっていたのも、不思議と言えば不思議なことでした。

中宮様は、母子共に、すこやかでいらっしゃいます。それだけでも、人々はたいそう嬉しいのですが、お生まれになったのが待望の男皇子《おとこみこ》でさえいらっしゃったものですから、人々の喜びはもう大変なものでした。

昨日、九月十日は、中宮様の難産を心配して、ぼろぼろと涙を流しながら心配申し上げ、今朝《けさ》、九月十一日の早朝も、朝霧に濡れたかのように、心配の涙で袖を濡らした女房たちも、今やっと、心も晴れ晴れと、三々五々、自分たちの局に戻って行き、つかの間の休息を取ることができます。お産を済まされたばかりの中宮様のお側には、少々お年を召した女房で、自分自身も出産した体験があって、いざという時には機敏な対応のできる女房たちが控えていました。

［評］群書類従本の「今朝《けさ》の程《ほど》、朝霧《あさぎり》に溺《おぼ》ほれつる女房《にようばう》など」の「朝霧」の部分を、「秋霧」とする本文もある。

ここで、生まれたのが待望の男皇子であった事実が明かされる。道長の野望は、遂に叶えられたのである。後《のち》の後一条天皇である。

「午《むま》の時《とき》に、空晴《そらは》れて、朝日《あさひ》、差《さ》し出《い》でたる心地《ここち》す」とあるのは、太陽のように輝かしい男皇子の誕生を言祝《ことほ》いだ表現である。光源氏が「光る君」と呼ばれたように、朝日の化身のように輝かしい皇子が、この日本に誕生されたのだ。

19 直ちに祝宴の準備が始まる

殿《との》も、上《うへ》も、彼方《あなた》に渡《わた》らせ給《たま》うて、月頃《つきごろ》、御修法《みずほふ》、読経《どきやう》に候《さぶら》ひ、昨日《きのふ》、今日《けふ》、召《め》しにて、参《まゐ》り集《つど》ひつる僧《そう》の布施《ふせ》、賜《たま》ひ、医師《くすし》・陰陽師《おんやうじ》など、道々《みちみち》の験《しるし》、顕《あら》はれたる、禄《ろく》、賜《たま》はせ、内《うち》には、御湯殿《おほんゆどの》の儀式《ぎしき》など、予《かね》て、設《まう》けさせ給《たま》ふべし。

人《ひと》の局々《つぼねつぼね》には、大《おほ》きやかなる袋《ふくろ》・包《つつみ》ども、持《も》て違《ちが》ひ、唐衣《からぎぬ》の縫物《ぬひもの》、裳《も》、引《ひ》き結《むす》び、螺《ら》鈿《でん》・縫物《ぬひもの》、けしからぬまでして、引《ひ》き隠《かく》し、（女房）「扇《あふぎ》、持《も》て来《こ》ぬかな」など、言《い》ひ交《か》はしつつ、化粧《けさう》じ、繕《つくろ》ふ。

［訳］中宮様が無事に男皇子《おとこみこ》を出産あそばされたのを見届けて、殿（道長様）も、倫子様も、ご自分のお部屋へとお戻りになりました。そして、そちらで、ここ何か月も、「不断の御修法」や「五壇の法」のために屋敷に詰めていた僧侶たちや、ここ数日の安産祈願のために呼び集められた僧侶や修験者たちに、お布施が与えられました。医師や陰陽師など、それぞれの専門の分野で、中宮様の安産に顕著な貢献をした者たちにも、褒美の禄が差し上げられました。そして、早くも、内々に、お生まれになったばかりの若君の「御湯殿《おおんゆどの》の儀《ぎ》」を盛大に執り行うための準備が、着々となされているようです。

若宮のご誕生をお祝いする儀式は、これから立て続けに、何度も催されます。その準備に余念がないのは、女房たちも同様です。これから自分も列席する晴《はれ》の儀式に着用する着物や、アクセサリーなどが、見るからに大きな袋や紙包みに入れて、女房たちそれぞれの局《つぼね》に、実家から運び込まれています。荷物を運び入れる人が、しきりに行き違っています。それらの袋や包みの中には、豪華な刺繍が施された唐衣《からぎぬ》などが入っています。腰に巻き付ける裳《も》には、組み糸を花のように結んだ飾りや、螺鈿《らでん》の縫い物がなされていて、「ここまで華美な衣装はどういうものだろうか」と、私が心配になるほどです。女房たちは、それらの豪華な衣装やアクセサリーを、満足そうに確認しては、急に、辺《あた》りを見廻して、儀式の当日まで、ほかの女房には見られないようにしたくて、こっそり袋や包みの中にしまいこんでいます。女房たちは、「あら、まだ、檜扇《ひおうぎ》を持ってきてくれないわね」などと、言い交わしながら、それぞれのお化粧や身繕いに夢中です。

［評］　敦成親王の誕生に貢献した僧、修験者、陰陽師、医師たちに、道長からの禄が授けられた。女房たちは、これから立て続けに行われる祝宴に備えて、準備に余念がない。

20 公卿たち、それぞれの喜び

例《れい》の、渡殿《わたどの》より見遣《みや》れば、妻戸《つまど》の前《まへ》に、宮《みや》の大夫《だいぶ》、東宮《とうぐう》の大夫《だいぶ》など、然《さ》らぬ上達部《かんだちめ》も、候《さぶら》ひ給《たま》ふ。

殿《との》、出《い》でさせ給《たま》ひて、日頃《ひごろ》、埋《うづ》もれつる遣水《やりみづ》、繕《つくろ》はせ給《たま》ひ、人々《ひとびと》の御気色《みけしき》ども、心地良《ここちよ》気《げ》なり。心《こころ》の内《うち》に、思《おも》ふ事有《ことあ》らむ人《ひと》も、唯今《ただいま》は、紛《まぎ》れぬべき世《よ》の気配《けはひ》なる中《うち》にも、宮《みや》の大《だい》夫《ぶ》、殊更《ことさら》にも、笑《ゑ》み誇《ほこ》り給《たま》はねど、人《ひと》より増《ま》さる嬉《うれ》しさの、自《おの》づから色《いろ》に出《い》づるぞ、理《ことわり》なる。右《みぎ》の宰相《さいしやう》の中将《ちゆうじやう》は、権中納言《ごんちゆうなごん》と戯《たはぶ》れして、対《たい》の簀子《すのこ》に、居給《ゐたま》へり。

［訳］ 衣裳自慢や衣裳比べなどに興味がない私は、自分の局《つぼね》のある渡り廊下から、いつものように、ゆったりした気持ちで、お庭の景色を眺めていました。寝殿の妻戸《つまど》（両開きの戸）の前には、彰子様にお仕えする中宮職の長官である藤原斉信《ただのぶ》様、東宮（後の三条天皇）にお仕えする藤原懐平《かねひら》様、そのほか殿（道長様）をお慕いしている公卿たちも、大勢が伺候

していらっしゃいます。

突然、殿（道長様）が、お部屋の中から姿を現して、縁側まで見えました。そして、お庭の様子を眺めていらっしゃいました。ここ数日は、中宮様のお産に忙殺されて、お庭の手入れが滞っていたのに気づかれたようで、遣水《やりみず》の上に浮かんでいる草や葉っぱを取り除くように、お命じになりました。殿も、ゆったりしたお心を取り戻されたのでしょう。

そういう殿を仰ぎ見ている公卿たちも、満ち足りた思いで、ともすれば笑みがこぼれたりしています。殿方たちは、厳しい政治の世界に身を置いておられますから、心の中では、不遇感を抱いている人もいることでしょうが、今、この瞬間は、中宮様の出産がもたらした喜びで、つらいことなど忘れてしまったかのようです。その中でも、中宮職の斉信様は、わざとらしい笑いなどはさすがに控えておられますが、ほかの人よりも格段に大きな喜びを感じていることが、ついつい顔の色や何気ない振る舞いなどに現れています。まことに、もっともなことです。

対屋《たいのや》の簀子《すのこ》で、楽しそうに冗談を言い合って座っておられるのは、藤原兼隆《かねたか》様と藤原隆《たか》家《いえ》様です。兼隆様は、「七日関白」道兼《みちかね》様のお子様ですし、隆家様は「中の関白」道隆《みちたか》様のお子様です。「御堂関白」道長様が天下の政を執《と》っておられることに関して、まったく何も感じていないことはないでしょう。けれども、今は、愉快な会話を楽しんでいらっしゃいます。

［評］　藤原斉信は、道長の権力を支えた「四納言《しなごん》」の一人である。『枕草子』にも登場し、清少納言と楽しいやりとりを繰り広げている。『白氏文集』の「蘭《らん》省《しやう》ノ花《はな》ノ時《とき》、錦帳《きんちやう》ノ下《もと》」という漢詩句を斉信から示された清少納言は、それに続く「廬山《ろざん》ノ雨《あめ》ノ夜《よ》、草庵《さうあん》ノ中《うち》」を和歌に移し替え、「草《くさ》の庵《いほり》を誰《たれ》か訪《たづ》ねむ」と応じた。『枕草子』屈指の名場面である。斉信が相手だったからこそ、清少納言の機知が引き出され、輝いた。

藤原隆家は、中宮定子の弟で、「中の関白」道隆の子。『枕草子』にも登場する。「扇の骨」をめぐる清少納言とのやり取りは楽しい。隆家は、「刀伊《とい》の入《にゅう》寇《こう》」（一〇一九年）を撃退したことでも知られる。葉室麟『刀伊入寇　藤原隆家の闘い』は、歴史時代小説の異色作である。

21　一条天皇より親王の守り刀が贈られる

内裏《うち》より、御佩刀《みはかし》、持《も》て参《まゐ》れり。頭《とう》の中将頼定《ちゆうじやうよりさだ》、今日《けふ》、伊勢《いせ》の奉幣使《みてぐらつかひ》、帰《かへ》る程《ほど》、昇《のぼ》るまじければ、立《た》ちながらぞ、平《たひ》らかに御座《おは》します御有様《おほんありさま》、奏《そう》せさせ給《たま》ふ。禄《ろく》なども、賜《たま》ひける、其《そ》の事《こと》は見《み》ず。

［訳］　若宮の誕生を言祝《ことほ》ぐために、宮中から、頭の中将源頼定《よりさだ》様が遣わされて、御佩刀《みはかし》（守り刀）を若宮にお授けになりました。頼定様は、中宮様のお産の際には、東面《ひがしおもて》に待機して、見守っておられました。安産を見届けてから、宮中へ向かい、主上様《うえさま》にこの度《たび》の慶事の報告を奏上し、直ちに、主上様《うえさま》から親王へ授けられる守り刀を持って、土御門邸に戻ってこられたのです。

頼定様は、この役目を終えたら、再び宮中に戻って、御佩刀《みはかし》を授けたことを、主上様《うえさま》に復命なさるのです。それについて、殿（道長様）から、ご注意がなされました。「本日は、宮中から伊勢大神宮に奉幣使が出発する日である。清浄を保たねばならない。出産の穢れに触れた頼定殿は、宮中に戻っても昇殿せずに、庭に立ったままで、中宮様が母子共にお健やかでいらっしゃる旨を、主上様《うえさま》にご報告するように」、という殿のご意向だったのです。

この時、御佩刀《みはかし》を持参した頼定様には、殿からご褒美が授けられましたが、その様子は、私は自分の目で見ていませんので、ここには書くことができません。

［評］　群書類従本で「御佩刀《みはかし》、持《も》て参《まゐ》れり。頭《とう》の中将頼定《ちゆうじやうよりさだ》」となっている箇所は、他の写本では、「御佩刀《みはかし》、持《も》て参《まゐ》れる頭《とう》の中将頼定《ちゆうじやうよりさだ》」となっている。

源頼定は、村上天皇の子である為平《ためひら》親王の子。為平親王の母方の父親が源高《たか》明《あきら》であり、藤原氏の陰謀である「安和の変」で失脚した。『蜻蛉日記』中巻に詳しい。ちなみに、頼定は、『蜻蛉日記』の作者のライバルだった「近江」が生んだ綏子《すいし》（三条天皇の東宮時代の尚侍）と関係して、身ごもらせた。その真相を突き止めるために、綏子の異母兄である道長が、綏子の乳房をひねって母乳をほとばしらせたエピソードが、『大鏡』に載っている。

複雑に絡まり合った人間関係の網の目の中で、公卿たちは生きていた。

22 臍《ほぞ》の緒《お》を切る

御臍《おほんほぞ》の緒《を》は、殿《との》の上《うへ》。御乳付《おほんちつけ》は、橘《たちばな》の三位《さんゐ》（つな子）。御乳母《おほんめのと》、元《もと》より候《さぶら》ひ、睦《むつ》ましう、心良《こころよ》い方《かた》とて、大左衛門《おほさゑもん》の御許《おもと》、仕《つか》うまつる。備中《びつちゆう》の守宗時《かみむねとき》の朝臣《あそん》の娘《むすめ》。蔵人《くらうど》の弁《べん》の乳母《めのと》。

［訳］ 若宮の「臍《ほぞ》の緒《お》」を竹の刀で切る役目は、中宮様の母上である道長夫人の倫子様がお勤めになられました。初めて、若宮にお乳を与える「乳付《ちつけ》」は、橘の三位《さんみ》「綱子《つなこ》」様が勤められました。

若宮の乳母《めのと》には、以前から中宮に女房としてお仕えしているので、安心して乳母を命じられる、気立ての良い大左衛門《おおざえもん》の御許《おもと》が、選ばれました。この人は、備中の守を勤めた橘宗時殿の娘です。それと、蔵人の弁の乳母も、選ばれました。

［評］ 「つな子」とあるのは、実は「徳子」が正しい。「宗時」は「道時」の誤

写かとされる。群書類従本で、「蔵人《くらうど》の弁《べん》の乳母《めのと》」とあるのは、「蔵人《くらうど》の弁《べん》の妻《め》」とある、他の写本の本文が正しい。つまり、「大左衛門《おほさゑもん》の御許《おもと》」という女房は、「備中《びっちゅう》の守宗時《かみむねとき》の朝臣《あそん》の娘《むすめ》」であり、「蔵人《くらうど》の弁《べん》の妻《め》」である、という文脈である。

群書類従本では、若宮の「乳母」として、「大左衛門《おほさゑもん》の御許《おもと》」と、「蔵人《くらうど》の弁《べん》の乳母《めのと》」の二人が任命された、という意味になる。ちなみに、与謝野晶子の訳は、群書類従本に拠っているので、乳母は二人いたことになっている。

群書類従の本文に従うと、歴史的史実から離れる場面もあるが、そういう誤解・誤読が近代までなされていたことは「事実」であり、無視できない。そういう意味で、群書類従本に従った解釈を、本書では試みている。

23　御湯殿《おおんゆどの》の儀の支度《したく》、整う

御湯殿《おほんゆどの》は酉《とり》の時《とき》とか。火《ひ》、燈《とも》して、宮《みや》の下部《しもべ》、緑《みどり》の衣《きぬ》の上《うへ》に、白《しろ》き当色《たうじき》、着《き》て、御湯《おほんゆ》、参《まゐ》る。其《そ》の桶《をけ》据《す》ゑたる台《だい》など、皆《みな》、白《しろ》き覆《おほ》ひしたり。尾張《をはり》の守近光《かみちかみつ》、宮《みや》の侍《さぶらひ》の長《をさ》なる仲信《なかのぶ》、来《き》て、御簾《みす》の許《もと》に参《まゐ》る。御厨子《みづし》、二《ふた》つ。清子《きよいこ》の命婦《みやうぶ》、播磨《はりま》、取《と》り次《つ》ぎて、埋《う》めつつ、女房二人《にようばうふたり》、大木工《おほもく》、馬《むま》、汲《く》み渡《わた》して、御瓫《おほんほとぎ》、十六《とをあまりむつ》に余《あま》れば、入《い》る。薄物《うすもの》の表着《うはぎ》、縑《かとり》の裳《も》、唐衣《からぎぬ》、釵子《さいし》挿《さ》して、白《しろ》き元結《もとゆひ》したり。頭付《かしらつ》き、映《は》えて、をかしく見《み》ゆ。

御湯殿《おほんゆどの》は、宰相《さいしやう》の君《きみ》。御迎《おほんむか》へ湯《ゆ》、大納言《だいなごん》の君《きみ》（源遍子）。湯巻姿《ゆまきすがた》どもの、例《れい》ならず、様異《さまこと》に、をかし気《げ》なり。

［訳］若宮が初めてお湯を遣われる「御湯殿《おおんゆどの》の儀《ぎ》」は、午後六時頃に始まるとか、聞きました。湯殿は、中宮様の御帳台のある東母屋《ひがしおもや》の東廂《ひがしひさし》と南廂《みなみひさし》が交叉するあたりに、作られています。

あたりが暗くなって、火が燈《とも》されてから、中宮職に勤める下役《したやく》が、六位の役人であることを示す緑色の衣服の上に、白い装束を着て、沸かしたての熱いお湯をお運び申し上げました。お湯を入れた桶も、その桶を乗せる台なども、すべて、白い布で覆われていました。白は、お産の色なのです。

その台が置かれている所まで、尾張の守《かみ》藤原近光《ちかみつ》と、中宮職の侍長《じちょう》である六人部《むとべ》仲信《なかのぶ》の二人が歩いて行って、桶を持ち、御簾《みす》の前まで運び申し上げました。そこにも、棚の付いた厨子《ずし》が、二つ置いてありました。橘清子《きよいこ》の命婦《みょうぶ》と、播磨《はりま》(この人は、和泉式部の妹さんです)の二人が、かつがつ桶を受けとっては、湯加減を調節して、ちょうどよい温度まで薄めました。

それを、大木工《おおもく》と馬《うま》の二人の女房が、素焼きの土器に汲み入れます。その土器の数が十六に達すると、残りのお湯は湯槽《ゆぶね》の中に注ぎます。大木工と馬の二人は、薄物《うすもの》の表着《うわぎ》に、固く織った縑《かとり》の裳《も》をつけ、唐衣《からぎぬ》を着て、髪には釵子《さいし》を挿《さ》し、髪を白い元結《もとゆい》で縛って、ほどけないようにしています。この白い元結の効果で、髪の毛の雰囲気が、きりりと引き締まって見えます。

こうして、御湯殿の儀の準備が、整いました。いよいよ、若君がお湯を使われる段になります。その大役を担うのは、私のお友だちの宰相の君です。そのお手伝いをするのが、大納言の君。この二人は、お湯が自分の着物にかからないように「湯巻《ゆまき》」を着ています。

いつもは、上品な着こなしのお二人が、こういう見慣れない、甲斐甲斐《かいがい》しいお姿なのも、とても面白く感じられました。

［評］「御厨子《みづし》、二《ふた》つ」の箇所の原文は、「みつし二」とある。「みつし」に濁点を打ち、漢字を宛てると、「御厨子《みづし》」と「水仕《みづし》」（水を司る女官）の二つが考えられる。また、「二」も、「御厨子」ならば「二つ」であろうし、「水仕」ならば「二人」であろう。後者に従って、「清子の命婦《きよいこのみょうぶ》」と「播磨《はりま》」の二人のことを「水仕」と呼んだとも解釈できるが、「二人」を「二」という漢字一文字で済ませることは、あまりないのではないか。よって、「御厨子、二つ」という本文に従って解釈した。

大納言の君の名前は「源遍子」とあるが、「源廉子」が正しい。

なお、「御湯殿の儀」で用いる「御瓫《おほんほとぎ》」の数が、十六個であることに、個人的には興味がある。これから行われる「御産養」は、三日目、五日目、七日目、九日目というふうに、奇数の日に行われる。一桁の奇数では、九と七が最も大きい。その合計が十六である。偶然ではあるが、おめでたいとされる「八」の倍数が、十六でもある。平安時代に朝廷から幣《ぬさ》が奉られた畿内の神社の数は、「十六社」だった。

24　若宮、御湯殿に向かう

若宮《みや》は、殿《との》、抱《いだ》き奉《たてまつ》り給《たま》ひて、御佩刀《みはかし》、小少将《こせうしやう》の君《きみ》、虎《とら》の頭《かしら》、宮《みや》の内侍《ないし》、取《と》りて、御先《おほんさき》に参《まゐ》る。唐衣《からぎぬ》は、松《まつ》の実《み》の紋《もん》、裳《も》は、海賦《かいぶ》を織《お》りて、大海《おほうみ》の摺目《すりめ》に象《かたど》れり。腰《こし》は、薄物《うすもの》。唐草《からくさ》を縫《ぬ》ひたり。少将《せうしやう》の君《きみ》は、秋《あき》の草叢《くさむら》、蝶《てふ》、鳥《とり》などを、白銀《しろがね》して作《つく》り、輝《かかや》かしたり。織物《おりもの》は、限《かぎ》り有《あ》りて、人《ひと》の心《こころ》に如《し》くべい様《やう》、無《な》ければ、腰《こし》ばかりを、例《れい》に違《たが》へるなンめり。

【訳】　こうして、御湯殿の儀が、始まりました。湯殿へ向かう時も、湯殿から戻る時も、若君は、殿（道長様）自らが、お抱きになっていました。主上様《うえさま》から賜りました守り刀は、小少将の君が、大事に捧げ持っています。虎の頭《かしら》をお湯に映して産湯《うぶゆ》を使うと健康に育つという風習があるので、このたび用いられた「虎の頭《かしら》」の剝製を、宮の内侍が、おっかなそうに持っています。

この時の二人の女房の衣裳は、素晴らしいものでした。宮の内侍の唐衣は、松笠《まつかさ》の紋様でした。裳は、波や貝や海藻などの海辺の景色を織り込んだもので、本来ならば青が基調の「大海《おおうみ》」の文様を、お産にふさわしい白い衣裳に、写し取ったものでした。裳の腰に当たる部分（大腰《おおごし》）は、薄い織物で、唐草《からくさ》の紋様が縫い取ってありました。

もう一人の小少将の君が着ていた裳の腰の部分には、秋の草むら、蝶、鳥などを、銀色の糸で縫い取ってあり、それがともすれば光の加減で、きらきらと輝くのでした。

女房たちが身に纏う織物には、それぞれの身分や立場に応じた制限があり、誰もが自分が着たいと思った通りのものを、自由に着られるものではありません。それで、裳の大腰の部分だけでも、いつもと違って、自分の好みを前面に押し出しているのでしょう。

［評］　儀式の式次第が、整然と書かれている。もっとも、完璧ではなく、『紫式部日記』の記述と、実際の出来事の違いも、いくつか指摘されている。『紫式部日記』が文学作品である以上、やむを得ぬことだろう。

紫式部が心覚えのために書いておいた備忘録が、適切だったのだろう。『源氏物語』を執筆するために、紫式部は公卿たちが漢文で書き記した日記や記録類を読み込んでいる。だから、式次第の記録の残し方が、よくわかっていたのだろう。

なお、『紫式部日記』には儀式の内容だけでなく、上臈女房には着ることが許されている色や素材が、中臈以下の女房には禁じられていることなども、巧みに書き込まれいる。上臈女房にとっては「聴《ゆる》しの色」、中臈以下の女房にとっては「禁色《きんじき》」である。身分秩序に縛られている中で、精一杯の自己主張を展開した『源氏物語』の明石の君を造型した紫式部には、女たちの心の奥底を覗き込む力があった。

「虎《とら》の頭《かしら》」は作り物とする説もあるが、ここは虎の剝製だと考えておいた。

25　いささかの笑いを添えて

殿《との》の君達《きんだち》、二所《ふたところ》、源少将《げんせうしやう》（雅通《まさみち》）など、散米《うちまき》を投《な》げ罵《ののし》り、（頼通たち）「我《われ》、高《たか》う、打《う》ち鳴《な》らさむ」と、争《あらそ》ひ騒《さわ》ぐ。「へんち」寺《じ》の僧都《そうづ》、護身《ごしん》に候《さぶら》ひ給《たま》ふ、頭《かしら》にも目《め》にも、当《あ》たるべければ、扇《あふぎ》を捧《ささ》げて、若《わか》き人《ひと》に笑《わら》はる。

文読《ふみよ》む博士《はかせ》、蔵人《くらうど》の弁広業《べんひろなり》、高欄《かうらん》の許《もと》に立《た》ちて、『史記《しき》』の一巻《いつくわん》を読《よ》む。弦打《つるうち》二十人《はたたり》。五位十人《ごゐとたり》、六位十人《ろくゐとたり》、二並《ふたなみ》に立《た》ち渡《わた》れり。

夜《よ》さりの御湯殿《おほんゆとの》とても、様《さま》ばかり頻《しき》りて、参《まゐ》る。儀式《ぎしき》、同《おな》じ。御文《おほんふみ》の博士許《はかせばか》りや、変《か》はりけむ。伊勢《いせ》の守致時《かみむねとき》の博士《はかせ》とか。例《れい》の、『孝経《かうきやう》』なるべし。また、挙周《たかちか》は、『史記《しき》』文帝《ぶんてい》の巻《まき》をぞ読《よ》むなるべし。七日《なぬか》の程《ほど》、代《か》はる代《が》はる。

【訳】殿（道長様）が若宮をお抱きしてお通りになる後《うし》ろから、殿のご子息である頼通様《よりみち》（十七歳）と教通様《のりみち》（十三歳）のお二人や、倫子様の甥に当たる源雅通様《まさみち》たちが、邪気を払うための散米《うちまき》を、大声を出しながら盛大に撒き散らされます。散米が、物に当たって高い音を出すと、効き目があるように感じられるので、三人の若者たちが、「自分こそ、一番高い音を出すのだ」と、競争して撒き散らしておられます。「へんち寺」の僧都《そうず》は、若宮が誕生になる以前から、不断経《ふだんぎょう》のお勤めなどで祈禱してこられたのですが、今も、若宮の護身のために身近に侍《じ》しておられます。その僧都に向かっても、頼通様たちは遠慮なく散米を勢いよく打ち付けられるので、僧都の目や頭を直撃しそうになりました。僧都は、手に持った扇で頭や顔を守ろうとされますが、その仕種《しぐさ》が何ともおかしくて、若い女房たちから笑われています。仏法の力で若君をお守りすることには成功しても、自分の頭を散米から守ることは難しいようでした。

御湯殿の儀に際して、縁起の良い漢籍の文章を誦《よ》み上げる博士《はかせ》には、文章博士《もんじょうはかせ》で、蔵人《くろうど》と右少弁も兼ねる藤原広業《ひろなり》殿が選ばれ、建物の高欄《こうらん》の下に立ち、『史記』の第一巻を、朗々と誦み上げました。「五帝本紀《ごていほんぎ》」の「黄帝《こうてい》」の一節でしたよ。ただし、『孝経《こうきょう》』の一節だと思った人も、いたようです。

お庭には、魔除けのために弓の弦《つる》を打ち鳴らす者たちも、整列していました。全部で二十人ですが、内訳《うちわけ》は、五位の者が十人、六位の者が十人です。十人ずつが、二列に並んで、大きな音で弦打《つるう》ちをして、若宮をお守りしています。

「御湯殿の儀」は、朝と夕の二回、行われる決まりですが、このたびは、一回目の「朝時の儀」が、遅くなってから午後六時頃に行われたので、二回目の「夕時の儀」は、午前零時頃に、形だけ行われました。私は、その場に立ち合っていないので、人から聞いた話で、ご説明します。

夕時の儀は、朝時の儀と同じことを、繰り返します。ただし、漢詩文を誦み上げる博士だけが交替した、とかいう話です。伊勢の守《かみ》で、明経博士《みょうぎょうはかせ》の中原致時《なかはらのむねとき》殿であったとか。誦み上げたのは、恒例の『孝経』の「天子章《てんししょう》」の一節だったのでしょう。また、もう一人、漢文を誦む文章博士がいて、大江挙周《おおえのたかちか》殿です。彼は、私の同僚である赤染衛門《あかぞめえもん》の息子さんです。『史記』の「文帝《ぶんてい》」の一節を誦むのでしょう。御湯殿の儀は、七日間、連続して行われますが、今、名前を挙げた三人の博士たちが、交替交替に務めています。

【評】「挙周《たかちか》は、『史記《しき》』文帝《ぶんてい》の巻《まき》をぞ読《よ》むなるべし」は、他の本では「読むなりし」となっている。

道長の二人の息子（頼通と教通）が景気よく散米《うちまき》を撒き散らし、それが高僧の頭を直撃したのは、「日記の誹諧《はいかい》」である。『源氏物語』の少女《おとめ》の巻では、夕霧が学ぶことになった大学の博士たちが、戯画化されて描かれている。さすがに、『紫式部日記』のこの場面では、博士たちは「誹諧」の磁場からは免れている。

なお、大江挙周《たかちか》は、赤染衛門の息子であるが、有名なエピソードがある。挙周が和泉の守であった頃に、重病で命も危うく見えた。母親の赤染衛門は、住吉大社に詣でて、一首の和歌を詠んだ。

替《か》はらむと思ふ命は惜しからで然《さ》ても別れむ事ぞ悲しき

（我が子の命と引き換えに、私の命を差し出すことは惜しくありません。けれども、息子の命が助かって、私が死ぬとなると、もう二度と息子とは逢えなくなるかと思うと、それだけが悲しくてなりません。）

この歌に感動した住吉明神の力で、挙周の病は快方に向かったと言う。

また、挙周が望んだ官《つかさ》に任命された際には、赤染衛門が道長夫人の源倫子に和歌を送り、感動した道長の力が作用した、とも伝えられている。

26 女房たちを冷静に観察する

万《よろづ》の物《もの》の、曇《くも》り無《な》く、白《しろ》き御前《おまへ》に、人《ひと》の様態《やうだい》、色合《いろあひ》などさへ、掲焉《けちえん》に顕《あら》はれたるを見渡《みわた》すに、良《よ》き墨絵《すみゑ》に、髪《かみ》どもを、生《お》ほいたる様《やう》に見《み》ゆ。

いとど、物《もの》はしたなくて、輝《かかや》かしき心地《ここち》すれば、昼《ひる》は、をさをさ差《さ》し出《い》でず、長閑《のどやか》にて、東《ひんがし》の対《たい》の局《つぼね》より、参《ま》う上《のぼ》る人々《ひとびと》を見《み》れば、色聴《いろゆる》されたるは、織物《おりもの》の唐衣《からぎぬ》、同《おな》じ袿《うちき》どもなれば、却々《なかなか》、麗《うるは》しくて、心々《こころごころ》も見《み》えず。聴《ゆる》されぬ人《ひと》も、少《すこ》し大人《おとな》びたるは、傍《かたは》ら痛《いた》かるべき事《こと》は、せで、唯《ただ》、えならぬ三重《みへ》・五重《いつへ》の袿《うちき》に、表着《うはぎ》は織物《おりもの》、無紋《むもん》の唐衣《からぎぬ》、健《すく》よかにして、重《かさ》ねには、綾《あや》・薄物《うすもの》をしたる人《ひと》も、有《あ》り。

扇《あふぎ》など、見目《みめ》には、おどろおどろしく輝《かかや》かさで、由無《よしな》からぬ様《さま》にしたり。心延《こころば》へ有《あ》る本文《ほんもん》、打《う》ち書《か》きなどして、言《い》ひ合《あ》はせたる様《やう》なるも、心々《こころごころ》と思《おも》ひしかども、齢《よはひ》の程《ほど》、同《おな》じ町《まち》のは、「をかし」と見交《みか》はしたり。人《ひと》の心《こころ》の、思《おも》ひ後《おく》れぬ気色《けしき》ぞ、露《あらは》に見《み》えける。

裳《も》、唐衣《からぎぬ》の縫物《ぬひもの》をば、然《さ》る事《こと》にて、袖口《そでぐち》に、置口《おきぐち》をし、裳《も》の縫目《ぬひめ》に、白銀《しろがね》の糸《いと》を伏《ふ》せて、組《くみ》の様《やう》にし、箔《はく》を飾《かざ》りて、綾《あや》の紋《もん》に据《す》ゑ、扇《あふぎ》どもの様《さま》などは、唯《ただ》、雪深《ゆきふか》き山《やま》を、月《つき》の明《あ》かきに、見渡《みわた》したる心地《ここち》しつつ、燦々《きらきら》と、そこはかと見渡《みわた》されず、鏡《かがみ》を掛《か》けたる様《やう》なり。

［訳］　九月十二日になりました。

中宮様が若宮を出産あそばした直後の、女房たちの姿を、私の記憶を総動員して思い出すことにしましょう。中宮様の御前《ごぜん》は、出産に伴い、白一色に模様替えされています。目に入るすべてのものが、一点の曇りも、一片の穢《けが》れもない白さなのです。この白い世界に、たくさんの女房たちが入ってきては、出てゆきます。そうしますと、彼女たちの容貌や、肌の色や、髪の色などが、これまで以上にはっきりと浮かび上がってくるのです。「墨絵《すみえ》＝白描《はくびょう》」は、白い紙の上に、墨の黒一色だけで描かれています。女房たちの姿を見ていると、白描画で、女たちの髪の毛だけが黒く描かれているのを見るような錯覚に陥るのです。白は、人間のすべてを見せてしまう色なのでしょう。私は、自分の心の中までが、はっきりと現れてしまうかのように思え、また、髪の毛にも自信はないので、こういう白いお部屋の中に交じっていると、「みっともない。恥ずかしい」という気持ちに駆られるのでした。昼間は、よほどのことがなければ、中宮様の御前に参上しませんでした。ひたすら、東の対の渡り廊下の端《はし》近くにある私の局《つぼね》にいて、中宮様のお部屋に上《のぼ》ってゆく女房たちの姿を観察しているのが常でした。

女房たちの中でも「上臈女房《じょうろうにょうぼう》」と呼ばれる、中宮様のお気に入りの女房たちは、赤や青など、天皇様や皇族ゆかりの高貴な色の衣裳を着ることを許されています。彼女たちは、禁色《きんじき》の色の、華やかな織物の唐衣《からぎぬ》を着ていますが、その下には、このたびの出産に伴って、一様に白い色の袿《うちき》を着ています。皆さん、綺麗なことは綺麗なお召し物なのですが、同じくらいに綺麗なので、一人一人の個性というものが、かえって窺えないのです。

禁色の色の衣裳を許されていない中臈《ちゅうろう》の女房たちは、どうでしょうか。やや年輩で、世間の常識に通じた者たちは、自分を見ている人たちから批判されないように、遠慮がちに振る舞っています。手の込んだ三枚重ねか、五枚重ねの袿を着て、その上に、紋様のない織物の唐衣を着ています。洒落ているとか、奇を衒《てら》っているなどの批判を避けるためでしょう。中には、重《かさ》ね袿《うちき》にも趣向を凝らさず、絹や羅《うすもの》を着ている人もいます。

「変に目立たないようにしたい」と、皆が意識しているようでした。檜扇《ひおうぎ》なども、ふだんならば、人目に立つ、豪勢な趣向の物が好まれるのですが、今は、派手にきらびやかではないけれども、奥ゆかしさを感じさせるような物を手にしていました。扇には、せめてもの工夫で、出産のおめでたさを言祝《ことほ》ぐ和歌や漢詩の文章を散らし書きにしているようです。ただし、年齢も身分も教養も同じレベルの女房たちですから、一人一人が時宜にかなった和歌や漢詩を思い付いたつもりでも、他人のものと見比べて見たら、一様に、同じ和歌や漢詩ばかりが書かれているので、「面白い偶然の一致ですこと」などと思いながら、見交わしています。彼女たちが、ほかの人には美意識の点で劣っていたくないと張り合っている気持ちは、私にははっきりわかるのですが、「どんぐりの何とやら」で、抜きんでた個性の持ち主など、いるはずはないのでした。

彼女たちは、「白」の基調を冒《おか》さず、変に目立たないように振る舞うという制約がある中で、精一杯の自己主張を試みていたのです。裳や唐衣に、祝意を表す紋様を縫い取るのは、当然のこととして、袖口には、覆輪《ふくりん》と言う、細かな縁《ふち》取《ど》りをし、裳の縫い目には、銀色の糸を伏せ縫いにして、組紐《くみひも》のように飾り、銀箔をふんだんに使って白い綾の紋様として押し付けています。彼女たちが手に持っている檜扇などは、銀色が主体なので、まるで、深い雪に頂まで埋もれた山を、皓々《こうこう》たる月が照らし出している、一面の白皚々《はくがいがい》たる世界を、果てしなく見渡しているような気持ちになります。扇という扇が、すべてきらきら光っていて、そこに書かれている文字や絵が見分けられないのは、まるで、鏡がずらっと並べられているのを、遠くから見入るような感じがします。

［評］　群書類従本の「良《よ》き墨絵《すみゑ》に、髪《かみ》どもを、生《お》ほいたる様《やう》に見《み》ゆ」は、他の本では「生《お》ほしたる様《やう》に見《み》ゆ」となっている。「生《お》ほしたる」のイ音便で「生《お》ほいたる」となったと考える。また、群書類従本の「白銀《しろがね》の糸《いと》を伏《ふ》せて、組《くみ》の様《やう》にし」の部分も、他本では「白銀《しろがね》の糸《いと》を伏組《ふせぐみ》の様《やう》にし」となっている。

この場面、紫式部は、たとえ「どんぐりの背比べ」であったとしても、少しでも自分らしさを演出したいと努力している女房たちの「挑み心」を、冷静に観察している。

最後の「雪」と「鏡」の比喩表現が印象的である。『源氏物語』の浮舟の巻でも、雪の積もっている山に夕日が差すと、きらきらとしてまるで鏡のようだ、という比喩がなされている。

27 若宮の三日の御産養《おおんうぶやしない》が催される

三日《みか》に成《な》らせ給《たま》ふ夜《よ》は、宮司《みやづかさ》、大夫《だいぶ》より始《はじ》めて、御産養《おほんうぶやしなひ》、仕《つか》うまつる。右衛門《ゑもん》の督《かみ》は、御前《おまへ》の事《こと》、沈《ちん》の懸盤《かけばん》、白銀《しろがね》の御皿《おほんさら》など、詳《くは》しくは見《み》ず。源中納言《げんちゆうなごん》、藤宰相《とうさいしやう》は、御衣《みそ》・御《おほん》襁褓《むつき》、衣筥《ころもばこ》の折立《をりたて》、入帷子《いれかたびら》、包《つつみ》、覆《おほ》ひ、下机《したづくゑ》など、同《おな》じ事《こと》の、同《おな》じ白《しろ》さなれど、為様《しざま》、人《ひと》の心々《こころごころ》、見《み》えつつ、し尽《つ》くしたり。

近江《あふみ》の守《かみ》（高雅《たかまさ》）は、大方《おほかた》の事《こと》どもや、仕《つか》うまつらむ。

東《ひんがし》の対《たい》の、西《にし》の廂《ひさし》は、上達部《かんだちめ》の座《ざ》、北《きた》を上《かみ》にて、二行《ふたつら》に。南《みなみ》の廂《ひさし》に、殿上人《てんじやうびと》の座《ざ》は、西《にし》を上《かみ》なり。白《しろ》き綾《あや》の御屏風《みびやうぶ》どもを、母屋《もや》の御簾《みす》に添《そ》へて、外様《とざま》に立《た》て渡《わた》したり。

【訳】九月十三日の夜には、若宮が誕生されてから三日目のお祝いがありました。中宮様にお仕えする中宮職《ちゅうぐうしき》の官人たちが中心になって、「産養《うぶやしない》」の儀式にご奉仕しました。長官である藤原斉信《ただのぶ》様が、その先頭に立っていました。「産養《うぶやしない》」は、生後三日目、五日目、七日目、九日目に行われます。

長官で、右衛門《えもん》の督《かみ》を兼任している斉信殿は、中宮様がお使いになるお膳の、沈《じん》という香木で作られた台や、銀製のお皿などを献上されたそうですが、それらの品を私は詳しくは拝見できませんでした。

中宮職の長官代理を務める中納言の源俊賢《としかた》殿と、中宮職の次官代理を務める宰相の藤原実成《さねなり》殿は、若宮のお召し物や襁褓《むつき》、内部に美しい布を折り敷いた衣箱《ころもばこ》、衣服を衣箱に入れる際の覆い布、衣箱を包む布や覆い、衣箱を乗せる机などを、献上されました。

こういう産養で献上される品々は、いつも同じような規格で、同じように白を基調としたものなのですが、それらのちょっとした作り方に、依頼した人の気持ちや教養が窺われるように、丁寧に仕上げられています。

近江の守《かみ》で、中宮職の次官である源高雅《たかまさ》殿は、その妻が倫子様の乳母子《めのとご》であることから、道長様にお仕えしている人ですが、このたびの「産養」では、この儀式の裏方となって、参加者の酒食などの全般を担当しているようでした。

東の対屋《たいのや》の西側の廂《ひさし》の間《ま》は、上達部（公卿）の席で、北を上座《かみざ》として、二列になつて座っていらっしゃる。南側の廂の間《ま》は、殿上人の席になっていて、西を上座として座っていらっしゃる。母屋と廂の間《ま》の境目は、御簾《みす》だけでなく、白い綾を張り巡らせた屏風を、たくさん外向きに立てて並べてありました。

［評］「仕《つか》うまつらむ」は、他の写本では「仕うまつるらむ」とあり、そちらのほうが意味はわかりやすい。

若宮の最初の御産養は、中宮職という役所の主催で催された。「中宮職」は、中宮にお仕えする役所である。『枕草子』には、「職《しき》の御曹司《みざうし》に御座《おは》します頃」という文章が、頻繁に出てくる。中宮職の役所の建物に、中宮定子が仮住まいしていたのである。

さて、『紫式部日記』の頃の「中宮職」は、「四納言《しなごん》」の一人の藤原斉信が長官で、その下にいる源俊賢も、「四納言」の一人である。有能な文人官僚を擁したことが、道長の権力の掌握と維持に大きく寄与した。

28 若宮の五日の御産養が催される

五日《いつか》の夜《よ》は、殿《との》の御産養《おほんうぶやしなひ》。十五日《もち》の月《つき》、曇《くも》り無《な》く、面白《おもしろ》きに、池《いけ》の汀近《みぎはちか》う、篝火《かがりび》どもを、木《こ》の下《した》に燈《とも》しつつ、屯食《とンじき》ども、立《た》て渡《わた》す。卑《あや》しき賤《しづ》の男《を》の、囀《さへづ》り歩《あり》く気色《けしき》どもまで、色節《いろふし》に立《た》ち顔《がほ》なり。殿守《とのもり》が、立《た》ち渡《わた》れる気配《けはひ》も怠《おこた》らず、昼《ひる》の様《やう》なるに、此処《ここ》・彼処《かしこ》の岩隠《いはがく》れ、木《こ》の下毎《もとごと》に、打《う》ち群《む》れて居《を》る上達部《かんだちめ》の随身《ずいじん》など様《やう》の者《もの》どもさへ、己《おの》がじし、語《かた》らふべかンめる事《こと》は、(随身たち)「斯《か》かる世《よ》の中《なか》の光《ひかり》の、出《い》で御座《おは》しましたる事《こと》を、陰《かげ》に、(随身たち)『何時《いつ》しか』と思《おも》ひしも、及《およ》び顔《がほ》にこそ」。漫《そぞ》ろに打《う》ち笑《ゑ》み、心地良気《ここちよげ》なるや。増《ま》して、殿《との》の内《うち》の人《ひと》は、何許《なにばか》りの、数《かず》にしもあらぬ五位《ごゐ》どもなども、そこはかとなく、腰《こし》も打《う》ち屈《かが》めて、行《ゆ》き違《ちが》ひ、忙《いそが》し気《げ》なる様《さま》して、時《とき》に遇《あ》ひ顔《がほ》なり。

【訳】 九月十五日の夜には、若宮の誕生五日目を祝う「御産養《おおんうぶやしない》」が催されました。この日は、殿(道長様)の主催でした。空には、十五夜の満月が、一点の曇りもなく照り渡っていて、何とも言えない風情がありました。

土御門邸のお庭には、お月様の光が降り注ぐだけではありませんで、庭に作られた池の水辺に植えられている木々の下では、篝火《かがりび》がいくつも、あかあかと燃え続けています。

さらに、お庭のあちこちに、御飯をおにぎりのように丸く固めた強飯《こわいい》を盛り上げた「屯《とん》食《じき》」が、たくさん設置されていました。話では、五十も準備されていたそうです。身分が低いので、建物の中に入れない従者や随身たちは、この屯食を食べて、若宮の誕生を祝う気持ちを高めるのです。彼らは、いい気持ちになって、よく理解できない庶民の言葉を口にしながら、お庭を歩き回っています。彼らなりに、自分も晴れがましい儀式に参列しているのだという、誇らしい顔つきに見えました。

火や油を担当する主殿司《とのもりづかさ》の下役人《したやくにん》たちが、手に松明《たいまつ》を持って、注意怠りなく、ずらりと立ち並んでいるのも、大変な労力だと思われますが、彼らの苦労のお蔭で、あたりはまるで昼間のように明るく見えるのです。

お庭のあちこちに、大きな岩や大きな木が配置されていますが、公卿のお付きの者は、お屋敷で盛大な宴会が催されている間は、ずっと、このような岩や木の陰に、三々五々、隠れて、気配を殺しているのです。けれども、今日ばかりは、屯食を振る舞われて良い気持ちになって、互いに自分の気持ちを語り合っているようなのです。

おそらく、「道長様のような素晴らしい政治家が、世の中の政《まつりごと》を取り仕切っておられるめでたい世の中に生まれ合わせた我らは、道長様の孫に当たられる男皇子《おとこみこ》様が早く誕生されて、早く成長されて、早く光り輝く天皇になられて、世の中をいよいよ明るくしてくださるのを、待ち望んでおったのじゃ。その第一歩がやっと実現して、まことにうれしいし、我らも待った甲斐があったというものじゃ」などと、言っていることでしょう。遠くから見ても、彼らは意味もなく笑いこけており、何とも愉快そうな顔をしていました。

宴会がお開きになって、主人が帰路に就《つ》くまで、お庭で待機している下々の者たちですら、このような喜びにあふれているのですから、まして、土御門邸の中で、殿に仕えている者たちは、取るに足らない五位の男たちですら、わけもなく丁寧に腰をかがめて、忙しそうに行ったり来たりしています。働き甲斐のある時代の、最も働きがいのあるお屋敷に、自分が奉仕できる喜びを発散させているようです。

［評］　若宮の誕生五日目の御産養の主催者は、藤原道長だった。儀式と宴会は、盛大を極めた。公卿たちが階上で儀式に列している間、随身などの「地《じ》

下《げ》」の者たちは、庭で目立たないようにして時間をつぶすしかない。彼らの姿や会話を、紫式部は活写している。身分の低い彼らの言葉は、貴族たちが口にする雅びな言葉ではないので、鳥の囀《さえず》りに喩えられている。庶民の会話を理解できないながらも、顔付きやそぶりから、おそらくこういう意味なのだろうと推測するのは、『源氏物語』でもしばしば用いられている趣向である。

随身たちは、若宮の誕生を「世の中の光」と称えている。朝日が差し昇ったように、光り輝く「天子」が、この世に出現したのである。

29

陪膳《ばいぜん》の八人の女房の心の中を覗いてみると

「御膳参《おものまゐ》る」とて、女房八人《にようばうやたり》、一《ひと》つ色《いろ》に装束《さうぞ》きて、髪上《かみあ》げ、白《しろ》き元結《もとゆひ》して、白《しろ》き御盤《ごばん》、持《も》て続《つづ》き、参《まゐ》る。

今宵《こよひ》の御賄《おほんまかな》ひは、宮《みや》の内侍《ないし》、いと物々《ものもの》しく、鮮《あざ》やかなる様態《やうだい》に、元結映《もとゆひば》えしたる髪《かみ》の下《さ》がり端《ば》、常《つね》よりもあらまほしき様《さま》して、扇《あふぎ》に外《はづ》れたる傍《かたは》ら目《め》など、いと清《きよ》らに侍《はべ》りしかな。

髪上《かみあ》げたる女房《にようばう》は、源式部《げんしきぶ》（加賀《かが》の守景好《かみかげよし》が娘《むすめ》）、小左衛門《こざゑもん》（故備中《こびつちゆう》の守道時《かみみちとき》が娘《むすめ》）、小兵衛《こひやうゑ》（左《さ》京《きやう》の大夫明理《かみあきまさ》が娘《むすめ》）、大輔《たいふ》（伊勢《いせ》の祭主輔親《さいしゆすけちか》が娘《むすめ》）、大馬《おほむま》（左衛門《さゑもん》の大夫頼信《だいぶよりのぶ》が娘《むすめ》）、小馬《こむま》（左衛門《さゑもん》の佐道順《すけみちのぶ》が娘《むすめ》）、小兵部《こひやうぶ》（蔵人《くらうど》なかちかが娘《むすめ》）、小木工《こもく》（木工《もく》の允平《じようたひら》ののぶよしと言《い》ひけむ人《ひと》の娘《むすめ》なり）、容貌《かたち》など、をかしき若人《わかうど》の限《かぎ》りにて、差《さ》し向《む》かひつつ、居渡《ゐわた》りたりしは、いと、見《み》る甲斐《かひ》こそ侍《はべ》りしか。

例《れい》は、御膳参《おものまゐ》るとて、髪上《かみあ》ぐる事《こと》をぞするを、斯《か》かる折《をり》とて、然《さ》りぬべき人々《ひとびと》を選《え》らせ給《たま》へりしを、（八人の女房たち）「心憂《こころう》し」、「いみじ」と、憂《うれ》へ泣《な》きなど、忌々《ゆゆ》しきまでぞ見侍《みはべ》りし。

【訳】「中宮様にお膳をお運びする」ということで、女房八人がずらっと一列に並び、お揃いの白一色の装いで、唐風に髪を頭の上で巻き上げ、それを白い元結《もとゆひ》できりりと縛り、手には白いお膳の台を持って、整然と進んで行きます。中宮様にお膳が運び始められたのは、確か、夜の十時頃でした。

この日、陪膳《ばいぜん》として、お給仕役を務めたのは、宮《みや》の内侍《ないし》でした。重々しい風格を備え、たいそう立派な印象を与える人ですけれども、白い元結が、この人の存在をいっそうきりりと際立たせ、引き締めています。元結から零《こぼ》れ出ている髪の毛が、肩のあたりできちんと揃えられているありさまは、ふだんの彼女の髪型よりも素晴らしく見えます。扇で隠している顔が、何かのはずみで見える時があり、その横顔はまことに清らかで、一流の美しさだと私には思われましたよ。

先ほど述べた八人の女房たちは、髪上げをした姿が印象的でした。重要な儀式の陪膳《ばいぜん》や、宮中での儀式に出席する女房たちは、髪上げをして櫛や釵子《さいし》（簪《かんざし》）で留めるのが、正式の流儀なのです。その八人の名前を、ここに列挙しておきましょう。彼女たちの父親の名前も書き添えておきます。

源式部《げんしきぶ》（加賀の守《かみ》・源景好の娘）、小左衛門《こざえもん》（今は亡き備中の守・橘道時の娘）、小兵衛《こひょうえ》（左京の大夫・源明理《あきまさ》の娘）、大輔《たゆう》（伊勢神宮の神職の長・大中臣輔親《おおなかとみのすけちか》の娘。いわゆる「伊勢の大輔《たゆう》」で、「古《いにしへ》の奈良の都の八重桜《やへざくら》今日《けふ》九重《ここのへ》に匂ひぬるかな」という和歌の作者です）、大馬《おおうま》（左衛門の大輔・藤原頼信の娘）、小馬《こうま》（左衛門の佐《すけ》・高階道信《みちのぶ》の娘）、小兵部《こひょうぶ》（蔵人の「なかちか」の娘）、小木工《こもく》（確か、木工の允・平《じょうたいら》ののぶよしと言ったとかいう人の娘）、以上の八人です。若い女房の中でも、とりわけ見た目の良い者ばかりです。お膳を運び終わった彼女たちが、互いに向かい合って座っている様子は、本当に見た甲斐がある、すばらしいものでしたよ。

ふだんでも、中宮様に御膳を差し上げる際には、髪上げをするのが礼儀なので、女房たちには髪上げをすることに対する抵抗感はないはずです。しかも、今回は、若宮がお生まれになった五日目のお祝いを殿（道長様）が主催される盛大な儀式なのですから、特別に美貌の優れた女房たちを八人、殿の思し召しでお選びになったので、選ばれた八人は光栄に思って、大喜びするはずですのに、意外なことではありますが、実際には、そうでもなかったのです。

八人たちの中には、「お歴々がたくさん集まって、見つめておられる中で奉仕するのは、緊張するし、つらいことだわ」とか、「精神的にひどく追い詰められた気持ちになるわ」などと言っては、不安のあまり泣きだす者までいるので、「せっかくの晴《はれ》の儀式が涙で台無しになったら不吉だわ。どうして、今の若い女房たちは、性根《しょうね》が定まっていないのだろう」と、私には思われたことでした。

［評］　八人の女房が、一人一人お膳を持って歩いてくると解釈したが、八人は「W」のような形でジグザグに座っていて、「手渡しリレー」のようにしてお膳を運んだ、とする説もある。ただし、それでは、お膳が中宮たちのところに到着するまで時間がかかりすぎるのではないか。

なお、女房の父親の名前だが、現在では、加賀の守は「源重文」、蔵人の名前は「ちかただ」で藤原庶政、「平ののぶよし」は「平文義」のことかとされている。

八人の女房は、晴れの舞台で重要な役割を果たすべく、道長から指名されたのだが、衆人環視の中で、自分の顔を人目にさらすことの恥ずかしさに泣きだす姿が印象的である。ちなみに、与謝野晶子は、八人の女房の中に選ばれなかったほかの女房が、悔しさと羨ましさのあまりに泣きだした、と解釈している。けれども、中宮彰子に仕える女房たちは、どちらかと言えば「内気」で、人目に立たないようにしたいという引っ込み思案が多かったのではないか。

30 とにかく大勢の女房や女官が動員されていた

御帳《みちやう》の東面《ひんがしおもて》、二間《ふたま》許《ばか》りに、三十余人《みそたりあまり》、居並《ゐな》みたりし人々《ひとびと》の気配《けはひ》こそ、見物《みもの》なりしか。威儀《ゐぎ》の御膳《おもの》は、采女《うねめ》ども、参《まゐ》る。戸口《とぐち》の方《かた》に、御湯殿《おほんゆどの》の隔《へだ》ての御屏風《みびやうぶ》に重《かさ》ねて、又《また》、南向《みなみむ》きに立《た》てて、白《しろ》き御厨子《みづし》、一双《ひとよろひ》に、参《まゐ》り据《す》ゑたり。夜《よ》、更《ふ》くるままに、月《つき》の隈《くま》無《な》きに、采女《うねめ》、水司《もひとり》、御髪上《みぐしあ》げども、殿司《とのもり》、掃司《かんもり》の女官《にようくわん》、顔《かほ》も知《し》らぬ、居《を》り。闈司《みかどづかさ》など様《やう》の者《もの》にや有《あ》らむ、疎《おろそ》かに装束《さうぞ》き、化粧《けさう》じつつ、おどろの釵子《かんざし》、公々《おほやけおほやけ》しき様《さま》して、寝殿《しんでん》の東《ひんがし》の、渡殿《わたどの》の戸口《とぐち》まで、隙《ひま》も無《な》く、押《お》し込《こ》みて居《ゐ》たれば、人《ひと》も、え通《とほ》り通《かよ》はず。

［訳］ 中宮様の御帳台《みちょうだい》の東側の部屋は、二間《ふたま》（柱の間隔が二つ）ほどのスペースですが、そこに、女房たちが三十人以上も並んで座っているのは、見るからに壮観でした。このたびの儀式の正餐である「威儀《いぎ》の御膳《おもの》」は、采女《うねめ》たちが運んで、お供えしました。

寝殿の東の廂《ひさし》の妻戸のあたりに、御湯殿との隔ての屏風を立ててありますが、さらにもう一つの屏風を一双《いっそう》、南向きに立て、その場所に白木で作られた三階構造の厨子を二つ並べて置いて、そこに威儀の御膳をお持ちして、お供えしてあるのです。

夜が更けてくると、空にかかっている望月《もちづき》の光が、部屋の中まで差し込んできます。その光で、部屋の中に蝟集《いしゅう》している者たちを眺め渡しますと、采女のほかに、水仕事をする「水司《もいとり》」の者、理髪を司る「御髪上げ《みぐしあ》」の者、燈《あか》りなどを司る「殿司《とのもり》」や、お掃除などを担当する「掃司《かんもり》」の女官《にょうかん》たちが犇《ひし》めいていました。

その中には、私が顔を知らない者たちも、交じっています。門の鍵などを管理する闈司《みかどづかさ》などの女官まで、動員されているのかもしれません。彼女たちは、着ている物も質素ですし、お化粧も簡略です。ただし、髪飾りだけは不自然に大仰《おおぎょう》で、自分たちはいかにも大切な儀式を支えているのだという大きな顔をして、寝殿の東の渡り廊下の入口近くまで、ぎっしりと隙間なく場所を占拠して座っています。そのため、用事がある人も、そこを通り抜けることができないくらいでした。

［評］「寝殿《しんでん》の東《ひんがし》の、渡殿《わたどの》の戸口《とぐち》まで」の部分は、「寝殿《しんでん》の東《ひんがし》の廊《ろう》、渡殿《わたどの》の戸《と》

口《ぐち》まで」とする本文もある。

裏方の女房が密集している東側に、公卿（上達部）や殿上人たちも参集しており、庭にもぎっしり下役の男たちや随身などが並んでいた。こちらも壮観だったことだろう。

「夜《よ》、更《ふ》くるままに、月《つき》の隅無《くまな》きに」とあるが、儀式が始まったのが夜の十時頃だった。しかも、九月十五日なので、夜が更けるに従って望月の明るさが増した。その月の光が部屋の中まで差し込んだので、紫式部の目に女官たちの姿がはっきり見分けられたのである。

31　夜居《よい》の僧都《そうず》も驚くほどの盛儀だった

御膳《おものまゐ》参り果《は》てて、女房《にようばう》、御簾《みす》の許《もと》に、出《い》で居《ゐ》たり。火影《ほかげ》に、燦々《きらきら》と見《み》え渡《わた》る中《なか》にも、大《おほ》式部《しきぶ》の御許《おもと》の裳《も》・唐衣《からぎぬ》、小塩山《をしほやま》の小松原《こまつばら》を縫《ぬ》ひたる様《さま》、いと、をかし。大式部《おほしきぶ》は、陸奥《みちのく》の守《かみ》の妻《め》。殿《との》の宣旨《せんじ》よ。大輔《たいふ》の命婦《みやうぶ》は、唐衣《からぎぬ》は、手《て》も触《ふ》れず、裳《も》を、白銀《しろがね》の泥《でい》して、いと鮮《あざ》やかに、大海《おほうみ》に摺《す》りたるこそ、掲焉《けちえん》ならぬものから、目安《めやす》けれ。弁《べん》の内侍《ないし》の裳《も》に、白銀《しろがね》の州浜《すはま》、鶴《つる》を立《た》てたる為様《しざま》、珍《めづら》し。縫物《ぬひもの》も、松《まつ》が枝《え》の齢《よはひ》を、争《あらそ》はせたる心延《こころば》へ、才々《かどかど》し。少将《せうしやう》の御許《おもと》の、これらには劣《おと》りなる白銀《しろがね》の箔《はく》を、人々《ひとびと》、突《つ》きしろふ。少将《せうしやう》の御許《おもと》と言《い》ふは、信濃《しなの》の守佐光《かみすけみつ》が妹《いもうと》、殿《との》の古人《ふるびと》なり。

其《そ》の夜《よ》の御前《おまへ》の有様《ありさま》の、いと、人《ひと》に見《み》せまほしければ、夜居《よゐ》の僧《そう》の候《さぶら》ふ御屏風《みびやうぶ》を、押《お》し開《あ》けて、（紫式部）「此《こ》の世《よ》には、斯《か》う、めでたき事《こと》、未《ま》だ、え見給《みたま》はじ」と、言《い》ひ侍《はべ》りしかば、（夜居の僧）「あな、畏《かしこ》。あな、畏《かしこ》」と、本尊《ほんぞん》をば措《お》きて、手《て》を押《お》し擦《す》りてぞ、喜《よろこ》び侍《はべ》りし。

［訳］若宮や中宮様に、お膳を運び終わりましたので、女房たちは、御簾《みす》の近くまで出てきて、座っています。皆さん、綺麗なお召し物を身に纏っていますので、燈《とも》し火《び》に照らされた姿は、一様にきらきらと輝いて見えます。その中でも、格段に立派だったのは、大《おお》

式部《しきぶ》の御許《おもと》です。彼女が着ている裳《も》や唐衣《からぎぬ》には、「小塩山《おしおやま》」に生《は》えている小松原の紋様が縫い取られていて、素晴らしかったです。裳と唐衣の両方に、小松原の紋様が施されているので、はっと驚くほど大胆な趣向でした。これは、紀貫之《きのつらゆき》が詠んだ、「大原《おほはら》や小塩《をしほ》の山の小松原早木高《はやこだか》かれ千代《ちよ》の陰見《かげみ》む」という歌の心を象《かたど》ったもので、道長様一族と若宮様の繁栄を祝ったものです。大式部の御許は、陸奥《むつ》の守《かみ》の妻です。そして、殿に仕えている女房たちのリーダー格で、「宣旨《せんじ》」の地位にあります。

大輔《たゆう》の命婦《みょうぶ》の唐衣《からぎぬ》は、白い生地《きじ》のままで、いっさい手を加えていませんでした。裳は、膠《にかわ》を溶いた水に銀粉を混ぜた銀泥《ぎんでい》で、大海《おおうみ》の紋様を摺りだしています。ことに目に立つ紋様ではありませんけれども、見た目の感じがとても上品です。

弁《べん》の内侍《ないし》の裳は、銀泥で州浜の紋様が摺りだされています。海辺に鶴が立っている姿を描いているのが、面白い趣向でした。彼女の裳には、松の枝も刺繍されているので、寿命の長い鶴と松とを並べて競わせたアイデアには、彼女の才気が感じられました。

ところが、少将の御許《おもと》は、これまで具体的に説明した上臈女房たちの素晴らしい衣裳に比べて劣っていました。銀泥ではなく、銀箔を用いているのですが、これと言った絵柄がありません。それを見たほかの女房たちは、「ほらほら、少将の御許さんのお召し物は、みっともないわね」と、本人には聞こえないように、つつき合って笑っていました。この少将の御許という女房は、信濃の守佐光《すけみつ》の妹で、このお屋敷では古くからお仕えしている女房なのです。

ところで、私ですが、誇らしさから、気分が高揚しまして、この夜の素晴らしい情景を、ぜひとも、一人でも多くの人に見せてあげたいという気持ちになりました。そこで、夜通し、殿や中宮様や若君の近くに控えていて、護持している「夜居《よい》の僧都《そうず》」にも、見せてあげたくてたまらなくなったのです。彼が目立たないようにして控えている屏風を取り払って、「僧都様、この世の中には、人間の想像を絶することが、たくさんあるのですよ。これほど幸福感に満ちた光景は、宗教的な法悦を何度もお感じになっておられる僧都様でも、これまで御覧になったことはないのではありませんか」と、申し上げましたところ、夜居の僧都様は、「ああ、ありがたい。ありがたい。『生ける仏《ほとけ》の御国《みくに》』とは、まさにこの場所のことでありましょう」と驚嘆されまして、いつもはご本尊に向かって手をすり合わせるところを、土御門邸で行われている盛儀の舞台に向かって、手をすり合わせていらっしゃいました。道長様がいらっしゃる世に生まれ合わせた喜びを、僧都様も心から喜んでおりました。

［評］ 弁の内侍の「縫物《ぬひもの》も」の箇所は、「裳の縫物《ぬひもの》も」とする本文もある。又、紫式部が夜居の僧都に語りかけた「此《こ》の世《よ》には、斯《か》う、めでたき事《こと》、未《ま》だ、え見給《みたま》はじ」の「未《ま》だ」は、濁点を打たずに、「此《こ》の世《よ》には、斯《か》う、めでたき事《こと》、又《また》、え見給《みたま》はじ」とする解釈も可能である。けれども、「これほどの道長様の繁栄を、これから、また二度と御覧になることはないでしょうから、今のうちに、よく見ておいてください」などという、不吉な言葉を紫式部がするだろうか。「未《ま》だ」がよいと考える。

さて、女房たちの心ばえは、彼女たちが着ている装束から窺われる。「大式部の御許」と「大輔の命婦」と「弁の内侍」の三人は誉められ、「少将の御許」は笑われている。ただし、紫式部は少将の御許本人を直接に批判せずに、ほかの女房たちがひそひそと彼女のことを笑い合っていたと、間接的に批判している。こちらのほうが、より辛辣である。

少将の御許を笑ったことから、夜居の僧都が登場し、「日記の誹諧」となる。『源氏物語』の薄雲《うすぐも》の巻で登場した夜居の僧都は、冷泉帝に向かって出生の秘密を教えるという、深刻な場面で登場する。

「夜居の僧都」は、悲劇の場面でも、喜劇の場面でも登場する。人間の世の中が、悲劇と喜劇の入り交じったものだからだろう。

32　女房たちが頭を悩ませる酒宴が始まる

上達部《かんだちめ》、座《ざ》を立《た》ちて、御橋《みはし》の上《うへ》に参《まゐ》り給《たま》ふ。殿《との》を始《はじ》め奉《たてまつ》りて、攤《だ》、打《う》ち給《たま》ふ。紙《かみ》〔上(かみ)〕の争《あらそ》ひ、いと、正無《まさな》し。

歌《うた》ども、有《あ》り。（女房たち）「（公任）『女房《にようばう》、盃《さかづき》』など有《あ》る折《をり》、如何《いか》がは言《い》ふべき」など、口々《くちぐち》、思《おも》ひ、試《こころ》みる。

（紫式部）珍《めづら》しき光《ひかり》差《さ》〔注(さ)し〕し添《そ》ふ盃《さかづき》〔栄月(さかづき)〕は持《も》〔望月(もち)〕ちながらこそ千代《ちよ》も巡《めぐ》らめ

「四条《しでう》の大納言《だいなごん》に、差《さ》し出《い》でむ程《ほど》、歌《うた》をば然《さ》る物《もの》にて、声遣《こわづか》ひ、良《よ》う、言《い》ひ述《の》べじ」など、ささめき争《あらそ》ふ程《ほど》に、事多《ことおほ》くて、夜《よ》、甚《いた》う更《ふ》けぬればにや、取《と》り分《わ》きても、指《さ》さで、罷《まか》で給《たま》ふ。

禄《ろく》ども、上達部《かんだちめ》には、女《をんな》の装束《さうぞく》に、御衣《みぞ》、御襁褓《おほんむつき》や、添《そ》ひたらむ。殿上《てんじやう》の四位《しゐ》は、袷《あはせ》、一重《ひとかさ》ね。六位《ろくゐ》は、袴《はかま》、一具《いちぐ》ぞ見《み》えし。

［訳］やがて、公卿の方々は、御自分の決められた席をお立ちになって、渡り廊下の橋の上まで歩いてこられます。殿（道長様）を始め、皆様方で、攤《だ》を打つ遊びに興じられました。これは、筒《とう》の中に二つの「采《さい》＝賽子《さいころ》」を入れて振り出し、出てきた目の数の大きさを競う遊びです。勝った側には褒美として、高価な「紙」が与えられます。

ところで、聖人君子の道を説いた孔子の『論語』には、「君子は争ふ所無し」と書いてあるそうです。君子は、争いを好まず、せいぜいが弓の腕前を競うくらいで、勝った側は負けた側にお酒を振る舞って、わだかまりを残さないようにする、とも書いてあるそうです。でも、私の目の前では、天下国家の政《まつりごと》に携わる最高のお歴々が、勝ち負けに夢中になり、勝って「紙」を得ようと熱中しておられます。「上《かみ》」に立つお方の「紙《かみ》」をめぐる争いは、お行儀が良いとはとても申せませんね。

そのうち、お歴々は、和歌を口ずさみ始められました。こういう流れになると、私たち女房にも、緊張感が走ります。というのは、おめでたい席では、盃を口に含んだら、すぐに、和歌を詠むのが礼儀だからです。お歴々の中で済んでいるうちはよいのですが、盃が私たち女房にまで回ってきて、公任様から「おい、そこにいる女房よ、私の差し出す盃の酒を飲め。飲んだら、すぐに和歌を一首、詠むのだ」と、催促されるのが普通だからです。

女房たちは、口々に、もごもごとおめでたい言葉を口にして、それを何とか「五七五七七」の定型に押し込んでまとめようと、必死です。準備周到な性格の私は、いざという時のために、一首、用意していました。

（紫式部）珍《めづら》しき光《ひかり》差《さ》し《注（さ）し》添《そ》ふ　盃《さかづき》《栄月（さかづき）》は持《も》ち《望月（もち）》ながらこそ千代《ちよ》も巡《めぐ》らめ

（若宮がお生まれになって、私たちの世界には明るい望月のように、輝かしい光が差し込んでいます。空にかかる月が永遠に大空を巡り続けるように、この盃は、今宵の宴《うたげ》に参加した方々《かたがた》の手から手へと巡ってゆき、さらには世代を超えて末代までも巡り続けることでしょう。）

女房たちは、「今日は、和歌・漢詩文・音楽のすべての領域に精通されている藤原公任《きんとう》様がいらっしゃるから、どうしても和歌を詠む場面では、公任様が中心となられるでしょう。

そうなると、公任様に命じられ、公任様に向かって、自分たちの和歌を申し述べるようになってしまうわね。そうなると、公任様は朗詠・朗誦の第一人者でもいらっしゃるから、歌の内容だけでなく、声遣《こわづか》いにも十分に気をつけなくてはなりませんね。とても、朗々と歌い仰《おお》せる自信はありませんわ」などと、小声で話し合っています。けれども、幸いなことに、この夜は、次から次へと式次第が詰まっていたため、あっという間に夜が更けてしまいました。私たち女房に、特に「和歌を詠むように」というお指図は、ありませんでした。公任様も、お屋敷を退出されました。

この夜に、殿（道長様）から参列者たちに賜った禄は、豪華な物でした。公卿のお歴々には、恒例の女性用の着物に加えて、若宮様のお召し物や、襁褓《むつき》、つまり、おむつが添えられていたような記憶があります。昇殿を許されている四位の者には、袷《あわせ》が一揃い、六位の者には、袴が一揃いあったように見えました。

［評］　群書類従本の「歌《うた》をば然《さ》る物《もの》にて、声遣《こわづか》ひ、良《よ》う、言《い》ひ述《の》べじ」は、他の本では、「歌《うた》をば然《さ》る物《もの》にて、声遣《こわづか》ひ、用意《ようい》いるべし」となっているものもある。「よういひのへし」と「よういいるへし」は、平仮名の形が似ているの

で、どちらかが写し間違えたのだろう。また、群書類従本では、五位の者に授けた禄が書かれていないが、他の本では「袿《うちき》、一重《ひとかさ》ね、袴《はかま》」を賜ったとある。

さて、「上《かみ》」と「紙《かみ》」の駄洒落は、「日記の誹諧」である。読者は、大いに楽しめる。

「楽あれば、苦あり」。和歌を詠む時間になると、女房たちの苦行が始まる。和歌の席では、この時代の文化リーダーである藤原公任が取り仕切る。公任には、『和漢朗詠集』という漢詩と和歌のアンソロジーがある。朗誦・朗詠の大家なので、女房たちにも緊張が走るのである。

とにかく、おめでたい歌を詠むことと、縁語や掛詞を駆使した和歌を詠むことが大切である。紫式部は、「駄洒落」ならぬ「掛詞」をふんだんに用いた自信作の和歌を準備していたが、惜しいことに披露する機会がなかった。そもそも、この日の儀式が始まった時間が、遅かった(夜の十時)。けれども、文学者の特権で、彼女は『紫式部日記』という作品の中に、実際には披露できなかった自作の和歌をしっかり書き込めたのである。

33 若い男女が月下の舟遊びに興じる

又《また》の夜《よ》、月《つき》、いと面白《おもしろ》く、頃《ころ》さへ、をかしきに、若《わか》き人《ひと》は、舟《ふね》に乗《の》りて、遊《あそ》ぶ。色々《いろいろ》なる折《をり》よりも、同《おな》じ様《さま》に装束《さうぞ》きたる様態《やうだい》、髪《かみ》の程《ほど》、曇《くも》り無《な》く見《み》ゆ。小大輔《こだいふ》、源式部《げんしきぶ》、宮木《みやぎ》の侍従《じじゆう》、五節《ごせち》の弁《べん》、右近《うこん》、小兵衛《こひやうゑ》、小衛門《こゑもん》、馬《むま》、やすらひ、伊勢人《いせびと》など、端近《はしちか》く居《ゐ》たるを、左《ひだり》の宰相《さいしやう》の中将《ちゆうじやう》、殿《との》の中将《ちゆうじやう》の君《きみ》、誘《いざな》ひ出《い》で給《たま》ひて、右《みぎ》の宰相《さいしやう》の中将兼隆《ちゆうじやうかねたか》に、棹《さを》、差《さ》させて、舟《ふね》に乗《の》せ給《たま》ふ。片方《かたへ》は、滑《すべ》り留《とど》まりて、さすがに、羨《うらや》ましくや有《あ》らむ、外《と》、見出《みい》だしつつ居《ゐ》たり。いと白《しろ》き庭《には》に、月《つき》の、光《ひか》り合《あ》ひたる様態《やうだい》・容貌《かたち》も、をかしき様《やう》なる。

「北《きた》の陣《ちん》に、車《くるま》、数多《あまた》有《あ》り」と言《い》ふは、上人《うへびと》どもなりける。藤三位《とうさんゐ》を始《はじ》めにて、侍従《じじゆう》の命婦《みやうぶ》、藤少将《とうせうしやう》の命婦《みやうぶ》、馬《むま》の命婦《みやうぶ》、左近《さこん》の命婦《みやうぶ》、筑前《ちくぜん》の命婦《みやうぶ》、近江《あふみ》の命婦《みやうぶ》などぞ、聞《き》こえ侍《はべ》りし。詳《くは》しく見知《みし》らぬ人々《ひとびと》なれば、僻事《ひがごと》も侍《はべ》らむかし。

舟《ふね》の人々《ひとびと》も、惑《まど》ひ入《い》りぬ。殿《との》、出《い》で居《ゐ》給《たま》ひて、思《おぼ》す事無《ことな》き御気色《みけしき》に、持《も》て囃《はや》し、戯《たはぶ》れ給《たま》ふ。贈《おく》り物《もの》ども、品々《しなじな》に賜《たま》ふ。

［訳］　翌九月十六日の夜は、とても美しい十六夜《いざよい》の月が、空に架かりました。深まる秋も情緒たっぷりなので、若い女房たちは、庭の南側に、たっぷりと水が湛《たた》えられている池に浮かべた舟に乗って、舟遊びに興じたのでした。

中宮様のご出産から、まだ六日目ですので、女房たちの装束は、白ずくめです。真っ白な衣裳の彼女たちは、遠くから見ると、「清浄」の一言です。色とりどりの華やかな衣裳を着飾っている時よりも、白ずくめのほうが、体の輪郭や、黒髪のかかり方などが、すっきりと綺麗に見えるものなのです。

事の発端は、若い女房たちが、建物の端《はし》近くに座って、月を眺めていたことなのです。女房では、小大輔《こだゆう》、源式部《げんしきぶ》、宮木《みやぎ》の侍従《じじゅう》、五節《ごせち》の弁《べん》、右近《うこん》、小兵衛《こひょうえ》、小衛門《こえもん》、馬《うま》などの面々。そして、女童《めのわらわ》では、やすらい、伊勢人《いせびと》などです。すると、源経房様や、殿（道長様）の五男である教通様が、彼女たちに、「皆さん、いかがですか。舟に乗って、岸から漕ぎ出しませんか」と誘ったのです。

棹を差して、舟を漕ぐのは、藤原兼隆様です。彼女たちの多くは好奇心から、経房様や教通様の誘いに応じたのですが、直前になって、さっと滑るように後退して、建物の中に残った者もいたようです。その彼女たちさえも、後になって舟に乗った女房たちのことが羨ましくなったのでしょう、庭の池の方を見ながら、座っています。

真っ白な砂を敷き詰めたお庭に、白い月光が降り注ぎ、舟に乗っている若い女性たちも白ずくめ。清浄そのものの若い娘たちが、舟に乗って水の上に浮かんでいるのです。先ほど、「体の輪郭や、黒髪のかかり方などが、すっきりと綺麗に見える」と書きましたのは、決して誇張ではなかったのですよ。

このように、私たちは完全に和《なご》みきっていましたが、突然に、緊張が走りました。「土御門邸の北門にある詰所《つめしょ》に、牛車がたくさん並んでいます。何人もの客人が見えたようです」という報告が、もたらされたのです。

やがて、真相が判明したのですが、来訪されたのは、主上様《うえさま》（一条天皇様）にお仕えしている内裏《だいり》の女房たちだったのでした。藤三位《とうさんみ》（藤原繁子）は、道長様の祖父である師輔《もろすけ》様の娘で、道長様の兄・道兼様の夫人です。そのほかは、侍従の命婦、藤少将の命婦、馬の命婦、左近の命婦、筑前の命婦、近江の命婦の方々である、とお聞きしました。私も、主上《うえ》様《さま》に仕えておられる内裏女房《だいりにょうぼう》の人々のことはよくわかりませんので、列挙したお名前にも、聞き間違いがあるかもしれません。

来客があったということなので、悠長に舟遊びをしていた若い女房たちも、あわてて舟を下り、建物の中へと引っ込みました。殿（道長様）は、わざわざ顔をお見せになって、内裏女房の面々を、上機嫌で、丁寧におもてなしになり、冗談を言い合って笑いがはじけていました。彼女たちへも、それぞれの身分に応じた贈り物がなされました。

［評］群書類従本の「さすがに、羨《うらや》ましくや有《あ》らむ、外《と》、見出《みい》だしつつ居《ゐ》たり」の部分、「外《と》」を欠く写本がある。引用の終わりを示す「と」と混同されて、脱落したのかもしれない。逆に、他の写本では、「筑前《ちくぜん》の命婦《みやうぶ》、少輔《せう》の命婦《みやうぶ》、近江《あふみ》の命婦《みやうぶ》などぞ」とある「少輔《せう》の命婦《みやうぶ》」が、群書類従本では欠落している。

さて、舟に乗って興じた「やすらひ、伊勢人《いせびと》」であるが、女童《めのわらわ》であろう。これが、二人の名前なのか、「やすらひ」が「伊勢にゆかりの者である」という説明なのか、両説がある。訳文では、二人とする説に従った。

『源氏物語』初音《はつね》の巻には、元日が「初子《はつね》」の日に当たっていたので、女童や下仕えの女たちが庭で小松を引いて遊ぶのを見ていた若い女房たちが、自分も庭に下りたくてたまらなくなった、という場面がある。

初音の巻の次に位置する胡蝶《こちょう》の巻には、六条院で「船楽《ふながく》」が催され、「若き女房の、物愛《ものめ》でしぬべき」者たちを舟に乗せて遊んだとある。初音の巻も、胡蝶の巻も、玉鬘十帖に含まれる巻々である。敦成親王が誕生した寛弘五年（一〇〇八）には、紫式部が『源氏物語』を執筆中だった。玉鬘十帖を書き終えていたのだろうか。それとも、『紫式部日記』に記述されている舟遊びの体験が、『源氏物語』の創作に影響を与えたのだろうか。

34　若宮の七日の御産養が催される

七日《なぬか》の夜《よ》は、朝廷《おほやけ》の御産養《おほんうぶやしなひ》。

蔵人《くらうど》の少将《せうしやう》（道雅《みちまさ》）を御使《おほんつか》ひにて、物《もの》の数々《かずかず》書きたる文《ふみ》、柳筥《やないばこ》に入《い》れて、参《まゐ》れり。やがて、返《かへ》し給《たま》ふ。勧学院《くわんがくゐん》の衆《しゆう》ども、歩《あゆ》みして、参《まゐ》れる、見参《げンざん》の文《ふみ》ども、又《また》、啓《けい》す。返《かへ》し給《たま》ふ。禄《ろく》ども、賜《たま》ふべし。

今宵《こよひ》の儀式《ぎしき》は、殊《こと》に増《ま》さりて、おどろおどろしく罵《ののし》る。御帳《みちやう》の内《うち》を、覗《のぞ》き参《まゐ》りたれば、斯《か》く、「国《くに》の親《おや》」と、持《も》て騒《さわ》がれ給《たま》ひ、麗《うるは》しき御気色《みけしき》にも、見《み》えさせ給《たま》はず、少《すこ》し打《う》ち悩《なや》み、面痩《おもや》せて、大殿籠《おほとのご》もれる御有様《おほんありさま》、常《つね》よりもあえかに、若《わか》く、愛《うつく》し気《げ》なり。小《ちひ》さき燈籠《とうろ》を、御帳《みちやう》の内《うち》に掛《か》けたれば、隈《くま》も無《な》きに、いとどしき御色合《おほんいろあひ》の、底方《そこひ》も知《し》らず、清《きよ》らなるに、（紫式部）「こちたき御髪《みぐし》は、結《ゆ》ひて、増《ま》さらせ給《たま》ふ業《わざ》なりけり」と思《おも》ふ。掛《か》けまくも、いと更《さら》なれば、えぞ書《か》き続《つづ》け侍《はべ》らぬ。

大方《おほかた》の事《こと》どもは、一日《ひとひ》の同《おな》じ事《こと》。上達部《かんだちめ》の禄《ろく》は、御簾《みす》の内《うち》より、女装束《をんなさうぞく》、若宮《みや》の御衣《みそ》など添《そ》へて出《い》だす。殿上人《てんじやうびと》、頭《とう》、二人《ふたり》を始《はじ》めて、寄《よ》りつつ取《と》る。朝廷《おほやけ》の禄《ろく》は、大袿《おほうちき》、衾《ふすま》、腰差《こしざし》など、例《れい》の公様《おほやけざま》なるべし。御乳付《おほんちつけ》、仕《つか》うまつりし橘《たちばな》の三位《さんゐ》の贈《おく》り物《もの》、例《れい》の女《をんな》の装束《さうぞく》に、織物《おりもの》の細長《ほそなが》添《そ》へて、白銀《しろがね》の衣筥《ころもばこ》、包《つつみ》なども、やがて白《しろ》きにや。「又《また》、包《つつ》みたる物《もの》、添《そ》へて」、などぞ聞《き》き侍《はべ》りし。詳《くは》しくは、見《み》侍《はべ》らず。

［訳］　九月十七日の夜は、若宮様の誕生七日目の産養《うぶやしない》が催されました。今夜は、朝廷、つまり、主上様《うえさま》の主催です。主上様《うえさま》からは、蔵人の少将である藤原道雅《みちまさ》様を勅使としてお遣わしになりました。道雅様は、殿（道長様）の兄君である道隆様の嫡孫です。

その道雅様は、このたびの誕生を祝って主上様《うえさま》から下賜される品々の目録を書いた紙を、柳筥《やないばこ》に入れて、中宮様のお部屋に参入されました。中宮様は、その目録を御覧になったあと、そのまま、中宮職の役人にお戻しになりました。

「勧学院《かんがくいん》の雀は蒙求《もうぎゅう》をさえずる」という諺《ことわざ》がある「勧学院」は、藤原氏の子弟が学ぶ学問所です。藤原氏のリーダーである「氏の長者」におめでたいことがある時には、学生《がくしょう》たちがお祝いを述べにやって来るのが、慣例となっています。別当《べっとう》（長官）に連れられた学生たちは、行儀良く並んで、整った歩き方で、中宮様の前まで進んでゆきます。これを「勧学院の歩み」と言います。

その「勧学院の歩み」に加わった参列者の名簿を記した紙を、中宮様に献上して御覧に入れます。その名簿も、中宮様は御覧になった後で、中宮職の役人にお戻しになります。勧学院の学生たちには、さまざまな禄が、下されたことでしょう。

今夜の儀式は、何と言っても主上様《うえさま》が主催されますので、これまで以上に盛大で、賑やかです。私は、これだけ祝われている中宮様は、どのようなお気持ちなのだろうかと、好奇心に駆られましたので、中宮様のいらっしゃる御帳台《みちょうだい》の中を、こっそり覗いてみたのです。

そうしますと、中宮にお立ちになって、「国の母」と崇《あが》められ、また、男皇子《おとこみこ》をお生みになって、文字通りの「国母《こくも》＝天皇の母」になることが確実になられて、今日のように盛大なお祝いが催されているお方ですのに、何の憂いも無く、お綺麗に取り澄ましておられることなど、まったくありません。私が拝見しましたところでは、むしろ、苦しみを心や身体に抱えて、心なしか面やつれして、横になっておられました。そのお姿は、ふだんよりは弱々しく、若い娘さんのように、可愛らしいとさえ思えました。

明かり取りの小さな燈籠《とうろう》が、御帳台の中には掛けてありますので、すべてが私の目には見通されます。中宮様の肌あいは、どこまでも透き通って白く、「清らか」という言葉はこのお方のためにあるのかと思われます。私は、そのお姿を見ながら、感慨にふけりました。「ボリュームたっぷりの美しい黒髪も、お息《やす》みになるために結《ゆ》ってあるけれども、このほうが、髪の毛の魅力がいっそう増さって見えるものなのだな。自分は、これまでに

『源氏物語』で、清らかな人物を何人も描いてきたけれども、このような結《ゆ》った髪の毛の清らかさは、初めてこのお方に教えていただいた」という感慨に耽ったことでした。これ以上、中宮様のご容姿を書き続けるのは、失礼に当たりますし、また、私が書かなくても皆がよく知っていることですので、書くのはここまでといたします。

七日の夜の儀式は、二日前に行われた五日の夜のお祝いと、おおよそ同じ式次第でした。公卿の方々への禄は、中宮様のお部屋の御簾《みす》の中から、女性用の装束に、若宮のお召し物などを添えて出して、お渡しになりました。殿上人たちへの禄は、二人いる「蔵人《くろうど》の頭《とう》」、頭中将《とうのちゅうじょう》源頼定様と、頭弁《とうのべん》源道方様を始めとして、順番に御簾の近くまで寄ってゆき、拝領しました。

主上様《うえさま》からの禄は、大袿《おおうちき》、衾《ふすま》(夜具)、腰差《こしざし》(巻絹)など、こういう場合の定例となっている決まり通りのものだったことでしょう。また、若宮に初めてお乳を含ませる大役を担った橘の三位《さんみ》には、お決まりの女性用の装束に加えて、織物の細長《ほそなが》を添えて、銀で作られた衣筥《ころもばこ》に入れて、お授けになりました。その衣筥を覆っている包《つつみ》も、筥の銀と同じように真っ白だったことでしょう。これらの禄を賜ったのは、私たちのいる場所と離れていましたので、その場面を自分の目で見ていないのです。けれども、見た人の話によれば、「それ以外にも、何かを包んだ品物が、橘の三位には授けられた」とのことですが、何分《なにぶん》にも自分の目で見なかったのですから、詳細はわかりません。

［評］　中宮彰子の孤独で品格にあふれた姿を活写する紫式部の筆は、冴えている。「中宮」とか「国母」などと称えられる表向きの「公の顔」とは違う、「個人」としての藤原彰子の姿を、紫式部は見つめている。なお、「国母」と呼ばれるのは、正式には、子どもが天皇になってからだが、中宮も「国母」と言う。

一方の紫式部は、「源氏物語の作者」という表向きの顔の下に、「宮仕えを厭う心」を抱えていた。だからこそ、清少納言が中宮（皇后）定子を讃美する時に、「輝ける美」の中に明るく描いたのと対照的に、紫式部は中宮彰子を「悩める美」の中に描いた。

朝廷の主催ではあるが、一条天皇の行幸はなかった。勅使として遣わされたのは、藤原道雅。彼は、伊周《これちか》の長男である。つまり、「中の関白家《なかのかんぱくけ》」の直系である。『枕草子』では「松君《まつぎみ》」として、幼い姿で登場する。ありうべき輝かしい未来は、道隆の急死と、道長の権力掌握で大きく変わってしまった。奔放な性格で、世間からは「悪行」と見なされる行動も多く、「悪三位《あくざんみ》」と呼ばれた。その一方で、道雅は、「今はただ思ひ絶えなむとばかりを人伝《ひとづて》ならで言ふ由《よし》もがな」という、『小倉百人一首』の名歌でも知られる。何と、道雅の妻は、藤原宣孝の娘だったという。宣孝は、紫式部の亡夫である。奇妙なことに、宣孝の話題は『枕草子』にも出てくる。

35 ようやく白《しろ》い装束《そうぞく》を改める

八日《やうか》。人々《ひとびと》、色々《いろいろ》、装束《さうぞ》き替《か》へたり。

[訳] 九月十八日。若宮誕生の八日目です。七日が過ぎたということで、これまで白一色だった女房たちの衣裳も、変わりました。元のように色とりどりの着物を着るようになったのです。

【評】出産が「白不浄」であることから、「白」が、産室など、お産に関わることすべての基本色になっている。一週間が経《た》ち、やっと「衣更え」が行われて、「脱・白の世界」がなされた。

36 若宮の九日の御産養が催される

九日《ここのか》の夜《よ》は、東宮《とうぐう》の権《ごん》の大夫《だいぶ》、仕《つか》うまつり給《たま》ふ。白《しろ》き御厨子《みづし》、一双《ひとよろひ》に、参《まゐ》り据《す》ゑたり。儀式《ぎしき》、いと様異《さまこと》に、今《いま》めかし。白銀《しろがね》の御衣筥《おほんころもばこ》、海賦《かいぶ》を打《う》ち出《い》でて、蓬莱《ほうらい》など、例《れい》の事《こと》なれど、今《いま》めかしう、細《こま》かに、をかしきを、取《と》り放《はな》ちては、学《まね》び尽《つ》くすべきにも有《あ》らぬこそ、悪《わ》ろけれ。

今宵《こよひ》は、表《おもて》、朽木形《くちきがた》の几帳《きちやう》、例《れい》の様《さま》にて、人々《ひとびと》は、濃《こ》き擣物《うちもの》を、上《うへ》に着《き》たり。珍《めづら》しく、心憎《こころにく》く、艶《なま》めいて見《み》ゆ。透《す》きたる唐衣《からぎぬ》どもに、艶々《つやつや》と押《お》し渡《わた》して見《み》えたるを、又《また》、人《ひと》の姿《すがた》も、清《さや》かにぞ見《み》えなされける。

こまの御許《おもと》と言《い》ふ人《ひと》の恥《はち》、見侍《みはべ》りし夜《よ》なり。

［訳］　九月十九日の夜には、若宮誕生九日目をお祝いする儀式が執《と》り行われました。このたびの主催者は、東宮《とうぐう》（後の三条天皇）に仕える長官代理です。つまり、殿（道長様）のご長男で、中宮様の弟、若宮の叔父に当たられる頼通様の主催なのです。

こういう盛儀に際して、「威儀《いぎ》の御膳《おもの》」が立派に飾られることは、五日目の儀式の時に申し述べました。この夜も、白い厨子《ずし》一対の棚の上に、「威儀の御膳」が運ばれて据えられています。ここには、まだ「白の世界」が続いています。

この夜の儀式の進め方は、これまでが決まりに則った重々しいものだったのとはかなり違って、現代風でした。若々しい主催者のお気持ちと、関係があるのかもしれませんね。

若宮のお召し物を入れる銀製の衣筥《ころもばこ》には、海辺の景色を象った「海賦《かいぶ》」の紋様が浮き出しています。その中の蓬萊山《ほうらいさん》の姿は、よくある絵柄《えがら》なのですが、見るからに現代的で、精緻で、洒落ているのです。ところが、この蓬萊山の紋様の、どこが、どのように現代風で洒落ているかを、実際の紋様を言葉に写し取って説明しようとしても、私にはできそうにないのが残念です。言語芸術と、工芸品との違いを痛感します。

さて、この夜は、七日目を過ぎているので、女房たちの「衣更《ころもが》え」も終わっています。室内のインテリアも、いつものように戻っています。久しぶりに、朽木形《くちきがた》の見慣れた几帳が立ててあります。女房たちも、白ではなく、砧《きぬた》で打って艶出《つやだ》しをした、濃い紅色《くれないいろ》の擣《うち》衣《ぎぬ》（打衣《うちぎぬ》）を、上から着ています。華やかな色彩の装束を久しぶりに目にすると、新鮮ですし、着ている人まで奥ゆかしく、優美に見えるものです。

彼女たちは、擣衣の上に、唐衣《からぎぬ》を重ねているのですが、その唐衣が薄くて、下に着ている鮮やかな擣衣が透けて見えます。どの女房も、一様に、そうなのです。その結果、彼女たちの体つきまではっきりわかり、すっきりと見せてくれるのでした。

この夜には、「こまの御許《おもと》」という女房が、大きな恥を掻いてしまいました。どういう恥であったのか、それは、ここに書かないのが思いやりというものでしょう。

ここまでで、中宮彰子様のご出産と、それに伴う祝宴の記録には一区切りがつきました。大きな喜びのあった寛弘五年（一〇〇八）の秋は、こうして過ぎていったのです。

［評］　群書類従本では「艶々《つやつや》と押《お》し渡《わた》して見《み》えたるを」とある本文が、他の写本では「見えたる」と連体形止めになっている場合がある。

この時点で「東宮」であった後の三条天皇は、不遇の天皇として知られる。目を病み、道長から退位を余儀なくされたのだが、その不遇は、寛弘五年の敦成親王の誕生から始まっていた。

この頃は、冷泉《れいぜい》天皇の子孫と、円融《えんゆう》天皇の子孫とが、交互に皇位に就《つ》く「両統迭立《りょうとうてつりつ》」の時代だった。現在の「東宮」である、後の三条天皇は、冷泉天皇の子で、母親は藤原兼家（道長の父親）の娘・超子である。超子は、為尊《ためたか》親王・敦《あつ》道《みち》親王も生んでいる。二人は和泉式部の恋人であり、特に敦道親王は『和泉式部日記』で詳しく描かれている。

現在の一条天皇は、円融天皇の子である。母親は、兼家の娘・詮子《せんし》。なおかつ、道長は、彰子を一条天皇の中宮として入内させ、今、まさに待望の敦成親王に恵まれた。今夜、九日の産養を祝われている「若宮＝敦成親王」が天皇になるまでの「つなぎ」として、現在の「東宮＝三条天皇」がいる。

三条天皇には、『小倉百人一首』に選ばれた名歌がある。「心にもあらで憂《う》き世《よ》にながらへば恋しかるべき夜半の月かな」。

さて、「こまの御許《おもと》と言《い》ふ人《ひと》の恥《はち》、見侍《みはべ》りし夜《よ》なり」という謎めいた一文に関しては、個人的な思い出がある。私は法学部の三年生の時に、他学部聴講で、文学部国文科の「古代説話論」という科目を履修した。名著『火山列島の思想』で知られる、法政大学の益田勝実先生が東京大学に非常勤講師で出講していた。毎時間、ガリ版刷りのプリントを配っての白熱講義だった。その時、「こまの御許《おもと》と言《い》ふ人《ひと》の恥《はち》、見侍《みはべ》りし夜《よ》なり」についての益田説を、教室で教わった。それによれば、これは九日目のお祝いではなく、七日目のお祝いの際に、「高嶋の采女《うねめ》」が、公卿たちから酒を勧められ、酔ってクダを巻いたことを、九日目のお祝いの場面として書いたのだ、という説だった。

私は、この説を聞いて驚いた。松尾芭蕉の『おくのほそ道』には多くの虚構が交じっていることは知っていたが、『紫式部日記』にも脚色が混じっていると知って、文学作品における虚構と真実の微妙な関係に、思いを馳せた。現在は、この益田説を疑問視する傾向が強い。だから、「こまの御許」という女房が、公卿から酒を無理強いされて、酔態をさらした。それを見た紫式部が、「こまの御許」個人の恥ではなく、女房として宮仕えしている自分自身にとっての恥だと認識した、という点を押さえておけばよいだろう。

37　若宮の尿《しと》に濡れた道長は喜んだ

十月十余日《かみなづきとをかあまり》までも、御帳《みちやう》、出《い》でさせ給《たま》はず。西《にし》の傍《そば》なる御座《おまし》に、夜《よる》も、昼《ひる》も、候《さぶら》ふ。殿《との》の、夜中《よなか》にも、暁《あかつき》にも、参《まゐ》り給《たま》ひつつ、御乳母《おほんめのと》の懐《ふところ》を、引《ひ》き捜《さが》させ給《たま》ふに、打《う》ち解《と》けて寝《ね》たる時《とき》などは、何心《なにごころ》も無《な》く、惚《おぼ》ほれて驚《おどろ》くも、いと、いと、をかしく見《み》ゆ。心許無《こころもとな》き御程《おほんほど》を、我《わ》が心《こころ》を遣《や》りて、捧《ささ》げ、愛《うつく》しみ給《たま》ふも、理《ことわり》に、めでたし。

或《あ》る時《とき》は、理無《わりな》き業《わざ》、仕掛《しか》け奉《たてまつ》り給《たま》へるを、御紐《おんひも》、引《ひ》き解《と》きて、御几帳《みきちやう》の後《うし》ろにて、焙《あぶ》らせ給《たま》ふ。（道長）「哀《あは》れ、此《こ》の宮《みや》の御尿《おほんしと》に濡《ぬ》るるは、嬉《うれ》しき業《わざ》かな。此《こ》の濡《ぬ》れたる、焙《あぶ》るこそ、思《おも》ふ様《やう》なる心地《ここち》すれ」と、喜《よろこ》ばせ給《たま》ふ。

［訳］　十月になり、土御門邸にも冬が訪れました。

中宮様は、九月十一日に若宮を出産あそばされた後も、なかなかご気分が優れずにいらっしゃいます。およそ一か月が経《た》った十月十日を過ぎても、まだ御帳台《みちょうだい》から出ていらっしゃれず、床《とこ》に伏しておられます。女房たちは、東母屋《ひがしおもや》の西側にある御帳台の近くに、夜となく昼となく、伺候しています。

殿（道長様）もまた、夜中でも、暁でも、ひっきりなしにお出《い》でになります。でも、殿の目的は、中宮様のお見舞いではなく、若宮様が目当てなのです。若宮様のお顔を、一目見よう、あわよくば若宮様をお抱きしようと、若宮様をしっかり抱きしめている乳母《めのと》の懐《ふところ》を、虎視眈々《こしたんたん》と狙っておられます。

乳母が、ふと緊張感が緩んで睡りこけている時などは、いきなり乳母の襟を開いて、若君を取り上げられます。乳母がびっくり仰天して大慌てするのも、まことにもって滑稽千万なことです。

あわてふためく乳母の横では、殿は若君を我が手に抱き取って大喜びです。若宮は、生後一か月ですから、首がまだ据わってはいらっしゃいません。それなのに、殿ときたら、自分だけの満足感にひたりきり、若宮を抱き上げなさって、可愛がっておられます。ひやひやする一方で、殿の常軌を逸した喜びぶりは、まことにもっともなことであり、殿の喜びを私までも共有したいという気持ちになります。

ある時、びっくりすることが起きました。殿が、いい気分になって若君を抱っこしておられたら、若君がいきなり、おしっこをされたのです。殿のお召し物は、びっしょりに濡れてしまいました。けれども、殿の笑顔はまったく崩れませんでした。おもむろに、お召しになっていた直衣《のうし》の紐を解《と》いて脱ぎ、几帳の後ろに炭火を持ってこさせて、あぶって乾かしておられました。

殿にどういう言葉をかければ良いかわからずに、石のように固まっている女房たちに向かって、殿は、いかにも愉快そうに、「ああ、嬉しい。何と嬉しいことだろう。私はなあ、政《まつりごと》の道に志してからというもの、ずっとなあ、我が娘がお后になって、生まれてこられた若宮を、この手でお抱きしたいと願い続けてきたのだよ。今、若宮のおしっこで直衣《のうし》が濡れたのは、私の願った通りのことなのだ。そして、こうやって、濡れた直衣を火にあぶって乾かしているのは、私の願いが天に通じて叶えられたということなのだ」とおっしゃって、いっそう我が身の幸運を喜んでいらっしゃるのでした。

［評］　群書類従本の「いと、いと、をかしく見《み》ゆ」を、「いと、いとほしく見《み》ゆ」（とても可哀想でした）とする写本がある。

さて、道長が孫の敦成親王を抱いて悦に入る場面を読むと、私は、『源氏物語』の柏木《かしわぎ》の巻を思い出す。光源氏の正妻である女三の宮は、柏木と過《あやま》ちを犯し、罪の子を身ごもり、出産する。その秘密を、光源氏は知っている。ちなみに、生まれたばかりの「孫」、敦成親王を溺愛する道長は、四十三歳。一方、生まれたばかりの「息子」薫を、複雑な気持ちで抱く光源氏は、四十八歳だった。

それでは、柏木の巻で、薫が誕生する直前の場面を、現代語訳で示しておこう。

《女三の宮は、その日の夕暮れ時から、ご気分が悪くなられました。お仕えしている年輩の女房たちは、それが産気《さんけ》づかれたからだと見抜き、大急ぎで出産の準備に入ります。その報《しら》せは、光る君にも伝えられましたので、こちらも大慌てで、女三の宮のお部屋にやってこられました。

光る君の心の中は、こんがらがっています。「ああ、何と残念なことだ。もしも、私が女三の宮と柏木の過ちの事実を知らなかったのならば、四十八歳になって我が子に恵まれるという、めったにない幸運を、どんなにか嬉しく思ったことだろうか」とお思いになるのでした。

けれども、「他人には、生まれてくる子どもが私の子ではないことに、気づかれないようにしよう」と気を取り直し、周りの者たちには、努めて我が子の誕生を喜んでいるように思わせようと演技なさいます。霊験あらたかな修験者たちを、六条院にたくさん呼び寄せ、不断の御修法を唱えさせなさいますので、僧侶たちの中で霊力のある者たちはことごとく六条院に参上して、お祈りに没頭しています。》

『紫式部日記』でも、敦成親王が誕生する以前には、不断の御修法や修験者たちの祈りが、描かれていた。『源氏物語』の柏木の巻も、同じである。ただし、道長の喜びと、光源氏の苦しみが、正反対なのだ。

柏木の巻では、生まれてきた罪の子・薫を抱く光源氏の心の中が、詳しく描写されている。道長の底抜けの喜びとは、何と対照的なことだろう。

《女三の宮は、一晩中、お苦しみになられ、翌日、お日様が東の空に顔を見せ始めた頃に、お子様が誕生なさいました。「男君でいらっしゃいました」という報告を受けた光る君は、一瞬、嫌な気持ちになりました。「この子が柏木の子であるという事実は、世間には知られないで済ませたいのに、何ともあいにくなことに、この子が大きくなって、顔付きが柏木に似ていったら、困るのではないかな。男は人前に顔をさらして生きてゆくけれども、女ならば人前に出る機会は少ないし、不義の子である事実は気づかれる危険性が少ないので、安心だったのではないか」と、お考えになりました。

けれども、すぐに、考えを改めました。「生まれて来た子どもが我が子ではないという不愉快な事実があるからには、ほうっておいても勝手に育つ男のほうが、かえってよかったかもしれない。女の子であれば、育てるにしても、嫁《とつ》がせるにしても、手間暇がかかって大変だからな」。

光る君の心は、ここから、生まれた子どもが男か女か、という次元を越えてゆきます。「それにしても、不思議なことだ。今回の出来事は、私が生きている間、一瞬といえども忘れたことのない、藤壺様との過ちの因果応報なのだろう。私は、父親である桐壺の帝《みかど》を裏切り、罪の子である冷泉帝をもうけてしまった。このまま私が死んだならば、来世では、その報いを受けて、地獄に落ちるはずだった。けれども、私が生きているうちに、このような因果応報を目《ま》の当たりにして、生き地獄の苦しみを味わうからには、来世での報いが少しでも軽減されるかもしれない」などと考え続けていらっしゃいます。

周りの人たちは、そのような光る君の心の中を知るよしもありません。「女三の宮という、若い皇女を正妻に迎えた光る君は、四十八歳の晩年になって、このように可愛らしい男の子に恵まれなさったことを、どんなに喜んでおられることだろうか」と推察し、熱心にお祝いの行事に取り組むのでした。》

柏木の巻と、『紫式部日記』の尻の場面は、合わせ読むべきだろう。

38 具平《ともひら》親王と道長と紫式部

中務《なかつかさ》の宮辺《みやわた》りの御事《おんこと》を、御心《みこころ》に入《い》れて、(道長)「其方《そなた》の心寄《こころよ》せ、有《あ》る人《ひと》」と思《おぼ》して、語《かた》らはせ給《たま》ふも、真《まこと》に、心《こころ》の中《うち》は、思《おも》ひ居《ゐ》たる事《こと》、多《おほ》かり。

［訳］　殿（道長様）は、中務《なかつかさ》の宮《みや》様（具平《ともひら》親王）と関わる縁《ゆかり》の人々を、とても大切にお思いになっておられるようです。具平親王は、村上天皇の第七皇子です。私の父である藤原為《ため》時《とき》や、私の夫である藤原宣孝《のぶたか》も、「家司《けいし》」として、個人的に具平親王にお仕えしたことがありました。また、私の過去を自分の口から申し上げることはいたしませんが、私の宮仕えは具平親王のお屋敷から始まった、と噂している人もいるようです。

世の中で起きていること、話されていることのすべてをご存知の殿は、私のことを「具平親王家に縁《ゆかり》のある者である」と見なしておられるようで、何かにつけて、お優しく話しかけてくださいます。

というのは、殿は、具平親王のお嬢様（隆姫女王《たかひめじょおう》）を、ご長男の頼通様の夫人に迎えたい、と強く望んでおられるからです。そういう殿の強いお気持ちを知るにつけ、私は、自分のような者にも何かできることがあるのだろうか、と複雑な気持ちになってしまうのでした。

〔評〕　具平親王は、村上天皇の第七皇子。具平親王に仕える雑司女《ぞうしめ》に「大顔《おおがお》」という女がいた。彼女が、『源氏物語』の夕顔のモデルだとする説がある。また、近藤富枝の小説『紫式部の恋』（平成四年）では、ほかならぬ具平親王が紫式部の「恋人」だとされている。

頼通は隆姫と結婚できたが、二人の間に子どもは生まれなかった。お后候補の不足は、「摂関政治」というシステムの危機を招く結果となった。

39　水鳥の足掻《あが》きに、紫式部は自分の心の藻掻《もが》きを見た

「行幸《みゆき》、近《ちか》く成《な》りぬ」とて、殿《との》の内《うち》を、愈々《いよいよ》、造《つく》り磨《みが》かせ給《たま》ふ。世《よ》に面白《おもしろ》き菊《きく》の根《ね》を、尋《たづ》ねつつ、掘《ほ》りて参《まゐ》る。色々《いろいろ》、移《うつ》ろひたるも、黄《き》なるが見所有《みどころあ》るも、様々《さまざま》に植《う》ゑ立《た》てたるも、朝霧《あさぎり》の絶《た》え間《ま》に、見渡《みわた》したるは、実《げ》に、老《お》いも、退《し》ぞきぬべき心地《ここち》するに、（紫式部）「何《な》ぞや。増《ま》して、思《おも》ふ事《こと》の、少《すこ》しも斜《なの》めなる身《み》ならましかば、好々《すきずき》しくも持《も》て成《な》し、若《わか》

やぎて、常《つね》無《な》き世《よ》をも過《す》ぐしてまし。めでたき事《こと》、面白《おもしろ》き事《こと》を、見聞《みき》くに付《つ》けても、唯《ただ》、思《おも》ひ掛《か》けたりし心《こころ》の、引《ひ》く方《かた》のみ強《つよ》くて、物憂《ものう》く、思《おも》はずに、嘆《なげ》かしき事《こと》の増《ま》さるぞ、いと苦《くる》しき。如何《いか》で、今《いま》は、猶《なほ》、物忘《ものわす》れ、しなむ。思《おも》ひ甲斐《がひ》も無《な》し。罪《つみ》も深《ふか》かり」など、明《あ》け立《た》てば、打《う》ち眺《なが》めて、水鳥《みづとり》どもの、思《おも》ふ事無気《ことなげ》に、遊《あそ》び合《あ》へるを見《み》る。

（紫式部）水鳥《みづとり》を水《みづ》の上《うへ》とや余所《よそ》に見《み》む我《われ》も浮《う》き《憂(う)き》たる世《よ》を過《す》ぐしつつ

（紫式部）「彼《かれ》も、然《さ》こそ、心《こころ》を遣《や》りて遊《あそ》ぶと見《み》ゆれど、身《み》は、いと苦《くる》しかンなり」と、思《おも》ひ比《よそ》へらる。

【訳】「待ち望んでいた、主上様《うえさま》の土御門邸へのお出ましが近づいてきた」という情報が、屋敷の中を駆け巡っています。殿（道長様）は、この日が来るのを、首を長くして待ち望んでいらっしゃいました。そこで、もともと豪華だった土御門邸が、改築された部分があったり、新たに作られた部分があったりして、見事なうえにもさらにいっそう見事な建物となっていったのです。

私が忘れられないのは、菊の花です。既に十月ですので、季節は冬に入っています。九月九日の重陽《ちょうよう》の節句で、皆が愛《め》でた菊の花は、その色が変化してからが、さらに味わいが増すのです。少しでも殿のお役に立ちたいと願っている人々は、競って、世の中にこれほど見事な色の菊はないだろうと思われるほどの菊を、都の隅々、あるいは都の外まで出かけて捜し出し、それを見つけては根っこごと掘り取り、土御門邸に移植していただこうとして献上したのです。

中国の菊慈童《きくじどう》の話にもありますように、菊には不老不死をもたらす神秘的な力があります。その力で、主上様《うえさま》、中宮様、若宮様の末永い幸福がもたらされます。その生命力の根っこのところには、殿の意思が作用しているのです。季節の移ろいと共に、菊の花の色も微妙に移ろい、深みが加わります。さまざまな色に移ろった白い菊の花は、いずれも見どころがあり、素晴らしいものでした。むろん、まだ移ろっていない黄色い菊の花も、菊の花の原点を示して、見事でした。

土御門邸に立ちこめている朝霧が少しずつ晴れてくるにつれ、豪奢《ごうしゃ》な菊の花の祭典が、私の目に飛び込んできます。その全体を見渡している私の心に湧き上がってくる、一つの思いがありました。世間で言われている通りに、菊の花は盛りの色が移ろってからが、その盛りの時期よりも菊の花の個性を主張できるもののようです。私は、「それでは、人間は、どうなのだろう。女性としての盛りを越えてしまった私のような人間にも、若い年齢を通り過ぎて初めて得られる心の美というものが、あるのだろうか」と考えたのです。菊の花の艶《あで》やかな競演を見ている私は、いつの間にか、自分が人生の絶頂を通り過ぎた身でありながら、まだまだ老《ふ》け込んでしまいたくない、このまま生きる意味を見失ってしまうのはもったいない、と感じました。この時、私はおそらく菊の花の力で若返っていたのでしょう。

それにしても、私は、たとえ菊の花の力で本当に若返ったとしても、それほど人生を楽しめない性格なのです。私の悩みは尽きません。

《どうして、私は、こういう人間に生まれてしまったのだろうか。言うまでもないことではあるが、私という人間の物思いが、今より少しでも平凡で、ごくありふれたものであったのならば、こういう素晴らしいお屋敷で宮仕えできているのだから、風流にふるまい、若々しい気持ちで、いつ命が終わりを迎えるかわからない無常な世の中でも、楽しく暮らしてゆけることだろう。

けれども、どうしたわけか、私にはそういう生き方ができない宿命のようだ。このお屋敷では、素晴らしい殿と中宮様に恵まれ、若宮のご生誕という、普通の人間ならば絶対に体験できないようなことを、見聞きしているというのに、私の心は晴れず、暗い闇に閉ざされている。

私の心の中には、ごつごつとした塊《かたまり》のようなものがある。それは、この世に存在するありとあらゆるものへの懐疑心であり、不信感である。そのごつごつした塊が、ややもすれば明るい方へ流され、楽観的に身を処して生きてゆこうとする私の願いを引き留め、元の暗闇へと呼び戻してしまうのだ。だから、このように楽しいことばかりの、生ける仏《ほとけ》の御《み》国《くに》のような土御門邸にいても、心が晴れやらず、「私の人生は、こんなところで、こういうふうに生きるはずではなかった」などと、嘆かわしく思う気持ちが、むくむくと増殖してしまうのだ。そうなると、もうどうにも苦しくてたまらない。生きていることすら苦しくなる。

こうなったら、やはり、どうにかして、苦しいほうへ、哀しいほうへと向かいがちな私の心というものの存在を、忘れてしまいたい。悩みというものは、どんなに長く、そしてどんなに誠実に付き合ったとしても、際限がないものである。悩むだけ、無駄であると言えば、それはそうだろう。今、ここで、自分に与えられた生き方を否定することは、「真

実の自分を発見せよ」と教えられた仏の道にもそむき、罪深いことであろう。》

私は、その頃、こんなことを、考え続けていたのでした。物思いの多くは、夜の時間になされましたが、一睡もできずに、そのまま朝を迎えることも多くありました。朝になっても、私は爽やかな気持ちになれずに、物思いに浸りながら、渡り廊下の端っこにある私の局《つぼね》から、庭の景色をぼんやり眺めているばかりでした。ですから、美しい菊の花にも、心からは感動することができなかったのです。

その時、池の上に水鳥たちが浮かんで、いかにも楽しそうに、あちこちを動き回っているのが目に入りました。「あの水鳥は、人生に対する絶望や懐疑心は、持たないのだろうか」と思ったとたんに、「いや、そうではない。水鳥だって苦しいのだ。苦しいのに、努力して、いかにも楽しそうに振る舞っているのだ」と、気づきました。

私は、誰に聞かせるともなく、歌を詠みました。

（紫式部）水鳥《みづとり》を水《みづ》の上《うへ》とや余所《よそ》に見《み》む我《われ》も浮《う》き《憂(う)き》たる世《よ》を過《す》ぐしつつ

（池の水の上を、何羽もの水鳥たちが、泳ぎ回っている。鳥が泳ぐことを、「遊ぶ」と言う。楽しそうに遊び戯れている水鳥たちを、深い嘆きを抱《かか》えた私は、自分とは無関係の存在だと切って捨てることなどできない。なぜならば、あの水鳥たちは、私の分身であるからだ。第一に、彼らが水の上に浮いているのは、私が「今、ここ」で生きる人生に満足できず、ふらふらと漂って流されていることと同じである。第二に、人の目に触れない水鳥の水面下は、激しい足掻《あが》きを繰り返しているのは、私が精神的に藻掻《もが》き続けていることと同じである。ああ、私は、あの水鳥なのだった。)

「あの水鳥たちは、いかにも生きる喜びを謳歌しているように見えるけれども、体は苦しくてたまらないのだろう。なのに、どうして、あれほど苦しみを他人に見せずに生きてゆけるのだろう」と、私は思い続けました。苦しみを忘れられず、若宮の誕生や主上様《うえさま》の行幸《ぎょうこう》という類い稀な慶事にも心から和《なご》めないでいる自分が、情けなくてたまりません。私は、「あの水鳥は私だ」と思いながら、ぼんやりと彼らの泳ぐ姿を眺め続けていました。

【評】本文の「行幸」には、「みゆき」とルビを振ったが、「ぎやうかう」ないし「ぎやうがう」という可能性もある。

さて、菊の花は色が移ろってからが深みが増す、という美意識に触れておきたい。『古今和歌集』にも、「秋をおきて時こそ有《あ》りけれ菊の花移ろふからに色の増されば」という歌がある。色変わりして色の深まった菊の花を賞美するのが、平安時代の美意識だった。紫式部は、おそらく、人間も歳を取って成熟してからのほうが人間味が増してよい、などと考えていたのかもしれない。

菊の花は、盛りを過ぎてからが、いっそう美しいという感覚は、中世の世阿《ぜあ》弥《み》が大成した能・謡曲の理論にも通じている。世阿弥は、若く盛りの人間が体現している「時分《じぶん》の花」と、成熟あるいは老成して、失われた花を心の中で咲かせる「まことの花」とでは、後者のほうが格段に素晴らしい、と述べている。

『源氏物語』という作品も、紫式部が、大いなる悲劇の中に咲かせた、空前の「まことの花」だったのではないかと私は思う。虚構でありながら、人間の心の真実を描ききった「まことの花」である。この「水鳥」の場面は、『源氏物語』の原点を指し示している。

ところで、「水鳥」と言えば、『源氏物語』の橋姫《はしひめ》の巻にも印象深い和歌がある。八の宮は、北の方に先立たれたあと、幼い二人の娘を育てながら、寂しく暮らしている。

春の麗《うら》らかなる日影《ひかげ》に、池の水鳥どもの、羽《はね》打ち交《か》はしつつ、己《おの》がじし、囀《さへづ》る声などを、常は儚《はかな》き事と見給《みたま》ひしかども、番離《つがひはな》れぬを羨《うらや》ましく眺め給ひて、君達《きみたち》に、御琴《おんこと》ども教へ聞こえ給ふ。いとをかしげに、小さき御程《おんほど》に、とりどり掻《か》き鳴らし給ふ物《もの》の音《ね》ども、哀れに、をかしく聞こゆれば、涙を浮《う》け給ひて、

(八の宮)打ち捨てて番去《つがひさ》りにし水鳥のかりのこの世《よ》に立ち後《おく》れけむ

(八の宮)「心尽《こころづ》くしなりや」と、目、押《お》し拭《のご》ひ給ふ。

(中略)

姫君、御硯《おんすずり》を、やをら引き寄せて、手習《てならひ》の様《やう》に書《か》き交《ま》ぜ給ふを、(八の宮)「これに書き給へ。硯には書き付けざンなり」とて、紙《かみ》、奉《たてまつ》り給へば、恥《は》ぢらひて書き給ふ。

(大君)いかでかく巣立《すだ》ちけるぞと思ふにも憂《う》き水鳥の契《ちぎ》りをぞ知る

良《よ》からねど、その折《をり》は、いと哀れなりけり。手《て》は、生《お》ひ先《さき》見えて、まだ良《よ》くも続け給はぬ程《ほど》なり。

この水鳥は、「番《つがひ》」とあるので、雄と雌の二羽がいつも一緒にいて、夫婦仲

がむつまじい「おしどり」なのだろう。八の宮は、北の方と死に別れて、孤独である。二人の娘、二羽の子鳥《ことり》と一緒に、暮らしていても、この世が生きるに値する素晴らしい世界だとは、とうてい思えない。

（八の宮）打ち捨てて番去《つがひさ》りにし水鳥のかりのこの世《よ》に立ち後《おく》れけむ

母親の水鳥は、この世を去った。後に残されたのは、父親の水鳥と、二羽の子どもの水鳥。「かりのこ」は、水鳥の子どもとか、鴨の卵などという意味のほかに、「この世の中」が「仮」のものであることの掛詞になっている。この世は無常であり、永遠のものではない。それなのに、どうして、こんなにも苦しみに満ちているのか。八の宮は、水鳥の姿の中に、この世で生きている自分の孤独と不毛を見た。

娘の大君《おおいぎみ》の歌も、水鳥を詠んでいる。

（大君）いかでかく巣立《すだ》ちけるぞと思ふにも憂《う》き水鳥の契《ちぎ》りをぞ知る

大君が覚えているのは、「憂《う》き水鳥の契《ちぎ》り」だけである。『紫式部日記』には、「水鳥《みづとり》を水《みづ》の上《うへ》とや余所《よそ》に見《み》む我《われ》も浮《う》きたる世《よ》を過《す》ぐしつつ」とあった。「浮き」は、水の上に浮かんでいることと、「憂《う》き」の掛詞。橋姫の巻の大君の歌の

「憂《う》き水鳥の契《ちぎ》り」も、水鳥が水の上に浮いていることと、自分が辛い人生を生きていることを掛詞にしている。

八の宮と大君が、「水鳥」の歌を詠み合ったのは、都の中だったが、まもなく、彼ら親子は宇治に移り住む。宇治《うじ》の「う」には、「つらい」という意味の「憂《う》」が掛詞になっている。この「憂《う》き水鳥の契《ちぎ》り」は、やがて、宇治川の上を漂う、はかない「浮舟の契り」となって、宇治十帖の世界は流れてゆく。

40　時雨は、生きることの寂寥を顕在化させる

小少将《こせうしやう》の君《きみ》の、文《ふみ》、致《おこ》せたる返《かへ》り事《ごと》、書《か》くに、時雨《しぐれ》の、さと、掻《か》き暗《く》らせば、使《つか》ひも急《いそ》ぐ。（紫式部）「又《また》、空《そら》の気色《けしき》も、打《う》ち騒《さわ》ぎてなむ」とて、腰折《こしを》れたる事《こと》や、書《か》き交《ま》ぜたりけむ。

暗《くら》う成《な》りにたるに、立《た》ち返《かへ》り、甚《いた》う霞《かす》めたる濃染紙《こぜんし》に、

（小少将）雲間《くもま》無《な》く眺《なが》むる空《そら》も掻《か》き暗《く》らし如何《いか》に忍《しの》ぶる時雨《しぐれ》なるらむ
篠降（しのふ）る

書《か》きつらむ事《こと》も、覚《おぼ》えず。

（紫式部）理《ことわり》の時雨《しぐれ》の空《そら》は雲間《くもま》有《あ》れど眺《なが》むる袖《そで》ぞ乾《かわ》く間《ま》も無《な》き

［訳］私の同僚である小少将の君は、殿の奥方である源倫子様の姪に当たる方です。私も親しくさせてもらっています。私は「水鳥」の歌を詠むほどに、人生について悩んでいましたが、そういう時には小少将の君と語らう時間があれば、少しは私が直面していた「人生の壁」にも何とか立ち向かえたのかもしれません。けれども、あいにく彼女は、土御門邸から里に下がっていました。

私の心が通じたのでしょうか、何と、小少将の君から私にお便りがありました。私がうち沈んでいた気持ちを奮い立たせて、お返事を書こうとしていましたら、間《ま》の悪いことに、初冬の冷たい時雨が、私の心模様そっくりの暗い空から、降ってきたのです。小少将の君からの手紙を持ってきた使いの者も、時雨を気にして、私からの返事を早く書いてくれないかなと思っているのがわかるので、私も落ち着かない気持ちのままに返事を書きました。

私がどういう文面の返事を書いたのか、まったく記憶にないのです。心の迷いが如実に反映した、おかしな歌を書いたので、相手にはおそらく、「こういう、ふらふらと焦点の定まらない歌のことを、『腰折《こしお》れ』と言うのね」と笑われたことでしょう。その変な歌の前後に、「私の心とまったく同じように、空も乱れて、動揺しているようですわ」と書いたことは、かろうじて覚えています。使いの者が帰りをひどく急いでいたので、私は自分の書いた手紙の控えを手元に残しておく余裕も、なかったのです。

とっぷりと日が暮れてから、折り返し、小少将の君からのお返事が届きました。この時の歌は、鮮明に記憶しています。歌が書き記してあった紙は、「濃染紙《こぜんし》」で、紫の雲がたなびいて、ひどく霞んでいるような色合いでした。歌の内容に合わせた紙の選択は、見事でした。

(小少将) 雲間無《くもまな》く眺《なが》むる空《そら》も掻《か》き暗《く》らし如何《いか》に忍《しの》ぶる《篠降(しのふ)る》時雨《しぐれ》なるらむ

(あなたは、自分が泣いている心模様と、時雨を降らせる空の気色がひどく似ていると、自分の悲しみを誇っていらっしゃいます。こういうのを不幸自慢と言うのでしょうね。でも、本当に悲しい女は、あなたではなく、この私ですわ。厚い雲が晴れることのない空を、私はずっと眺め続けていました。すると、その空から、時雨が篠突《しのつ》きながら降って来たではありませんか。この雨は、里下がりしている私が、あなたと逢えないことを嘆き、恋い慕うあまりにこぼれ落ちた、私の涙雨だったのですわ。）

この歌を目にして、私は、はたと当惑しました。小少将の君の歌は、それ以前に私が書いた手紙にしたためた私の「腰折れ歌」を踏まえているはずですが、その歌が私の記憶から欠落していたのです。えい、ままよ、と私は歌を返しました。

（紫式部）理《ことわり》の時雨《しぐれ》の空《そら》は雲間《くもま》有《あ》れど眺《なが》むる袖《そで》ぞ乾《かわ》く間《ま》も無《な》き

（冬の始めの十月になったら時雨が降る、逆に言えば、時雨は十月に降ることは、当然のことです。けれども、空から降るのが時雨であるのならば、必ず降り止む時があるのも、世間の常識です。時雨は、さっと降ってきて、さっと止む雨のことですから。今のように、いつまでも止むことなく降り続いているのは、時雨ではありません。そして、あなたが私を恋い慕って流したという涙雨でもありません。最初のお手紙に書いたかもしれませんが、こんな私にもこの世に生きる意味はあるのだろうか、こんな自分が土御門邸で宮仕えしてもよいのかに悩んで、泣きに泣いている私の涙雨なのです。）

［評］　敦成親王の誕生と関わるおめでたさに包まれている土御門邸に、一人

冷めた女がいる。それが、紫式部である。『源氏物語』にも、晩秋から初冬にかけての景物として、時雨が描かれている。

私の好きな時雨の場面が、葵《あおい》の巻にある。光源氏は、亡くなった妻、葵の上の喪に服している。時雨の降る日、光源氏は、朝顔の斎院に歌を贈る。

猶《なほ》、いみじう徒然《つれづれ》なれば、朝顔《あさがほ》の宮《みや》に、（光源氏）「今日《けふ》の哀れは、然《さ》りとも、見知り給ふらむ」と、推《お》し量《はか》るる御心《みこころ》ばへなれば、暗き程《ほど》なれど、聞こえ給ふ。

絶《た》え間《ま》遠けれど、然《さ》の物《もの》と成《な》りにたる御文《おんふみ》なれば、咎《とが》なくて御覧《ごらん》ぜさす。

空《そら》の色したる唐《から》の紙《かみ》に、

（光源氏）分《わ》きてこの暮《くれ》こそ袖は露けけれ物思ふ秋はあまた経《へ》ぬれど

（光源氏）「いつも時雨《しぐれ》は」とあり。

「朝顔の斎院」は、光源氏の求愛を最後まで拒み続けた、意思の強い女君である。けれども、季節の節目節目で、光源氏と和歌を通して心を交流させていた。光源氏は、妻の葵の上に先立たれた悲しみが、時雨によっていっそう高まったので、朝顔の斎院に和歌を詠み贈った。季節は、晩秋。

私が興味深く思うのは、光源氏が和歌を書き記したのが、「空《そら》の色したる唐《から》の紙《かみ》」だった点である。舶来の高価な紙だった。「暗き程なれど」ともあるから、この「空の色」は、どんより暗い色だったのだろう。『紫式部日記』の「濃染紙《こぜんし》」と、同じような色だったのではないか。濃い紫色である。

光源氏の歌も、悲しい。

分《わ》きてこの暮《くれ》こそ袖は露けけれ物思ふ秋はあまた経《へ》ぬれど

この歌には、「時雨」という言葉はない。けれども、歌のあとに、光源氏は、「いつも時雨《しぐれ》は」と書き付けた。これは、古歌の引用である。

神無月《かみなづき》いつも時雨は降りしかどかく袖ひつる折はなかりき

「かく袖くたす」、このように袖を朽ち果てさせる、という本文もある。冬の始めである神無月には、いつも時雨が降ってきて、私の袖を濡らすものだが、これほど袖が濡れ、袖がぼろぼろに朽ち果てたことはなかった。それほど、私は泣き続け、大量の涙をこぼし続けている。……

『紫式部日記』の歌も、葵の巻の光源氏の歌も、どちらも、空から降ってくる時雨よりも、人間の心の中で降っている涙雨のほうが激しくて、降っている時間も長い、と言っている。光源氏は妻を失った喪失感、『紫式部日記』は本当の自分を見出せない空しさがテーマ。その点でも似ている。

41　一条天皇、土御門邸に行幸《ぎょうこう》される

其《そ》の日《ひ》、新《あたら》しく造《つく》られたる船《ふね》ども、差《さ》し寄《よ》せさせて、御覧《ごらん》ず。龍頭鷁首《りようとうげきしゆ》の、生《い》ける形《かたち》、思《おも》ひ遣《や》られて、鮮《あざ》やかに、麗《うるは》し。

「行幸《みゆき》は、辰《たつ》の時《とき》」と、未《ま》だ暁《あかつき》より、人々《ひとびと》、化粧《けさう》じ、心遣《こころづか》ひす。上達部《かんだちめ》の御座《おまし》は、西《にし》の対《たい》なれば、此方《こなた》は、例《れい》の様《やう》に騒《さわ》がしうも有《あ》らず。「内侍《ないし》の督《かん》の殿《との》の御方《おんかた》に、却々《なかなか》、人々《ひとびと》の装束《さうぞく》なども、いみじう調《ととの》へ給《たま》ふ」と聞《き》こゆ。

暁《あかつき》に、少将《せうしやう》の君《きみ》、参《まゐ》り給《たま》へり。諸共《もろとも》に、頭梳《かしらけづ》りなどす。（紫式部と少将の君）「例《れい》の、然《さ》言《い》ふとも、日《ひ》、闌《た》けなむ」と、弛《たゆ》き心《こころ》どもは躊躇《たゆた》ひて、（紫式部）「扇《あふぎ》の、いと直々《なほなほ》しきを、

又《また》、人《ひと》に言《い》ひたる、持《も》て来《こ》なむ」と、待《ま》ち居《ゐ》たるに、鼓《つづみ》の音《おと》を聞《き》き付《つ》けて、急《いそ》ぎ参《まゐ》る、様《さま》悪《あ》しき。

［訳］ 主上様《うえさま》（一条天皇）の土御門邸への行幸は、十月十六日に予定されていました。そして、待ちに待ったその日になりました。

殿（道長様）は、この日の朝、行幸のために新造させた二艘の船を、池の水際《みぎわ》近くまで漕ぎ寄せさせて、その出来映《できば》えを確認なさいました。この二艘の船は、「龍頭鷁首《りょうとうげきしゅ》」と言います。それぞれの船首には、龍の頭と、鷁《げき》（想像上の鳥です）の首が彫られています。龍の船には、唐楽《とうがく》の楽人たちが、鷁《げき》の船には、高麗楽《こまがく》の楽人たちが乗っていて、盛大に音楽を奏でます。龍も、鷁《げき》も、どちらも想像上の動物なので、その実際の姿を見た人は誰もいないのですが、もし、龍や鷁《げき》が実在するのでしたら、こういう形をしているのではないかと思われるほど、船首に彫られた姿は迫真の出来映えでした。日本離れした鮮やかな色彩感覚が、華麗です。

「主上様《うえさま》が土御門邸《こちら》にお着きになられるのは、朝早くの午前八時頃に決まりました」という情報が、土御門邸を駆けめぐりました。ということなので、女房たちは、まだ夜が暗い暁の頃から起き出して、念入りにお化粧をし、お迎えする準備に余念がありません。

幸いなことに、公卿のお歴々がお座りになる場所は、寝殿の西の対屋《たいのや》に設けられました。私たち女房が詰めている場所は、寝殿の東母屋《ひがしおもや》ですので、そこからは遠く離れていまして、安心です。これまでの「御産養」では、いつも公卿の方々の座られる場所は、私たち女房の詰める場所からほど近い東の対屋でしたので、何かと気遣いが大変だったのです。

中宮様お付きの私たちが安閑としていられたのと対照的に、これまで西の対屋におられた内侍《ないし》の督《かみ》様（中宮彰子の妹君である妍子《けんし》様）と、そのお付きの女房たちは大変です。何せ、公卿の方々との距離が、近すぎるほどに近いのですから。「私たちとは逆に、妍子様の女房たちは、公卿の方々との距離が近いので、お化粧や装束については私たち以上に整えていらっしゃるらしいですわよ」という噂も、私の耳には入っていました。

主上様《うえさま》が土御門邸にお成りになる当日の、まだ夜が暗いうちに、これまで里下がりしていた小少将の君（少将の君）が、お屋敷に戻ってこられました。「時雨」の歌の話題でひとしきり話が盛り上がったあと、私は彼女の髪の毛を梳《くしけず》り、彼女は私の髪の毛を梳り、仲良く二人でお化粧の時間を楽しみました。私たちは、年齢相応に経験を積み重ねておりますから、「主上様《うえさま》が土御門邸《こちら》にお付きになられるのは、朝早くの午前八時頃に決まりました」という情報など、信じておりませんでした。何と言っても主上様《うえさま》の行幸ですから、周到な準備が必要で、どうしても時間は遅れ気味となります。私たちは、「そうは言っても、いつものように、到着される時間は遅れることでしょう。主上様《うえさま》がお成りになるのは、お昼を過ぎてからでしょうかしらね」などと語り合って、のんびりしていました。私などはむしろ、落ち着きすぎてしまいまして、「手に持たなければならない扇のデザインが、よくないのよ。何だか平凡すぎて、つまらないわ。もう一度、扇のデザインについて、こうしてほしいという希望を、ある人に強く言って、特別に作り直してもらったのだけれども、その新しい扇の到着はまだかしら」などと、そんな弛《ゆる》みきった心境で、時間を過ごしておりました。

そこへ、突然の鼓《つづみ》の音です。鼓の音は、主上様《うえさま》のお成りの合図です。主上様《うえさま》が通過される時に、楽人たちが演奏する音楽の鼓の音が、はっきりと聞こえてきたのです。土御門邸の北門のあたりから、聞こえました。もう間もなくのお成りです。

私は、取るものもとりあえず、ということは、新しい扇も間に合わずに、慌てて、高貴な方々の前に出る際に、自分が女房であることの存在証明として必ず着用する決まりになっている裳《も》や、表着《うわぎ》である唐衣《からぎぬ》を、大慌てで身にまとって、中宮様のお部屋に参上する私のみっともなさは、本当に恥ずかしいくらいでした。

［評］天皇の行幸が午前八時ということは、ありえない。むろん、その時間帯から、準備は粛々と始まっていたのだろう。「龍頭鷁首《りょうとうげきしゅ》の船」は、若い女房たちが興じた月下の舟遊びの船とは、違うのだろう。天皇の行幸に合わせ、お披露目されたものだと思われる。

42 駕輿丁《かよちょう》は苦しげに体をよじっていた

御輿《みこし》、迎《むか》へ奉《たてまつ》る船楽《ふながく》、いと面白《おもしろ》し。寄《よ》するを見《み》れば、駕輿丁《かよちやう》の、然《さ》る、身《み》の程《ほど》ながら、階《はし》より上《のぼ》りて、いと苦《くる》し気《げ》に、俯《うつぶ》し臥《ふ》せる、（紫式部）「何《なに》の、異事《ことごと》なる。高《たか》き交《ま》じらひも、身《み》の程《ほど》、限《かぎ》り有《あ》るに、いと安気《やすげ》無《な》しかし」、と見《み》る。

［訳］　主上様《うえさま》は、土御門邸の西門からお入りになります。さらに中門《ちゅうもん》を入り、寝殿《しんでん》へと向かわれます。この時、主上様《うえさま》のお成りを歓迎して、池に浮かべてある龍頭鷁首《りょうとうげきしゅ》の船の中から、楽人たちの奏でる音楽が聞こえてきました。まことに、荘重な調べでした。

主上様《うえさま》がお乗りになっている御輿《みこし》は、鳳輦《ほうれん》と言います。それを、駕輿丁《かよちょう》たちが、大勢で担いでいます。私の目は、池に遊ぶ水鳥を見てさえ、その苦しみに目が行ってしまうのですが、駕輿丁たちの姿は、まさに「人生苦」そのものでありました。

私は駕輿丁たちの動作を、簾越《すだれご》しに、ずっと観察していました。主上様《うえさま》の鳳輦が、寝殿の南の階段から担ぎ上げられます。この時、鳳輦を水平に保つために、駕輿丁たちは不自然な動きをしなくてはなりません。階段は、かなりの角度です。鳳輦を水平にするためには、階段を先に登る、鳳輦の前の部分を担いでいる男たちは、膝を折り、腰を屈め、うつ伏せになって、なおかつ前へ進まなければなりません。

彼らは駕輿丁という低い身分でありますから、そういう不自然きわまりない、ある意味で屈辱的な姿勢を取らされても文句は言えません。むしろ、そういう身分でありながら、土御門邸の寝殿の上に登ることを許されたことを光栄に思うべきなのかもしれません。けれども、私の目には、うつ伏せになってまで鳳輦を運び上げる駕輿丁の姿が、いかにも苦しげに見えたのです。

私は、いつの間にか、彼らの姿と、自分の姿を重ね合わせていたのでした。「どうして、あの駕輿丁たちと自分とが別人であり、彼らの苦しみと自分の苦しみとが無関係だと言えるだろう。私も、あの駕輿丁たちと同じなのだ。主上様《うえさま》、中宮様、道長様という『上《かみ》の品《しな》』の前では、私は這いつくばるのが当然であるし、同じ女房の中でも、上﨟女房と中﨟女房の間には越えられない壁がある。この世に身分というものが存在し、身の程をわきまえつつ生きるのが人間社会の掟である以上、この世に生きていれば必然的に苦悩を引き受けてしまうのだ」などと思いながら、私の視線は、なおもうつ伏せになって階段を上ってゆく駕輿丁たちに注がれるのでした。

［評］　水鳥が優雅に遊んでいるように見えて、水面下では足を忙しく動かしているように、天皇の御輿《みこし》をかつぐ駕輿丁たちは、驚くべき姿勢で耐えていた。

その姿を、紫式部は見逃さなかった。

長徳二年（九九六）、父親と一緒に越前の国に下向する途中の紫式部は、現地で雇った駕輿丁たちの嘆きの声を耳にして、歌を詠んでいる。

塩津山《しほつやま》と言ふ道の、いと繁《しげ》きを、賤《しづ》の男《を》の、奇《あや》しき様《さま》どもして、「猶《なほ》、辛《から》き道なりや」と言ふを聞きて

知りぬらむ行《ゆ》き来《き》に馴《な》らす塩津山世《よ》に経《ふ》る道は辛《から》き物《もの》とぞ　『紫式部集』

琵琶湖の北から敦賀に向かう途中に、塩津山がある。季節は、夏。塩津山の険しい山道を登る駕輿丁たちの、「この山は、何度も通ったけれども、やっぱり、辛い山道だなあ」という嘆きの会話を耳にした紫式部は、「名前が『塩』津山ですもの、『辛《から》い』（しょっぱい、つらい）のは、あたりまえでしょ」と、持ち前の諧謔精神（ユーモア）を炸裂させたのである。

この歌は、言葉遊びに興じているだけで、駕輿丁たちへの同情は感じられない。

私が学部学生の頃（昭和五十四年頃）、大学院に進学するために、「過去問」を調べたことがあった。その中に、「日本の古典文学における貴族と民衆につい

て、知るところを記せ」というような問題があった。「自分ならば、駕輿丁のことや、庶民の言葉が鳥のさえずりに喩えられていることを書くのだけれども」と考えたことがある。

43　帝の行幸には三種の神器も一緒である

御帳《みちやう》の西面《にしおもて》に、御座《おまし》を設《しつら》ひて、南《みなみ》の廂《ひさし》の、東《ひんがし》の間《ま》に、御倚子《ごいし》を立《た》てたる、其《そ》れより一間《ひとま》隔《へだ》てて、東《ひんがし》に離《あ》れたる際《きは》に、北《きた》・南《みなみ》の端《つま》に、御簾《みす》を掛《か》け隔《へだ》てて、女房《にようばう》の居《ゐ》たる南《みなみ》の柱許《はしらもと》より、簾《すだれ》を少し引《ひ》き上《あ》げて、内侍《ないし》、二人《ふたり》、出《い》づ。其《そ》の日《ひ》の髪上《かみあ》げ、麗《うるは》しき姿《すがた》、唐絵《からゑ》を、をかし気《げ》に描《か》きたる様《やう》なり。

左衛門《さゑもん》の内侍《ないし》、御佩刀《みはかし》、執《と》る。青色《あをいろ》の無紋《むもん》の唐衣《からぎぬ》、裙濃《すそご》の裳《も》、領巾《ひれ》、裙帯《くんたい》は、浮線綾《ふせんりよう》を、櫨緂《はじだん》に染《そ》めたり。表衣《うはぎ》は、菊《きく》の五重《いつへ》、掻練《かいねり》は紅《くれなゐ》、姿付《すがたつ》き・持《も》て成《な》し、些《いささ》か外《はづ》れて見《み》ゆる傍《かたは》ら目《め》、華《はな》やかに、清気《きよげ》なり。

弁《べん》の内侍《ないし》、璽《しるし》の御筥《みはこ》。紅《くれなゐ》に葡萄染《えびぞめ》の織物《おりもの》の袿《うちき》、裳《も》、唐衣《からぎぬ》は、前《さき》の同《おな》じ事《こと》。いと細《ささ》やかに、をかし気《げ》なる人《ひと》の、慎《つつ》まし気《げ》に、少《すこ》し慎《つつ》みたるぞ、心苦《こころぐる》しう見《み》えける。（紫式部）「扇《あふぎ》より始《はじ》めて、好《この》み増《ま》したり」と見《み》ゆ。

領巾《ひれ》は、棟緂《あふちだん》、夢《ゆめ》の様《やう》に、曲《もこよ》ひ、伸立《のだ》つ程《ほど》、装《よそほ》ひ、（紫式部）「昔《むかし》、天降《あまくだ》りけむ乙女子《をとめご》の姿《すがた》も、斯《か》くや有《あ》りけむ」とまで覚《おぼ》ゆ。

近衛司《このゑづかさ》、いと付《つ》き付《づ》しき姿《すがた》して、御輿《みこし》の事《こと》ども行《おこな》ふ、いと燦々《きらきら》し。頭《とう》の中将《ちゆうじやう》、御佩刀《みはかし》など執《と》りて、内侍《ないし》に伝《つた》ふ。

［訳］　主上様《うえさま》が休息用にお座りになる玉座は、中宮様のいらっしゃる東母屋《ひがしおもや》の御帳台《みちょうだい》の西側の部屋（中《なか》の戸《と》）に設けられました。南の廂《ひさし》の東のお部屋に、主上様《うえさま》が正式にお座りになる倚子《いし》（椅子）が立ててあります。この倚子が立てられたのが、午後三時くらいだったでしょうか。

東母屋から一部屋、間隔を隔てて、東のほうに離れている部屋の端は、北と南の両端に御簾《みす》を掛けて、仕切りが作られています。そこに、主上様《うえさま》にお仕えする内裏《だいり》女房たちが座っています。その南の柱のあたりから、簾を少し引き上げて、二人の内侍《ないし》が姿を現しました。彼女たちは、公式の行事に参列する時の女房の髪型である「髪上《かみあ》げ」をしていました。中国風の装いとされています。まるで、美しい中国の女性を描いてある綺麗な唐絵《からえ》を見ているかのようでした。

　二人の内侍の一人目は、左衛門《さえもん》の内侍（橘隆子）です。彼女は、「三種の神器」のうちの「御剣《ぎょけん》」を捧げ持つ役割です。ふだんは清涼殿の「昼《ひ》の御座《おまし》」に置いてある御剣は、帝の行幸の際にも「御剣の役」という役目の人が捧げ持って随従する決まりなのです。

　この左衛門の内侍が着ていた衣装を、皆さんの参考のために書き記しておきましょう。これが、女房の正装なのですよ。紋様のない青色の唐衣《からぎぬ》。裾のほうが濃く染められている裳《も》。「領巾《ひれ》」と「裙帯《くんたい》」は、綾の糸目を浮かせた「浮線綾《ふせんりょう》」で、橙色《だいだい》と白とが段《だん》だら染《ぞめ》になっています。「領巾」は、正装の際に着用するもので、肩から両脇に垂れている飾り布です。「裙帯」は、裳の腰の部分に垂れている飾り紐です。表着《うわぎ》は、菊《きく》の五重《いつえ》。その下に着る袿は、紅《くれない》でした。その姿つき、しぐさ、そして扇から時折見える横顔など、すべてにわたって「花」があり、清らかで、好もしい人でした。

二人目の内侍は、弁の内侍です。彼女は、中宮様お付きの女房であると同時に、内裏女房も兼任しています。これまでに、何度か名前が出てきましたので、ご記憶の方もいらっしゃることでしょう。この弁の内侍は、これまた三種の神器の一つである「八尺瓊勾玉《やさかにのまがたま》」が納められている筥《はこ》を捧げ持つ役割です。紅《くれない》の掻練《かいねり》に、袿は、葡萄紫《ぶどうむらさき》でした。裳《も》と唐衣《からぎぬ》は、前に記した左衛門の内侍と同じでした。彼女の体つきは、とても小柄なので、可愛らしいという印象を受けます。遠慮がちな性格の彼女が、いささか緊張して見えたのは、「大丈夫かしら」と私まで心配になったくらいでした。私は、「彼女の趣味は、とてもよい。手にしている扇から初めて、何もかもが、先ほどの左衛門の内侍よりも優れている」と思いながら、見ていました。

弁の内侍の領巾は、薄紫と白の段だら染《ぞめ》でした。肩から垂れている領巾が、彼女が動くにつれて、ゆらゆらと優雅に揺れます。夢の中では、ものの輪郭がはっきりしないので、あらゆる物が同じ場所に留まっておらず、ひらひらと揺れ動いたり、ぐっと伸び上がってきたりします。弁の内侍は、まさに夢の中に現れるような女性の雰囲気を漂わせる、そういう着こなしだったのです。「物語や説話などには、昔、空から天女が地上に天下《あまくだ》ってきたという話が書かれているけれども、弁の内侍は、まさに地上に下《お》り立った天女様だ」と、私には思えたことでした。
　さて、二人の女房の描写に、筆を費やしすぎてしまいました。主上様《うえさま》の鳳輦が階段を上る場面は、既に書きましたね。その際には、近衛府の役人たちが、この場にふさわしい出《い》で立《た》ちで警備に当たりました。彼らは、とても鮮やかで、りりしくて、きらきらしていました。宮中から運ばれてきた三種の神器は、頭の中将（源頼定様）が大切に手に持って、先ほど名前を記した二人の内侍に手渡したのでした。

【評】　最後の「頭中将」は、実際には「藤中将」で、藤原兼隆のことである。「東《ひんがし》に離《あ》れたる際《きは》」は、「東に当たれる所」と本文を校訂する説もある。また、「夢《ゆめ》の様《やう》に、曲《もこよ》ひ、伸《の》立《だ》つ程《ほど》」の部分は、解釈がむずかしい。群書類従の原本の表記では、「ゆめのやうにも今宵のたつほと」と書かれている。
　女房の衣装が詳しい。日記文学は、若い女房たちへの教育を兼ねていると言われることがある。確かに、衣食住や宮中のしきたりについての記述が詳しい。これらは、着こなしから人柄を推察させるだけでなく、「期待される女房像」を書き留める役割も果たしているのだろう。

行間から推測すると、紫式部は、どうやら内裏女房の「左衛門の内侍」を嫌っているようである。【118】の伏線である。

44　晴れの日の女房たちの着こなし、人さまざま

御簾《みす》の中《なか》を見渡《みわた》せば、色聴《いろゆる》されたる人々《ひとびと》は、例《れい》の、青色《あをいろ》・赤色《あかいろ》の唐衣《からぎぬ》に、地摺《ちずり》の裳《も》、表《うは》着《ぎ》は、押《お》し渡《わた》して、蘇芳《すはう》の織物《おりもの》なり。唯《ただ》、馬《むま》の中将《ちゆうじやう》ぞ、葡萄染《えびぞめ》を着《き》て侍《はべ》りし。擣物《うちもの》どもは、濃《こ》き薄《うす》き紅葉《もみち》を、扱《こ》き交《ま》ぜたる様《やう》にて、中《なか》なる衣《きぬ》ども、例《れい》の、梔子《くちなし》の濃《こ》き薄《うす》き、紫苑色《しをんいろ》、裏青《うらあを》き菊《きく》を、若《も》しは、三重《みへ》など、心々《こころごころ》なり。

綾聴《あやゆる》されぬは、例《れい》の、大人大人《おとなおとな》しきは、無紋《むもん》の青色《あをいろ》、若《も》しは、蘇芳《すはう》など、皆《みな》、五重《いつへ》にて、重《かさ》ねどもは、皆《みな》、綾《あや》なり。大海《おほうみ》の摺裳《すりも》の、水《みづ》の色《いろ》、華《はな》やかに、鮮々《あざあざ》として、腰《こし》どもは、固《かた》紋《もん》をぞ、多《おほ》くは、したる。袿《うちき》は、菊《きく》の三重《みへ》・五重《いつへ》にて、織物《おりもの》はせず。若《わか》き人《ひと》は、菊《きく》の五重《いつへ》

の唐衣《からぎぬ》を、心々《こころごころ》にしたり。上《うへ》は白《しろ》く、青《あを》きが上《うへ》をば蘇芳《すはう》。単衣《ひとへ》は、青《あを》きも有《あ》り。上《うへ》、薄蘇《うすす》芳《はう》、次々《つぎつぎ》、濃《こ》き蘇芳《すはう》、中《なか》に、白《しろ》き、交《ま》ぜたるも、すべて、為様《しざま》をかしきのみぞ、才々《かどかど》しく見《み》ゆる。

言《い》ひ知《し》らず、珍《めづら》しく、おどろおどろしき扇《あふぎ》ども、見《み》ゆ。

［訳］　ここで、主上様《うえさま》の行幸をお迎えした中宮様にお仕えする女房たちの、その日の様子を書いておきましょう。

私が中宮様のいらっしゃるお部屋の簾の中を、ぐるりと見渡しましたところ、大きく二つのグループに別れるようでした。特別な色や素材の着用を許された上臈《じょうろう》女房と、許されていない中臈《ちゅうろう》以下の女房の二つです。

まず、中宮様から、禁色《きんじき》を着ることを許された上臈女房は、いつものように、青や赤の唐衣《からぎぬ》に、白地に模様を摺りだした「地摺《じずり》の裳《も》」を着て、表着《うわぎ》は皆が揃いも揃って蘇芳《すおう》色の織物でした。いや、私の見間違いでした。上臈女房の中で、ただ一人、馬の中将だけは、葡萄紫《ぶどうむらさき》の表着を着ておりましたのですよ。

表着の下、袿《うちき》の上に着る擣衣《うちぎぬ》（打衣）は、紅《くれない》なのですが、濃いのも薄いのもあり、ちょうど、秋の野山で濃い紅葉と薄い紅葉が入り交じっているのを見るような感じでした。その下に着重ねている袿《うちき》は、例によって、梔子《くちなし》の襲《かさね》（表が黄、裏も黄）の濃いのや、薄いの、紫苑《しおん》の襲《かさね》（表が紫、裏が青）、黄菊の襲《かさね》（表が黄、裏が青）、もしくは三枚重ねなどを、銘々の心に任せて着ていました。

次に、禁色や綾織物を許されていない中﨟以下の女房たちに、目を転じましょう。彼女たちは、青や赤の織物の唐衣《からぎぬ》、それと、地摺りの裳の着用が、認められていません。このグループは、年配組と年少組というように、さらに二つの小グループに別れています。

年配組は、例によって、唐衣は、綾ではなく平絹《ひらぎぬ》の青か蘇芳色でした。皆、重ね袿を五重にしていて、重ねはすべて綾を用いています。唐衣でなければ、綾も許されているのです。裳には、大海《おおうみ》の紋様が摺られていて、水の色が華やかで、鮮やかでもあります。裳の腰の部分には、多くの者が、紋様を固く織った固紋《かたもん》をしています。袿は、菊の襲を三枚か五枚、重ねていて、紋様は付いていません。

年少組は、菊の襲を五枚重ねた袿の上に、思い思いの色の唐衣を着ています。中には、袿の色ですが、上から順に、白、蘇芳、青となるように着ている者もいます。その下に着る単衣《ひとえ》は、青を用いている者もいました。また、五枚の袿ですが、一番上に薄い蘇芳色、その下の蘇芳色は少しずつ濃くなってゆき、中に一枚、白い色を混ぜている者もいました。このような着こなしは、見ている者にあっと思わせる色の組み合わせで、才気を感じます。また、どう形容したら良いのか、私の表現力に限界を感じるのですが、これまで見たこともないくらい、珍しく、大げさな扇を持った女房が、何人もいました。

［評］　女房たちを二つに分け、片一方をさらに二つに分けるので、結果的には「三区分」となる。『源氏物語』でも、三区分が多用されている。女性を「上《かみ》の品《しな》」「中《なか》の品《しな》」「下《しも》の品《しな》」に三区分する「雨夜の品定め」が、その典型である。ただし、女房たちには「下の品」はいないので（強いて言えば「女蔵人《にょくろうど》」や「下仕え」などがそれに該当する）、「中の品」を二つに分け、「上」、「中の上」、「中の下」という三区分にしたのである。

45 大勢の中で優劣を見分ける方法はあるか

打《う》ち解《と》けたる折《をり》こそ、真秀《まほ》ならぬ容貌《かたち》も、打《う》ち交《ま》じりて見《み》え分《わ》かれけれ。心《こころ》を尽《つ》くして繕《つくろ》ひ、化粧《けさう》じ、(女房たち)「劣《おと》らじ」と仕立《した》てたる、女絵《をんなゑ》の、をかしきに、いと良《よ》う似《に》て、年《とし》の程《ほど》の、大人《おとな》び、いと若《わか》き区別《けぢめ》、髪《かみ》の少《すこ》し衰《おとろ》へたる気色《けしき》、又《また》、盛《さか》りのこちたきが、我《わ》が前許《まへばか》り、見渡《みわた》さる。

然《さ》ては、扇《あふぎ》より上《かみ》の額付《ひたひつ》きぞ、奇《あや》しく、人《ひと》の容貌《かたち》を、品々《しなじな》しくも、下《くだ》りても、持《も》て成《な》す所《ところ》なンめる。斯《か》かる中《なか》に、優《すぐ》れたると見《み》ゆるこそ、限《かぎ》り無《な》き、ならめ。

[訳] 中宮様のお部屋にずらりと揃った女房たちの着飾った姿を見渡しながら、私の胸に浮かんできた思いがありました。それは、人の優劣はどういうふうにして見分けたらよいのか、という難問です。

女房たちが、着飾った窮屈な衣装を脱いで、念入りに施したお化粧も落として、自分の素《す》をさらけ出して、くつろぎ、おしゃべりしているような時ならば、「決して美貌とは言えない」という容貌の者が交じっていれば、すぐに、容貌の善悪は区別ができるでしょう。けれども、この主上様《うえさま》の行幸の時のように、女房という女房が全員、可能な限りのおめかしをし、納得のゆくまでお化粧をして、「自分は他人より絶対に見劣りしたくない」と固く誓って、自分を美しく装っている場合には、美醜の区別は容易ではありません。女性を美しく描く「女絵《おんなえ》」では、描かれたどの女性も美しいのと、同じことです。

ただ、年齢を重ねているとか、ひどく若いかという違いや、髪の毛のボリュームがやや薄くなっているか、それともまた、若さの盛りでボリュームたっぷりかという区別だけが、私の目の前にいる女房たちを前にして、私が気づく点なのです。

こういう状態ですと、彼女たちが顔を隠している扇の上から、わずかに見えている額《ひたい》のあたりの雰囲気ばかりが、不思議なことではありますが、彼女たちの容貌を上品にも下品にも見せてしまうもののようです。たとえそういう中にあっても、「この額の女性は美しい女性に違いない」と思わせる女性こそが、真に美しい女性なのでありましょう。

［評］群書類従本の「我《わ》が前許《まへばか》り」は、他の本では「弁《わきま》へ許《ばか》り」とある。

「区別《けぢめ》」と対応する「弁《わきま》へ」なので、「弁《わきま》へ許《ばか》り」のほうが解釈しやすい。けれども、ここは、本書の方針として、群書類従本で訳を試みた。

このあたり、紫式部は、「雨夜の品定め」で熱弁を振るった「左《ひだり》の馬《うま》の頭《かみ》」のように、人の優劣を論じている。「雨夜の品定め」は、作者は女であるのに、男たちばかりの議論を繰り広げた。『紫式部日記』では、そういう偽装は要らないので、女性の目から見た女性論を展開している。

46 ちょっとした天女

予《かね》てより、上《うへ》の女房《にようばう》、宮《みや》に掛《か》けて候《さぶら》ふ五人《いつたり》は、参《まゐ》り集《つど》ひて候《さぶら》ふ。内侍二人《ないしふたり》、命婦二人《みやうぶふたり》、御賄《おほんまかな》ひの人一人《ひとひとり》。

御膳《おものまゐ》参るとて、筑前《ちくぜん》、左京《さきやう》の御許《おもと》の、髪上《かみあ》げて、内侍《ないし》の出《い》で入《い》る隅《すみ》の柱許《はしらもと》より、出《い》づ。此《これ》は、良《よ》ろしき天女《てんによ》なり。左京《さきやう》は、青色《あをいろ》に、柳《やなぎ》の無紋《むもん》の唐衣《からぎぬ》、筑前《ちくぜん》は、菊《きく》の五重《いつへ》の唐衣《からぎぬ》、裳《も》は、例《れい》の、摺裳《すりも》なり。

御賄《おほんまかな》ひ、橘《たちばな》の三位《さんゐ》、青色《あをいろ》の唐衣《からぎぬ》は、唐綾《からあや》の黄《き》なる菊《きく》の袿《うちき》ぞ、表衣《うはぎ》なンめる。一髻《ひともと》、上《あ》げたり。柱隠《はしらがく》れにて、真秀《まほ》にも見《み》えず。

［訳］このたびの主上様《うえさま》の行幸の以前から、元は主上様《うえさま》お付きの女房だった内裏女房が、何人か、中宮様お付きの女房として、土御門邸で祗候しています。先ほど名前を出した、三種の神器を捧げ持った二人の内侍もそうです。残りの三人は、これから名前を出しますが、命婦が二人、陪膳の担当が一人です。彼女たちは、本日の主上様《うえさま》の行幸に際して、大きな役目を与えられて、待機していました。二人の内侍の役割については、既に申し述べた通りです。

主上様《うえさま》にお食事を差し上げるということで、お膳の台を持って、筑前の命婦と、左京の命婦の二人が、内侍の出たり入ったりした、部屋の端にある柱のあたりから、姿を現します。頭の上で一つに髪を結んだ「一髻《ひともと》」の髪上げをしています。彼女たちは、ちょっとした「天女」のように見えました。これが誉め言葉なのか、皮肉なのかは、皆さんのご判断にお任せします。左京の命婦は、青色の紋様のない唐衣の下に、柳の重ねで、紋様のない袿を着ています。筑前の命婦は、青色の唐衣の下に、菊の重ねを五枚着ています。裳は、お決まりの地摺《じずり》の裳です。

主上様《うえさま》のお食事の陪膳を担当するのが、橘の三位《さんみ》です。この方は、若宮に初めてお乳を含ませる名誉にあずかった女房でしたね。彼女は、主上様《うえさま》、つまり一条天皇様の乳母《めのと》でもあったのです。唐衣の色は、青でした。唐綾で織った黄色い菊の襲《かさね》（表が白で、裏が青）の袿が、表着《うわぎ》のように見えました。彼女も、頭の上で一つに髪を結んだ「一髻《ひともと》」の髪上げ姿です。ただし、私の座っていた場所からは柱の陰になって、彼女の姿がよく見えませんでしたので、事実は違っているかもしれません。

［評］ 群書類従本の「筑前《ちくぜん》、左京《さきやう》の御許《おもと》の、髪上《かみあ》げて」は、他本では「筑前《ちくぜん》、左京《さきやう》、一髻《ひともと》の髪上げて」となっている。橘の三位が「一髻《ひともと》、上げたり」とあるのと対応、あるいは重複している。

「良《よ》ろしき天女《てんにょ》」は、誉め言葉ではない。評価が高い順に、「良《よ》し」「良《よ》ろし」「悪《わ》ろし」「悪《あ》し」である。「良《よ》ろし」は、「悪くはない」と訳したほうが適切な場合が多い。「良《よ》ろしき人」は、普通の人、中くらいのレベルの人、という意味である。むろん、「天女」を形容しているのだから、「良ろしき」が貶す意味でないことは当然だが、「天女にしては、いささか歳を取り過ぎている」程度の皮肉ではないかと思われる。

橘の三位の姿が、柱隠れで見えなかったとあるのも、紫式部には彼女のことを書きたくない気持ちがあって、その口実を探したのだろう。

47　天皇、若宮、そして道長の三位一体

殿《との》、若宮《わかみや》抱《いだ》き奉《たてまつ》り給《たま》ひて、御前《おまへ》に、出《い》で奉《たてまつ》り給ふ。主上《うへ》、抱《いだ》き移《うつ》し奉《たてまつ》らせ給《たま》ふ程《ほど》、些《いささ》か泣《な》かせ給《たま》ふ御声《みこゑ》、いと若《わか》し。

弁《べん》の宰相《さいしやう》の君《きみ》、御佩刀《みはかし》執《と》りて、参《まゐ》り給《たま》へり。母屋《もや》の中戸《なかど》より西《にし》に、殿《との》の上《うへ》、御座《おは》する方《かた》にぞ、若宮《わかみや》は御座《おは》しまさせ給《たま》ふ。

主上《うへ》、外《と》に、出《い》でさせ給《たま》ひてぞ、宰相《さいしやう》の君《きみ》は、此方《こなた》に帰《かへ》りて、「いと顕証《けそう》に、はしたなき心地《ここち》しつる」と、実《げ》に、面《おもて》、打《う》ち赤《あか》みて、居給《ゐたま》へる顔《かほ》、細《こま》かに、をかし気《げ》なり。衣《きぬ》の色《いろ》も、人《ひと》より異《け》に、着栄《きはや》し給《たま》へり。

[訳] 殿（道長様）が若宮様をお抱きになって、主上様《うえさま》の御前《ごぜん》にお連れされました。主上様《うえさま》は、二十九歳。既にお亡くなりになった中宮（皇后）定子《ていし》様との間に、男皇子《おとこみこ》はいらっしゃいますが、若宮は殿の孫でもありますから、主上様《うえさま》にとっても特別な意味を持つ皇子なのです。今日が、初めての親子の対面ということになります。殿の腕から主上様《うえさま》の腕へと、若宮がお移りになる時、宮様はむずかられて、小さな声でお泣きになりました。その声が、本当にかわいらしく聞こえました。

同僚である弁の宰相の君には、大切な役目が命じられていました。若宮がお生まれになった日に、主上様《うえさま》から拝領した守り刀を捧げ持って、対面を果たされた主上様《うえさま》と若宮の前に控えていたのです。このあと、若宮は、東母屋にある中宮様のお部屋へではなく、殿の夫人で、若宮の祖母に当たられる源倫子様のお部屋へとお移りになりました。なお、主《う》上様《えさま》と若宮が対面されたのは、東母屋と西母屋の間にある「中の戸」と呼ばれるお部屋です。ここに、主上様《うえさま》の御座所がありました。その南に、主上様《うえさま》が儀式の際にお座りになる倚子《いし》（椅子）が据えられていたのです。主上様《うえさま》は休憩用の御座所から、御簾《みす》の外に出られて、倚子に移られました。いよいよ、主上様《うえさま》を歓迎する儀式の始まりです。

この段階で、宰相の君（弁の宰相の君）が、中宮様のいらっしゃる東母屋まで戻ってきました。ここには、私たち女房が控えています。大役を果たした直後の彼女は、高揚感ではなく、いかにも恥ずかしそうに顔を赤らめていたのが印象的でした。彼女は、「多くの方々に隠しようもなく、はっきりと、顔を見られてしまいました。心が落ち着かずに、どうしたらよいか、わかりませんでしたわ」と言いながら、座っていらっしゃいました。上品と言うか、繊細と言うか、本当に美しい方です。お召しになっている装束の色の配合も素晴らしく、ほかの女房たちと比べて格段に着こなしが優れていらっしゃいます。

［評］　道長が敦成親王を抱いて、一条天皇と対面する場面である。道長から見て、一条天皇は娘の夫であり、敦成親王は娘が産んだ孫である。

道長が演出した「父子の対面」があったのは、一〇〇八年。一条天皇が三十二歳で崩御し、東宮だった三条天皇が即位したのが、わずか三年後の一〇一一年。三条天皇が退位し、敦成親王が後一条天皇として即位するのが、それから五年後の一〇一六年。

なお、道長が没したのは一〇二七年（六十七歳）、後一条天皇の崩御は、一〇三六年（二十九歳）である。

48 雅楽の調べが土御門邸を満たす

暮《く》れ行《ゆ》くままに、楽《がく》ども、いと面白《おもしろ》し。上達部《かんだちめ》、御前《おまへ》に候《さぶら》ひ給《たま》ふ。「万歳楽《まんざいらく》」、「太平楽《たいへいらく》」、「賀殿《かてん》」など言《い》ふ舞《まひ》ども、「長慶子《ちやうげいし》」を、退出音声《まかでおんじやう》に遊《あそ》びて、築山《やま》の先《さき》の道《みち》を回《ま》ふ程《ほど》、遠《とほ》く成《な》り行《ゆ》くままに、笛《ふえ》の音《ね》も、鼓《つづみ》の音《おと》も、松風《まつかぜ》も、木深《こぶか》く吹《ふ》き合《あ》はせて、いと面白《おもしろ》し。

[訳] あっという間に時間が経過しまして、早くも黄昏時《たそがれどき》になりました。あたりが暗く

なりますと、聴覚が研《と》ぎ澄まされるものなのでしょうか、演奏されている楽の音《がくね》が、たいそう心に響き、染み入ってきます。

公卿のお歴々は、主上様《うえさま》がお出ましになった近く、寝殿の南の簀子《すのこ》へと進まれ、そこで祇候しておられます。池の岸辺近くに浮かんでいる龍頭鷁首《りょうとうげきしゅ》の船からは、楽人たちの奏でる楽の響きが聞こえてきます。「万歳楽《まんざいらく》」は、お祝いの場にふさわしいものでした。何曲も演奏されたのですが、その全部をここに書き記すことはできません。ですが、勇壮な「太平楽《たいへいらく》」も、記憶に残っています。また、もしかしたら私の記憶違いかもしれませんが、「賀殿《かてん》」も演奏されました。演奏が終わって、龍頭鷁首《りょうとうげきしゅ》の船は、向きを変え、池の中の島に造られた築山《つきやま》の向こう側に回り込みながら、しずしずと姿を消してゆきます。その時には、「長慶子《ちょうげいし》」という、舞のない音楽だけの曲を演奏しながら、御前を退出してゆくのです。

船に燈《とも》された火が、少しずつ遠ざかり、夕暮れの闇の中に消えてゆきます。船が遠ざかるに連れて、奏でられている笛の音も、鼓の音も、そして築山《つきやま》の松の梢を吹き渡る風も、一つに融け合って、えもいわれぬ感興の時を体験することができました。

［評］「長慶子《ちょうげいし》」は、チョウゲシとも発音する。

「笛《ふえ》の音《ね》も、鼓《つづみ》の音《おと》も、松風《まつかぜ》も、木深《こぶか》く吹《ふ》き合《あ》はせて、いと面白《おもしろ》し」とあるが、松風の音と舞楽の音とが一つに融け合うのは、常套表現である。『源氏物語』の紅葉賀《もみじのが》の巻にも、「小高い紅葉の陰に、壁のように立ち並んだ楽人たちの吹き立てる音が、松風の音と融けあって、本物の『深山颪《みやまおろし》』かと思われた」という内容の文章がある。行幸の場面である。

少女《おとめ》の巻にも行幸の場面があり、「楽《がく》の船《ふね》」が漕ぎ舞い、音楽の「調子」に、「山風の響き」が面白く吹き合わせた、とある。

49　老女と若い女房の溝は深い

いと良《よ》く払《はら》はれたる遣水《やりみづ》の、心地《ここち》行《ゆ》きたる気色《けしき》して、池《いけ》の水《みづ》、波立《なみた》ち騒《さわ》ぎ、漫《そぞ》ろ寒《さむ》きに、主上《うへ》の、御袙《おほんあこめ》、唯二《ただふた》つ、奉《たてまつ》り給《たま》へりけり。左京《さきやう》の命婦《みやうぶ》の、己《おの》が寒《さむ》かンめるままに、いとほしがり聞《き》こえさするを、人々《ひとびと》は、忍《しの》びて笑《わら》ふ。

筑前《ちくぜん》の命婦《みやうぶ》は、「故院《こゐん》の御座《おはし》ましし時《とき》、此《こ》の殿《との》の行幸《みゆき》は、いと度々有《たびたびあ》りし事《こと》なり。其《そ》の折《をり》、彼《か》の折《をり》」など、思《おも》ひ出《い》でて言《い》ふを、忌々《ゆゆ》しき事《こと》も、有《あ》りぬべかンめれば、（女房）「煩《わづら》はし」とて、殊《こと》に、あへしらはず、几帳隔《きちやうへだ》てて、有《あ》るなンめり。（女房）「哀《あは》れ、如何《いか》なりけむ」などだに言《い》ふ人有《ひとあ》らば、打《う》ち零《こぼ》しつべかンめり。

［訳］　奏楽の響きが闇の中に消えていった一瞬、土御門邸は静寂に包まれました。ここで聞こえてきたのが、気持ちよさそうに遣水《やりみず》が流れる音と、池の水が波を立てて打ち寄せている音の二つでした。殿（道長様）はふだんから遣水に浮かんだ枯葉や水草を取り払わせる綺麗好きな性格なのですが、今日は主上様《うえさま》のお成りですから、遣水の流れを堰《せ》き止めるものは何一つないほど、取り除かれています。

今は、冬の初めの十月十六日ですし、あたりは暗くなっていますので、かすかな寒さを感じる時間帯です。ふと気づいたのですが、主上様《うえさま》はお召し替えになっておられ、堅苦しい袍《ほう》はお脱ぎになって、袷《あわせ》を二つ重ねただけの、気軽な装いであられました。それを見た左京の命婦が、「こんなに気温が下がって寒くなってきているのに、主上様《うえさま》はあんなお格好で、お寒くはないのかしら。お風邪を引かれないか、心配ですわ」などと、心配しきりです。主上様《うえさま》のほうは、お酒も召し上がる楽しい宴ですし、何と言っても二十九歳の若さですので、心配することはないのです。左京の命婦は、お歳なので、自分が寒く感じるのを、他の人も寒がっているに違いないと思い込んでいるのです。その老婆心を、ほかの女房たちは、本人にわからないように陰で笑っているのでした。

左京の命婦は、内裏女房と中宮様へのお仕えを兼務しているのですが、筑前の命婦もそうでした。彼女の発言にも、私たちは困らされました。「これほど華やかな行幸を目の前にすると、亡《な》き東三条院《ひがしさんじょういん》様がご在世のみぎりに、目の前にいらっしゃる主上様《うえさま》が、この土御門邸にたびたび行幸なさったことが、懐かしく思い出されてなりません」と、彼女は言い出しました。東三条院様のお名前は、藤原詮子《せんし》。殿（道長様）の姉君でいらっしゃるだけでなく、主上様《うえさま》のご生母でもおありになるのです。今から七年ほど前にお亡くなりになりました。殿の兄君である道隆様と道兼様が相次いで亡くなられた時に、次に誰を政の中心人物にするかで、道隆様の長男である伊周《これちか》様と、殿（道長様）が激しく対立されました。この時、殿（道長様）の任用を強く主上様《うえさま》に助言なさったのが、この東三条院様だったのです。

筑前の命婦の思い出話は、際限がありません。「主上様《うえさま》の行幸があったのは、確か、あの時。そして、あの時にも」などという具合です。今にも、「主上様《うえさま》のお子である若宮は、東三条院様にとっても孫に当たりますから、今日の晴れの儀式を、東三条院様にも長生きして見ていただきたかった」などと言い始めて、涙を見せてしまうかもしれません。不吉な涙をこぼすと、せっかくの行幸が台無しになります。

そこで、女房たちは、「面倒なことになったわ」と思って、意識して、彼女の話し相手にはならず、几帳を隔てて、聞いて聞かないふりをしていたようです。もし、不用意に、「そうですか。私はその場にいなかったものですから、どういう出来事があったのですか」などと合いの手を入れようものなら、筑前の命婦は必ずや、大泣きして、女房たちだけでなく、男性陣まで困らせてしまったことでしょう。

［評］　群書類従本の「主上《うへ》の、御袙《おほんあこめ》、唯二《ただふた》つ、奉《たてまつ》り給《たま》へりけり」は、他本では「奉りたり」とある。「奉る」は「着る」の尊敬語（「お召しになる」の意）なので、群書類従本は「給ふ」が重複しており、不要である。

紫式部の老女への視線は、厳しく、かつ、冷たい。こういう辛辣さの持ち主だからこそ、自分の生きている世界や人間関係の全体像を冷静に観察できたのだろう。それが、『源氏物語』という大いなる悲劇を誕生させた。

ただし、『源氏物語』で語り手の役目を果たしているのは、女房である。今の若い女房たちが知らない、かつてあった不思議な出来事を、長生きした「古御達《ふるごたち》」（歳を取った女房）が、聞かれもしない「問はず語り」で話し始めるのだ。「筑前の命婦」にしても、彼女の話を聞いてみたら、意外と面白い過去のエピソードが聞けたかもしれない。

なお、「故院《こゐん》の御座《おは》しましし時《とき》」の「故院」を、「東三条院」（一条天皇の母である詮子）ではなく、一条天皇の父である「円融天皇」とする説もある。

50　土御門邸に響く万歳・千秋の声

御前《おまへ》の御遊《みあそ》び、始《はじ》まりて、いと面白《おもしろ》きに、若宮《わかみや》の御声《みこゑ》、愛《うつく》しう聞《き》こえ給《たま》ふ。右《みぎ》の大臣《おとど》、

（藤原顕光）『万歳楽《まんざいらく》』、御声《みこゑ》に合《あ》ひてなむ聞《き》こゆる」と、持《も》て囃《はや》し聞《き》こえ給《たま》ふ。左衛門《さゑもん》の督《かみ》など、（藤原公任）「万歳楽《まんざいらく》、千秋楽《せんしうらく》」と、諸声《もろごゑ》に誦《ず》ンじて、主《あるじ》の大殿《おほいどの》、（道長）「哀《あは》れ、前々《さきざき》の行幸《みゆき》を、何《な》どて、『面目《めいぼく》、有《あ》り』と、思《おも》ひ給《たま》へけむ。斯《か》かりける事《こと》も、侍《はべ》りける物《もの》を」と、酔《ゑ》ひ泣《な》きし給《たま》ふ。更《さら》なる事《こと》なれど、御自《おんみづか》らも思《おぼ》し知《し》るこそ、いとめでたけれ。

［訳］　主上様《うえさま》の前で、管絃の遊びが始まりました。お庭には、プロの楽人たちが呼び入れられて演奏し、階上でも公卿の方々が自信のある楽器を手にされます。拍子を取る統率者は、例によって藤原公任《きんとう》様です。素晴らしい音に惚れ惚れしていますと、突然に、若宮の可愛らしい泣き声が聞こえました。生後一か月ちょっとの若宮も、無意識のうちに、妙《たえ》なる音楽に感動して、お声を添えられたのでしょうか。

若宮の泣き声を聞きつけた右大臣の藤原顕光《あきみつ》様（この方は、殿の従兄に当たられます）が、早速、おめでたい言葉を口にして、この場のお祝い気分を盛り上げなさいました。「我らが奏でておりました『万歳楽《まんざいらく》』に、今、聞こえて参りました若宮のお声は、音程がぴったり重なっていましたぞ。若宮の御齢《おんよわい》は、万歳《まんざい》、つまり一万年も続かれることでしょう」。

その言葉を聞いた藤原公任様も、周りの公卿たちと共に、「万歳楽、千秋楽《せんしゅうらく》」と声を揃えて唱和されました。この言葉は、顕光様が口にされ、船楽《ふながく》でも演奏された『万歳楽』からの連想で、同じ雅楽の『千秋楽』を結び付けられたのでしょう。けれども、あとで考えてみましたら、おめでたい雅楽の曲名を、二つ重ねて唱えられる以外に、もう一つの意図があったのかもしれません。

公任様は、朗詠・朗唱の第一人者です。ですから、お祝いの漢詩を口にされたのかもしれないのです。

嘉辰令月歓無極　万歳千秋楽未央

カシンレイゲツカンブキョク　バンゼイセンシュウラクビヨウ

嘉辰令月　歓《よろこ》び極《きわ》まり無《な》く　万歳千秋　楽しみ未《いま》だ央《なか》ばならず

この詩の中の「万歳千秋」です。けれども、公任様につられて、「万歳千秋」と唱和した公卿の方々は、雅楽の「万歳楽」と「千秋楽」のことだと思っていたかもしれませんね。

さて、お歴々からお祝いの言葉を聞いた殿(道長様)は、もともとが感激屋なので、感極まってしまわれたようです。「ああ、今日の行幸の、何と素晴らしいことでしょうか。これまで、幾たびか、このお屋敷に帝《みかど》の行幸を賜ったことがございます。その時々には、

『これに過ぎる名誉なことは、自分の生涯で、もう二度と無いだろう』という感激にひたったものでございました。今になって、そのように思ったのは間違いだった、とわかりました。今日のように、心の底から光栄に思い、心の底から深い喜びに打ち震えるような行幸に巡り会えるとは」と、口にした後で、殿は言葉を失って絶句されました。そして、これまで飲み干してきたお酒の酔いもあったのでしょうか、おいおいと泣き始められたのです。まさに、うれし泣きなのでしょう。

「国の政《まつりごと》の中心にいる人物がお酒によって酔い泣きしたことなど、この日記に書かなくてもよいのでは」という批判も、あることでしょう。ただ、私は、殿ご本人が、ここまでの感激にひたられたという事実が素晴らしいし、日記に書きとどめる価値があると考えたのです。

[評]　群書類従本の「『万歳楽《まんざいらく》、千秋楽《せんしうらく》』と、諸声《もろごゑ》に誦《ず》ンじて」という部分は、他の本では、「『万歳《ばんぜい》、千秋《せんしう》』」となっている。「楽」が付くと雅楽の曲名だが、「楽」が付かないと、漢詩句の引用となる。訳文では、両方の意味を込めた。

『源平盛衰記』によれば、平清盛に召し出された白拍子《しらびょうし》の祇王《ぎおう》・祇女《ぎじょ》は、歌を披露したという。

蓬莱山には　千歳ふる　万歳千秋　重なれり　松の枝には　鶴巣食ひ　巌の上には　亀遊ぶ

「万歳千秋」は、縁起の良い言葉である。

中世の源氏学を集大成した『岷江入楚《みんごうにっそ》』を著した中院通勝《なかのいんみちかつ》の家集にも、「九月《くがつ》尽《じん》」という題で詠まれた、面白い歌がある。

万歳千秋は限り無《な》しとても今日の暮るるは惜《を》しまざらめや

上の句は、「よろづとせ／ちとせはかぎり／なしとても」と読む。また、十八番目の勅撰和歌集である『新千載和歌集』にも、

万歳千歳《よろづとせちとせ》と歌ふ声すなり神も久しく世を護《まも》るらし

という歌がある。道長は、自らの子孫の永遠を神仏に祈ると同時に、確信していたことだろう。ただし、『徒然草』第二十五段に、次のように書かれるとは、さすがの道長も想像できなかったことだろう。「御堂殿」とあるのが、御堂関白と呼ばれた道長のことである。「京極殿」は土御門邸のことである。

京極殿《きやうごくどの》・法成寺《ほふじやうじ》など見るこそ、志《こころざし》、留《とど》まり、事変《へん》じにける様《さま》は、哀《あは》れ

なれ。御堂殿《みだうとの》の作り磨《みが》かせ給《たま》ひて、庄園《しやうゑん》多く寄せられ、我《わ》が御族《おほんぞう》のみ、御《み》門《かど》の御後見《おほんうしろみ》、世の固めにて、行末《ゆくすゑ》までと思《おぼ》し置きし時、いかならむ世にも、かばかり褪《あ》せ果てむとは思《おぼ》してむや。大門《だいもん》・金堂《こんだう》など、近くまで有《あ》りしかど、正和《しやうわ》の頃、南門《なんもん》は焼けぬ。金堂は、その後、倒《たふ》れ伏したるままにて、取り立つる業《わざ》もなし。無量壽院《むりやうじゆゐん》ばかりぞ、その形《かた》とて残りたる。丈《ちやう》六《ろく》の仏《ほとけ》、九体《くたい》、いと尊《たふと》くて並び御座《おは》します。行成《かうぜい》の大納言《だいなごん》の額《がく》、兼行《かねゆき》が書ける扉《とびら》、鮮《あざ》やかに見ゆるぞ、哀《あは》れなる。法華堂《ほつけだう》なども、いまだ侍《はべ》るめり。これも、また何時《いつ》までか有《あ》らむ。かばかりの名残《なごり》だに無《な》き所々《ところどころ》は、自《おの》づから礎《いしずゑ》ばかり残るもあれど、定かに知れる人も無《な》し。

然《さ》れば、万《よろづ》に、見ざらむ世までを思ひ掟《おき》てむこそ、儚《はかな》かるべけれ。

51 行幸に伴って多くの人々が栄進した

殿《との》は、彼方《あなた》に、出《い》でさせ給《たま》ふ。主上《うへ》は、入《い》らせ給《たま》ひて、右《みぎ》の大臣《おとど》を、御前《おまへ》に召《め》して、筆《ふで》執《と》りて、書き給《たま》ふ。宮司《みやづかさ》、殿《との》の家司《けいし》の、然《さ》るべき限《かぎ》り、加階《かかい》す。頭《とう》の弁《べん》して、案内《あない》は奏《そう》せさせ給《たま》ふめり。

新《あたら》しき宮《みや》の御喜《おほんよろこ》びに、氏《うち》の上達部《かんだちめ》、引《ひ》き連《つ》れて、拝《はい》し奉《たてまつ》り給《たま》ふ。藤原《ふぢはら》ながら、門分《かどわ》かれたるは、列《れつ》にも、立《た》ち給《たま》はざりけり。

次《つぎ》に、別当《べたう》に成《な》りたる右衛門《ゑもん》の督《かみ》、大宮《おほみや》の大夫《だいぶ》よ。宮《みや》の亮《すけ》、加階《かかい》したる侍従《じじゆう》の宰相《さいしやう》、次々《つぎつぎ》の人《ひと》、舞踏《ぶたふ》す。

中宮《みや》の御方《おほんかた》に入《い》らせ給《たま》ひて、程《ほど》も無《な》きに、(帝のお付きの者)「夜《よ》、甚《いた》う更《ふ》けぬ」、「御輿《みこし》、寄《よ》す」と罵《ののし》れば、出《い》でさせ給《たま》ひぬ。

[訳] 殿(道長様)は、主上様《うえさま》のお側《そば》から、西の対屋《たいのや》に設けられていた公卿の方々の座に、お戻りになりました。

主上様《うえさま》も、倚子《いし》を立たれて、御簾《みす》の中の玉座のある休憩所に入られました。そして、右大臣の顕光様をお召しになりました。顕光様は、主上様《うえさま》の勅命を受けて、さまざまな文書をお書きになります。中宮様にお仕えしてきた中宮職の役人たちや、殿（道長様）にお仕えしてきた家司《けいし》たちで、働きの顕著だった者たちは例外なく、位階が昇進しました。頭の弁《とうべん》である源道方様が、その昇進に関する文書の草案を、主上様《うえさま》に奏上し、それを勅可された主上様《うえさま》が、右大臣に正式の書類を書かせた、という経緯だったようです。むろん、道方様は、殿（道長様）のご意向を受けて、人事案件を奏上されたものと見えます。

また、この日、若宮に対する親王宣下《しんのうせんげ》がなされました。敦成親王は、今日から正式の「宮様」になられるのです。殿（道長様）にとっては、本日の行幸のハイライトです。親王宣下に感謝するために、殿（道長様）は、藤原氏の一族の公卿たちを引き連れ、皆で揃って、お礼の拝舞《はいぶ》をなさいました。「拝舞」は「はいむ」とも言いますが、感謝の気持ちを動作で表す所作です。

ただし、同じ藤原氏であっても、殿とは系統の異なる公卿の方々は、この拝舞の列には加わりませんでした。

その次に、お礼の拝舞をしたのは、若宮が興《おこ》された新しい宮家の別当《べっとう》（長官）に任命された藤原斉信様《ただのぶ》です。この人は、これまでは中宮職《ちゅうぐうしき》の大夫《だいぶ》（長官）だった人ですよ。また、中宮職の次官代理だった藤原実成様《さねなり》は、このたび侍従の宰相へと加階したので、お礼の拝舞に立ちました。そのほか、昇進にあずかった人々が、順に拝舞しました。

これらの儀式が終わったあと、主上様《うえさま》は中宮様の御帳台の中にお入りになり、久しぶりに二人だけの仲睦まじい時間を過ごされました。けれども、御帳台での楽しい語らいが始まってまもなく、お付きの者たちが大きな声で、聞こえよがしに、「もう、随分と夜が更けましたな」とか、「そろそろ、お戻りになる輿を寄せたらどうかな」などと、還幸《かんこう》を急《せ》かすような振る舞いに出たので、主上様《うえさま》も中宮様の御帳台から外へ出てこられたのでした。

［評］ 現実には、敦成親王への親王宣下は、もっと早く、天皇が倚子に出てくる前だったらしい。

道長と親密な関係にある公卿は「拝舞」した。二度拝礼し、立ったままで上体を前屈みにして、左右を見ながら袖を振る。次に、跪《ひざまず》いて左右を見て、座った姿勢で一揖《いちゆう》する。最後に立ち上がって、二度拝礼する。「手の舞い、足の踏む所を知らず」という心情を、動作で表したものだとされる。

この拝舞に加わらなかったのは、「道長派」ではない公卿たちで、藤原実資《さねすけ》や藤原公任などだった。道長と対立関係にあった「中の関白家」の藤原隆家も、排除されていただろう。

52 新しい宮家の人事に紫式部の一族は漏れた

又《また》の朝《あした》に、内裏《うち》の御使《おほんつか》ひ、朝霧《あさぎり》も晴《は》れぬに、参《まゐ》れり。打《う》ち休《やす》み過《す》ぐして、見《み》ず成《な》りにけり。今日《けふ》ぞ初《はじ》めて、削《そ》い奉《たてまつ》らせ給《たま》ふ。殊更《ことさら》に、行幸《みゆき》の後《のち》とて。

又《また》の日《ひ》、宮《みや》の家司《けいし》、別当《べたう》、御許人《おもとびと》など、職事《しきじ》、定《さだ》まりけり。予《かね》ても聞《き》かで、妬《ねた》き事《こと》、多《おほ》かり。

日頃《ひごろ》の御設《おほんしつら》ひ、例《れい》ならず、窶《やつ》れたりしを、革《あらた》まりて、御前《おまへ》の有様《ありさま》、いと有《あ》らまほし。年《とし》頃《ごろ》、心許無《こころもとな》く、見奉《みたてまつ》り給《たま》ひける御事《おほんこと》の、打《う》ち合《あ》ひて、明《あ》け立《た》てば、殿《との》、上《うへ》も、参《まゐ》り給《たま》ひつつ、持《も》て傅《かしづ》き聞《き》こえ給《たま》ふ匂《にほ》ひ、いと心異《こころこと》なり。

［訳］　十月十七日は、主上様《うえさま》の行幸のあった翌日です。この日の朝早く、まだ立ちこめている霧も晴れやらぬ暗い時間帯に、主上様《うえさま》から中宮様への勅使が遣わされました。昨日の短かった逢瀬の「後朝の文《きぬぎぬのふみ》」を届けられたのでしょう。

残念なことでしたが、私は起きるのが遅くて、その勅使の訪れを知らずに終わってしまいました。「一世一代の盛儀の記録者」としての役割を期待されていた私は、昨日は、極度に緊張感が張り詰めた精神状態だったのです。その疲れもあって、眠りこけておりました。ですから、主上様《うえさま》の歌や、中宮様の返歌を、ここに書くことができません。

この日、若宮は、お生まれになって初めて、髪の毛をお剃りになる「御産剃り《おおんうぶぞ》」の儀式をなさいました。もっと早く剃られても良かったのですが、主上様《うえさま》の行幸と、若宮への親王宣下を待ってからにしよう、という特別の配慮があったのです。

その翌日の十八日でしたか、あるいは十七日だったかもしれません。若宮にお仕えする役所の家司《けいし》（職員）が決定しました。具体的には、長官と職員です。私は、この人事を前もって聞いていなかったので、予想外の人事が行われましたことに、何とも不愉快な思いを禁じ得ませんでした。

さて、中宮様ですが、お部屋のインテリアは、懐妊と出産のために、ふだんとは異なり、質素で簡略化されたものになっていました。ここで、やっと一新されまして、元のように申し分のないインテリアに戻ったのでした。

殿（道長様）も、殿の奥方様（倫子様）も、彰子様が主上様《うえさま》に入内《じゅだい》なされてから九年間も「おめでた」がないことを、ご心配もなさり、ご心痛でもあったのですが、それがこのように万事、理想的な状況になったことを、満足にお思いです。朝になるのも待ち遠しく、殿と奥方様は、中宮様のお部屋にお渡りになり、若宮を慈しんでおられます。その満足感と幸福感たるや、溢れんばかりです。


【評】「又《また》の日《ひ》、宮《みや》の家司《けいし》、別当《べたう》、御許人《おもとびと》など、職事《しきじ》、定《さだ》まりけり」の部分は、「又《また》、其《そ》の日《ひ》」として、十月十七日のうちに、若宮を支える人事が決まったとする本文もある。事実では、十七日のことだったらしい。

また、群書類従本の「殿《との》、上《うへ》も、参《まゐ》り給《たま》ひつつ」の部分は、「殿《との》の上《うへ》も、参《まゐ》り給《たま》ひつつ」とする写本がある。

それにしても、紫式部が、若宮に関わる人事案件に不満を抱いているのが、意外である。自分が道長や中宮から厚遇されていることを根拠に、自分のコネで、新しい宮家の人事が進むことを期待していたのだろう。具体的には、弟の惟規《のぶのり》を、この機会に道長に仕える「家司《けいし》」のうちのしかるべき位置に加えたかったのではないか。紫式部は、ただの文学者ではなかった。文学者であることを足がかりにして、社会的・政治的な地位を得ようとしていたのである。

53　紫式部は殿方の役職次第で対応を変える

暮《く》れて、月《つき》、いと面白《おもしろ》きに、宮《みや》の亮《すけ》、女房《にようばう》に会《あ》ひて、(藤原実成)「取《と》り分《わ》きたる喜《よろこ》びも、啓《けい》せさせむ」とにや有《あ》らむ、妻戸《つまど》の辺《わた》りも、御湯殿《おほんゆどの》の気配《けはひ》に濡《ぬ》れ、人《ひと》の音《おと》もせざりければ、此《こ》の渡殿《わたどの》の東《ひんがし》の端《つま》なる、宮《みや》の内侍《ないし》の局《つぼね》に立《た》ち寄《よ》りて、(実成)「此処《ここ》にや」と、案内《あない》し給《たま》ふ。宰相《さいしやう》は、中《なか》の間《ま》に寄《よ》りて、未《ま》だ鎖《さ》さぬ格子《かうし》の上《かみ》、押《お》し上《あ》げて、(実成)「御座《おは》すや」など有《あ》れど、出《い》でぬに、大夫《だいぶ》の、(藤原斉信)「此処《ここ》にや」と宣《のたま》ふにさへ、聞《き》き忍《しの》ばむも事々《ことごと》しき様《やう》なれば、儚《はかな》き答《いら》へなどす。いと思《おも》ふ事無気《ことなげ》なる御気色《みけしき》どもなり。

（実成）「我《わ》が御答《おんいら》へはせず、大夫《だいぶ》を心異《こころこと》に、持《も》て成《な》し聞《き》こゆ。理《ことわり》ながら、悪《わ》ろし。斯《か》かる所《ところ》に、上﨟《じやうらふ》の区別《けぢめ》、甚《いた》うは分《わ》くものか」と、淡《あは》め給《たま》ふ。（実成＋斉信）「今日《けふ》の尊《たふと》さ」など、声《こゑ》をかしう、謡《うた》ふ。

夜《よ》、更《ふ》くるままに、月《つき》、いと明《あ》かし。（実成＋斉信）「格子《かうし》の下《もと》、取《と》り放《さ》けよ」と、責《せ》め給《たま》へど、いと下《くだ》りて、上達部《かんだちめ》の居給《ゐたま》はむも、所《ところ》と言《い》ひながら、傍《かた》ら痛《いた》し。（紫式部）「若《わか》やかなる人《ひと》こそ、物《もの》の程《ほど》知《し》らぬ様《やう》に、浅《あさ》へたるも、罪許《つみゆる》さるれ。何《なに》か、戯《あざ》れがまし」と思《おも》へば、放《はな》たず。

【訳】　十月十七日も暮れて、空には月が昇り、とても風情《ふぜい》のある夜になりました。

中宮職の次官代理である藤原実成《さねなり》様は、昨日の主上様《うえさま》の行幸のみぎり、正四位下から従三位へと二階級も加階されました。そこで、彼は喜びのあまり、誰か中宮様に直接にお話のできる上﨟女房と会って、「二階級特進という格別の思し召しに対する感謝の気持ちを、女房の口から中宮様に伝えてもらいたい」とでも思ったのでしょうか、女房の局《つぼね》のあたりをうろうろしておられました。最初は、寝殿の南廂《みなみひさし》から渡り廊下に通じる妻戸《つまど》のあたりをさまよっていたのですが、その近くにある御湯殿が今お使いになった直後と見えて、湿気で濡れていて、腰掛けることもできないし、また、女房がいる気配もなかったのです。そこで、渡り廊下にある女房たちの局まで、足を向けたというわけです。

渡り廊下の東の端《はし》っこにあるのは、宮の内侍の局です。そうそう、言い忘れていましたが、ここは、これまで私の局があった場所です。女房たちの局は、時々、場所替えがあるのです。

実成様は、宮の内侍の局の前で、「ここに、いらっしゃいますか。お話があるのですが」と、話しかけました。ところが、宮の内侍が返事もしないので、実成様は、今度は、渡り廊下の寝殿に近い側である「中の間《なかのま》」にいた私の局の前に移動してきました。そして、私がまだ桟《さん》（鍵）を差していなかった蔀格子《しとみごうし》の上の部分を押し上げて、中の様子を覗き込まれました。「紫式部さんは、いらっしゃいますか」などと言っていましたが、私は無視することにして、局の奥にいたまま応対に出てゆきませんでした。

困ったことに、そこに、中宮職の長官で、昨日の行幸で、従二位から正二位に、これまた昇進した藤原斉信様までがお出でになったのでした。斉信様は、「紫式部さんは、こちらにいると伺ったのですが」とおっしゃっています。さすがに、斉信様までも無視し続けると、あまりにもお高くとまっていると思われかねませんので、簡単な受け答えだけは短くしました。

そこで、先に来ていた実成様も、やっと会話に加わることになりました。加階したばかりの二人は意気揚々としておられ、自分たちの明るい未来を確信しきっているようでした。

実成様は、「紫式部さん、あなたの態度は、よくないですよ。私が話しかけても、完全に無視しておきながら、斉信殿が話しかけたら、すぐに丁寧なお返事をなさるのですからな。まあ、斉信殿は中宮職の長官で、私はその部下に過ぎませんから、あなたから見たら当然の応対なのかもしれませんが、それにしても誉められた態度ではないと思いますなあ。こういう時には、役所の身分の上下関係で、露骨なまでに人間を区別しないでほしいものです」と、私の態度には裏表があると批判されます。むろん、これは冗談で、二人は気持ちよさそうに、催馬楽《さいばら》の「安名尊《あなとうと》」を朗誦なさいます。

あな尊《たふと》　今日の尊さ　や　古《いにしへ》も　はれ　古《いにしへ》も　かくやありけむ　や　今日の尊さ　哀れ　そこ良《よ》しや　今日の尊さ

主上様《うえさま》と中宮様のこの上なき繁栄を支えている道長様。その道長様の孫で、主上様《うえさま》と中宮様との間にお生まれになった若宮（敦成親王）が、その繁栄を受け継いでゆかれる。中宮様と若宮様の幸福に、自分たちも貢献できて嬉しい。このことを、中宮様に、よしなにお伝えください。彼らは、そのように思っているのでありましょう。

そうしているうちに、いっそう夜が更けてきて、月は明るさを増してゆきます。斉信様と実成様は、私の部屋の前を立ち去りがたくしておられます。お二人は、「蔀格子《しとみごうし》の上だけを開《あ》けて話しているのでは、こちらの姿勢が窮屈でなりません。格子の下の部分も、取り外していただけませんかな。そうしましたら、私どもも長押《なげし》に腰を下ろして、ゆったりとお話しできるのですが」などと、押しの一手です。

けれども、上達部ともあろう立場の方々が、私たち女房の局に、夜遅くまで居続けるというのは、みっともないことです。たとえ、ここが宮中ではなくて、中宮様のお里というプライベートな場所であるとは言いながら、道徳的に問題視する向きもありましょう。私は、「若い女房であるならば、その若さゆえに、世間の常識を知らないように軽薄な振舞いをしても、人々は『仕方がないな』と大目に見てもくれるだろう。けれども、私のような年齢の女房が、いつまでも若いつもりで、殿方と夜更けまで局で話し込んでいれば、どんな批判を受けるかわかったものではない。そんな軽薄な振る舞いはできない」と思うので、格子を開け放つことはしなかったのでした。

［評］　群書類従本の「所《ところ》と言《い》ひながら」は、他の本では「斯かる所《ところ》と言《い》ひながら」とある。また、「浅《あさ》へたるも、罪許《つみゆる》されれ。何《なに》か、戯《あざ》れがまし」の部分も、「徒《あだ》へたるも、罪許《つみゆる》されれ。何《なに》か、戯《あざ》ればまし」となっている本がある。微妙に意味が違ってくるが、大きな状況に違いはない。

催馬楽の「安名尊《あなとうと》」は、『源氏物語』でも、少女《おとめ》の巻、胡蝶の巻、宿木の巻で歌われている。

54　若宮の五十日《いか》の祝いが催される

御五十日《おほんいか》は、霜月《しもつき》の朔日《ついたち》の日《ひ》。例《れい》の、人々《ひとびと》の、仕立《した》てて、上《のぼ》り集《つど》ひたる御前《おまへ》の有様《ありさま》、絵《ゑ》に描《か》きたる物合《ものあは》せの所《ところ》にぞ、いと良《よ》う似《に》て侍《はべ》りし。

御帳《みちやう》の東《ひんがし》の御座《おまし》の際《きは》に、御几帳《みきちやう》を、奥《おく》の御障子《みさうじ》より、廂《ひさし》の柱《はしら》まで、隙《ひま》も有《あ》らせず立《た》て切《き》りて、南面《みなみおもて》に、御前《おまへ》の物《もの》は、参《まゐ》り据《す》ゑたり。西《にし》に寄《よ》りて、大宮《おほみや》の御膳《おもの》。例《れい》の、沈《ちん》の折敷《をしき》、何《なに》くれの台《だい》なりけむかし。其方《そなた》の事《こと》は、見《み》ず。

御賄《おほんまかな》ひ、宰相《さいしやう》の君讃岐《きみさぬき》。取《と》り次《つ》ぐ女房《にようばう》も、釵子《さいし》、元結《もとゆひ》など、したり。若宮《わかみや》の御賄《おほんまかな》ひは、大納言《だいなごん》の君《きみ》。東《ひんがし》に寄《よ》りて、参《まゐ》り据《す》ゑたり。小《ちひ》さき御台《おほんだい》、御皿《おほんさら》ども、御箸《おほんはし》の台《だい》、州浜《すはま》なども、雛遊《ひひなあそ》びの具《ぐ》と見《み》ゆ。

其《そ》れより東《ひんがし》の間《ま》の、廂《ひさし》の御簾《みす》、少《すこ》し上《あ》げて、弁《べん》の内侍《ないし》、中務《なかつかさ》の命婦《みやうぶ》、小中将《こちゆうじやう》の君《きみ》など、然《さ》ンべい限《かぎ》りぞ、取《と》り次《つ》ぎつつ参《まゐ》る。奥《おく》に居《ゐ》て、詳《くは》しうは見侍《みはべ》らず。

［訳］　十一月になりました。この月の一日に、若宮の生後五十日を祝う「御五十日《おおんいか》の祝い」が催されました。若宮がお生まれになったのは、九月十一日でしたので、正確には、十一月一日は数えて五十一日目だったのです。けれども、五十日目に当たる前日の日柄《ひがら》がよくないので、繰り下げられたのです。ちなみに、この日記には書けませんが（当日、私は

里に下がっていましたので）、若宮の生後百日のお祝いも、日柄の関係で九十九日目の十二月二十日に行われました。

晴れの儀式ですので、例によって、女房たちは最高のおめかしをして、中宮様のお部屋に参上して、集《つど》っています。その綺羅綺羅《きらきら》しい華やかさを見ていた私は、歌合《うたあわせ》や絵合《えあわせ》などで、参加者が正装して居並んでいる所を描いた絵を見ているかのような錯覚に陥ったものです。

寝殿の東母屋《ひがしおもや》には、中宮様の御帳台が置かれています。その東側には、かなりの広さがあります。それで、御帳台のすぐ東側を、北端の御障子《みそうじ》から南端の廂《ひさし》の柱の所まで、縦に一列、ずらりと几帳《きちょう》を立て並べて、御帳台が見えないようになっています。こういう仕切りをしますと、御帳台の東側にかなりの空《あ》きスペースが作り出せるのです。

そこに、二人分の、お食事をする場所が設定されています。向かって左側（西側）が、大宮《おおみや》、つまり中宮様のお膳です。向かって右側（東側）が、若宮、つまり本日の主役である敦成親王のお膳です。お二人のお膳は、南向きに運び込まれて、置かれています。

中宮様のお膳は、香木《こうぼく》である沈《じん》で作られた折敷《おしき》（四角いお盆）や、それと同等の高価な台だったことでしょうが、私の居た場所からは、その様子はよく見えませんでした。

中宮様の陪膳《ばいぜん》役は、宰相の君讃岐《さぬき》です。「宰相の君」と同じ人物です。お膳は、途中までは男性貴族が運んでくるのですが、それを受け取って中宮様と若宮の前に運ぶのは、女房なのです。殿方から受け取って、御前に運ぶ女房たちも、陪膳役の宰相の君も、髪上げをしています。釵子《さいし》（簪《かんざし》）を差し、元結《もとゆい》を結《むす》んでいます。

若宮の陪膳役は、大納言の君です。先ほども説明しましたが、中宮様の東側に、若宮のお膳は置かれています。若宮がお使いになるのは、台も小さく、お皿も、お箸置きも、食台の表面の州浜《すはま》の紋様も、小さくて可愛らしいの一言です。まるで、お雛遊びの道具のように見えました。

お二人がいらっしゃる東側のお部屋の南側の御簾《みす》を少し開けて、男性貴族が運んできた物を、中宮様の信任の篤い、しかるべき女房たちが取り次ぎます。弁《べん》の内侍《ないし》、中務《なかつかさ》の命婦《みょうぶ》（「中務の君」のことです）、小中将《こちゅうじょう》の君《きみ》の顔までは覚えているのですが、そのほかの人たちのことはよく見ていないので覚えておりません。

［評］　群書類従本の「上《のぼ》り集《つど》ひたる御前《おまへ》の有様《ありさま》」は、「参上《まうのぼ》り集《つど》ひたる御前《おまへ》の有様《ありさま》」となっている本もある。「廂《ひさし》の御簾《みす》、少《すこ》し上《あ》げて」は、濁点を変えて、

「少《すこ》し開《あ》けて」と校訂することも可能である。

「五十日」は「いか」と発音する。「五十鈴川」を「いすずがわ」と読むのも、「五十」が「い」だからである。「いそ」よりも「い」が古い発音だとされている。『源氏物語』の柏木の巻には、薫の五十日の祝いが語られている。薫が誕生したあと、母親の女三の宮は出家して尼になり、実の父親である柏木は逝去した。両親の悲劇と引き換えのようにして、薫の「五十日の祝い」が催されたのである。薫を見つめる光源氏の心は、複雑だった。

55　若宮の餅は道長が食べさせた

今宵《こよひ》、少輔《せふ》の乳母《めのと》、色聴《いろゆる》さる。子々《ここ》しき様《さま》、打《う》ちしたり。若宮《みや》、抱《いだ》き奉《たてまつ》れり。御帳《みちやう》の内《うち》にて、殿《との》の上《うへ》、抱《いだ》き移《うつ》し奉《たてまつ》り給《たま》ひて、膝《ゐざ》行り出《い》でさせ給《たま》へり。火影《ほかげ》の御様《おんさま》、気配《けはひ》、殊《こと》にめでたし。赤色《あかいろ》の唐《から》の御衣《みぞ》、地摺《ちずり》の御裳《おんも》、麗《うるは》しく装束《さうぞ》き給へるも、忝《かたじけな》くも、哀《あは》れに見《み》ゆ。

大宮《おほみや》は、葡萄染《えびぞめ》の五重《いつへ》の御衣《みぞ》、蘇芳《すはう》の御小袿《おほんこうちき》、奉《たてまつ》れり。殿《との》、餅《もちひ》は、参《まゐ》り給ふ。

［訳］　この日、若宮の乳母《めのと》である「少輔《しょう》の乳母《めのと》」に、禁色の装束を着ることが許されました。この人は、とても小柄で、子ども子どもしたところがあります。彼女が、若宮をお抱きしています。この乳母は、元は主上様《うえさま》の第一皇女である脩子《しゅうし》内親王様（九九七年のお生まれ）の乳母だった人です。脩子内親王の母上は、お亡くなりになった定子様です。

乳母がお抱きした若宮を、殿（道長様）の奥方である倫子様がお受け取りになります。殿も、奥方も、東母屋の、北端の御障子《みそうじ》から南端の廂の柱の所まで、縦に一列、ずらりと几帳を立て並べて仕切ってある西側、つまり、御帳台のある側に控えておられました。

若宮を乳母から受け取られた奥方は、座ったままで、前の方に進み出て来られます。燈火に照らされた奥方のお姿も、身にまとわれている雰囲気も、まことに素晴らしく感じられました。正装である赤色の唐衣《からぎぬ》をお召しになり、紋様を摺りだした裳を着《つ》けておられます。これは、中宮様の母親でありながら、中宮様の臣下であるとわきまえられて、女房の徴《しるし》である裳を着《つ》けておられるのです。中宮として、主上様《うえさま》の御子《みこ》をお産みになった我が娘を誇りに思いつつ、臣従してお立てになる奥方の振る舞いは、もったいないことでもありますし、感動的でもありますね。

さて、奥方の娘である中宮様ですが、この日の装いは、葡萄染襲《えびぞめがさね》の五枚の袿《うちき》に、蘇芳の小袿《こうちき》という、くつろいだお姿でした。

生後五十日目と百日目には、赤ちゃんの父か祖父が、手づから餅《もちい》を食べさせるのが慣習です。若宮の祖父に当たる殿（道長様）が、大喜びでその役目を果たされました。

【評】　群書類従本の「子々《ここ》しき様《さま》」を、「正《ただ》しき様《さま》」（端正な様子）とする写本もある。

さて、「五十日の祝い」は、赤子に餅を食べさせるのが主眼である。『源氏物語』の柏木の巻にも、「御五十日に、餅参《もちひまゐ》らせ給はむと」とある。道長は、祖父ではあるが、満面の笑みを湛えて、餅を若宮の口に含ませたことだろう。

倫子は、娘の彰子の前で「裳」を着用してへりくだっているが、紫の上も養女の明石の中宮の前では、重い病を押して起き上がって話をしている。

56 紫式部が恐れていた酒宴が始まる

上達部《かんだちめ》の座《ざ》は、例《れい》の、東《ひんがし》の対《たい》の西面《にしおもて》なり。今二所《いまふたところ》の大臣《おとど》も、参《まゐ》り給《たま》へり。橋《はし》の上《うへ》に参《まゐ》りて、又《また》、酔《ゑ》ひ乱《みだ》れて、罵《のの》し《※》り給《たま》ふ。

折櫃物《をりびつもの》、籠物《こもの》どもなど、殿《との》の御方《おんかた》より、諸大夫達《まうちぎみたち》、取《と》り続《つづ》きて参《まゐ》れる、高欄《かうらん》に続《つづ》けて、据《す》ゑ渡《わた》したり。立明《たちあかし》の光《ひかり》の、心許《こころもと》無《な》ければ、四位《しゐ》の少将《せうしやう》などを呼《よ》び寄《よ》せて、脂燭《しそく》、差《さ》させて、人々《ひとびと》は見《み》る。内裏《うち》の台盤所《だいばんどころ》に、持《も》て参《まゐ》るべき、明日《あす》よりは御物忌《おほんものいみ》とて、今宵《こよひ》、皆《みな》、急《いそ》ぎて、取《と》り払《はら》ひつつ、宮《みや》の大夫《だいぶ》、御簾《みす》の許《もと》に参《まゐ》りて、（斉信）「上達部《かんだちめ》、御前《おまへ》に召《め》さむ」と、啓《けい》し給《たま》ふ。

（中宮の意向を伝える女房）「聞《き》こし召《め》しつ」と有《あ》れば、殿《との》より始《はじ》め奉《たてまつ》りて、皆《みな》、参《まゐ》り給《たま》ふ。階《はし》の東《ひんがし》の妻戸《つまど》の前《まへ》まで、居給《ゐたま》へり。女房《にようばう》、二重《ふたへ》・三重《みへ》づつ、居渡《ゐわた》されたり。御簾《みす》どもを、其《そ》の間《ま》に当《あ》たりて居給《ゐたま》へる人々《ひとびと》、寄《よ》りつつ巻《ま》き上《あ》げ給《たま》ふ。

［訳］　これまでの産養《うぶやしない》の時と同じように、公卿の方々のお座席は、東の対屋《たいのや》の西側に設けられています。今日のお祝いには、左大臣である殿（道長様）のほか、右大臣の顕光様《あきみつ》と、内大臣の公季様《きんすえ》のお二人もお見えです。お酒が進んでくると、母屋に近い渡り廊下のほうにまで出て来られ、そこでまたお酒を飲んで、酔って大騒ぎをしておられます。

折櫃《おりびつ》（箱）に入れたご馳走や、籠に入れた果物などが、殿（道長様）が住んでいらっしゃるお部屋から、殿にお仕えしている家司《けいし》たちによって、何人も連なって運び込まれました。それらは、寝殿の南側の高欄にずらりと並べて、飾り立ててあります。見るからに豪華です。今夜は一日の新月で、あいにく空にはお月様がかかっていません。庭には、松明《たいまつ》を手にして立っている役人がたくさんいるのですが、それでもあたりは暗かったので、あいにく、折角《せっかく》の飾り物がよく見えません。そこで、若宮の家司に任命されたばかりの「四位の少将」源雅通様（倫子様の甥）に命じて、脂燭《しそく》（持ち運び用の燈火）を点《とも》させて、人々はその飾り物を鑑賞しました。

これらのご馳走や果物の飾り物は、宮中の台盤所《だいばんどころ》に持参して、献上されるのですが、明日からは、あいにく主上様《うえさま》の御物忌《おおんものいみ》が始まるのです。そうなっては、宮中に進物を献上することも、拝領物を持ち出すこともできなくなります。それで、今夜のうちに献上しようということで、早くも、すべての飾り付けの後片《あとかた》づけが始まりました。殿の家司たちが後片づけしている慌ただしい最中《さなか》でしたが、中宮職の長官である藤原斉信様が、中宮様のいらっしゃる御簾《みす》の近くまで進んでいって、「公卿のお歴々を、中宮様のお部屋の御簾の前まで、召し出してもよろしいでしょうか」というお伺いを立てました。「許します」というお返事でしたので、左大臣である殿（道長様）を筆頭にして、公卿の方々が、全員、中宮様のいらっしゃる東母屋の前の簀子《すのこ》に、座を移されました。東母屋の南には、階《きざはし》があります。行幸の時に、主上様《うえさま》がお乗りになった鳳輦《ほうれん》が、ここから上がったのでしたね。その階の一番左側が最上席ですので、ここに殿がお座りになります。そして、簀子に沿って、右側（東側）に右大臣、内大臣と並んで坐り、この簀子の東の端まで座っても、まだ座が足りませんで、そこから北に折り返してお座りになり、母屋から東の対屋へ渡る妻戸の付近まで、ずらりと公卿がお座りになったのです。

公卿の方々の前には、むろん御簾が掛かっています。その御簾の内側には、私たち女房が、公卿の方々と向かい合わせになるように、座らされました。私たち女房は、二重、三重になって、垣根のように座ったのです。そして、御簾の前に座っている女房が、近寄っていっては簾をかつがつ巻き上げなさいました。公卿方と女房の間には、もはや薄い几《き》帳《ちょう》くらいしかありません。

お酒を聞こし召した殿方と、女房たちは、何を話し合えば良いのでしょうか。そして、困惑している女房の中には、この私も交じっていたのです。

［評］階《きざはし》の東の間《ま》を上座として、東の妻戸の前まで、お酒の入った公卿がずらりと座った。几帳を介して、彼らの前には女房が対峙《たいじ》させられている。紫式部には、苦悩にみちた時間の始まりである。そして、藤原公任が、「あな、畏《かしこ》。此《こ》の辺《わた》りに、若紫《わかむらさき》や候《さぶら》ふ」と語りかけたのは、この恐るべき酒宴のさなかだった。

57　酔った右大臣を、能吏の斉信《ただのぶ》がなだめる

大納言《だいなごん》の君《きみ》、宰相《さいしやう》の君《きみ》、小少将《こせうしやう》の君《きみ》、宮《みや》の内侍《ないし》と、居給《ゐたま》へり。右《みぎ》の大臣《おとど》、寄《よ》りて、御几《みき》

帳《ちやう》の綻《ほころ》び、引《ひ》き断《た》ち、乱《みだ》れ給《たま》ふ。（女房たち）「時《さだ》、過《す》ぎたり」と、突《つ》きしろふも知《し》らず、扇《あふぎ》を取《と》り、戯《たはぶ》れ言《ごと》の、はしたなきも多《おほ》かり。大夫《だいぶ》、土盃《かはらけ》、取《と》りて、其方《そなた》に出《い》で給《たま》へり。「美《み》濃山《のやま》」歌《うた》ひて、御遊《みあそ》び、様許《さまばか》りなれど、いと面白《おもしろ》し。

［訳］　さて、公卿方のお歴々と、几帳越しで向き合う状況に置かれた私たち女房は、極度の緊張感に捕らわれました。公卿の方々は、私たち女房の側から見ますと、右から順に、殿（道長様）、右大臣の顕光様、内大臣の公季様、道綱《みちつな》様、実資《さねすけ》様、斉信《ただのぶ》様、公任《きんとう》様、という順に座っておられます。私だけから見ますと、右前に実資様、左前に公任様が位置しておられました。

女房たちは、右から順に、ということは、最高のお歴々の話し相手を務める適任者として、大納言の君、宰相の君、小少将の君、宮の内侍の四人が、二列になってお座りになっていました。この四人が受け持つのは、三人の大臣のお相手です。ところが、右大臣の顕光様は、お酒が入ると困ったお方に豹変なさいました。もう六十五歳でいらっしゃるはずなのですが、色好みのお心がまだ残っていると見え、目の前にいる女房たち、つまり、中宮様にお仕えしている女房の中でも最高の教養と美貌を持つ女房たちの顔を一目なりとも見ようとして、前に身を乗り出して、几帳の帷子《かたびら》の綴じてない部分を引きちぎる乱暴なことをなさって、中を覗こうとなさいます。私たち女房は右大臣様があまりにも羽目をはずしておられるので、こっそり袖をつつき合って、「良いお歳をなさっているのに、みっともないですわね」と嫌がっているのも、お気づきになりません。それどころか、女房たちが手にしている扇を奪い取ったり、品の良くない話題で一人だけ面白がったりなさいます。それがあまりにも度が過ぎるので、私たちが困惑していると、斉信様が助けに来てくれました。

斉信様は、道長様の盤石の政権運営を支えている四人の有能な文人官僚である、「四納《しな》言《ごん》」の一人です。彼は中宮職の長官でもあり、今日のお祝いを運営する責任者でもあります。右大臣様の度が過ぎた悪酔いで、晴れの儀式が台無しにならないように、巧みに顕光様のご機嫌を取りながら、女房たちへの悪ふざけを封じてしまわれました。

斉信様は、手に盃を持って右大臣の前に座を移し、彼の興味を「女房」から「お酒」へと引き戻しました。その上で、一緒に謡《うた》いませんかと誘って、催馬楽《さいばら》の『美濃山《みのやま》』(『簑山』)のおめでたい一節を朗誦なさるのでした。管絃の演奏も、それほど大がかりではありませんでしたが、面白く聞きました。

［評］斉信が能吏であることの面目が躍如としている。酒に酔った右大臣を、たくみになだめて、女房の前から引き離している。これができたから出世したのではなく、能力があってなおかつ、これができるのが素晴らしいと、私には思える。

右大臣の藤原顕光は、道長の父親である兼家《かねいえ》にとって、「最大の政敵」だった兄の兼通《かねみち》の子である。「無能」として知られた人物で、失態が多かったことで知られる。また、『宇治拾遺物語』などには、蘆屋道満《あしやどうまん》を用いて道長を呪詛するが、安倍晴明《あべのせいめい》に見破られて失敗した、という説話が見られる。

58　紫式部、右大将実資《さねすけ》と会話を交わす

其《そ》の次《つぎ》の間《ま》の、東《ひんがし》の柱許《はしらもと》に、右大将《うだいしやう》、寄《よ》りて、衣《きぬ》の褄《つま》、袖口《そでぐち》、数《かぞ》へ給《たま》へる気色《けしき》、人《ひと》より

異《こと》なり。酔《ゑ》ひの紛《まぎ》れを、侮《あなづ》り聞《き》こえ、又《また》、（紫式部）「誰《たれ》かとは」など、思《おも》ひ侍《はべ》りて、儚《はかな》き事《こと》も言《い》ふに、いみじく晒《さ》れ、今《いま》めく人《ひと》よりも、異《け》にこそ御座《おは》すべかンめれ。然《しか》、盃《さかづき》の順《ずん》の来《く》るを、大将《だいしやう》は、怖《お》ぢ給《たま》へど、例《れい》の、言馴《ことな》らひの「千歳万代《ちとせよろづよ》」にて、過《す》ぎぬ。

［訳］　簀子《すのこ》にずらりと並んだ公卿の方々ですが、柱と柱の間隔ごとに、三人ずつくらい座っておられます。三人の大臣の東側（右側）の柱と柱の間には、道綱様、実資様、そして右大臣の酔いをなだめるために座を移した斉信様が、座っていらっしゃいました。実資様が、東の柱に体をもたらせかかって、目の前の女房たちの着ている衣装の褄《つま》や袖口の色や枚数を数えていらっしゃる様子は、ほかの殿方とは違っておられます。

お酒が入ってきて、酔いのために殿方たちの正常な意識が薄れつつあるのを見て、私は気が大きくなりました。「少しくらい、お話ししても相手は会話の記憶など何も残らないだろう。それに、ここで自分が話をしている女房が誰であるかは、相手の殿方にはわからないだろう」などと思いまして、私はちょっとした世間話を実資様といたしました。そういたしますと、ひどくお洒落な現代風の殿方とは、まったく違っておられるようであるという印象を、さらに強くいたしました。そうして、実資様は、盃が順に巡って来て、それを飲んだら歌を詠まなければならないことを、ひどく気にして、嫌がっておられました。けれども、実際に盃が回ってきますと、こういう際の歌では非常にしばしば用いられる「千歳《ちとせ》」とか「万代《よろずよ》」などという言葉を歌に詠みこんで、何とか切り抜けられました。

［評］ 本文がかなり乱れている。群書類従本の「今めく人《ひと》よりも、異《け》にこそ御座《おは》すべかンめれ」の部分は、「今《いま》めく人《ひと》よりも、実《げ》に、いと恥《は》づかしげにこそ御座《おは》すめりしか」とする写本がある。

藤原実資は後に右大臣に昇り、「賢人右府《うふ》」と称された。『小右記』という漢文日記がある。道長が得意の絶頂で詠んだ、「此《こ》の世をば我が世とぞ思ふ望月《もちづき》の欠けたることも無《な》しと思へば」という歌は、『小右記』に書き留められ、現代にまで語り伝えられている。藤原北家の本流である「小野宮流《おののみやりゅう》」に属し、道長に対して批判的な立場だった。

実資は、自宅が火事になっても消火させなかった。その理由を聞かれて、「天が人間に与えた運命には従うしかない」と答え、それ以来、彼が「賢人」だという評判が立った。その一方で、雑司女《ぞうしめ》に手を出すなど、好色なエピソードも残している。

『紫式部日記』では和歌を苦手としているように書かれているが、兄の藤原高遠《たかとお》は和歌の名手として知られていた。

59 藤原公任《きんとう》から「若紫」と呼びかけられる

左衛門《さゑもん》の督《かみ》、（公任）「あな、畏《かしこ》。此《こ》の辺《わた》りに、若紫《わかむらさき》や候《さぶら》ふ」と、窺《うかが》ひ給《たま》ふ。（紫式部）「『源《げん》氏《じ》』に書《か》かるべき人《ひと》、見《み》え給《たま》はぬに、彼《か》の上《うへ》は、増《ま》いて、如何《いか》で、物《もの》し給《たま》はむ」と、聞《き》き居《ゐ》たり。

（道長）「三位《さんゐ》の亮《すけ》、土盃《かはらけ》、取《と》れ」など有《あ》るに、侍従《じじゆう》の宰相《さいしやう》、立《た》ちて、内《うち》の大臣《おとど》の御座《おは》すれば、下《しも》より出《い》でたるを見《み》て、大臣《おとど》、酔《ゑ》ひ泣《な》き給《たま》ふ。

権中納言《ごんちゆうなごん》、隅《すみ》の間《ま》の柱許《はしらもと》に寄《よ》りて、兵部《ひやうぶ》の御許《おもと》、引《ひ》きこじろひ、聞《き》き難《にく》き戯《たはぶ》れ声《ごゑ》も、殿《との》、宣《のたま》はす。

［訳］　藤原公任《きんとう》様は、当代きっての大文化人です。その公任様は、私から見て左前に座っておられます。私には、公任様がわかりますが、公任様は私の顔をご存じありません。でも、公任様は、中宮様にお仕えする女房たちの並び方から判断して、自分の近くに「紫式部」という者がいるはずだと、当たりを付けられたのでしょう。

公任様は、「失礼ながら、皆さんにお伺いします。このあたりに座っていらっしゃる女房方《がた》の中に、『若紫』さんはいらっしゃいますか」と尋ねながら、几帳の横から中を覗き込もうとされました。それを聞いた私は、「『源氏物語』と現実はまったく違うのに、そんなこともおわかりにならないのだろうか。『源氏物語』に登場する人物は、光る君を含めて、すべて私の心の中から湧き出てきた架空の人物である。だからこそ、彼らは自由自在に動き回って、リアリティを獲得したのだ。現実世界に存在している人たちを、私が参考にすることはあっても、この人を『源氏物語』に書こうと思うような人は、一人もいない。まして、『源氏物語』で、最も素晴らしい女性である『若紫』、つまり、紫の上に匹敵するような人は、この世にいるはずがない。公任様は、もしかしたら『源氏物語』の作者である私が、紫の上のモデルだと考えておられるのだろうか。そんなことは絶対にないのに」などと思いながら、黙って、聞き過ごしました。

すると、殿（道長様）のお声が、しました。「そうだ、思い出した。身分の関係で、この公卿の座には列席していないけれども、中宮職の幹部として、中宮様と若宮様とに多大の貢献をしている実成《さねなり》に盃を取らせようではないか。先だっての主上様《うえさま》の行幸の際に、従三位に昇進したのも、めでたいことだ。実成は、どこにいる。ここに来て、盃を取るが良い」とおっしゃっているようです。実成様は、殿の横においでの内大臣公季《きんすえ》様のご子息です。殿は、公季様に喜んでもらいたかったのでしょう。

殿の仰《おお》せですから、実成様は、中宮職の役人たちが控えている、はるかな下座から、最上席の殿の前まで進まれます。と言っても、父親である公季様の前や横を通るわけにはいきませんから、いったん庭に下りて、それから階《きざはし》を上って、殿の盃をお受けになります。このことで面目を大いに施された公季様は、酔ったためもあって、感激のあまり泣いてしまわれました。

隆家《たかいえ》様は、簀子の柱にもたれかかって、兵部《ひょうぶ》の御許《おもと》の袖や手を引っ張って遊び、とても見ていられません。ところが、隆家様にご注意できるお立場の殿（道長様）ご本人までが、注意するどころか、常識ある人間にとっては、耳に入れたくない下品な冗談を口にされているのですから、どうにもなりません。

［評］　有名な「若紫《わかむらさき》や候《さぶら》ふ」という言葉は、ここに見られる。その言葉を聞いた紫式部の感想は、群書類従本では、『源氏《げんじ》』に書かるべき人《ひと》、見《み》え給《たま》はぬに、彼《か》の上《うへ》は、増《ま》いて、如何《いか》で、物《もの》し給《たま》はむ」となっているが、他の本では、「源氏《げんじ》に似《に》るべき人《ひと》も、見《み》え給《たま》はぬに、彼《か》の上《うへ》は、増《ま》いて、如何《いか》で、物《もの》し給《たま》はむ」となっていて、かなり異なっている。この場合には、「光る君に似ている人は、現実世界には誰一人いないのに、まして、紫の上に似ている人など、存在するはずがない」という意味になる。

群書類従本の「源氏《げんじ》」は、『源氏物語』という作品名であるが、他本の「源氏」は、光源氏という作品の中の登場人物の名前になる。一見すると、「源氏に似るべき人」のほうが意味が取りやすそうではある。けれども、そうだとすれば、紫の上に比べて、光源氏の扱いが軽すぎないだろうか。私は、群書類従の本文に、心引かれるものがある。

紫式部は、自分が『源氏物語』に書いた優れた女性たちのモデルとなった女性は、ここには誰もいない、と言っている。まして、『源氏物語』の女君の中で最も素晴らしい女性である紫の上のモデルなど、このあたりにはいない。さらには、その紫の上に、この私、紫式部が似ているはずがない。だから、「此《こ》の辺《わた》りに、若紫《わかむらさき》や候《さぶら》ふ」という公任の問いかけは、見当違いも甚だしい。そういうふうに、群書類従の本文は読める。

宮仕えの始めに「藤《とう》式部」と呼ばれていたのに、なぜ「紫式部」と呼ばれるようになったか、さまざまな説があった。その中で、『源氏物語』の中で、最も優れた女性である紫の上に因んでいるという説が、有力だった。けれども、紫式部は、自分自身は「紫の上」ではない、と謙遜しているのである。

60 紫式部と道長が和歌を詠み合う

(紫式部)「恐《おそろ》しかるべき、夜の御《おん》酔《ゑ》ひなンめり」と見《み》て、事果《ことは》つるままに、宰相《さいしやう》の君《きみ》に言《い》ひ合《あ》はせて、(紫式部)「隠《かく》れなむ」とするに、東面《ひんがしおもて》に、殿《との》の君達《きんだち》、宰相《さいしやう》の中将《ちゆうじやう》など入《い》りて、騒《さわ》がしければ、二人《ふたり》、御帳《みちやう》の後《うし》ろに居隠《ゐかく》れたるを、取《と》り払《はら》はせ給《たま》ひて、二人《ふたり》ながら、捕《とら》へ据《す》ゑさせ給《たま》へり。

(道長)「和歌《わか》、一《ひと》つづつ、仕《つか》うまつれ、然《さ》らば、許《ゆる》さむ」と宣《のたま》はす。厭《いと》はしく、恐《おそろ》しければ、聞《き》こゆ。

(紫式部)如何《いか》に如何《いか》が数《かぞ》へ遣《や》るべき八千歳《やちとせ》の余《あま》り久《ひさ》しき君《きみ》が御代《みよ》をば
五十日(いか)に 五十日(いか)が

(道長)「哀《あは》れ、仕《つか》うまつれるかな」と、二度許《ふたたびばか》り誦《ず》ンぜさせ給《たま》ひて、いと疾《と》う、宣《のたま》はせたる。

(道長)蘆鶴《あしたづ》の齢《よはひ》し有《あ》れば君《きみ》が代《よ》の千歳《ちとせ》の数《かず》も数《かぞ》へ取《と》りてむ

然許《さばか》り酔《ゑ》ひ給《たま》へる御心地《みここち》にも、思《おぼ》しける事《こと》の様《さま》なれば、いと哀《あは》れに、理《ことわり》なり。実《げ》に、斯《か》く、持《も》て囃《はや》し聞《き》こえ給《たま》ふにこそは、万《よろづ》の飾《かざ》りも、増《ま》さらせ給《たま》ふめれ。千代《ちよ》も敢《あ》へまじく、御行末《おほんゆくすゑ》の、数《かず》ならぬ心地《ここち》にだに、思《おも》ひ続《つづ》けらる。

［訳］ 私は、この場にいるのが、むしょうに恐ろしくなりました。「温厚な殿（道長様）ですら、ここまでの酔態を晒《さら》しておられるのだから、ほかの殿方の狂態は、目にあまるばかりだ。もっとひどくなったら、どうしようもない」と考えた私は、今日の主立《おもだ》った儀式がほとんど終わったのを見越して、親友である宰相の君と二人で、「この場を逃げだして、どこかへ隠れましょう」と相談しました。

私たち女房のふだんの詰所《つめしょ》は、東母屋《ひがしおもや》の東面《ひがしおもて》です。そこへ逃げ込めば安心だろうと思っていたのですが、そこには、何と、殿のご子息たちや、殿の甥である兼隆様たちが既に入り込んで騒いでおられ、とても落ち着いていられません。

私と宰相の君は、中宮様の御帳台《みちょうだい》の北側に隠れて、息を潜め、人々の酔いの嵐が過ぎ去るのを待つことにしました。

ところが、せっかく見つけた私たちの隠れ家が、殿（道長様）に見破られてしまったのです。殿は私たちを見つけるや、几帳を押しのけて、袖を握って引き据えられました。

殿は、「おい、そこの二人、お前たちは、一首ずつ、若宮様を言祝《ことほ》ぐ和歌をお詠みするのだ。よい歌を詠めたら、許して進ぜよう」とおっしゃいます。こんな嫌な時間は早く切り抜けたいですし、恐ろしくてたまりませんから、早々に一首、口にしました。あまりの恐怖感から、宰相の君の詠んだ歌は、忘れてしまいました。

(紫式部)如何《いか》に《五十日(いか)に》如何《いか》が《五十日(いか)が》数《かぞ》へ遣《や》るべき八千歳《やちとせ》の余《あま》り久《ひさ》しき君《きみ》が御代《みよ》をば

(本日、めでたく生後五十日のお祝いの日を迎えられました若宮様は、これから八千年ではとても足りない永遠のご寿命をお受けになられます。その無限の時間を、どうやって数え上げることができるでしょうか。)

この歌は、「如何《いか》に」という部分に「五十日《いか》」を掛けただけの趣向ですが、とっさですので、これが私の能力の限度なのです。それでも、殿は、ご満悦です。「ううむ、『如何《いか》に』と『五十日《いか》』の掛詞か。うまく詠んだものじゃの」と感想を述べられた後で、二度ほど、私の歌を朗唱されました。そして、殿も、すぐさま返歌を口ずさまれました。

(道長)蘆鶴《あしたづ》の齢《よはひ》し有《あ》れば君《きみ》が代《よ》の千歳《ちとせ》の数《かず》も数《かぞ》へ取《と》りてむ

(そうだな、蘆辺《あしべ》に遊んでいる鶴ならば、千年の寿命があるので、若宮の永遠のご寿命を見届けて、確認することもできるであろうな。私は鶴でないのが、残念でならぬわい。）

なお、殿の歌の二句目の「齢《よはひ》し有《あ》れば」は、「齢《よはひ》し有《あ》らば」だったかもしれません。恐怖心で縮こまっていた私の聞き間違いだったのか、酔った殿の言い間違えだったのか、それはわかりません。

これほど酔っておられた殿ではありましたが、殿は寝ても覚めても、酔っても素面《しらふ》でも、若宮様のことばかりを考えておられます。ですから、このような歌がすぐに詠めたのだろうと、私は感動すると同時に、なるほどと納得もいたしました。

考えてみますと、殿のような最高のお方が、ここまで若宮様を守《も》り立てなさるからこそ、すべての面にわたって、若宮様は光輝に満ちた生涯をお過ごしになることが可能になるです。千年でも足りない、永遠の若宮様のご繁栄を、私のような取るに足らない立場の者ですら、お祈りしているのです。

［評］ 道長の歌の「齢《よはひ》し有《あ》れば」は、「齢《よはひ》し有《あ》らば」のほうが、解釈しやすい。道長が、「自分に、もしも鶴のように千年の壽命があるのであれば、若宮の末永いお栄えを見届けられるのに」という意味になる。また、群書類従本の「千《ち》

代《よ》も敢《あ》へまじく」(千年でも十分ではないくらい)の部分を、「千代《ちよ》も飽《あ》くまじき」(千年でも満足できないくらい)とする写本もある。

「八千歳」とか「千歳」などと祝われた敦成親王(後一条天皇)だが、数えの二十九歳で崩御する運命だった。後一条天皇には男皇子がいなかったので、皇位は弟の後朱雀天皇が継承した。

道長の歌には、掛詞も用いられておらず、ごく普通の歌ではあるが、道長は酔っていたせいか、うまく詠めたと上機嫌である。それが、次の場面につながる。

61 酔った道長は夫人と娘に語りかけた

(道長)「中宮《みや》の御前《おまへ》、聞《き》こし召《め》すや。仕《つか》うまつれり」と、我誉《われぼ》め、し給《たま》ひて、(道長)「中宮《みや》の御父《おんてて》にて、麻呂《まろ》、悪《わ》ろからず。麻呂《まろ》が娘《むすめ》にて、中宮《みや》、悪《わ》ろく御座《おは》しまさず。母《はは》も又《また》、

(倫子)『幸《さいは》ひ有《あ》り』と思《おも》ひて、笑《わら》ひ給《たま》ふめり。(倫子)『良《よ》い夫《をとこ》は持《も》たりかし』と思《おも》ひたンめり」と、戯《たはぶ》れ聞《き》こえ給《たま》ふも、(紫式部)「こよなき御酔《おんゑ》ひの紛《まぎ》れなり」、と見《み》ゆ。

然《さ》る事《こと》も無《な》ければ、騒《さわ》がしき心地《ここち》はしながら、めでたくのみ、聞《き》き居《ゐ》させ給《たま》ふ。殿《との》の上《うへ》、(倫子)「聞《き》き難《にく》し」と思《おぼ》すにや、渡《わた》らせ給《たま》ひぬる気色《けしき》なれば、(道長)「(倫子)『送《おく》りせず』とて、母《はは》、恨《うら》み給《たま》はむものぞ」とて、急《いそ》ぎて、御帳《みちやう》の内《うち》を通《とほ》らせ給《たま》ふ。(道長)「中宮《みや》、(彰子)『無《な》礼《め》し』と思《おぼ》すらむ。親《おや》の有《あ》ればこそ、子《こ》も賢《かしこ》けれ」と、打《う》ち呟《つぶや》き給《たま》ふを、人々《ひとびと》、笑《わら》ひ聞《き》こゆ。

【訳】この時、中宮様は、五十日《いか》のお祝いのためにお膳を設けられた席に、まだそのまま いらっしゃいました。ですから、御帳台にはおられませんでしたが、すぐ近くで起きていた殿(道長様)と私たちの和歌のやりとりを、聞いておられました。中宮様の母君(殿の夫人である倫子様)も、その近くにおられました。

殿は、中宮様と倫子様によく聞こえるように、声を張り上げて、「中宮様、今、私が詠んだお祝いの歌を、お聞き召されましたか。自分としては、たいそううまく詠めたと思いますが、いかがでしょうかな」と、得意げに自画自賛なさいます。

殿は、よほどご機嫌がうるわしかったのでしょう、なおも、冗談を口にされます。「中宮様の父親として、私は不適格というわけではありません。まあ、合格でしょう。同じように、私の娘として、中宮様は、合格です。中宮様のお母上もまた、『ああ、今、何て幸福なのでしょう』とお思いで、にっこりされていることでしょうな。そして、お母上は、『今の幸福の源は、良い夫を持ったことだ』とお考えでいらっしゃることでしょう」と、冗談事を続けられ、お二人の耳にお入れになる。私も、殿がここまで喜びに我を忘れたお姿を見るのは初めてだったので、「ひどくお酔いになった勢いで、このようにおっしゃるのだろう」と思いました。

さすがに、中宮様は、落ち着いておられます。殿は、言葉は乱れておられても、それ以上に目にあまる振る舞いはなさらないので、結構なことだと、私は拝見していました。中宮様も、私と同じように、にこにこと聞いていらっしゃいました。

ただし、倫子様だけは、「これ以上は、聞いていられない。聞くに堪《た》えないことだ」とお思いなのでしょうか、ご自分のお部屋に引き上げるそぶりを見せられました。殿は、ここで、大慌てで、恐妻家ぶりを発揮されます。どこまでが本気で、どこからが演技なのかは定かではありませんが、「奥方様は、『夫が私を見送ってくれない』とご機嫌斜《なな》めで、私は恨まれかねませんな」とおっしゃって、何と、中宮様のおられない中宮様の御帳台を突っ切って近道をして、倫子様を追いかけられたのです。

いかに自分の娘とは言っても、中宮様の御帳台（寝台）に侵入するのは、不敬です。さすがに、殿も気が咎めたのか、「中宮様は、さぞかし私のことを『無礼者め』とお怒りのことでしょうな。でも、親がいるからこそ、子どもが立派に育ったのですぞ」と、小声でつぶやかれたことが、その場にいた女房たちの笑いを誘ったのでした。

こうして、若宮の御五十日《おおんいか》の祝いが、喧噪と狂乱のうちに、それでもめでたく終了したのでした。

【評】父と母と娘。三人の家族の幸福な姿が、ここにある。『枕草子』では、「中の関白」道隆と、北の方の高階貴子《きし》（儀同三司の母）と、中宮定子の三人の姿が、印象的だった。道隆は、快活で、冗談好きな明るい性格だった。道隆の父である兼家も、『蜻蛉日記』でたびたび冗談を口にしている。そして、『紫式部日記』によれば、道長もまた、「親父ギャグ」めいた軽口を叩く男であった。

源倫子は、宇多天皇の曾孫に当たり、父は源雅信《まさのぶ》で、朗詠と和歌の名手として知られていた。この雅信の屋敷が、土御門邸だった。倫子は、二男四女に恵まれ、道長の政治的な栄華の基礎を築いた。長命で、一〇五三年に九十歳で没している。

62 『源氏物語』の冊子を作る

入《い》らせ給《たま》ふべき事《こと》も、近《ちか》う成《な》りぬれど、人々《ひとびと》は、打《う》ち継《つ》ぎつつ、心《こころ》、長閑《のどか》ならぬに、御《お》前《まへ》には、御冊子《みさうし》、作《つく》り営《いとな》ませ給《たま》ふとて、明《あ》け立《た》てば、先《ま》づ、向《む》かひ侍《さぶら》ひて、色々《いろいろ》の紙《かみ》、選《え》り調《ととの》へて、物語《ものがたり》の本《ほん》ども、添《そ》へつつ、所々《ところどころ》に、文書《ふみか》き、配《くば》る。且《か》つは、綴《と》ぢ集《あつ》め、認《したた》むるを役《やく》にて、明《あ》かし暮《く》らす。

（道長）「何《なに》の子持《こも》ちが、冷《つめ》たきに、斯《か》かる業《わざ》は、せさせ給《たま》ふ」と、聞《き》こえ給《たま》ふものから、良《よ》き薄様《うすやう》ども、筆《ふで》・墨《すみ》など、持《も》て参《まゐ》り給《たま》ひつつ、御硯《おんすずり》をさへ、持《も》て参《まゐ》り給《たま》へれば、取《と》らせ給《たま》へるを、惜《を》しみ罵《ののし》りて、（道長）「物《もの》の隈《くま》に、向《む》かひ候《さぶら》ひて、斯《か》かる業《わざ》、し出《い》づ」と、苛《さいな》むなれど、書《か》くべき墨《すみ》・筆《ふで》など、賜《たま》はせたり。

局《つぼね》に、物語《ものがたり》の本《ほん》ども、取《と》りに遣《や》りて、隠《かく》し置《お》きたるを、御前《おまへ》に有《あ》る程《ほど》に、やをら、御座《おはし》しまいて、漁《あさ》らせ給《たま》ひて、皆《みな》、内侍《ないし》の督《かん》の殿《との》に、奉《たてまつ》り給《たま》ひてけり。良《よ》ろしう書《か》き換《か》へたりしは、皆《みな》、引《ひ》き失《うしな》ひて、心許《こころもと》無《な》き名《な》をぞ、取《と》り侍《はべ》りけむかし。

［訳］　中宮様が宮中にお戻りになる日が、少しずつ近づいてきます。けれども、次から次へと若宮のご誕生に伴う儀式が続きますので、女房たちは慌ただしく、落ち着かない日々を送っていました。そんな中で、中宮様は、物語の本を新しくお作りになりたいという意向を持たれ、早速、物語の制作が始まりました。ぐるぐる巻く巻物《まきもの》（巻子本《かんすぼん》）ではなく、一枚一枚紙をめくってゆく冊子本《さっしぼん》です。宮中にお戻りになる時の、お土産の目玉になさりたいのでしょう。

このプロジェクトの責任者と言いますか、中心となっているのが、ほかならぬ私でした。

夜が明けると、私は真っ先に中宮様のお部屋に向かいます。中宮様と差し向かいになって祗候《しこう》しまして、さまざまな色の紙を選び、必要枚数を揃えて、書き写すべき手本となる物語の本文を添えて、あちらこちらの達筆・能筆とされている方に清書してもらう依頼の文章を書き添えて、配ります。清書を依頼する一方では、既に依頼しておいた人が清書を終えて届けてきた紙を整理し、冊子の形態に綴じて、揃えるのが、私の仕事です。それだけで一日が終わり、あっという間に、日々が過ぎてゆきます。

皆さん、私たちの制作している物語が、何だと思いますか。そうです。恥ずかしながら、私が書いた『源氏物語』なのです。ですから、私にしか責任者が務まらないのです。

中宮様の肝煎《きもい》りで始まった『源氏物語』冊子本の制作プロジェクトですが、殿（道長様）のご協力なしには不可能です。殿は、産後の健康が優れない中宮様のお体を心配されていますが、これから冬の寒さも厳しくなってゆきます。「子どもを産んだばかりの母親は健康第一で、特に冷気には気をつけねばなりませんぞ。それなのに、寒い朝から冷え込む晩まで、新しい物語の冊子作りですか。大概になさったほうがよろしいですぞ」と、口ではおっしゃるのですが、惜しみなく援助してくださるのです。清書に必要な上質の薄い紙をたくさん、それに筆や墨なども、殿は中宮様のお部屋に持ってきてくださいます。ある時は、「これは私が使っているのだが、良い硯だ」と言って、硯までも持参してくださったのです。中宮様は、その硯を私に下げ渡されました。殿は、それを知ると、硯がもったいなくなられたのか、「何だ、そういうことか。いつもは部屋の片隅にこそこそ隠れて気配を殺しながら祗候しているくせに、物語の冊子作りが始まると、しゃしゃり出てきて、挙《あ》げ句《く》の果ては、中宮様に差し上げた硯までせしめるとはな」と、大変な残念がりようです。でも、殿は、その硯に見合うだけの素晴らしい墨や筆を、私個人用にと賜ったのでした。

『源氏物語』と言えば、こんな困ったことも起きました。ほかの人に清書してもらうためには、「この文章を、綺麗な文字で書き写してください」と依頼する必要があります。『源氏物語』のきちんとした本文の清書を依頼するために、私は実家から、これまで少しずつ書きためておいた『源氏物語』を、下書きも含めて取り寄せ、土御門邸の私の局《つぼね》に置いていたのです。

ところが、私が中宮様のお部屋に伺候していた隙《すき》に、殿が私の局にこっそり入られ、あれこれと物色され、『源氏物語』の草稿をすべて持ち出されたのです。「長女の中宮様のためには、立派な冊子本が制作されたのだから、用済みになった下書きは、次女の妍子様に差し上げよう」というおつもりだったようです。

私としては、本当に困ったことです。あちこちに清書してくださいとお願いした時に、一緒に添えた私の完成本は、清書が終わった後でも、作者である私の手元に戻ってくることはありませんでした。加えて、推敲する前の下書き本が、妍子様に渡ってしまったので、それが書き写されて、世間に広まるかもしれません。そうなると、『源氏物語』の本文は推敲が足りない、未熟な文章だなとか、紫式部という作者もたいした才能ではないな、などと悪評が噴出するかもしれません。いや、きっと、既にあちこちで悪評を取ってしまったことでしょうよ。

[評] このあたり、『源氏物語』の流布《るふ》を知るための貴重な証言である。ただし、写本によって微妙な本文の違いがある。ここでは、群書類従本で解釈した。

それにしても、この時代の紙は貴重品だった。清書された『源氏物語』が最高の紙質だったことは当然だが、紫式部が下書きした時の紙は、どういう質のもので、どうやって入手したのだろうか。あれだけ長い『源氏物語』だから、下書き用だけでも膨大な紙の量が必要である。

『源氏物語』を読んでいると、直接話法がいつの間にか間接話法に変わってしまっていたり、文脈がうまく照応していなかったり、同じ言葉が一つの形式段落の中で繰り返し用いられて重複したりしていることが、よくある。また、明らかに伏線と思われる出来事が、いつまで経っても回収されずに、立ち枯れになっていることもあるし、前後で矛盾する内容もしばしば書かれている。

パソコンで執筆している現代人の感覚では、推敲も文章の移動も簡単至極なのだが、紙が貴重品であった場合には、一度書き記した文字は、もう直しようがなく、その後の部分で帳尻を合わせるしかない。だから、『源氏物語』の草稿がどのようなものであったのか、私には想像もつかない。

ちなみに、『伊勢物語』には興味深い成立伝承がある。在原業平《ありわらのなりひら》が亡くなった後、最後の妻であった伊勢（歌人として有名な「伊勢の御《ご》」）が、夫の遺品の中から恋愛日記を見つけた。そこには、業平と十二人の女性との恋愛が、こと細かく記録されていた。伊勢は、自分に関わる部分を削除し、女性の名前を「女」に書きかえ、世間に弘めた。ところが、その後になって、自分が最初に見つけた夫の恋愛日記は「草稿本」であったことが判明した。「完成本」と見なされるものを見つけてしまったのである。それで、そちらを新たに世間に弘めた。『伊勢物語』には、男の元服と初恋から始まる「初冠本《ういこうぶりぼん》」と、男が伊勢神宮に赴くことから始まる「狩の使本《かりつかいぼん》」の二種類があるのは、そういうわけである。

この『伊勢物語』の成立伝承は、むろん虚構である。そもそも、業平と伊勢が夫婦であった事実はない。けれども、「草稿本」と「完成本」の混在を説明するために考え出されたもので、はなはだ興味をそそられる。『源氏物語』にも、さまざまな本文がある。それらは、書き写す段階で生じた違いだけではなく、草稿本と清書本の違いなのかもしれない。そうだとしたら、どちらもが正しい『源氏物語』の本文であることになる。

それにしても、この寛弘五年(一〇〇八年)の段階で、『源氏物語』はどこまで書き進められていたのだろう。玉鬘十帖あたりだと、土御門邸の栄華と重なる。「若菜上の巻から始まる第二部に、紫式部の筆は及んでいたのだろうか。さらに、宇治十帖は構想されていたのだろうか」などと考えるのは、楽しい。

63　若宮の成長

若宮《わかみや》は、御物語《おほんものがたり》など、せさせ給《たま》ふ。内裏《うち》に、心許無《こころもとな》く思《おぼ》し召《め》す、理《ことわり》なりかし。

［訳］　若宮様は、早いもので、片言《かたこと》をお話しになっています。主上様《うえさま》が、早く若宮様と対面したいと待ち焦がれておられるのも、ごもっともです。中宮様が宮中にお戻りになる日が、待ち遠しく思われます。

［評］　この「物語」は、幼児が意味不明の片言を口にすること。「もの」は、理性で統御《とうぎょ》できない無意識が表に現れることを意味する。「もの悲し」の「もの」であり、「ものの哀れ」の「もの」でもある。だから、「物語」とは、人間の心の最深層から姿を現してきた情念の「発生と膨張」を語るものである。であるならば、物語を理性で「分析」する行為には限界があることになる。

64『源氏物語』を書き始めた頃の思い出を少しばかり

御前《おまへ》の池《いけ》に、水鳥《みづとり》どもの、日々日々《ひびひび》に、多《おほ》く成《な》り行《ゆ》くを見《み》つつ、（紫式部）「入《い》らせ給《たま》はぬ前《さき》に、雪《ゆき》、降《ふ》らなむ。此《こ》の御前《おまへ》の有様《ありさま》、如何《いか》にをかしからむ」と思《おも》ふに、あからさまに罷《まか》でたる程《ほど》、二日許《ふつかばか》り有《あ》りてしも、雪《ゆき》は、降《ふ》るものか。

見所《みどころ》も無《な》き故郷《ふるさと》の木立《こだち》を見《み》るにも、物難《ものむつか》しう、思《おも》ひ乱《みだ》れて、年頃《としごろ》、徒然《つれづれ》に、眺《なが》め明《あ》かし暮《く》らしつつ、花《はな》・鳥《とり》の色《いろ》をも音《ね》をも、春《はる》・秋《あき》に行《い》き交《か》ふ空《そら》の気色《けしき》、月《つき》の影《かげ》、霜《しも》・雪《ゆき》を見《み》て、（紫式部）「其《そ》の時《とき》、来《き》にけり」と許《ばか》り、思《おも》ひ分《わ》きつつ、（紫式部）「如何《いか》にや、如何《いか》に」と許《ばか》り、行末《ゆくすゑ》の心細《こころぼそ》さは、遣《や》る方無《かたな》きものから、儚《はかな》き物語《ものがたり》などに付《つ》けて、打《う》ち語《かた》らふ人《ひと》、同《おな》じ心《こころ》なるは、哀《あは》れに書《か》き交《か》はし、少《すこ》し気遠《けとほ》き頼《たよ》りどもを、尋《たづ》ねても言《い》ひけるを、唯《ただ》、此《これ》を様々《さまざま》にあへしらひ、漫《そぞ》ろ言《ごと》に、徒然《つれづれ》をば慰《なぐさ》めつつ、世《よ》に有《あ》るべき人数《ひとかず》とは思《おも》はずながら、差《さ》し当《あ》たりて、（紫式部）「恥《は》づかし、いみじ」と思《おも》ひ知《し》る方許《かたばか》り逃《のが》れたりしを、然《さ》も、残《のこ》せる事無《ことな》く思《おも》ひ知《し》る、身《み》の憂《う》さかな。

［訳］　私はこの日記を、土御門邸の秋の素晴らしさから書き始めました。今は冬。土御門邸の冬もまた、この人間世界で見ることのできる最高の景色です。冬と言えば、雪。私は、雪化粧をまとったこのお屋敷の光景に触れたいと熱望していました。

寝殿の南に広がる広大な池には、たくさんの水鳥が遊んでいます。元から棲み着いていた鳥もいれば、冬になって北の国から渡ってきた鳥もいます。日に日に新たな渡り鳥が飛来するものと見え、池を泳ぐ水鳥の数も増えてゆきます。

私は、渡り鳥に、自分の同類を見いだして親近感を抱いてしまうのです。自分の局《つぼね》から、ぼんやりと池を眺めては、「できれば、中宮様が宮中にお戻りになる前に、雪が降ってほしい。この土御門邸のお庭の雪気色は、どんなに見事なことだろうか。物語作者として参考にしたいから、その類い稀な美しさを、ぜひとも自分の目で見ておきたいものだ」と願っていました。ところが、ちょっとした事情があって、私は実家に下がったのです。実家に戻ってから二日ほど経った時に、土御門邸にいた時にはまったく降るそぶりのなかった雪が、降ってきたではありませんか。

我が家の庭は、何の変哲もない木立《こだち》しかありませんので、まったく見どころもありません。雪にしても、こんなむさ苦しい屋敷になんか降りたくなかったでしょう。そう考えると、私までも面白い気分ではなくなり、つい数日前まで自分が身を置いていた土御門邸の華やかさが思い出されます。質素な世界と豪奢な世界。この二つの世界のうちのどちらが、私の住むべき本拠地なのだろうかと、頭の中が混乱してしまうのです。

彰子様への宮仕えに出る以前、ということは、殿（道長様）が宰領されている豪奢な世界に呼び出される以前の私は、いったい何者だったのでしょうか。殿と中宮様の世界は、何とも不思議なことに、私が執筆している『源氏物語』の世界と重なっていました。そして、私の書いた『源氏物語』を、見事な冊子として制作してもらえる、ありがたい世界でした。私は、道長様たちの世界で、本来生きるべき人間だったのでしょうか。

でも、私の『源氏物語』は、道長様の絢爛たる世界を知る前に、書き始められました。私が『源氏物語』の種を発芽させ、成長させ、開花させたのは、私が今、里下がりしてきている、この貧しい家だったのです。ここが、『源氏物語』のふるさとなのです。

来年（一〇〇九年）には九回忌を迎える亡夫宣孝と死に別れてから、私はしばらく、何をする気にもなれず、所在なく、ぼんやりとこの家で暮らしていました。こんな家にも、それなりに季節の訪れはあるものです。花の色や、鳥の声などで、季節の移ろいを感じることもありました。けれども、春や秋で微妙に異なる空模様、月の光、霜や雪などを見ても、「ああ、花の咲く季節になったのだな。月の綺麗な季節になったのだな。雪の降る季節になったのだな」としか感じない、無気力な生き方をしていたのです。「これから私は、どうなるのだろうか。これからの私の人生で、やるべきことは、まだ何かあるのだろうか」という疑問に心を占められ、未来に対する閉塞感は、個人の力ではどうしようもないほどに大きかったのです。

そんな時でした。取るに足らない物語、むろん『源氏物語』のことです、その物語を書こう、書きたいという気持ちが芽生《めば》えたのは。私は、書き始めました。ある程度、物語を書き進めると、ほかの人の意見を知りたくなりました。私は、この物語を書くしかないと思って書き始めたのですが、読者がどう受け止めてくれるだろうか、と心配になったのです。それで、親しくお付き合いをさせてもらっていた人たち、つまり、私と同じような教養を持ち、価値観を共有している人たちと、私の書きつつある物語について手紙で意見の交換をしました。また、それほど親しくはなかったものの、物語については一家言のありそうな人には、伝《つて》を頼ってお便りをして、感想を求めたりしました。

この家で、私は『源氏物語』を執筆し、推敲し、書き直したりする、とりとめもないことに没頭し、無聊《ぶりょう》を慰めました。それでも、自分は、この世に生きているべき価値がある人間だという確信は得られませんでしたが、差し当たっては、「生きているのが恥ずかしい」とか、「ひどくつらいので死にたい」などと、追い詰められることはなかったのです。けれども、中宮様に宮仕えするようになってからは、極楽のように豪華な世界の空気を吸い、自分の作品である『源氏物語』を美しく装幀してもらうことと引き換えに、女房としての務めである殿方たちとの関わりによって、「恥ずかしい、つらい」という思いをとことん味わうことになったのは、皮肉ななりゆきと言うしかありません。

【評】ここには、紫式部が『源氏物語』を書き始めた当初のことが、回想されている。

夫の宣孝との死別がもたらした欠落感を埋めようとして、『源氏物語』は書き始められた。それは、紫式部という、一人の人間の命を守るために、どうしても必要な行為だった。

けれども、紫式部が『源氏物語』を書き始めたかなり早い時点で、「読者の感想」を求めていたという事実には、驚かされる。彼女は、「自分の命」を守るために『源氏物語』を書いたのだが、それを「自分一人の命」で終わらせたくはなかったのだ。

この時、『源氏物語』の読者として想定されていたのは、中宮彰子でも、左大臣道長でも、一条天皇でもなかった。『源氏物語』を必要とする人間、『源氏物語』を読んで新しい命を授かる人間、『源氏物語』を読み終えて新しい人生の扉を開く人間は、まず、作者一人だけから始まり、心の通じ合う友人たちに広がった。そして、飛躍的に拡大するきっかけとなったのが、「中宮彰子サロン」への参加だった。

それにしても、「同じ心」なる人とは、具体的に誰なのだろうか。紫式部に匹敵する教養を持ち、作者が『源氏物語』で引用した和歌や漢詩、記録類を理解して、なおかつ物語にこめた「言葉にならない情念」を理解できる人。理性や知性で『源氏物語』を理解するのではなく、作者と以心伝心で通じ合える人。「サウイフモノニ／ワタシハ／ナリタイ」。心からそう願う読者が、いつの時代にも絶えず、それゆえに『源氏物語』はいつの時代にも読み継がれてきた。

65　『源氏物語』を書いていた時の友や恩人は離れていった

試《こころ》みに、物語《ものがたり》を取《と》りて、見《み》れども、見《み》し様《やう》にも覚《おぼ》えず、あさましく、哀《あは》れなりし人《ひと》の、語《かた》らひし辺《あた》りも、（紫式部）「我《われ》を、如何《いか》に、面無《おもな》く、心浅《こころあさ》き者《もの》と思《おも》ひ落《お》とすらむ」と、推《お》し量《はか》るに、其《そ》れさへ、いと恥《は》づかしくて、え訪《おとづ》れ遣《や》らず。

（もとの友人）「心憎《こころにく》からむ」と思《おも》ひたる人《ひと》は、（もとの友人）「大空《おほぞら》にては、文《ふみ》や散《ち》らすらむ」など、疑《うたが》はるべかンめれば、（紫式部）「如何《いか》でかは、我《わ》が心《こころ》の中《うち》、有《あ》る様《さま》をも、深《ふか》う推《お》し量《はか》らむ」と、理《ことわり》にて、いとあいなければ、仲絶《なかた》ゆと無《な》けれど、自《おの》づから、掻《か》き絶《た》ゆるも、数多《あまた》。（もとの友人）「住《す》み定まらず、成《な》りにたり」とも、思《おも》ひ遣《や》りつつ、訪《おとな》ひ来《く》る人《ひと》も難《かた》うなどしつつ、総《すべ》て、儚《はかな》き事《こと》に触《ふ》れても、有《あ》らぬ世《よ》に来《き》たる心地《ここち》ぞ、此処《ここ》にても打《う》ち増《ま》さり、物哀《ものあは》れなりけり。

［訳］　実家に戻ってきたにもかかわらず、私の気持ちは晴れません。少しは前向きな気

持ちになれるかと思って、試しに、自分の書いた『源氏物語』を手に取って、あちこちを読んでみました。あの頃、ありったけの情熱を注ぎ、寝る時間も惜しんで書き綴った物語ですのに、今の私が読んでも、書いた時の感興は蘇ってきません。これは本当に自分が書いた文章だろうかと、信じられない気持ちです。

『源氏物語』の創作を支え、何かと勇気づけてくれた友人や恩人たちへも、私から手紙を書く機会はなくなりました。というのは、「宮仕えに出た私を、あの人たちは、どんなにか軽蔑していることだろう。権力や財力に目がくらみ、すりよってゆくとは、何と軽薄で、思慮のない人間だろう。『源氏物語』という作品にしても、権力の中心に位置する人たちが自分たちの権力を維持するために利用しているだけなのに、そんなことも気づかないのかと、呆《あき》れていることだろう」と思うと、推測は悪いほうへとばかり展開し、そういう気持ちに自分がなることまでも情けなく、恥ずかしくて、とても手紙を書く勇気がないのです。

まして、最初から親しくはなくて、伝《つて》を頼って『源氏物語』へのコメントを求めたような方々は、「他人から批判されるようなことなく、優雅に生きてゆきたい」という信念で生きておられますから、私と文通しても、「自分の書いた手紙が、宮仕え先などで誰の目に触れるかもしれない。そうなると、とんだとばっちりを蒙ることになる」と疑うでしょうし、また疑われても仕方がない状況に私は置かれています。私としても、当然のことながら、「そういう人には、私の心の中の思いや、私の今の境遇を正しく理解してもらえないだろう」と思ってしまいますし、そういう人と文通しても何の意味もありませんから、彼らとの人間関係が断絶するところまではゆかないのですが、いつのまにか自然と交流が途絶えたケースが、たくさんあるのです。

「紫式部さんは、宮仕えをしているから、宮中や土御門邸などを、行ったり来たりしている。実家に訪ねていっても会えないだろう」などと配慮して、実家を訪問してくれる人たちもめったになくなりました。宮仕えを始めたばかりの頃は、私が宮仕え先に伺うと、別世界に紛れ込んだような錯覚にとらわれたものですが、今となっては、自分のふるさとである実家に戻ってきても、総じて、ちょっとしたことにつけても、自分が別世界に来てしまったかのような気持ちになります。いや、実家にいる時のほうが、「ここは自分の居場所ではない」という、居心地の悪さを強く感じるのが、どうしようもなく悲しいことです。

［評］　群書類従本の「大空《おほぞら》にては、文《ふみ》や散《ち》らすらむ」は、他の本では「大空《おほぞら》」の部分を「大雑《おほざう》」とするものがある。「おほざう」あるいは「おほざふ」は、いい加減、大雑把《おおざっぱ》という意味だが、「大空」にも、おざなりな、いい加減な、という意味がある。

群書類従本の「有《あ》らぬ世《よ》に来《き》たる心地《ここち》ぞ、此処《ここ》にてしも打《う》ち増《ま》さり、物哀《ものあは》れなりけり」では、「ぞ」の係り結びが合わない。それで、文末を「なりける」と連体形にする写本が多い。

紫式部は、古い友だちとの交流や文通が、いつの間にか途絶えたことを嘆いている。その最大の理由は、紫式部が考えているような、彼女の「宮仕え」にはないだろう。

紫式部は、物語の作者である。もしかしたら、自分たちの失敗やプライバシーが、『源氏物語』に材料を提供したのかもしれないし、これからも提供してしまうかもしれない。だから、紫式部には、下手な手紙など書けない。このような危惧が、古い友だちを紫式部から遠ざけたのではないだろうか。

66 孤独な紫式部は、大納言の君に歌を贈った

唯《ただ》、え避《さ》らず打《う》ち語《かた》らひ、少《すこ》しも心留《こころと》めて思《おも》ふ、細《こま》やかに物《もの》を言《い》ひ通《かよ》ふ、差《さ》し当《あ》たりて、自《おの》づから睦《むつ》び語《かた》らふ人許《ひとばか》り、少《すこ》し懐《なつ》かしく思《おも》ふぞ、物儚《ものはかな》きや。大納言《だいなごん》の君《きみ》の、夜々《よるよる》は、御前《おまへ》に、いと近《ちか》う臥《ふ》し給《たま》ひつつ、物語《ものがたり》し給《たま》ひし気配《けはひ》の恋《こひ》しきも、猶《なほ》、世《よ》に順《したが》ひぬる心《こころ》か。

（紫式部）浮《う》き《憂(う)き》寝《ね》せし水《みづ》の上《うへ》のみ恋《こひ》しくて鴨《かも》の上毛《うはげ》にさへ《冴(さ)え》ぞ劣《おと》らぬ

返《かへ》し、

（大納言の君）打《う》ち払《はら》ふ友無《ともな》き頃《ころ》の寝覚《ねざめ》には番《つが》ひし鴛鴦《をし》ぞ夜半《よは》に恋《こひ》しき

書《か》き様《ざま》などさへ、いとをかしきを、（紫式部）「真秀《まほ》にも、御座《おは》する人《ひと》かな」と見《み》る。

［訳］宮仕えする以前にお付き合いしていた方たちとの交流がなくなった今となっては、かろうじて、宮仕えしてから出会った人たちとの人間関係しか、私には残っていません。

人見知りの激しい私ですが、同僚である女房たちとは、やむを得ず話をしなくてはなりません。最初は、そういう始まり方をしても、少しは相手の人間性が良いなと気になって思う人や、お互いに親密に語り合える人や、何かの時には自然と心が通じ合って語り合える人ができてきます。そういう人たちだけが、今の私に残された人間関係なのです。けれども、それがすべてとは、何と頼りないことでしょう。

そういう懐かしい人の一人が、大納言の君です。宮仕えに出ていて、夜、中宮様のおそば近くで、共に横になっている時など、いろいろな話題を話し合い、お互いの人間性を理解し合ったものでした。その時の彼女の様子が、懐かしく思い出されるのです。これも、私が宮仕えを「嫌だ、嫌だ」と言いながらも、いつの間《ま》にか、無意識のうちに環境の変化に順応して、宮仕えするのが「本当の自分」だと考えるようになったからかもしれません。

私は、里下がりする直前に見た池の水鳥が懐かしかったので、歌に詠んで、大納言の君に言づてました。

（紫式部）浮《う》き《憂(う)き》寝《ね》せし水《みづ》の上《うへ》のみ恋《こひ》しくて鴨《かも》の上毛《うはげ》にさへ《冴(さ)え》ぞ劣《おと》らぬ

（今頃、土御門邸の池には、渡り鳥である鴨が、翼を休めていることでしょう。今朝は雪が降りましたが、雪だけではなく、冷たい霜までも、鴨の上毛《うわげ》の上に降りしきっていることでしょう。その鴨よりも、冴《さ》え返る夜の厳しさを痛感しているのが、里に下がって一人で夜を明かしかねている私なのです。中宮様のおそばで、あなたと二人で横になりながら夜を明かしたことが、懐かしく思い出されてなりません。）

私は、渡り鳥である「鴨」に、自分の居場所を持たない、私自身のよるべなき思いを託したのでした。

大納言の君からは、すぐに返事が来ました。

（大納言の君）打《う》ち払《はら》ふ友無《ともな》き頃《ころ》の寝覚《ねざめ》には番《つが》ひし鴛鴦《をし》ぞ夜半《よは》に恋《こひ》しき

（あなたはご自分を鴨に喩えておられますが、私とあなたは、二羽がいつも一緒にいる鴛《お》鴦《し》ではないでしょうか。あなたと私は、どんなに寒い冬の夜でも、どんなにつらいことがあっても、互いの翼に降りた霜や雪を払い合って、慰め合ったものでした。あなたは、私の「心の友」でした。そのあなたが里に下がって、お屋敷におられません。一羽になった鴛鴦が、自分だけでは霜や雪を十分に払いきれないように、私もあなたを恋い慕う涙を払いきることができません。早く戻ってきてくださいな。）

大納言の君は、歌がお上手なだけでなく、筆跡や字配りまでが素晴らしいので、「本当に欠点のないお方だ」と、私は感嘆の念を禁じ得ませんでした。

【評】大納言の君は、道長夫人である倫子の姪に当たる。なおかつ、道長の「召人《めしうど》」の一人だった。

紫式部と大納言の君との友情は、『源氏物語』で言えば、光源氏と頭中将の友情と似ているかもしれない。須磨の巻で、光源氏は失脚して都から須磨に旅立っていった。都に一人留まる頭中将は、寂しくてならない。だから、頭中将は須磨を訪れて、光源氏と久闊を叙した。その時の頭中将の歌。

方便無《たづかな》き《鶴(たづ)が鳴(な)き》雲居《くもゐ》に一人音《ひとりね》をぞ泣《な》く翼並《つばさなら》べし友《とも》を恋《こ》ひつつ

深い友情は、恋心と似ている。大納言の君の歌には「夜半《よは》に恋《こひ》しき」とあり、頭中将は「友《とも》を恋《こ》ひつつ」と歌っている。片や「鶴」、片や「鴛鴦」。『源氏物語』の「青表紙本《あおびょうしぼん》」を校訂した藤原定家は、単独撰者を務めた『新勅撰和歌集』に、紫式部と大納言の君の贈答を選び入れている。

冬頃、里に出でて、大納言三位に遣《い》はしける　　紫式部

浮《う》き寝《ね》せし水《みづ》の上《うへ》のみ恋《こひ》しくて鴨《かも》の上毛《うはげ》に冴《さ》えぞ劣《おと》らぬ

返し　　従三位廉子

打《う》ち払《はら》ふ友《とも》無《な》き頃《ころ》の寝覚《ねざめ》には番《つが》ひし鴛鴦《をし》ぞ夜半《よは》に恋《こひ》しき

また、紫式部と同僚だった和泉式部に、これとよく似た表現の歌がある。

打《う》ち払《はら》ふ共寝《ともね》ならねば鴛鴦鳥《をしどり》の上毛《うはげ》の霜《しも》も今朝《けさ》はさながら

この和泉式部の「共寝」にも、「友」が掛詞になっているのかもしれない。

67　中宮彰子は優しいが、倫子は棘がある

（女房仲間）「雪《ゆき》を御覧《ごらん》じて、折《をり》しも、罷《まか》でたる事《こと》をなむ、いみじく憎《にく》ませ給《たま》ふ」と、人々《ひとびと》も宣《のたま》へり。殿《との》の上《うへ》の御消息《おんせうそこ》には、（倫子）「麻呂《まろ》が留《とど》めし旅《たび》なれば、殊更《ことさら》に、急《いそ》ぎ罷《まか》でて、（紫式部）『疾《と》く参《まゐ》らむ』と有《あ》りしも空事《そらごと》にて、程経《ほどふ》るなンめり」と宣《のたま》はせたれば、戯《たはぶ》れにても、然《さ》、聞《き》こえさせ、給《たま》はせし事《こと》なれば、忝《かたじけな》くて、参《まゐ》りぬ。

［訳］　里に下がっている私は、大納言の君と和歌をやりとりしましたが、そのほかにも、

さまざまなお手紙が届きました。何人もの女房から、「あなたが里に下がっているうちに、雪が降りましたのよ。『この土御門邸での見事な雪の風情《ふぜい》を、あなたにも見てほしかった。そして、見事な和歌や文章で記録してほしかった』と、あの温和な中宮様が珍しくご立腹なさいましたのよ」と言ってこられたのには、中宮様に対して申し訳なさでいっぱいになりました。

殿（道長様）の夫人である倫子様も、早く帰参するようにという、催促のお手紙をくださいました。その文面は、中宮様以上に、ご立腹のようでした。倫子様は、「私は、あなたが里に下がりたいと申し出たのを、思い留まらせようとしましたよね。あなたは、それを根に持って、わざと急いで退出して、里に戻ったのでした。あなたは、『里からは、すぐに戻ります』と口では言っていたけれども、それも嘘だったのですね。こんなにも永く里に居続けるなんて。それほど私を嫌っているのですか」とおっしゃってこられた。

私には、これが冗談であることはわかっていましたけれども、確かに、私が、「すぐに帰参します」と言ったのは事実ですし、わざわざこんなお手紙をくださったことも忝《かたじけな》くて、直ちに土御門邸へと立ち戻ったのでした。

［評］　平安時代の日本語には、句読点も、濁点も、引用符もない。だから、どこからどこまでが、会話文なのか、判断がむずかしい。ここも、「疾《と》く参《まゐ》らむ」だけでなく、その前の部分を含めて、「急《いそ》ぎ罷《まか》でて、疾《と》く参《まゐ》らむ」を紫式部の言葉と取ることもできる。

　ところで、中宮彰子の言葉には刺《とげ》がなく、温かみが伝わってくる。けれども、倫子の言葉には、本物の棘が感じられる。道長の正夫人である倫子が、もしも道長と男女関係があったとしても、「召人」でしかない紫式部に対抗意識を持つはずはない。そうなると、やはり、紫式部が『源氏物語』の作者」であることが、倫子に紫式部への反発心を感じさせているのだろうか。

68　中宮が御所に戻る日、最悪の女房と相乗りさせられる

入《い》らせ給《たま》ふは、十七日《とをかあまりなぬか》なり。「戌《いぬ》の時《とき》」など聞《き》きつれど、漸《やうや》う、夜《よ》、更《ふ》けぬ。皆《みな》、髪上《かみあ》

げつつ居《ゐ》たる人《ひと》、三十人余《みそたりあま》り、其《そ》の外《ほか》にも、見《み》え分《わ》かず。母屋《もや》の東面《ひんがしおもて》、東《ひんがし》の廂《ひさし》に、内裏《うち》の女房《にようばう》も、十人余《とたりあま》り、南《みなみ》の廂《ひさし》の妻戸《つまど》、隔《へだ》てて居《ゐ》たり。

御輿《みこし》には、宮《みや》の宣旨《せんじ》、乗《の》る。糸毛《いとげ》の御車《みくるま》に、殿《との》の上《うへ》、少輔《せふ》の乳母《めのと》、若宮抱《わかみやいだ》き奉《たてまつ》りて、乗《の》る。大納言《だいなごん》、宰相《さいしやう》の君《きみ》、黄金造《こがねづく》りに。次《つぎ》の車《くるま》に、小少将《こせうしやう》、宮《みや》の内侍《ないし》。次《つぎ》に、馬《むま》の中将《ちゆうじやう》と乗《の》りたるを、（馬の中将）「悪《わ》ろき人《ひと》と、乗《の》りたり」と思《おも》ひたりしこそ、（紫式部）「あな、事々《ことごと》し」と、いとど、斯《か》かる有様《ありさま》、難《むつか》しう思《おも》ひ侍《はべ》りしか。

殿司《とのもり》の侍従《じじゆう》の君《きみ》、弁《べん》の内侍《ないし》。次《つぎ》に、左衛門《さゑもん》の内侍《ないし》、殿《との》の宣旨式部《せんじしきぶ》とまでは、次第知《しだいし》りて、次々《つぎつぎ》は、例《れい》の、心々《こころごころ》にて、乗《の》りけり。

月《つき》の隈無《くまな》きに、（紫式部）「いみじの業《わざ》や」と思《おも》ひつつ、足《あし》を空《そら》なり。馬《むま》の中将《ちゆうじやう》の君《きみ》を、先《さき》に立《た》てたれば、行方《ゆくへ》も知《し》らず、たどたどしき様《さま》こそ、我《わ》が後《うし》ろを見《み》る人《ひと》、恥《は》づかしくも思《おも》ひ知《し》らるれ。

［訳］中宮様が宮中にお戻りになる日は、十一月十七日でした。この時の内裏《だいり》は、里内《さとだい》

裏《り》である一条院でした。大宮院《おおみやいん》とも言います。長保《ちょうほう》元年(九九九年)に、元の、つまり本来の内裏は焼亡しました。それに伴って、主上様《うえさま》はこの一条院でお暮らしなのです。ここは、主上様《うえさま》の母君である藤原詮子《せんし》様(殿の姉君です)のお住まいだったところです。

「中宮様が還御《かんぎょ》なさるのは、午後八時頃らしい」と聞いていましたが、いつものように、出発時刻は遅れ、とうとう夜が更けてしまいました。中宮様お付きの女房たちは、私も含めて、全員が髪上げをした正装です。その数は、ざっと数えても三十人を越えています。そのほかにもいたのですが、なにぶんにも暗くてよく数えられませんでした。これだけの女房が、土御門邸の東母屋《ひがしおもや》の東の部屋や、東の廂《ひさし》の間《ま》に、犇《ひし》めいていたのです。内裏女房たちは、十人あまりが、私たちとは南の廂の妻戸を隔てて、集まっていました。

いよいよ、還御が始まりました。中宮様がお乗りになるのは牛車ではなく、駕輿丁《かよちょう》がかつぐ輿《こし》です。女房の宮の宣旨が、一緒に乗る「陪乗《ばいじょう》」を務めます。その次は、車を色とりどりの糸で飾った糸毛《いとげ》の牛車で、殿の夫人(倫子様)と若宮様がお乗りになります。若宮様は、少輔《しょう》の乳母《めのと》がお抱きしています。その次は黄金造《こがねづく》りの牛車で、大納言の君と、宰相の君が乗りました。その次は、小少将の君と、宮の内侍。その次が、私の乗る牛車でしたが、同乗するのは馬の中将でした。

この馬の中将が、どうやら私に対して良い印象を持っていないことは、態度のはしばしでわかります。「よりにもよって、相性の良くない人と乗り合わせたものだ」と、彼女が思っているのが、見え見えなのです。私のほうは、「ああ、何てもったいぶった人なんだろう」と思いながら、我慢するしかありません。こういうことがありますので、宮仕えすることが、いっそう煩わしく感じられてしまうのでしょうね。

その次の牛車には、殿司《とのもり》の侍従《じじゅう》の君《きみ》と、弁の内侍。その次の牛車には、左衛門の内侍と、殿の宣旨を務める式部。ここまでは、乗る順番と車が決まっていました。それからあとは、いつものように、各自が銘々、気の合った人と相乗りして、御所へと向かったのでした。

いよいよ、御所（一条院）に着きました。十七日ですので、立ち待ち月が明るく照らしています。見る人がいたら、牛車から下りて建物の中へ歩いて向かう私たちの姿は、丸見えになってしまいます。「大変な精神的苦痛だわ」と思いながら、歩んでゆくのですが、激しく動揺しているので、自分の足で大地を踏みしめている、という感覚がありません。私は、わざとのろのろ振る舞い、馬の中将に先を歩かせるように仕向け、そのあとからついてゆくのですが、自分がこれからどこへ向かうのか、まったくわかっていないのです。

「たどたどし」という形容詞を、私は『源氏物語』で何度か用いています。「夕闇は道たどたどし」という古歌にもある言葉です。夕闇以上に、十七日の月に照らされた道は、たどたどしく感じられたことでした。

私は、ともすれば馬の中将の後ろ姿を見失いそうになりながら、よろよろと歩いていました。そのときの私の後ろ姿を、誰か見た人がいましたら、どういうふうに思ったでしょうか。それを考えただけで、顔から火が出るほどの恥ずかしさに駆られるのです。

［評］　群書類従本の「其《そ》の外《ほか》にも、見《み》え分《わ》かず」の部分は、「其《そ》の顔《かほ》ども、見《み》え分《わ》かず」とする写本がある。

多人数の女房たちが移動する際に、牛車の手配をどうするか、そのむずかしさは『枕草子』にも書かれている。清少納言は、ほかの女房に順番を譲って、最後になって牛車に乗り込み、到着が遅いのを、皆から心配されたのだった。

紫式部は、「馬の中将」と相乗りしたが、二人は反発し合っていた。その理由は、明らかではない。互いに相手を嫌っていたのだろう。けれども、紫式部ほどの文章力があれば、本当に毛嫌いしている相手ならば、もっと手ひどく描写できたはずである。「憎悪する」とか「嫌悪する」という関係ではなかったのではないだろうか。

それよりも、「行方《ゆくへ》も知《し》らず、たどたどしき」という表現に注目したい。紫式部が『源氏物語』で三度ほど（空蟬、若菜の下、夕霧の各巻で）引用した、「夕闇は道たどたどし月待ちて帰れ我が背子《せこ》そのまにも見む」を踏まえているのが、私には興味深いのである。夕闇の中をとぼとぼ歩いてゆく姿の中に、紫式部はセルフ・イメージを感じているのだろう。月が出て明るくなったとしても、とぼとぼ歩く人間のみじめさ、切なさは変わらない。むしろ、月に照らされれば照らされるほど、心の中の寂寥《せきりょう》は大きくなってゆく。

69 一条院に何とか落ちついた紫式部

細殿《ほそどの》の三《さん》の口《くち》に入《い》りて、臥《ふ》したれば、小少将《こせうしやう》の君《きみ》も御座《おは》して、猶《なほ》、斯《か》かる有様《ありさま》の憂《う》き事《こと》を語《かた》らひつつ、竦《すく》みたる衣《きぬ》ども押《お》し遣《や》り、厚肥《あつご》えたる、着重《きかさ》ねて、火取《ひとり》に、火《ひ》を掻《か》き入《い》れて、身《み》も冷《ひ》えにける者《もの》の、はしたなさを言《い》ふに、侍従《じじゆう》の宰相《さいしやう》、左《ひだり》の宰相《さいしやう》の中将《ちゆうじやう》、公信《きんのぶ》の中《ちゆう》将《じやう》など、次々《つぎつぎ》に寄《よ》り来《き》つつ訪《とぶら》ふも、いと却々《なかなか》なり。（紫式部）「今宵《こよひ》は、無《な》き者《もの》と思《おも》はれて、止《や》みなばや」と思《おも》ふを、人《ひと》に問《と》ひ聞《き》き給《たま》へるなるべし。（藤原実成・源経房・藤原公信）、「いと朝《あした》に、参《まゐ》り侍《はべ》らむ、今宵《こよひ》は、堪《た》へ難《がた》く身《み》も竦《すく》みて侍《はべ》り」など、事無《ことな》しびつつ、此方《こなた》の陣《ちん》の方《かた》より出《い》づ。

己《おの》がじし、家路《いへぢ》と急《いそ》ぐも、（紫式部）「何《なに》ばかりの里人《さとびと》ぞは」と、思《おも》ひ送《おく》らる。我《わ》が身《み》に寄《よ》せては侍《はべ》らず。大方《おほかた》の世《よ》の有様《ありさま》、小少将《こせうしやう》の君《きみ》の、いと貴《あて》に、をかし気《げ》にて、（小少将の君）「世《よ》を憂《う》し」と、思《おも》ひ滲《し》みて居《ゐ》給《たま》へるを、見《み》侍《はべ》るなり。父君《ちちぎみ》より、事始《ことはじ》まりて、人《ひと》の程《ほど》よりは、幸《さいはひ》の、こよなく遅《おく》れ給《たま》へるなンめりかし。

【訳】さて、私が入ったのは、細殿《ほそどの》の北から三番目の戸口でした。ここに私の局《つぼね》が宛《あて》がわれたのです。気力も体力も消耗し尽くしていたので、欲も得もなく横になりました。そこに、小少将の君もいらっしゃったので、二人で、やはり宮仕えはつらいものだということや、牛車に乗る時に馬の中将と気まずい雰囲気になったことなど、互いの愚痴を言い合いました。寒さでごわごわしてしまった衣装を脱ぎ捨てて、とりあえず局の隅《すみ》に押しやり、たっぷり厚さのある衣装を何枚も着込んで寒さをしのぎ、香炉に炭を入れて火を熾《おこ》し、心だけでなく体の芯まで冷え切ってしまった自分たちの不格好さを、二人で自嘲気味に嘆き合っていました。

そこへ、中宮様の還御に随従した殿方たち、たとえば中宮職の藤原実成様、源経房様、藤原公信様などが、入れ替わり立ち替わり、私たちの局に顔を出されるのです。話しかける側は好意からなのでしょうけれども、寒さで縮《ちぢ》こまって、おかしな格好で暖《だん》を取っているこちら側としては、まったくもって、ありがた迷惑です。私は、「こんな時くらいは、一人きりにしておいてほしい。今夜だけは、自分などこの世には存在しない者だと見なして、ほうっておいてほしい」と思うのですが、彼らは私の局を誰かから聞いて、自分たちが帰宅する前に、挨拶くらいはしておこうと考えたのでしょう。あるいは、馬の中将と私が一触即発の状態だったことを、ほかの女房から聞いて、私がどのくらい立腹しているのか、探りに来たのかもしれません。というのは、馬の中将は、殿（道長様）のもう一人の奥方である源明子様の姪に当たっているからです。

彼らは私の様子を見て、馬の中将との不仲は、ほうっておいて、自然の成り行きに任せても良い、と判断したのでしょう、すぐに引き上げてゆきました。「今日のところは帰宅しますが、明日は朝早くから参上しまして、皆様方がここで落ち着かれるようにいたします。それにしても、今夜は我慢できないほどに寒いですな」などと、どうでもよい挨拶を口にして、私たちのいる場所に近い東北の門の武士の詰所《つめしょ》から、退出してゆきました。

その後ろ姿を見送っている私は、皮肉な思いに捉われました。この男たちは、我先に家路へと急いで戻ってゆきますが、「彼らがいそいそと戻って行く家と言っても、どの程度の家族が、彼らの帰宅を待ち受けているというのだろうか。彼らの家庭は、そんなに暖かいもので、ギスギスしたところなど何もないのだろうか」と、思ってしまうのです。こんな人の悪いことを考えるのは、私が夫を亡くして一人暮らしをしているからではありません。世間を見回しても、幸福な結婚をして、温かい家庭を持っている人など、めったにいないではありませんか。

私と同じ局におられる小少将の君にしても、こんなにも上品で、こんなにもお綺麗なのに、男性との良縁に恵まれず、「この世を独身で生きてゆくのはつらい」と身に染みて嘆いていらっしゃいます。その姿を見ていると、平凡な殿方たちが、幸福な結婚をして、申し分のない家庭を築いているということが、想像もできませんし、まったく信じられないのです。小少将の君は、お父君の源時通《ときみち》様が出家なさって以来、何かと不運続きで、こんなにも人柄が優れておいでなのに、女性としての幸福に恵まれておられないのです。

［評］「馬の中将」は、道長の第二夫人である源明子の親族だった。明子は、あの「西の宮の大臣《おとど》」と呼ばれた源高明《たかあきら》（醍醐天皇の皇子で臣籍降下した）の娘である。高明は、『河海抄』以来、『源氏物語』の主人公・光源氏の准拠《じゅんきょ》（モデル）とされている。

道長は、「高貴な女性」に憧れており、正夫人の倫子も、宇多源氏である。倫子の子どもからは、関白や女御・中宮が輩出したが、明子の子どもからは出ていない。ただし、明子の生んだ藤原長家《ながいえ》は、『更級日記』に登場する「猫に転生した藤原行成の娘」の夫である。長家の三人目の妻の子孫が、中世歌学の祖である「藤原俊成・定家」である。

それにしても、紫式部が男性官人を見る目は厳しい。彼らがいそいそと帰宅してゆく姿を見て、「どうせ、愛に満ちた楽しい我が家ではないだろう。もし、楽しい我が家だと信じているのならば、この世の真実から目をそらしているだけだ」と見抜いているのが、恐ろしい。

70 道長が中宮彰子に贈ったのは歌書だった

昨夜《よべ》の御贈《おほんおく》り物《もの》、今朝《けさ》ぞ、細《こま》かに御覧《ごらん》ずる。御櫛《みぐし》の筥《はこ》の中《うち》の具《ぐ》ども、言《い》ひ尽《つ》くし、見遣《みや》らむ方《かた》も無《な》し。手筥《てばこ》、一双《ひとよろひ》。片《かた》つ方《かた》には、白《しろ》き色紙《しきし》、造《つく》りたる御冊子《みさうし》ども、『古今《こきん》』、『後《ご》撰集《せんしふ》』、『拾遺抄《しふゐせう》』、その部《ぶ》どものは、五帖《ごでう》に造《つく》りつつ、侍従《じじゆう》の中納言《ちゆうなごん》と延幹《えんかん》と、各々《おのおの》、冊《さう》子《し》一《ひと》つに四巻《しくわん》を宛《あ》てつつ、書《か》かせ給《たま》へり。表紙《へうし》は羅《ら》。紐《ひも》、同《おな》じ唐《から》の組《くみ》。懸子《かけご》の上《うへ》に、入《い》れたり。下《した》には、能宣《よしのぶ》、元輔様《もとすけやう》の、古《いにしへ》・今《いま》の歌詠《うたよ》みどもの、家々《いへいへ》の集《しふ》、書《か》きたり。延幹《えんかん》と近《ちか》澄《ずみ》の君《きみ》と書《か》きたるは、然《さ》る物《もの》にて、此《これ》は、唯《ただ》、気近《けぢか》う、持《も》て使《つか》はせ給《たま》ふべき、見知《みし》らぬ物《もの》どもに、為成《しな》させ給《たま》へる、今《いま》めかしう、様異《さまこと》なり。

［訳］　中宮様が宮中にお戻りなって一夜が明けて、十一月十八日になりました。中宮様は、昨夜、実家の土御門邸をあとにされるに際して、殿（道長様）から贈られたたくさんの贈り物を、今朝、一つ一つ御確認になられます。

髪のお手入れの道具一式を納めてある櫛箱《くしばこ》は、一つ一つの道具の作り方が言葉には言い表せないほどに美しく精巧で、どんなに見ていても飽きないほどです。

手筥《てばこ》も、一対ありました。そのうちの一つには、白い色紙を冊子のスタイルで綴じて製本した歌集が、たくさん入っていました。中には掛子《かけご》があって、上段と下段と、二段組みになっています。上段には、『古今和歌集』『後撰和歌集』『拾遺和歌集』、つまり、「三代《さんだい》集《しゅう》」と呼ばれる三つの勅撰和歌集が収められています。それぞれの歌集は五帖（五冊）ずつあります。ということは、各帖（各冊）に、勅撰和歌集の巻で言うと四巻ずつが書かれていることになります。書き手は、能筆家として知られる藤原行成《ゆきなり》様と、僧侶の延幹《えんかん》様です。表紙は、薄い絹で装幀されています。正式の装幀なので、巻子本《かんすぼん》（巻物《まきもの》）と同じように、紐が付いています。その紐も、薄い絹の唐風《からふう》の組紐です。

以上が掛子の上に入っている書物ですが、掛子の下には、歌人個人の歌集（家集《かしゅう》）が何冊も入っています。たとえば、大中臣能宣《おおなかとみのよしのぶ》や、清原元輔《きよはらのもとすけ》などの、昔や今の歌人たちです。これらの家集の書き手は、先ほど名前を出した延幹《えんかん》様と、清原近澄《ちかずみ》様の二人です。その出来映《できば》えは、当然のことながら素晴らしいものです。これらの冊子は、中宮様がもっぱらお手元に置いておかれて、和歌を詠む際のヒントになるようにとの配慮から、見たこともないような現代風の洒落た装幀に仕上がっています。掛子の上段に入っていた三代集とは、かなり違った印象を与えます。

［評］　群書類従では、ここまでが、「巻三百二十一の上」である。次からが、「巻三百二十一の下」に入る。つまり、『紫式部日記』の読者たちは、ずっと、ここで、上巻と下巻の区別をしてきたということである。なお、最後に出てくる「近澄《ちかずみ》の君《きみ》」だが、清原近澄《ちかずみ》とする説と、侍従である行成のこととする説とがある。

大中臣能宣や、清原元輔は、いわゆる「梨壺《なしつぼ》の五人」のメンバーで、源順《したごう》たちと共に、『後撰和歌集』の撰集と、『万葉集』の訓読に着手したことで知られる。清原元輔は、『枕草子』を著した清少納言の父親である。

ここには、道長から中宮彰子に献上されたお土産の「歌書」が書かれているが、土御門邸で総力を挙げて清書された『源氏物語』は、一条天皇へのお土産だった。光源氏と藤壺の間に生まれた「罪の子」冷泉帝が皇位に就《つ》くという内容の『源氏物語』が、天皇に献上され読まれたことの意義は大きい。道長は、天皇家や天皇制を、どのように理解していたのだろうか。

71 五節《ごせち》の舞姫の準備が始まる

五節《ごせち》は、二十日《はつか》に参《まゐ》る。侍従《じじゆう》の宰相《さいしやう》に、舞姫《まひひめ》の装束《さうぞく》など、遣《つか》はす。右《みぎ》の宰相《さいしやう》の中将《ちゆうじやう》の、五節《ごせち》に、鬘《かづら》、申《まう》されたる、遣《つか》はす序《つい》でに、筥一双《はこひとよろひ》に薫物《たきもの》入《い》れて、心葉《こころば》、梅《むめ》の枝《え》をして、挑《いど》み聞《き》こえたり。

［訳］　新嘗祭《にいなめさい》は、十一月の「中《なか》の卯《う》」の日に行われる宮中行事です。それに先立って、

丑《うし》の日に、五節《ごせち》の舞姫《まいひめ》たちが宮中に参入して、「帳台《ちょうだい》の試み」が行われます。これは、主《う》上様《えさま》が舞姫たちの下稽古を御覧になることです。

舞姫を献じるのは、公卿が二人で、国司が二人です。今年は、藤原実成様、藤原兼隆様、丹波の守高階業遠《たかしなのなりとお》殿、尾張の守藤原中清《なかきよ》殿の四人なのです。

実成様は、中宮職の役人ですから、中宮様とは親しくされています。そこで、中宮様から実成様に、舞姫の装束などをお遣わしになります。

兼隆様は、殿（道長様）の甥に当たり、中宮様にとっても従兄《いとこ》です。その兼隆様は、中宮様に舞姫たちが着用する「日蔭《ひかげ》の蔓《かずら》」を無心されました。舞姫たちが、冠の笄《こうがい》の左右に垂らした組糸で、青や白い色をしているのが、この「日蔭《ひかげ》の蔓《かずら》」です。中宮様は、快くお遣わしになります。筥二つに入れて贈られたのですが、私たち女房も、筥の中に良い匂いのする薫物《たきもの》をたっぷりと入れ、結び紐に付ける「心葉《こころば》」という飾り物には、造花ではありますが、花の咲いた梅の枝を用いまして、兼隆様の雅心《みやびごころ》を刺激して差し上げたのでした。

［評］　ここから、群書類従本は「下巻」に入る。

五節は、大嘗祭の時は五人、新嘗祭の時は四人の少女が舞を披露する。その起源は、天武天皇にあるという。天武天皇が吉野で琴を演奏していると、天女が天から舞い下りて、袖を翻して舞ったという。僧正遍昭《へんじょう》が、「天つ風雲の通《かよ》ひ路《ち》吹き閉《と》ぢよ乙女《をとめ》の姿しばし留《とど》めむ」と詠んだのも、五節の舞姫だった。

中の丑の日に、舞姫が宮中に召されて「帳台の試み」がある。寅の日に、殿上の淵酔《えんすい》と、御前の試み。卯の日に、童女御覧《わらわごらん》と新嘗祭。辰の日に、豊明《とよのあかり》の節会と、五節の舞。のべ四日間にわたる行事である。

『源氏物語』では、光源氏の愛人に「筑紫《つくし》の五節」がいるし、光源氏の乳母子《めのとご》である惟光《これみつ》の娘も五節の舞姫を務め、光源氏の子どもである夕霧に見初められている。

『枕草子』にも、舞姫たちを、男性貴族たちの好奇の目から守ろうとする女房たちの姿が描かれている。

72　舞姫たちは気詰まりであるように紫式部には見えた

俄《にはか》に営《いとな》む常《つね》の年《とし》よりも、挑《いど》み増《ま》したる聞《き》こえあれば、東《ひんがし》の、御前《おまへ》の向《む》かひなる立蔀《たてじとみ》に、隙《ひま》も無《な》く打《う》ち渡《わた》しつつ燈《とも》したる燈《ひ》の光《ひかり》、昼《ひる》よりも、はしたな気《げ》なるに、歩《あゆ》み入《い》る様《さま》ども、（紫式部）「あさましう、つれなの業《わざ》や」とのみ思《おも》へど、人《ひと》の上《うへ》とのみ覚《おぼ》えず。唯《ただ》、斯《か》う、殿《てん》上人《じやうびと》の直面《ひたおもて》に差《さ》し向《む》かひ、脂燭《しそく》、点《さ》さぬ許《ばか》りぞかし。屏幔《へいまんひ》引き、追《お》ひ遣《や》るとすれど、（紫式部）「大方《おほかた》の気色《けしき》は、同《おな》じ如《ごと》ぞ見《み》るらむ」と、思《おも》ひ出《い》づるも、先《ま》づ、胸《むね》、塞《ふた》がる。

【訳】　すべての行事がそういうものなのでしょうが、例年は、五節の舞姫は、期日が差し迫ってから、大慌てで準備にかかっていました。それなのに、今年は例年になく、互いに競い合ったためか華やかである、というもっぱらの評判です。私たちは、宮中（一条院）の東北の対屋《たいのや》にある中宮様の御座所に詰めています。そこから、向かって南側の「東の対屋」に、舞姫たちの控室が設けられています。私たちのいる東北の対屋と、東の対屋との間のお庭には、目隠しのための立蔀《たてじとみ》が置かれています。その立蔀の前には、燈火（松明《たいまつ》）を持った男たちが、隙間もないほどにずらりと並び、今は夜なのに、まるで昼間かと錯覚するような明るさです。

五節の舞姫は、脂燭《しそく》を手に持った介添え役の殿上人に連れられ、付き添いの者たちと一緒に、東北の隅《すみ》にある門から入り、莚《むしろ》の敷き詰めてある道を歩いてゆきます。一人の舞姫に、二十人くらいの付き添いがいるのです。舞姫は、私たちのいる東北の対屋の横を通り、東の対屋にある控室まで歩くのです。隣には介添え役とは言え、大人の男がいて、自分の顔を見られていますし、どの建物の中から自分が男の人に見られているかもわからないので、舞姫たちは、きまりが悪そうにしています。

私は、舞姫たちが庭を歩く姿を見ながら、「ああ、何て可哀想な思いを、彼女たちにさせてしまっていることでしょう。それにしても、無情な世の中であることだ」と、ひたすら同情してしまいました。そう思うのは、ほかでもありません。つい、先日、中宮様の還御にお供して、宮中に参りました時にも、牛車を下りてから、歩いて東北の対屋にある局に向かった体験を、私もしたばかりだったからです。その時も、殿方の視線が大変に気がかりでした。

池の水鳥を見ても、這《は》いつくばった駕輿丁《かよちょう》を見ても、我が身によそえてしまうような私です。五節の舞姫も、私の分身なのです。私と彼女たちとの違いは、殿上人と直接、顔と顔を向かい合わせているか、いないか、脂燭《しそく》を間近で燃やしているか、いないか、という点だけです。舞姫たちの姿を男たちの視線から遮《さえぎ》るように、幔幕《まんまく》で覆ってあるのですが、それでも彼女たちの姿は透けて見えています。「先だっての私たちの歩く姿も、こんなふうに、男たちの目には透けて見えていたのだろうな」と思い出すだけで、私の胸はいっぱいになるのでした。

［評］世界は、一人の人間が作り上げた主観である。その人が喜びで満たされていれば、明るく肯定的な世界観となり、悲しみや苦しみに満たされていれば、暗くて否定的な世界観になる。紫式部の心は、暗い。だから、彼女は、本心がどうであるかわからない舞姫たちにも、「さぞかし気詰まりで恥ずかしがっていることだろう」と思ってしまう。

春に桜の花が散るのは、自然の摂理である。花は、散るのを悲しいとは思っていない。散るのを嘆く人間が、「花も散りたくないだろう」と思い込んでいるだけである。

物語作者である紫式部は、そのことを熟知したうえで、語り手を巧みに用いて、読者の心理を操った。『紫式部日記』でも、自分の世界観の磁場に、読者を巻き込んでいる。

73　舞姫四人それぞれの介添え役の女房たちの月旦《げったん》

業遠《なりとほ》の朝臣《あそん》の傅《かしづ》き、錦《にしき》の唐衣《からぎぬ》、闇《やみ》の夜《よ》にも物《もの》に紛《まぎ》れず、珍《めづら》しう見《み》ゆ。衣勝《きぬが》ちに、身動《みじろ》ぎも、嫋《たを》やかならずぞ見《み》ゆる。殿上人《てんじやうびと》、心殊《こころこと》に傅《かしづ》く。

此方《こなた》に、主上《うへ》も渡《わた》らせ給《たま》ひて、御覧《ごらん》ず。殿《との》も、忍《しの》びて、遣戸《やりど》より北《きた》に御座《おは》しませば、心《こころ》に任《まか》せたらず、煩《うるさ》し。

中清《なかきよ》のは、丈《たけ》ども、等《ひと》しく斉《ととの》ひ、いと雅《みやび》かに、心憎《こころにく》き気配《けはひ》、(女房たち)「人《ひと》に劣《おと》らず」と定《さだ》めらる。右《みぎ》の宰相《さいしやう》の中将《ちゆうじやう》の、有《あ》るべき限《かぎ》りは、皆《みな》、したり。樋洗《ひすまし》の肥《ふと》り斉《ととの》ひたる様《さま》ぞ、(女房たち)「里《さと》びたり」と、人《ひと》、微笑《ほほゑ》むなりし。果《は》てに、藤宰相《とうさいしやう》の、思《おも》ひ成《な》しに、今《いま》めかしく、心殊《こころこと》なり。傅《かしづ》き、十人《とたり》、有《あ》り。又廂《またびさし》の御簾《みす》、下《お》ろして、零《こぼ》れ出《い》でたる衣《きぬ》の褄《つま》ども、したり顔《がほ》に思《おも》へる様《さま》どもよりは、見所《みどころ》増さりて、火影《ほかげ》に見《み》え渡《わた》さる。

［訳］今年、舞姫を献上する丹波の守高階業遠《たかしなのなりとお》殿は、若宮様にお仕えする家司《けいし》でもあります。彼が奉った舞姫の付き添いの女房たちは、いずれも錦《にしき》の唐衣《からぎぬ》を着ています。「錦を着て夜行《よるゆ》く」という言い方がありますのを、皆さんはご存じでしょうか。「どれほど出世して偉くなったとしても、故郷に戻って皆から称賛されなければ、綺麗な錦を着て夜出かけても、誰からも誉めてもらえないのと同じだ」という意味です。この時の業遠殿の女房たちは、それとは違いました。夜でも、明かりに照らされて錦の唐衣がきらきらと輝いていたのです。夜の錦の美しさをはっきり見たのは、私も初めての経験でしたので、とても面白く感じました。彼女たちは、衣装をたくさん着重ねているので、服に体が埋もれてしまっており、身動きするのも窮屈そうに見えました。それでも、と言いますか、だから、と言いますか、彼女たちを、殿上人たちは親切にお世話しています。

中宮様のいらっしゃる東北の対屋に、主上様《うえさま》もお越しになられます。主上様《うえさま》は、これから何度も舞姫たちを御覧になる機会はあるのですが、控室に入ったばかりでくつろいでいるところを、ゆっくりと御覧になりたかったのでしょうか。加えて、殿（道長様）までも、東北の対の遣戸《やりど》の北側から、舞姫たちの控室の様子を御覧になっています。そのため、私たち女房は、心置きなく舞姫とその付き添いを観察して、忌憚《きたん》のない批評をする事ができませんで、残念でした。

尾張の守中清《なかきよ》殿が献上した舞姫の付き添いたちですが、いずれも身長が同じくらいで揃えられていました。とても優美で、奥ゆかしい印象を与えます。「ほかの舞姫の付き添いたちと同じ水準である」と、皆は評価しました。ちなみに、この中清殿は、私の母親から見て従兄《いとこ》に当たっています。

兼隆《かねたか》様の付き添い役は、考えられるすべての点で、準備されていて、合格点でした。ただし、おまるなどの掃除をする樋洗童《ひすましわらわ》が二人いるのですが、どちらもが同じくらいに太っているのが、いかにも「田舎っぽい」という印象を与えると見え、女房たちの苦笑を誘っているようでした。

最後になりましたが、中宮様や私たちが親しくしている実成《さねなり》様の舞姫の付き添いです。私たちが、そう思って好意的に見るためでしょうか、思いなしか現代風で、格段に良いと感じられます。女房が十人います。樋洗童まで含めると総勢二十人くらいなのです。他の舞姫たちは、女房を六、七人しか連れていません。実成様は、ずいぶんと張り込んでおられます。それに、控室になっている東の対の孫廂《まごびさし》の御簾《みす》は下ろしてあり、そこから女房たちの装束の裾がこぼれだしています。控え目な「出《い》だし衣《ぎぬ》」の見せ方が、これみよがしにひけらかしているよりも、燈火に照らされた光景の見た目がひどく良いので、私たちはずっとその様子を見渡していました。

［評］　群書類従本の「樋洗《ひすまし》の肥《ふと》り斉《ととの》ひたる様《さま》ぞ、『里《さと》びたり』と、人《ひと》、微笑《ほほゑ》むなりし」の部分は、他の本では「樋洗《ひすまし》の二人《ふたり》、斉《ととの》ひたる様《さま》ぞ、『里《さと》びたり』と、人《ひと》、微笑《ほほゑ》むなりし」とある。肥っているから田舎びているとする群書類従本のほうが、二人がきちんとしているけれども、どこか田舎びているとする他本よりも、「笑い」の理由を明記していると思われる。

藤原中清は、紫式部の母方の従兄であるが、中清の妻は「藤原倫寧《ともやす》の女《むすめ》」である。つまり、『蜻蛉日記』の作者の妹である。時間と文学史の遠近感が、ちょっぴりひずんで感じられる。

74　二日目には淵酔《えんすい》と、御前《ごぜん》の試みが催された

寅《とら》の日《ひ》の朝《あした》、殿上人《てんじやうびと》、参《まゐ》る。常《つね》の如《ごと》くなれど、月頃《つきごろ》に里《さと》びにけるにや、若人達《わかうどたち》の、（若い女房たち）「珍《めづ》らし」と思《おも》へる気色《けしき》なり。然《さ》るは、摺《す》れる衣《ころも》も見《み》えずかし。

其《そ》の夜《よ》さり、東宮《とうぐう》の亮《すけ》、召《め》して、薫物《たきもの》、賜《たま》ふ。大《おほ》きやかなる筥《はこ》、一《ひと》つに、高《たか》う、入《い》れさせ給《たま》へり。尾張《をはり》へは、殿《との》の上《うへ》ぞ、遣《つか》はしける。

其《そ》の夜《よ》は、御前《おまへ》の試《こころ》みとか、上《うへ》に渡《わた》らせ給《たま》ひて、御覧《ごらん》ず。若宮《わかみや》、御座《おは》しませば、散米《うちまき》し、罵《ののし》る。常《つね》に異《こと》なる心地《ここち》す。

［訳］翌日は、十一月二十一日、寅の日です。その日は、お昼頃から、主上様《うえさま》の御前で、盃を賜る「五節《ごせち》の淵酔《えんすい》」が催されるのです。「淵酔《えんすい》」とは、「エンズイ」とも言いますが、公卿や殿上人が帝から盃を賜り、詩歌を朗誦し、舞を舞う儀式です。そのために、殿上人たちは続々と、参内してこられます。彼らは、そのついでに、久しぶりに還御された中宮様

にご挨拶に参られます。こんなことは、毎年恒例の出来事なのですが、中宮様は今年、七月十六日から十一月十七日に還御されるまで、ご実家の土御門邸におられましたので、経験の浅い若い女房たちは、これほど大勢の殿上人たちが正装している姿を見るのは初めてなのです。彼女たちは、「めったにない光景だ」と感動している模様です。とは言っても、本当に珍しい光景、たとえば明日・明後日の新嘗祭で着用される「青摺り衣《あおずごろも》」はまだなので、それを見たら、彼女たちがどんな感想を持つか、楽しみです。

この日の夜、中宮様は、舞姫を差し出している高階業遠殿を召され、薫物《たきもの》をお授けになりました。大きな筥《はこ》、一つまるごと、うずたかく、薫物が入れてありました。舞姫を献じるもう一人の国司・尾張の守藤原中清殿へは、殿（道長様）の奥方（倫子様）から、薫物をお授けになりました。

この夜には、「御前《ごぜん》の試《こころ》み」という行事がありました。清涼殿の東の廂《ひさし》で、五節の舞が披露されるのです。中宮様は主上様《うえさま》のいらっしゃる清涼殿で、その模様を御覧になるために、お渡りになります。若宮様もご一緒ですので、若宮様のために魔除けをするということで、途中の渡り廊下などで、散米《うちまき》が盛大に撒《ま》かれています。この点だけは、去年までの宮中ではなかったことなので、若い女房たちが物珍しがる様子を批判した私も、さすがに

「珍しい」と思いました。

［評］　群書類従本の「常《つね》の如《ごと》くなれど」の「く」がない写本もある。その場合、「常の如《ごと》なれど」とするか、「常の事《こと》なれど」とするか、両説がある。また、群書類従本の「大《おほ》きやかなる筥《はこ》、一《ひと》つに」の部分を、「筥《はこ》、二つに」とする写本がある。群書類従の原文表記は「はこ一つに」であるが、「こ」の下の部分が漢字の「一」に見え、それが、「一つに」の「一」と重なっているので、「二つに」と錯覚してしまう。そこからの写し間違いだろう。

「青摺《あおず》り衣《ごろも》」（あおずりのきぬ、あおずりのころも）は、山藍《やまあい》の葉で模様を青く摺り出した衣。宮中祭祀で、袍《ほう》の上に着る。「小忌衣《おみごろも》」とも言う。『源氏物語』の幻の巻で、夕霧の子どもたちが「青摺り」の姿で現れ、光源氏が、昔、五節の君と結ばれた昔を懐かしく思い出すという場面がある。

75　一条院に犇《ひし》めく男と女

物憂《ものう》ければ、暫《しば》し憩《やす》らひ、（紫式部）「有様《ありさま》に順《したが》ひて、参《まゐ》らむ」と、思《おも》ひて居《ゐ》たるに、小兵《こひやう》衛《ゑ》、小兵部《こひやうぶ》なども、炭櫃《すびつ》に居《ゐ》て、「いと狭《せば》ければ、捗々《はかばか》しう、物《もの》も見《み》え侍《はべ》らず」など言《い》ふ程《ほど》に、殿《との》、御座《おは》しまして、（道長）「何《な》どて、斯《か》うて、過《す》ぐしては居《ゐ》たる。いざ、諸共《もろとも》に」と、責《せ》め立《た》てさせ給《たま》ひて、心《こころ》にも有《あ》らず、参《ま》う上《のぼ》りたり。

舞姫《まひひめ》どもの、（紫式部）「如何《いか》に苦《くる》しからむ」と見《み》ゆるに、尾張《をはり》の守《かみ》のぞ、心地《ここち》悪《あ》しがりて、去《い》ぬる、夢《ゆめ》の様《やう》に見《み》ゆるものかな。事果《ことは》てて、下《お》りさせ給《たま》ひぬ。

此《こ》の頃《ころ》の君達《きんだち》は、唯《ただ》、五節所《ごせちどころ》の、をかしき事《こと》を語《かた》る。（君達）「簾《すだれ》の端《はし》、帽額《もかう》さへ、心々《こころごころ》に変《か》はりて、出《い》で居《ゐ》たる頭付《かしらつ》き、持《も》て成《な》し・気配《けはひ》などさへ、更《さら》に通《かよ》はず、様々《さまざま》になむ有《あ》る」と、聞《き》き悪《にく》く語《かた》る。

［訳］　さて、この私ですが、中宮様と若宮様が清涼殿へお渡りになったあとも、何とな

く気が進まなかったので、しばらく、女房たちのたまり場に留まっていました。「状況次第では、清涼殿に行けばよいだろう」と悠長に構えて腰を落ち着けていましたところへ、女房仲間の小兵衛《こひょうえ》や小兵部《こひょうぶ》たちも、私が暖まっていた炭櫃《すびつ》（囲炉裏《いろり》）の近くにやってきて手をかざし、「さっき、中宮様のお供をして清涼殿に伺ったのですけれども、やはり、本来の御所とは違って、ここは里内裏《さとだいり》の一条院ですから、とても狭く感じられました。そこに、大勢が犇《ひし》めいているのですから、ほとんど舞姫の姿なんか見えませんでしたわ」などと報告してくれました。私も、「やっぱりそうか。ならば、ここにいよう」と思っていた矢先に、殿（道長様）が急に顔をお出しになりました。「何だ、こんな所で、ぐずぐずしているのかね。さあ、これから一緒に清涼殿へ参ろうぞ」と、しきりに急《せ》かされます。殿の命令には逆らえません。やむを得ず、私は清涼殿へ向かったのでした。

舞姫たちは、いました。極度の緊張感が彼女たちの心を支配しているのでしょう、「見るからに苦しそうだ。こんなことで大丈夫だろうか」と、心配しながら見ていました。私の悪い予感は的中しました。尾張の守が手配した舞姫が、とても気分が悪くなってしまい、蔵人《くろうど》に連れられて退出したのです。綺麗な装いをした天女のような舞姫が、突然に去って行くのを見ながら、私は不思議な夢を見ているような気がしました。このようなハプニングはありましたが、無事に「御前の試み」は終了しまして、中宮様はご自分の御座所(東北の対)に戻られました。

さて、五節の舞姫が宮中に参入して以来、ここ数日の若い殿方たちは、もっぱら、五節たちの控室の雰囲気が好ましい、などという話題で持ちきりです。彼らは、「四人の舞姫がいる四つの局《つぼね》ではね、簾の端の装飾とか、簾の上に掛けてある帽額《もこう》(布)とかまで、四人それぞれの個性が感じられて、面白いんだ。時折、簾からちょっと顔を出す付き添いの女房たちまで、髪型、仕種《しぐさ》、雰囲気まで、それぞれの個性があって、皆、同じでなく違っているんだ」などと、熱心に語り合っています。そういう彼らの目には、年配の私たちがどのように映っているだろうか、と思うだけで、耳に痛く感じられました。

【評】 里内裏としての一条院の跡地を文学散歩していたら、南北朝時代の「名和長年《なわながとし》公遺蹟」という石柱が建っていたので、時間の遠近感がひずんだ体験がある。一条院の広さは一町なので、土御門邸の半分、光源氏の六条院の四分の一である。一条院の東側の一町は「別納《べちのう》」(役所)で、道長や彰子の「直盧《ちょくろ》」(「じきろ」とも。別室)があったとされる。

狭い敷地にびっしり建物があり、そこに大勢の貴族たちと女房たちが犇《ひし》めいている。極度の緊張感に捕らわれた舞姫が呼吸困難に陥ったのも、うなずける。また、それだけ、男性貴族と女房たちの接近する機会は多かったのだろう。

76 卯《う》の日に童女御覧《わらわごらん》が催される

（紫式部）「斯《か》からぬ年《とし》だに、御覧《ごらん》の日《ひ》の童女《わらは》の心地《ここち》どもは、疎《おろ》かならざるものを。増《ま》して、如何《いか》ならむ」など、心許無《こころもとな》く、床《ゆか》しきに、歩《あゆ》み並《なら》びつつ出《い》で来《き》たるは、あいなく胸潰《むねつぶ》れて、いとほしくこそ有《あ》れ。

然《さ》るは、取《と》り分《わ》きて、深《ふか》う、心寄《こころよ》すべき辺《あた》りも、無《な》しかし。（舞姫の献上者たち）「我《われ》も、我《われ》も」と、然許《さばか》り人《ひと》の思《おも》ひて、差《さ》し出《い》でたる事《こと》なればにや、目移《めうつ》りつつ、劣《おと》り優《まさ》り、けざやかにも見《み》え分《わ》かず。今《いま》めかしき人《ひと》の目《め》にこそ、ふと、物《もの》の区別《けぢめ》も、見取《みと》るべかンめれ。

唯《ただ》、斯《か》く、籠《こ》もり無《な》き昼中《ひるなか》に、扇《あふぎ》も、捗々《はかばか》しく持《も》たせず、許多《そこら》の君達《きんだち》の立《た》ち交《ま》じりたるに、然《さ》ても有《あ》りぬべき身《み》の程《ほど》、心用《こころもち》ゐと言《い》ひながら、（童女たち）「人《ひと》に劣《おと》らじ」と争《あらそ》ふ心地《ここち》も、（紫式部）「如何《いか》に臆《おく》すらむ」と、あいなく傍《かたは》ら痛《いた》きぞ、頑《かたく》なしきや。

［訳］十一月二十二日、卯《う》の日になりました。今日は、新嘗祭の当日です。午前中に、五節の舞姫ではなく、舞姫に付き従っている童女《わらわ》を、主上様《うえさま》が清涼殿で御覧になる「童女《わらわ》御覧《ごらん》」という行事があります。

私は、童女《わらわ》たちの心境を思っただけでも、可哀想になってしまいます。「今年は、若宮様のご誕生もあったし、特別の新嘗祭が行われ、宮中には張り詰めた緊張感が漂っている。そんなことのない例年だって、主上様《うえさま》の御前に進み出る童女《わらわ》たちは、かなりの緊張感に押しつぶされそうになっていた。まして、今年、彼女たちは圧迫感に負けずに、無事に乗り切れるだろうか」などと心配しながら、それでも今年の童女たちの姿・振る舞いを見届けたいと思っていたのです。来ました、来ました。童女には、大人の女房一人が付き添っています。童女は四人いますから、二人一組が四組、並んで歩きながら、清涼殿へと向かってゆきます。その姿を見ると、私がいくら心配してもどうしようもないことはわかっているのですが、胸がドキドキして、彼女たちが可哀想だと思ってしまうのです。

これほど思い詰めて凝視している私ですが、四組の中で、特にこれと言って、どの舞姫のグループに強く肩入れするという贔屓《ひいき》はないのです。実成様や兼隆様ほどの方々が、「自分こそは最高の舞姫と、その付き添いを献じたい」「私こそ」と競い合って、差し出された舞姫たちだからでしょうか、その付き添いの童女たちは、いずれも優劣が付けられないほどの可愛らしさです。私のような年配者は、時代遅れの美意識しか持ち合わせていませんので、若い人の目から見たら、どの童女が現代風で好もしいのか、区別ができるかもしれませんね。

それにしても、こんな、隠れようもない昼日中《ひるひなか》に、顔を隠す扇さえろくに手に持たせず、持っていても主上様《うえさま》の御前では扇を下げさせられます。たくさんの若い殿方に見つめられるのです。どんな状況にあっても、何とか切り抜けられる身分であり、心構えはできているとはいえ、童女たち本人は、「ほかの童女たちには負けたくはないわ」というライバル意識をむき出しにして頑張っています。でも、私の目には、「どんなにか、彼女たちは怖《お》じ気《け》づいて足がすくんでいるだろうか」と見えてしまうのです。先ほども書きましたが、余計な老婆心で、本人は意外に平気なのかもしれませんね。自分のつらい気持ちを、水鳥や、駕輿丁や、舞姫や、童女に投影してしまう悪い癖が、私にはあるようです。

［評］ 群書類従本の「籠《こ》もり無《な》き昼中《ひるなか》」は、「曇《くも》り無《な》き昼中《ひるなか》」とする写本も多い。群書類従本にも、「こ」の右側に、小さく「く」と傍記してある。「こもりなき」か「くもりなき」か、群書類従の校訂者にも決めがたかったのだろう。「承安五節絵《じょうあんごせちえ》」（原本は失われ、模本のみ数種類が現存）には、十二世紀初頭の「童女御覧」の様子が描かれている。

77 紫式部は、童女たちと自分とを引き比べた

丹波《たんば》の守《かみ》の童女《わらは》の、青《あを》い白橡《しらつるばみ》の汗衫《かざみ》、（紫式部）「をかし」と思《おも》ひたるに、藤宰相《とうさいしやう》の童女《わらは》は、赤色《あかいろ》を着《き》せて、下仕《しもづか》への、唐衣《からぎぬ》に、青色《あをいろ》を押《お》し返《かへ》し着《き》たる、妬気《ねたげ》なり。童女《わらは》の容貌《かたち》も、一人《ひとり》は、いと真秀《まほ》には見《み》えず。宰相《さいしやう》の中将《ちゆうじやう》は、童女《わらは》、いと聳《そび》やかに、髪《かみ》ども、をかし。

［A］

皆《みな》、濃《こ》き衵《あこめ》に、表着《うはぎ》は、心々《こころごころ》なり。汗衫《かざみ》は五重《いつへ》なる中《なか》に、尾張《をはり》は、唯《ただ》、葡萄染《えびぞめ》を着《き》せたり。却々《なかなか》、故々《ゆゑゆゑ》しく、心有《こころあ》る様《さま》して、物《もの》の色合《いろあひ》、艶《つや》など、いと優《すぐ》れたる。扇取《あふぎと》るとて、六《ろく》位《ゐ》の蔵人《くらうど》ども寄《よ》るに、心《こころ》と投《な》げ遣《や》るこそ、優《やさ》しきものから、（紫式部）「女《をんな》には有《あ》らぬか」と見《み》ゆれ。

（紫式部）「我《われ》らを、彼《かれ》が様《やう》にて、『出《い》で居《ゐ》よ』と有《あ》らば、又《また》、然《さ》ても、さ迷《まよ》ひ歩《あり》く許《ばか》りにぞかし。斯《か》うまで、立《た》ち出《ゐ》でむとは、思《おも》ひ掛《か》けきやは。然《さ》れど、目《め》に見《み》ず、あさましき物《もの》は、人《ひと》の心《こころ》なり。然《さ》れば、今《いま》より後《のち》の面無《おもな》さは、唯《ただ》、誰《たれ》に馴《な》れ過《す》ぎ、直面《ひたおもて》にならむも、易《やす》しかし」と、身《み》の有様《ありさま》の、夢《ゆめ》の様《やう》に思《おも》ひ続《つづ》けられて、有《あ》るまじき事《こと》にさへ思《おも》ひ掛《か》かりて、忌々《ゆゆ》しく覚《おぼ》ゆれば、目留《めと》まる事《こと》も、例《れい》の、無《な》かりけり。

［A］「馴《な》れ過《す》ぎたる一人《ひとり》をぞ、いかにぞや、人《ひと》の言《い》ひし。」（『紫式部日記絵詞』）

［訳］ 高階業遠殿の童女《わらわ》は、「青白橡《あおしらつるばみ》」（青みを帯びた緑色）の汗衫《かざみ》を着ています。汗衫《かざみ》は、童女の正装です。私は、この色合いを「なかなか魅力的だ」と思って見ていましたが、上には上がいるものです。藤原実成様の童女には、「赤白橡《あかしらつるばみ》」（赤みを帯びた黄色）の汗衫《かざみ》を着せ、その付き添いである下仕えの女房には、「青白橡《あおしらつるばみ》」の色の唐衣《からぎぬ》を着せてありました。赤と青の白橡《しらつるばみ》のコントラストがすばらしく、それを狙った演出は見事で、その趣向を思いついたのが私でないことが悔しく思われるほどでした。

業遠殿の童女は、容貌があまりよくありませんでした。それに対して、実成様の童女は立ち姿がすっきりしていますし、髪型もとても可愛らしく見えました。

［A］

さて、全体を見渡すと、童女たちは、いずれも濃い紅《くれない》の袙《あこめ》を着ていました。その上に着る汗衫《かざみ》は、それぞれが違っていました。その汗衫《かざみ》ですが、袘《ふき》（袖口の折り返し部分）がほとんどが五枚重ねであるのに対して、藤原中清殿は、童女に、ただ葡萄染《えびぞめ》（薄紫色）一色のものを着せていました。このほうが、かえって並々でない教養の深さが感じられ、美意識がにじみ出ており、着ている物の色彩感覚も、光沢も、たいへんに優れています。

いよいよ、彼女たちは主上様《うえさま》の御前《おまえ》に罷《まか》り出ました。ここでは、顔を隠している扇をはずさねばなりません。六位の蔵人が、扇を受け取ろうとして近づいてゆくと、手渡するのではなく、手にしていた扇を蔵人に向かって、ぽんと投げた者がいたのには、心底、驚かされました。蔵人に対する気遣いの結果なのかもしれませんが、「あまりにも女性らしくない振る舞いだ」と思わずにはいられませんでした。

私の目の前では、華やかな「童女御覧《わらわごらん》」の儀式が進行してゆきます。けれども、私の目は、それを見ていませんでした。私の目はひたすら、自分の心の中を覗き込んでいたのです。

《私は今、扇を投げる仕種《しぐさ》を「女らしくない」などと、偉そうに非難したけれども、もし立場が逆であって、私が童女たちと同じ状況に立たされたならば、頭に血が上って我を忘れてしまい、とっさに扇を投げ渡すくらいの、はしたない振る舞いをしかねないのではないか。そもそも、地味な暮らしをしていて、夫と死に別れ、かろうじて『源氏物語』の執筆に希望を見いだしていた私は、どういう運命のいたずらか、主上様《うえさま》や中宮様や殿(道長様)たちが生きておられる夢の世界に紛れ込んでいる。しかも、女房という立場なので、以前には想像もつかないほどに、殿方たちの前に自分をさらけ出している。

けれども、目には見えなくても、驚きあきれるほどに情けないのは、人間の心である。

私の心も、これまでの私を知っている人から見たならば、あきれるほどに変わり果ててしまっているだろう。これからも、私は、宮中で女房として生きることに順応し、疑問を感じることなく殿方とも馴れ馴れしく話をするようになるのだろう。》

今の私のありようが、現実ではなく、夢の中の世界を漂っているかのように思われてなりません。私は、恐い。恐くてたまりません。こんなに変わってしまった私は、これから、さらに変わってゆくのでしょう。自分の人生にそんなことがあってはならない、そんなことが起こるはずはない、という思いが、次々に私の胸中に湧き上がっては消えてゆきます。そんな思いに忙殺されていましたので、「童女御覧」の行事は、私の目には入ってきませんでした。

［A］ ただし、変に世間馴れと言うか、男馴れしているように見えるので、見ている者たちも、「あの態度は、どんなものだろうか」と問題視してはいました。(『紫式部日記絵詞』による補入)

［評］『紫式部日記絵詞《えことば》』(『紫式部日記絵巻《えまき》』)は、鎌倉時代初期の成立と想像

され、絵と言葉から成る。その詞書が、江戸時代後期に編纂された群書類従本『紫式部日記』よりもはるかに遡ることから、『紫式部日記』の本文研究に利用されているわけである。また、二千円札に描かれた紫式部の肖像が、『紫式部日記絵詞』から採られたことは、新札が登場した当時は話題になった。

このあたり、群書類従本と他の写本とでは、異文が多い。

それはそれとして、紫式部は、男女関係の乱れた宮廷で宮仕えを続けている自分のことを、「有《あ》るまじき事《こと》にさへ思《おも》ひ掛《か》かりて」と心配しているのが、心に引っ掛かる。紫式部にとっては、一般的な「男女関係」ではなく、道長との男女関係を指しているのだろう。しかも、おそらくは、この時点で、既に紫式部は道長と結ばれているのだろう。文章の行間から、その匂いが立ち上ってくる。その関係成立が、自分の人生をどのように変えてゆくのか。

まだ男女関係を知らない童女たちを見ながら、紫式部は自らの「女の一生」の来し方行く末を思い続けるのだった。

78 紫式部は、老女をいたぶる先頭に立った

侍従《じじゆう》の宰相《さいしやう》の五節局《ごせちつぼね》、宮《みや》の御前《おまへ》の、唯《ただ》、見渡《みわた》す許《ばか》りなり。立蔀《たてじとみ》の上《かみ》より、音《おと》に聞《き》く簾《すだれ》の端《はし》も見《み》ゆ。人《ひと》の、物言《ものい》ふ声《こゑ》も、仄聞《ほのき》こゆ。（藤原兼隆）「彼《か》の女御《にようご》の御方《おほんかた》に、左京《さきやう》、馬《むま》と言《い》ふ人《ひと》なむ、いと馴《な》れて交《ま》じりたる」と、宰相《さいしやう》の中将《ちゆうじやう》、昔見知《むかしみし》りて、語《かた》り給《たま》ふを、（源済政）「一夜《ひとよ》、彼《か》の、掻《か》い繕《つくろ》ひにて居《ゐ》たりし、東《ひんがし》なりしなむ左京《さきやう》」と、源少将《げんせうしやう》も見知《みし》りたりしを、物《もの》の縁《よすが》有《あ》りて、伝《つた》へ聞《き》きたる人々《ひとびと》、（女房たち）「をかしうも有《あ》りけるかな」と言《い》ひつつ、「いざ、知《し》らず顔《がほ》には有らじ。昔《むかし》、心憎立《こころにくだ》ちて、見慣《みな》らしけむ内裏辺《うちわた》りを、斯《か》かる様《さま》にてやは出《い》で立《た》つべき。『忍《しの》ぶ』と思《おも》ふらむを、現《あら》はさむ」の心《こころ》にて、御前《おまへ》に、扇《あふぎ》ども、数多候《あまたさぶら》ふ中《なか》に、蓬莱作《ほうらいつく》りたるをしも選《え》りたる、心延《こころば》へ有《あ》るべし。見知《みし》りけむやは。

筥《はこ》の蓋《ふた》に広《ひろ》げて、日蔭鬘《ひかげ》を丸《まろ》めて、反《そ》らいたる櫛《くし》ども、白《しろ》き物《もの》、いみじく、端々《つまづま》を結《ゆ》ひ添《そ》へたり。（兼隆や済政）「少《すこ》し時過《さだす》ぎ給ひにたる辺《わた》りにて、櫛《くし》の反《そ》り様《ざま》なむ、直々《なほなほ》しき」と、君達《きんだち》、宣《のたま》へば、今様《いまやう》の、様悪《さまあ》しきまで、端《つま》も合《あ》はせたる反《そ》らし様《ざま》して、黒方《くろぼう》を押《お》し丸《まろ》がし

て、不束《ふつつか》に、後前切《しりさきき》りて、白《しろ》き紙《かみ》、一重《ひとかさ》ねに、立文《たてぶみ》にしたり。大輔《たいふ》の御許《おもと》して、書《か》き付《つ》けさす。

（紫式部）多《おほ》かりし豊《とよ》の宮人《みやびと》差《さ》し《射し》分《わ》きて顕《しる》き日陰《ひかげ》《日影》鬘を哀《あは》れとぞ見《み》し

御前《おまへ》には、（中宮彰子）「同《おな》じくは、をかしき様《さま》に為成《しな》して、扇《あふぎ》なども、数多《あまた》こそ」と、宣《のたま》はすれど、（女房たち）「おどろおどろしからむも、事《こと》の様《さま》に合《あ》はざるべし。態《わざ》と遣《つか》はすにては、忍《しの》びやかに気色《けしき》ばませ給《たま》ふべきにも侍《はべ》らず。此《これ》は、斯《か》かる私事《わたくしごと》にこそ」と聞《き》こえさせて、顔《かほ》、顕《しる》かるまじき局《つぼね》の人《ひと》して、「此《これ》、中納言《ちゆうなごん》の御使《おんつか》ひ。御殿《おんとの》より、左京《さきやう》の君《きみ》に奉《たてまつ》らむ」と、高《たか》やかに差《さ》し置《お》きつ。（紫式部）「引《ひ》き留《と》められたらむこそ、見苦《みぐる》しけれ」と思《おも》ふに、走《はし》り来《き》たり。女《をんな》の声《こゑ》にて、（左京）「何処《いづこ》より、入《い》り来《き》つる」と問《と》ふなりつるは、（左京）「女御《にようご》殿《との》の」と、疑《うたが》ひなく思《おも》ふなるべし。

［訳］十一月二十三日は、卯《う》の日で、新嘗祭《にいなめさい》と、豊明《とよのあかり》の節会《せちえ》が行われました。私は、どちらも自分の目で見てはおりませんので、この日記に書くべき内容はありません。ただし、

この日、こんな出来事がありました。

藤原実成様が差配《さはい》なさった舞姫の控室は、私たちが詰めている中宮様のお部屋から、直接に見渡せる場所にありました。御所（一条院）の東北の対に中宮様はいらっしゃり、庭を挟んで南にある東の対に、舞姫たちの控室があったのです。両者を隔てている庭には、目隠しのための立蔀《たてじとみ》がありますが、その立蔀の上から、若い君達たちに風流だと好評の「簾《すだれ》の端《はし》」も見えます。控室で人々が会話をしている話し声も、はっきりとではありませんが、かすかに聞こえてきます。

こんなことがありました。このたび舞姫をお出しになった藤原兼隆様は、立場上、舞姫たちの控室にもたびたび立ち寄っていましたが、見覚えのある顔を久しぶりに見たというのです。そのことを、中宮様に挨拶に来られた時に、何気なく口にされました。「あちらの弘徽殿《こきでん》の女御《にょうご》様は、このたび五節の舞姫を献じた実成殿の姉君に当たっておられます。確か、中宮様が入内《じゅだい》なさった次の年に、弘徽殿の女御様も入内なさったのでしたね。その頃、女御様にお仕えしていた女房の中で、特に目立っていたのが、『左京』と『馬』という二人の女房でした。そのどちらかが、女御殿の弟である実成殿が差し出された舞姫の控室に交じっているのを、見たような気がするのです」とおっしゃったらしいのです。すると、近くにいらした源済政《なりまさ》様も、昔のことをよく記憶しておられて、「先夜、実成殿の舞姫の付き添いとして座っていた女房のうち、一番東側にいた女が、その左京とやらですよ」と同調しました。

このお二人の話を耳にした、私たち中宮様にお仕えする女房は、聞き逃しませんでした。というのは、彰子様が中宮におなりになった当初は、皇后の定子様がライバルだったのですが、まもなくお亡くなりになりました。そのあとは、弘徽殿の女御となった義子様が中宮様にとっては最大のライバルだったのです。その女御様に仕えている女房の中でも、左京という、大きな顔をしている女房が、私たち女房の反感を買っていました。何でも、賤しい巫女《みこ》の娘だったようで、そんな女が宮中で大きな顔をしているのも、私たちが反発した理由の一つです。

さあ、中宮様付きの女房たちは、俄然、「面白いことになったわね」と、盛り上がります。「さあて、どういたしましょうか。左京が、のこのこ宮中に舞い戻ってきたのを、仇敵である私たちが何も知らなかったでは済まされませんね。かつて、下賤の身でありながら、もったいぶって歩き回っていた宮中に、舞姫の介添え役の一人という情けない立場で舞い戻ってこられた神経が、許せません。自分が内裏に舞い戻ってきたことを、本人は、『誰にもわからないようにしておこう』と考えているでしょうから、それを白日のもとにさらけ出して、笑ってやりましょう」ということになりました。

中宮様のお手元には、扇がたくさんあります。その中から、選《よ》りにも選って、蓬萊の風景を描いた扇があるのを見つけて、「これを送りつけましょう」ということで、皆の意見は一致しました。むろん、この絵の扇にしたのは含むところがあるからです。蓬萊は、不老不死の理想郷ですが、宮中こそ、その理想郷です。「久しぶりに蓬萊のような宮中に顔を出して、あなたは今どんな気持ちがしますか。蓬萊からはじき出されて長生きするのは、つらいことでしょうね」という意味です。この皮肉を、蓬萊の絵の扇をもらった左京が、理解できたかどうかは、私にはわかりません。おそらく、わからなかったでしょうね。

箱の蓋《ふた》に、この扇を広げて載せ、その上には、豊明《とよのあかり》の節会《せちえ》で用いる「日蔭《ひかげ》の蘰《かずら》」を丸めて入れ、反《そ》らした刺櫛《さしぐし》、白粉《おしろい》などを、あちこち入念に結びつけて、添えました。

これまで、私たちのすることを黙って見ておられた情報源の兼隆様や済政様は、ここで注文を出されます。「刺櫛が反《そ》っているのは、若い女性向きとされているから、これが老女に対する皮肉であることが私にはわかる。だが、相手にはわかってもらえるだろうか。このままでは、ちょっと反りが足りないな」とおっしゃいます。そこで、私たちは、櫛の歯の両端がくっつくほどに極端に歯を反らした櫛を、贈ることにしました。完全に現代の若い女性向きなので、年配の左京にはまったく似合いません。さらにもう一つ、練香《ねりこう》である「黒方《くろぼう》」を手で押して丸くして、不格好に前後を切って、これも蓋に載せました。

さあ、この贈り物に付ける手紙です。皮肉たっぷりの歌を、書かなくてはなりません。白い紙二枚を一重ねにして結び、「立文《たてぶみ》」にしました。文字は、大輔《たゆう》の御許《おもと》（大輔の命婦）に書かせました。

（紫式部）多《おほ》かりし豊《とよ》の宮人《みやびと》差《さ》し《射(さ)し》分《わ》きて顕《しる》き日蔭《ひかげ》《日影(ひかげ)》鬘を哀《あは》れとぞ見《み》し

（豊明《とよのあかり》の節会《せちえ》には、たくさんの宮人たちが奉仕していました。その中で、とりわけて目に立つ日蔭の鬘をしておられたあなたの存在に気づき、私は「哀れ」と思って眺めていましたよ。お日様の光が突然に射すように、あなたの存在は、はっきりと浮き立っていました。一人だけ老《ふ》け込んでいたので、「哀れ＝可哀想に」という気持ちを抑えきれませんでした。）

この歌の作者は、実は、この私なのです。左京に対する嫌がらせの先頭に立ってたのは、ほかならぬ私だったのです。

私たちが左京への嫌がらせに熱中しているのを、中宮様は御覧になりました。けれども、中宮様はどこまでも性格がお優しい方ですから、私たちの毒のあるやり方には、まったく気づかれません。「昔の知り合いに贈り物をするのだろう」くらいにお考えになった中宮様は、「せっかくの贈り物なのですから、もっと風流なやり方にしたらどうでしょうね。扇なども、手元にはたくさんあるのだから、もっと趣味の良い物にしたらどうなのかしら」などとおっしゃられる。けれども、私たちの悪戯《いたずら》を押しとどめることは、誰にもできません。私たちは、とっくに走り出していたのです。

「中宮様がおっしゃられたように、贈り物を立派にするのは、今回の場合にはふさわしくありません。中宮様から、正式にお遣わしになるのでしたならば、今私たちがしておりますように、ひそかに、けれども意味ありげにすべきではありません。今回は、中宮様からではなく、私たちから、こっそり届けるものですので」と申し上げて、計画を続行しました。

手紙と品物を届けるのは、これと言って顔に特徴のない、つまり、相手方からは誰だかわからない、私たち女房が局《つぼね》で召し使っている下仕えの女の役目です。彼女には、「私は、弘徽殿の女御様にお仕えしている女房の中納言の君から、左京の君への使いの者です。お屋敷から、こちらにお持ちしました」と言わせて、高々と捧げ持たせて、そこに置かせました。遠くから舞姫の控室を覗いていた私は、「使いの者が引き留められて、正体がばれたらまずいことになる」とひやひやして見ていましたけれども、使いの者は無事に駆け戻ってきたので、胸を撫で下ろしました。

左京と思われる女の声で、「どこから入ってきたのか」と尋ねているような声がしましたが、彼女は、「弘徽殿の女御様からの使いの者だろう」と、疑いなく思ったことでありましょう。

【評】この箇所も、群書類従本と他本との違いが大きい。中でも、群書類従本の「左京《さきやう》、馬《むま》と言《い》ふ人《ひと》」の部分は、他本では、「左京の馬」となっている。「左京《さきやう》、馬《むま》と言《い》ふ人《ひと》」は二人だが、「左京の馬」は一人である。また「左京の君」の写し間違いで「左京の馬」となったとする説もある。

また、群書類従本の、「此《これ》、中納言《ちゆうなごん》の御使《おんつか》ひ。御殿《おんとの》より、左京《さきやう》の君《きみ》に奉《たてまつ》らむ」の部分は、「此《これ》、中納言の君の御文、女御殿より。左京の君に奉らむ」となっている本もあり、そちらのほうが意味は通じやすい。

「宰相の中将」を源経房、「源少将」を源雅通とする説もある。

それにしても、紫式部が老女に対する「いじめ」に参加するだけでなく、首謀者であるのに驚かされる。これまでも、老女に対する視線は冷たかったのだが、「左京」に対する悪ふざけは度を過ぎている。宮仕えしている自分の「堕落」を心配している紫式部が、既に「いじめ」のはびこる宮廷生活に同化している事実に、読者は複雑な思いを余儀なくされる。

『源氏物語』では、作者は末摘花たちを、本気で嘲笑しているのだろう。この意地悪さが、『紫式部日記』ではさらに先鋭化して、清少納言や和泉式部に対する辛辣な悪口となってゆく。

79 舞姫が去った宮中の寂しさ

何許《なにばか》りの、耳留《みみとど》むる事《こと》も無《な》かりつる日頃《ひごろ》なれど、(紫式部)「五節《ごせち》、過《す》ぎぬ」と思《おも》ふ内裏辺《うちわた》りの気配《けはひ》、打《う》ち付《つ》けに、索々《さうざう》しきを、巳《み》の日《ひ》の夜《よ》の調楽《てうがく》は、実《げ》に、をかしかりけり。

若《わか》やかなる殿上人《てんじやうびと》など、如何《いか》に、名残《なごり》、徒然《つれづれ》ならむ。

［訳］　さて、十一月二十四日です。舞姫たちは、昨日、退出しました。これと言って、耳にして、「これを記録したい」と思うほどの出来事はありませんでしたが、「五節も終わったのだ」と思いながら見渡す宮中の雰囲気は、突然に寂しくなったように感じられます。

けれども、行事が次から次へと繰り広げられるのが、宮中という不思議な世界なのです。賀茂神社の「臨時の祭」は、十一月の「下の酉《とり》の日」に行われます。今年は、十一月二十八日が、その日に当たっています。それに先立って、「巳《み》の日」に試楽《しがく》（予行練習）が行われました。それが、二十四日、つまり五節が終わった翌日でした。私も、この試楽を聞いていて、はなはだ面白く感じました。

けれども、若い殿上人たちは、華やかな舞姫や、それぞれに趣向を凝らしていた付き添いの女房たちがいなくなったので、どんなにか名残惜しく、取り残された自分たちが何もすることがないような所在なさを感じていることでしょう。

〔評〕宮中では、年中行事がひっきりなしに行われる。だから、宮廷人は、飽きることがないのだが、やはり「五節の舞姫」には華があった。だから、舞姫たちが去ったあとは、いわば「宴のあと」で、若い男性貴族たちは、物足りなさそうにしている、と紫式部の目には映った。彼女自身も、左京をいじめて溜飲を下げたけれども、さすがに、後味の悪さを感じていたのかもしれない。そう思わないと、『源氏物語』の愛読者としてはやりきれない。

四月の「中の酉の日」に行われる賀茂祭（葵祭）に対して、十一月の祭は「臨《りん》時祭《じさい》」（臨時《りんじ》の祭《まつり》）と呼ばれる。なお、史実では試楽は二十六日（未《ひつじ》の日）に行われた。

80　明子の生んだ道長の息子たちに紫式部は冷淡だった

高松《たかまつ》の小君達《こきんだち》さへ、此度《こたみ》、入《い》らせ給《たま》ひし夜《よ》よりは、女房《にようばう》許《ゆる》されて、間《ま》も無《な》く、通《とほ》り歩《あり》き給《たま》へば、いと、はしたな気《げ》なりや。時過《さだす》ぎぬるを功《かう》にてぞ、隠《かく》ろふる。（頼宗・顕信・能信たち）「五節《ごせち》、恋《こひ》し」なども、殊《こと》に思《おも》ひたらず、やすらひ、小兵衛《こひやうゑ》などや、其《そ》の裳《も》の裾《すそ》、汗衫《かざみ》に纏《まつ》はれてぞ、小鳥《ことり》の様《やう》に囀《さへづ》り、戯《ざ》れ御座《おは》さうずめる。

［訳］ 中宮様が内裏に還御されたのは、十一月十七日でしたが、この日から、殿（道長様）のお子様のうち、明子《めいし》様（「西の宮の大臣《おとど》」と称された源高明様のご息女です）との間にお出来になった方々が、中宮様にお仕えする女房の局《つぼね》に立ち入ることが認められました。具体的には、頼宗《よりむね》様（十六歳）、顕信《あきのぶ》様（十五歳）、能信《よしのぶ》様（十四歳）たちです。

彼らは、行動範囲が広がり、自分の知っている世界が広がったことがよほど嬉しいのでしょう、ひっきりなしに、私たちの局のあたりを歩き回っておられます。ひどく落ち着きません。私は、年配組ですので、その年齢を盾にとって、若い殿方たちの相手はできないと決め込んで、隠れ通していいます。

けれども、頼宗様たちは、私のような年寄りは眼中になかったのです。また、ほかの若い君達が、終わってしまった五節を懐かしんでいるのとは違って、五節の舞姫や付き添いの女房たちを「恋しい」などと思うこともないようです。中宮様お付きの若い女房の小兵《こひょう》衛《え》や、女童《めのわらわ》の「やすらい」たちを追いかけ回し、小兵衛の裳の裾や、やすらいの汗衫《かざみ》に取り付いては、小鳥が「ピーチクパーチク」さえずるように、若々しい声で楽しげにキャッキャッとふざけていらっしゃるようです。

［評］道長には、二人の妻がいたが、どちらも名門だった。道長には、「高貴な女性」に対する憧れや劣等感があったのだろう。道長の父の兼家には、「町《まち》の小路《こうじ》の女」など、素姓の知れない「夕顔タイプ」の女にのめり込む悪癖があったが、道長にはさすがにそれは遺伝しなかったようだ。

明子は、醍醐天皇の孫に当たる名門であり、父から相続した高松殿に住んだ。彼女が生んだ子どもの中で、現代語訳には名前を挙げなかった長家《ながいえ》(当時四歳)に触れておきたい。長家は後に行成の娘と結婚して、死別した。死んだ女は、猫に転生して、『更級日記』の作者の家に飼われた。長家は、相思相愛の行成の娘と死別したあと、『紫式部日記』でも活躍している斉信《ただのぶ》の娘と結婚したが、再び先立たれた。三度目の妻との間に生まれた子孫が、歌人の藤原俊成・定家である。俊成と定家の家柄を「御子左家《みこひだりけ》」と称するのは、長家が伝領した屋敷に由来している。醍醐天皇の皇子で、文人として名高かった兼明《かねあきら》親王の屋敷を長家は伝領したが、左大臣となった兼明親王の別名が「御子左」だった。

それにしても、紫式部の筆は、明子腹の子どもたちに対しても辛辣である。鳥の「囀《さえず》り」は、貴族には理解不可能な庶民の言葉の比喩である。常識ある大人の貴族からは、理解不可能な存在として、明子腹の子どもたちがいる。

81 祭の前夜、御所の風紀はいささか乱れていた

臨時《りんじ》の祭《まつり》の使《つか》ひは、殿《との》の権《ごん》の中将《ちゆうじやう》の君《きみ》なり。其《そ》の日《ひ》は、御物忌《おほんものいみ》なれば、殿《との》、御宿直《おほんとのゐ》せさせ給《たま》へり。上達部《かんだちめ》も、舞人《まひびと》の君達《きんだち》も、籠《こ》もりて、夜一夜《よひとよ》、細殿《ほそどの》辺《わた》り、いと物騒《ものさわ》がしき気配《けはひ》したり。

［訳］ 賀茂神社の臨時の祭は、十一月の「下《しも》の酉《とり》の日」に行なわれます。この年は、十一月二十八日でした。勅使として、上賀茂神社と下鴨神社に向かうのは、殿（道長様）のご子息である教通《のりみち》様です。むろん、倫子様のお子様で、中宮様の実の弟です。ただし、あいにくなことに、当日が主上様《うえさま》の物忌《ものいみ》に当たっていますので、外部と宮中の出入りは不可能になります。そのため、前日の夜から、殿は宮中に詰めて宿直《とのい》をなさいます。同じように、明日の祭に備えて、公卿の方々や、舞を披露する若い君達《きんだち》の方々も、宿直《とのい》なさいます。そのため、中宮様や弘徽殿《こきでん》の女御《にょうご》などにお仕えしている女房たちの局《つぼね》がある渡り廊下のあたりが、変にざわざわしておりました。若い君達は、自分のお気に入りの女房のいる局を訪れては、夜遅くまで、あるいは深夜を狙って訪れ、いろいろと話し込んでいたのでありましょう。

［評］ 一条天皇の後宮には、中宮彰子のほか、弘徽殿の女御がいた。また、藤原道兼の娘である尊子も、女御であった。一条天皇は、定子を愛していたが、定子の没後は、彰子の「一人勝ち」状態が続いていた。弘徽殿の女御は、彰子のライバルではなかった。また、親王にも内親王にも恵まれなかった。

82 老女をいじめたことに意外な反響があった

早朝《つとめて》、内《うち》の大殿《おほいどの》の御随身《みずいじん》、此《こ》の殿《との》の御随身《みずいじん》に、差《さ》し取《と》らせて、去《い》にける。有《あ》りし筥《はこ》の蓋《ふた》に、白銀《しろがね》の冊子筥《さうしばこ》を据《す》ゑたり、鏡《かがみ》、押《お》し入《い》れて、沈《ちん》の櫛《くし》、白銀《しろがね》の笄《かうがい》など、使《つか》ひの君《きみ》の鬢掻《びんか》かせ給《たま》ふべき気色《けしき》をしたり。

筥《はこ》の蓋《ふた》に、葦手《あしで》に打《う》ち出《い》でたるは、「日蔭鬘《ひかげ》」の返《かへ》り事《ごと》なンめり。文字《もじ》二《ふた》つ落《お》ちて、危《あや》ふし。（紫式部）「事《こと》の心《こころ》、違《たが》ひても有《あ》るかな」と見《み》えしは、「彼《か》の大臣《おとど》の、（藤原公季）『中宮《みや》より』と心得《こころえ》給《たま》ひて、斯《か》う、事々《ことごと》しく、為成《しな》し給《たま》へるなりけり」とぞ聞《き》き侍《はべ》りし。儚《はかな》かりし戯《たはぶ》れ業《わざ》を、いとほしう、事々《ことごと》しうこそ。

[訳] 宿直《とのゐ》した殿方が多くて、何かと騒々しかった夜が明けて、十一月二十八日は賀茂の臨時祭の当日です。この日の朝早く、ちょっとした事件がありました。内大臣である藤原公季様は、弘徽殿の女御様のお父君です。その随身が、こちらの殿の随身に、「これを」

と言って、贈り物を手渡して去って行った、というのです。それは、私たち、中宮様にお仕えする女房たちが、弘徽殿の女御様にかつて仕えていた左京に、恥を掻かせたいということで贈った扇に対する返礼のようでした。私たちが贈った筥《はこ》の蓋《ふた》が、戻ってきたのです。その筥の上には、銀製の冊子筥《そうしばこ》が載っていました。その冊子筥の中に、大きな鏡を窮屈に押し込んで、その周りには香木である沈《じん》で造った櫛や、銀製の笄《こうがい》などもあり、今日、晴れの勅使の大役を務める教通様が、髪の手入れなどの身繕いをなさる際に使ってください、というつもりのようでした。

冊子筥の蓋《ふた》には、葦手《あしで》模様で、和歌の言葉が散らし書きになっていました。私たちが左京の命婦をからかって詠んだ、「多《おほ》かりし豊《とよ》の宮人《みやびと》差《さ》し分《わ》きて顕《しる》き日蔭《ひかげ》鬘を哀《あは》れとぞ見《み》し」という歌の返歌と推測されました。私たちの歌の表面だけを読めば、「たくさんの人の中で、特別にあなたをしみじみと思いました」という意味になるので、額面通りに受け取って、返歌してきたのでしょう。

ただし、この葦手の歌ですが、あちこちに散らばって書かれている言葉を拾い集めてつなぎ合わせましても、二文字が、どうしても足りないのです。書いた文字が剥落してしまったのでしょうか。そのため、この返歌の意味が、よくわからなくなってしまったのです。
　私たちは、女房同士の個人的なやりとりのつもりでしたのに、内大臣様を巻き込んで、話が大袈裟になってしまいました。後日、事情通の女房が聞き込んできた話では、「左京は、この筥と和歌が、中宮様から贈られたものだと思ってしまったのよ。それを、弘徽殿の女御様に申し上げたら、女御のお父様である内大臣様のお耳にまで達して、内大臣様は道長様のご機嫌を取ることに汲々《きゅうきゅう》としておられますから、このように立派な贈り物をお返しに贈ってこられたということです」、ということでした。私たちのちょっとした悪戯《いたずら》が、こんなにまで内大臣様を恐縮させてしまうとは、内大臣様に対しては申しわけなく思う一方では、「ここまで大袈裟にお返しなさらなくても良いのに」と思われたことでした。

［評］　群書類従本の「文字《もじ》二《ふた》つ落《お》ちて、危《あや》ふし」は、「文字《もじ》二《ふた》つ落《お》ちて、奇《あや》しう」となっている写本もある。「あやふし」と「あやしう」は、確かに書き間違えやすい。
　先方から送られてきた和歌が、『紫式部日記』には記されていない。ただし、『後拾遺和歌集』に、次のような歌がある。

日蔭草《ひかげぐさ》輝く光《かげ》や紛《まが》ひけむ真澄《ますみ》の鏡曇《くも》らぬものを　藤原長能《ながとう》

作者の長能は、『蜻蛉日記』作者の弟である。この歌を詠んだ翌年頃に没したかと推定されている。和歌の道に執着し、自信作を藤原公任に批判されたのを気に病んで死去した、という伝説を残している。

さて、長能の歌の第二句を、「輝く程《ほど》や」とするものもある。この歌のどの二文字が欠落していたのだろうか。「日蔭草《ひかげぐさ》」の「ぐさ」(くさ)だろうか。それとも「輝く光《かげ》や」と「輝く程《ほど》や」の異文のある「かげ」(かけ)か、「ほど」(ほと)であろうか。ほかに脱落しそうな二文字は見当たらない。

中宮彰子は、「輝く藤壺」と称された。「輝く光《かげ》や紛《まが》ひけむ」は、そういう彰子に対するお世辞でもあるだろう。

83　老いた名人の哀れさを紫式部は嘆いた

殿《との》の上《うへ》も、参上《まうのぼ》りて、物《もの》、御覧《ごらん》ず。使《つか》ひの君《きみ》の、藤《ふち》、挿頭《かざ》して、いと物々《ものもの》しく、大人《おとな》び給《たま》へるを、内蔵《くら》の命婦《みやうぶ》は、舞人《まひびと》には目《め》も見遣《みや》らず、打《う》ち目守《まも》り打《う》ち目守《まも》りぞ泣《な》きける。御《おほん》物忌《ものいみ》なれば、御社《みやしろ》より、丑《うし》の時《とき》にぞ還《かへ》り参《まゐ》れば、御神楽《みかぐら》なども、様許《さまばか》りなり。兼時《かねとき》が、去《こ》年《ぞ》までは、いと付《つ》き付《づ》きし気《げ》なりしを、こよなく衰《おとろ》へたる振《ふ》る舞《ま》ひぞ、見知《みし》るまじき人《ひと》の上《うへ》なれど、哀《あは》れに、思《おも》ひ比《よそ》へらるる事《こと》、多《おほ》く侍《はべ》る。

［訳］ いよいよ、勅使である教通様が、宮中を出発する儀式が行われました。教通様は、今年で十三歳。元服して正五位下に叙爵されたのが十一歳でしたから、もう二年が経《た》っています。昨年は、舞人の役を務めておられましたが、今年は勅使の大役に任じられました。その晴れ姿を一目見ようと、殿の奥様（倫子様）や、教通様の乳母《めのと》である「内蔵《くら》の命婦《みょうぶ》」が、昨夜から参内していました。「勅使発遣《はっけん》の儀」を一目見ようと、奥方たちは清涼殿の南庭が見える場所に向かわれました。

教通様は奉幣使《ほうへいし》（みてぐらづかい）ですから、冠には挿頭《かざし》として藤の花の造花を挿しておられます。舞人たちは、桜の花の造花を挿します。教通様のお姿は、たいそう堂々としておられ、まだ十三歳なのに大人びた風格さえ備えていらっしゃいます。教通様を幼い頃から育ててきた内蔵《くら》の命婦《みょうぶ》は、ほかの見物人たちが鑑賞している舞人たちの「一の舞」には見向きもせず、教通様のお姿を何度も何度も見つめては、感涙を催していました。

先ほど申しましたように、この日は、主上様《うえさま》の物忌《ものいみ》の当日に当たっていました。ですから、勅使発遣の儀以外は、原則として宮中と外部の出入りは禁じられています。下鴨神社と上賀茂神社の双方に幣《みてぐら》と神楽を奉納した、奉幣使と楽人たちの一行は、本来ならばその日の夜に宮中に戻ってきて、宮中でもう一度神楽を演奏します（還立《かえりだち》と言います）。この年は、主上様《うえさま》の物忌の関係で、日付が変わった翌日、深夜の午前二時頃に戻って参りましたので、「還立の儀」の神楽も、形だけの短時間のものとなりました。

私は、この「還立の儀」を拝見したのですが、身に染みてしみじみと考えたことがありました。尾張兼時《かねとき》は、神楽を奏する集団の長《おさ》を、長く務めている舞の名人です。彼は、去年までは、いかにも名人らしい舞を立派に披露していましたが、今年は、ひどく衰えた舞姿だったのです。全盛期が見事だったのを知っていますだけに、急速な衰えぶりはたいそう残念なことでした。兼時と私の間には、舞を舞う人と観客というつながりしかなく、何のゆかりもないのですけれども、彼を見ていて身に染《し》みて悲しく感じられることがたくさんありました。というのは、この私にしても、「生老病死《しょうろうびょうし》」の無常の大波を避けるすべを持ち合わせていません。人間には、確実に、老いが到来します。私は、未来の「老いた我が身」の姿を、兼時の身の上に見てしまったのでした。

［評］道長の五男の晴れ姿で、おめでたい場面であるのに、紫式部の目は、老いた名人の哀れさに注がれる。作者である紫式部は、この『紫式部日記』を執筆している時点で、まだ老いてはいないのだろう。けれども、それほど遠くはない老いの到来に、心震えているのである。

この時点で、紫式部は、光源氏の老いを書き終えていたのだろうか。若菜下の巻には、「さかさまに行かぬ年月よ。老いは、え逃れぬわざなり」という、光源氏の肺腑をえぐる言葉が書き記されている。こんな光源氏を、読者は読みたくなかった。同じように、紫式部は、尾張兼時の老いた舞姿を見たくなかった、と言っている。

84　歳暮に絶唱を詠む

師走《しはす》の二十九日《はつかあまりここぬか》に、参《まゐ》る。初《はじ》めて参《まゐ》りしも、今宵《こよひ》の事《こと》ぞかし。（紫式部）「いみじくも夢路《ゆめぢ》に惑《まど》はれしかな」と、思《おも》ひ出《い》づれば、こよなく立ち馴《たな》れにけるも、（紫式部）「疎《うと》ましの、身の程《ほど》や」と覚《おぼ》ゆ。

夜《よ》、甚《いた》う更《ふ》けにけり。御物忌《おほんものいみ》に御座《おは》しましければ、御前《おまへ》にも参《まゐ》らず。心細《こころぼそ》くて、打《う》ち臥《ふ》したるに、前《まへ》なる人々《ひとびと》の、（女房たち）「内裏辺《うちわた》りは、猶《なほ》、いと気配《けはひ》、異《こと》なりけり」、「里《さと》にては、今《いま》は寝《ね》なましものを」、「然《さ》も、寝聡《いざと》き沓《くつ》の繁《しげ》さかな」と、色《いろ》めかしく言《い》ひ居《ゐ》たるを聞《き》きて、

（紫式部）年暮《としく》れて我《わ》が世老《よふ》け行《ゆ》く風《かぜ》の音《おと》に心《こころ》の中《うち》の凄《すさ》まじきかな
夜更（よふ）け

とぞ、独《ひと》り言《ご》たれし。

［訳］　賀茂の臨時の祭のあと、私はしばらく里に下がっておりました。そして、宮中に

戻ってきたのが、年の瀬も近い十二月二十九日でした。この「十二月二十九日」という日付に、私は格別の深い思いがあります。それは、私が宮中で、つまり中宮の彰子様に宮仕えするようになったのが、ちょうどこの日の夜だったからです。もうあれから、何年が経《た》ったのでしょうか。まだ五年にも達していないのに、私はずいぶんと宮仕えに馴れてしまいました。宮仕えする以前と比べて、まったく違った人間になりました。良いほうに変わったなどということは、あるはずがありません。

「初めての頃は、意識が朦朧《もうろう》として、まるで夢の中で道に迷って焦っているかのように、たどたどしくお仕えしていたことだ」と思い出すにつけ、今は、平気で殿方とも話をするし、女房同士でも丁々発止《ちょうちょうはっし》やり合っているし、すっかり宮仕えに順応してしまっています。そんな自分を顧《かえり》みて、「我ながら嫌な人間になったものだ」と、反省しきりです。

そんな物思いに耽《ふけ》っているうちに、すっかり夜が更けました。中宮様は、今日が物忌《ものいみ》なので、誰にもお会いになれません。私も、帰参の挨拶をするために、中宮様のお部屋に参上することもできません。

一人寂しく局《つぼね》で横になっていましたら、すぐ前の局にいる女房たちが、楽しそうに語り合っている声が聞こえてきます。「やっぱり、宮中って、ほかの場所とは比較にならないほど、素敵な場所よね」、「里に下がっている時には、とっくに、寝込んでいる時間よ」、「そう、でも殿方たちの沓《くつ》の音が聞こえてくると、はっとして眠れなくなってしまうのよ。私に気のある殿方が、私の局を訪ねてきたのかしら、なんて期待しちゃってね」などと、宮中での男女関係の乱れを気に病むでもなく、むしろ楽しそうに嬌声《きょうせい》をあげています。

周囲が楽しそうであればあるほど、私の心は暗いほう、悪いほうへと向かってゆくのです。そんな気持ちで、思わず、暗い内容の和歌を口ずさんでしまいました。

（紫式部）年暮《としく》れて我《わ》が世老《よふ》け行《ゆ》く風《かぜ》の音《おと》に心《こころ》の中《うち》の凄《すさ》まじきかな

夜更（よふ）け

（今年も、年が暮れようとしている。一年という時間だけでなく、一日という時間も、まもなく終わろうとしている。こういうふうに、時間は休むことなく流れ続け、私の人生は、はっと気づいたら終わりを迎えているのだろう。外では、風が吹いているようだ。その風は、私の心の中にも入り込み、吹き過ぎてゆく。「あなたの人生は、すぐに終わる。あなたの人生に、何の意味があったのか」。風の音は、私の耳には、そのような叱責に聞こえる。ああ、生きることは、寂しい。人は、寂しき。）

この歌は、独り言ですから、誰かに聞かせたものではありません。しいて言えば、この日記の読者であるあなたに、聞いてほしかったのです。

【評】年の暮れは、紫式部にとって、「宮仕え〇年記念日」だった。それが、彼女にとっての「新生〇年目」の節目ではなかったことが、重要なのだろう。今は、寛弘五年（一〇〇八年）である。紫式部の初出仕は、寛弘二年説が有力だが、元年説も、三年説もある。宮仕えを開始してから、二年目、三年目、四年目という説があるということになる。

年《とし》暮《く》れて我《わ》が世《よ》老《ふ》け行《ゆ》く風《かぜ》の音《おと》に心《こころ》の中《うち》の凄《すさ》まじきかな

「我《わ》が世《よ》老《ふ》け行《ゆ》く」には、「夜が更《ふ》けてゆく」ことが掛詞になっている。この歌は、誰かに宛《あ》てて詠まれた贈答歌ではなく、自分の心だけを見つめた独詠歌である。その点で、『源氏物語』の正篇ではなく、宇治十帖の世界に近づいている。

私は、この歌を詠むと、浮舟の巻で浮舟が詠んだ歌を連想する。

鐘の音《おと》の絶ゆる響きに音《ね》を添へて我が世尽きぬと君に伝へよ

浮舟が、自分の死を母に伝えたいと思っている歌だが、直接に母に宛てて詠まれた贈答歌ではない。あくまで、自分の心を見つめている歌である。浮舟の歌の「我が世尽きぬ」と、『紫式部日記』の「我が世老け行く」とが響き合っている。浮舟が、耳に聞こえてきた鐘の音に、自分が声も立てずに心の中で泣いている泣き声を添えているように、紫式部も、耳に聞こえてきた索漠たる風の音に、自分の心の中でむせび泣いている蕭条《しょうじょう》たる泣き声を重ねている。「凄まじきかな」。生きるのは何と味気なく、苦しいことか。清少納言が『枕草子』の「凄まじき物」で書いた皮肉なエスプリと、まったく違った文学観が、ここにはある。

85　大晦日の夜、御所で怪事件が発生した

大晦日《つごもり》の夜《よ》、追儺《ついな》は、いと疾《と》く果《は》てぬれば、（紫式部）「鉄漿付《はぐろめつ》けなど、儚《はかな》き繕《つくろ》ひどもす」とて、打《う》ち解《と》け居《ゐ》たるに、弁《べん》の内侍《ないし》、来《き》て、物語《ものがたり》して、臥《ふ》し給《たま》へり。内匠《たくみ》の蔵人《くらうど》は、長押《なげし》の下《しも》に居《ゐ》て、あてきが縫《ぬ》ふ物《もの》の、重《かさ》ね撚《ひね》り、教《をし》へなど、熟々《つくづく》とし居《ゐ》たるに、御前《おまへ》の方《かた》に、

いみじく罵《ののし》る。

内侍《ないし》、起《お》こせど、頓《とみ》にも起《お》きず。人《ひと》の泣《な》き騒《さわ》ぐ音《おと》の聞《き》こゆるに、いと忌々《ゆゆ》しく、物《もの》も覚《おぼ》えず。（紫式部）「火《ひ》か」と思《おも》へど、然《さ》には有《あ》らず。（紫式部）「内匠《たくみ》の君《きみ》、いざ、いざ」と、先《さき》に押《お》し立《た》てて、（紫式部）「ともかうも、宮《みや》、下《しも》に御座《おは》します、先《ま》づ、参《まゐ》りて見奉《みたてまつ》らむ」と、内侍《ないし》を、荒《あら》らかに突《つ》き驚《おどろ》かして、三人《みたり》、震《ふる》ふ震《ふる》ふ、足《あし》も空《そら》にて参《まゐ》りたれば、裸《はだか》なる人《ひと》ぞ、二人《ふたり》居《ゐ》たる。靫負《ゆげひ》、小兵部《こひやうぶ》なりけり。「斯《か》くなりけり」と見《み》るに、いよいよ、むくつけし。

御厨子所《みづしどころ》の人《ひと》も、皆《みな》、出《い》で、宮《みや》の侍《さぶらひ》も、瀧口《たきぐち》も、儺《な》、遣《やら》ひ果《は》てけるままに、皆《みな》、罷出《まかで》てけり。手《て》を叩《たた》き、罵《ののし》れど、答《いら》へする人《ひと》も無《な》し。御膳宿《おものやどり》の刀自《とじ》を呼《よ》び出《い》でたるに、（紫式部）「殿上《てんじやう》に、兵部《ひやうぶ》の丞《じよう》と蔵人《くらうど》、呼《よ》べ。殿上《てんじやう》に、兵部《ひやうぶ》の丞《じよう》と蔵人《くらうど》、呼《よ》べ」と、恥《はぢ》も忘《わす》れて、口《くち》づから言《い》ひたれば、訪《たづ》ねけれど、罷出《まかで》にけり。辛《つら》き事《こと》、限《かぎ》り無《な》し。

式部《しきぶ》の丞資業《じようすけなり》ぞ参《まゐ》りて、所々《ところどころ》の差《さ》し油《あぶら》ども、唯《ただ》、一人《ひとり》、注《さ》し入《い》れられて歩《あり》く。人々《ひとびと》、物《もの》覚《おぼ》えず、向《む》かひ居《ゐ》たるも有《あ》り。主上《うへ》より、御使《おほんつかひ》ひなど有《あ》り。いみじう恐《おそ》ろしうこそ侍《はべ》りしか。納殿《をさめどの》に有《あ》る御衣《みぞ》、取《と》り出《い》でさせて、此《こ》の人々《ひとびと》に賜《たま》ふ。

朔日《ついたち》の装束《さうぞく》は、取《と》らざりければ、然《さ》り気《げ》も無《な》くて有《あ》れど、裸姿《はだかすがた》は忘《わす》られず。恐《おそ》ろしきものから、「をかしう」とも言《い》はず。言忌《こといみ》も、し敢《あ》へず。

［訳］今年の大晦日《おおみそか》は、十二月三十日です。宮中という場所は、元旦から大晦日まで、次から次へと年中行事が執《と》り行われます。その最後を飾るのが、大晦日の夜に行われる追儺《ついな》です。鬼を追い払い、一年の邪気を祓《はら》い捨て、明日からの新しい年を爽やかに迎えるための行事なのです。

その追儺が思ったより早く終わりましたので、私は局《つぼね》に下がりまして、「お歯黒を塗ったり、ちょっとした身だしなみを整えたりしよう」と、すっかりくつろいでおりました。するると、そこへ、お友だちの弁の内侍が顔を出しました。彼女は、私と取り留めのない雑談をしながら、これまたすっかりくつろいで、横になっておられました。そうそう、近くには、内匠《たくみ》の蔵人《くろうど》という女蔵人《にょくろうど》が長押《なげし》の下座《しもざ》にいて、童女《めのわらわ》の「あてき」が縫っている衣装の、褄《つま》の重ね方や折り込み方を、熱心に教えていました。

その時です。突然に、中宮様がいらっしゃるお部屋の方角から、尋常ではない、大きな悲鳴が起きたのです。

私は、とっさに、弁の内侍に呼びかけて、起こそうとしました。けれども、彼女の眠りは深くて、すぐには起きてくれません。その間にも、中宮様のお部屋の方角から、けたたましい女性の悲鳴が聞こえてきます。私は、むしょうに恐ろしくてたまらず、正常な判断能力は失われた状態でした。

とっさに、「火事かしら。火事だったら大変だ。本来の内裏に続いて、この里内裏の一条院まで火事で焼けてしまったら、どうなるのだろうか」と、頭から血の気が引きました。幸いに、炎も煙も見えないので、火事でないことはわかました。私は、「弁の内侍さん、さあ起きて。中宮様のあたりが、大変なのよ」と揺さぶって、やっと起こし、彼女に先を歩いてもらうことにしました。ついでに、近くにいた内匠の蔵人にも一緒に来てもらい、三人とも、恐怖でぶるぶる震えながら、悲鳴のしたほうに近づいていったのです。

「何と言っても、中宮様は、主上様《うえさま》のお暮らしである清涼殿ではなく、ご自分のお住まいである東北の対にいらっしゃいます。困ったことに、さっき悲鳴のした方角に当たっているのですよ。何を置いても、まずは、中宮様のお部屋に参上して、ご無事を確認しましょう」と言いながら、三人は暗闇の中を進んでゆきます。自分の足が、宙に浮いているような、夢を見ているかのような気持ちがしました。

永遠かとも思われる長い時間に感じましたが、やっとのことで中宮様のお部屋に到着しました。すると、私たち三人の目に飛び込んできたのは、素っ裸の女性が二人、うずくまって泣いている姿でした。よくよく顔を見ると、この二人は、何と、靫負《ゆげい》と小兵部《こひょうぶ》なのでありました。まる裸の二人を暫く見ているうちに、「追い剝《は》ぎだ。中宮様のお部屋にまで追い剝ぎが侵入して、この二人から衣服を剝《は》ぎ取って、逃亡したのだ」という真相が、見て取れました。そうわかってみると、さらに不気味さが増殖しました。

先ほど、魔を払う追儺を執り行ったというのに、追い剝ぎを防ぐことができなかったのです。

早く、人を呼んで、犯人を追跡して、捕まえなければなりません。けれども、大概の時には人手のある御厨子所《みずしどころ》（お食事や宴会の酒肴《しゅこう》を司る役所）にも、中宮様を警備するのが役目である「侍《さぶらい》」も、宮中を警護するのが役目である「滝口《たきぐち》の武士」も、追儺の行事が終わって、一年間の仕事がすべて終わったという解放感からか、全員が宮中を退出して、不在なのでした。私は手を叩いて、大きな音を出しただけでなく、大きな声でも騒いだのですが、聞きつけて返事してくれる人は、誰一人いません。

かろうじて、お膳を管理しておく役目の老女を呼び出すことに成功しましたが、まったく役に立ちそうにありません。

私は老女に、恥も忘れ、見栄も外聞もなく、顔を付き合わせて、わめきたてました。身分が違いすぎると、直接に話をしてはならないという決まりも忘れていました。人間は、とっさの時に思い浮かべるのは、血を分けた親族の顔であるようです。私の目の前に浮かんでいたのは、弟の惟規《のぶのり》の顔です。父（為時）と、姉である私の期待をことごとく裏切り続けてきた、豚児にして、愚弟の惟規です。頭は良くなくても、人並みに力仕事はできるでしょう。

そう考えた私は、やっと出てきてくれた老女に向かって、必死に叫びました。「とりあえず、殿上人たちの詰所である殿上の間《ま》に行って、兵部《ひょうぶ》の丞《じょう》、蔵人《くろうど》を呼びなさい。兵部の丞、蔵人を呼びなさい」。自分でも取り乱していたので、今となっては自分でもおかしいと思いますが、「兵部の丞」と「蔵人」は同じ人物で、私の愚弟惟規《のぶのり》のことなのです。彼が追い剝ぎの犯人を捕縛することに成功したら、少しは彼の評価も上がって、出世できるかもしれません。

そこまでして探し求めた惟規は、既に退出しており、宮中にはいませんでした。いざという時に、役に立たない駄目な弟です。姉として、本当に情けなかったです。

兵部の丞である弟は来ませんでしたが、式部の丞である藤原資業《すけなり》殿が、駆けつけました。これまで名前を出したこともある「橘の三位《さんみ》」の子どもです。彼は、てきぱきと動き回ります。たった一人で、あちこち、既に消えていた燈台に油を差して、火を付けて回ります。女房たちは、あまりのことに茫然自失して、言葉を失って、顔と顔を見合わせている者もいます。追い剝ぎの一報が入った主上様《うえさま》から、中宮様に、ご無事ですかという安否確認の使いが遣わされました。私は思わず、愚弟の惟規に怒りを向けてしまいましたが、心の底から恐怖感を抱きましたよ。こんなことが、宮中、それも中宮様のお膝元で起きるものなのですね。中宮様は、主上様《うえさま》のお許しを得て、宮中の衣服などを収納している納殿《おさめどの》の中から、着る物を取りだして、追い剝ぎの被害にあった二人の女房に、賜《たまわ》りました。

さあ、翌日は、寛弘六年のお正月です。二人の女房は、着ていた衣装を剝ぎ取られてまる裸にさせられたものの、お正月に着用する装束は盗難に遭《あ》いませんでした。そこで、二人は、何気ないそぶりで、元日の行事に加わっておりましたけれども、私は、「昨夜は、おかしな格好をしていましたね」などと、暴露することはしません。二人の昨日の裸の姿を私ははっきりと見てしまったものですから、今日の取り澄ました二人を見ると、ついつい、言わずもがなのことを口にしてしまいそうです。

［評］寛弘五年の大晦日と、寛弘六年の元日が連続して書かれているのが、群書類従本の特色である。他の本では、元日の「言忌《こといみ》も、し敢《あ》へず」という部分は、「正月一日」の次に書かれている。

それにしても、『源氏物語』夕顔の巻を思わせる緊迫感が漂っている。警備すべき人物が身近にいないときに、大事件が起きる。加えて、「彼だけはすぐに駆けつけてほしい」と願っている男に限って、不在にしている。光源氏が惟光を待望する気持ちは、紫式部が惟規を待望する気持ちと重なっている。

また、光源氏は手をたたいて人を呼んだが、紫式部も手をたたいている。

御所に追い剝ぎが入るという異常事態は、後世、王朝文化の雅びの絶頂と称えられた一条天皇の御代に起きた。室町時代の御伽草子『酒呑童子《しゅてんどうじ》』は、源頼光が活躍した頃の話だから、一条天皇と藤原道長の時代である。一条天皇の御代に、人の肉を喰らい、生き血を啜る悪鬼がいた、という設定である。下級女官たちのいたずらだったとする説もあるが、『紫式部日記』が伝える御所の盗賊も、ありえない話ではない。

『枕草子』にも、御所で鶏がけたたましく逃げ回るエピソードが載っており、この頃の御所は、不思議な空間だったようだ。

なお、藤原惟規は、かつては紫式部の兄とする説もあったが、現在は弟とする説が有力である。惟規の恋人が賀茂の斎院に仕える「中将の君」という女房であり、彼女の手紙を読んだ紫式部が怒りに駆られたことから、『紫式部日記』の大きな転換点がもたらされることになる。

86 寛弘六年の元日は、凶日だった

正月一日《むつきついたち》、坎日《かんにち》なりければ、若宮《わかみや》の御戴餅《おほんいただきもちひ》の事《こと》、停《と》まりぬ。三日《みか》ぞ、参上《まうのぼ》らせ給《たま》ふ。

今年《ことし》の御賄《おほんまかな》ひは、大納言《だいなごん》の君《きみ》。装束《さうぞく》、一日《ついたち》の日《ひ》は、紅《くれなゐ》、葡萄染《えびぞめ》、唐衣《からぎぬ》は赤色《あかいろ》、地摺《ちずり》の裳《も》。

二日《ふつか》、紅梅《こうばい》の織物《おりもの》、掻練《かいねり》は濃《こ》き、青色《あをいろ》の唐衣《からぎぬ》、色摺《いろずり》の裳《も》。三日《みか》は、唐綾《からあや》の桜襲《さくらがさね》、唐衣《からぎぬ》は、蘇芳《すはう》の織物《おりもの》。

掻練《かいねり》は、濃《こ》きを着《き》る日《ひ》は、紅《くれなゐ》は中《なか》に、紅《くれなゐ》を着《き》る日《ひ》は、濃《こ》きを中《なか》になど、例《れい》の事《こと》なり。

萌黄《もえぎ》、蘇芳《すはう》、山吹《やまぶき》の濃《こ》き薄《うす》き、紅梅《こうばい》、薄色《うすいろ》など、常《つね》の色々《いろいろ》を、一度《ひとたび》に六《む》つ許《ばか》りと、表着《うはぎ》とぞ、いと様良《さまよ》き程《ほど》に侍《さぶら》ふ。

【訳】　寛弘六年正月一日は、残念なことに、「坎日《かんにち》」に当たっていました。この日は、陰陽道《おんみょうどう》で、万事が凶とされ、外出や行事は中止されます。それで、若宮様の頭に餅を載《の》せて健やかな健康を祝う「御戴餅《おおんいただきもちい》」の儀式は、元日には行われませんでした。三日になって、若宮様は初めて清涼殿に上《のぼ》られて、主上様《うえさま》とご対面になられ、延期になっていた「御戴餅」の儀式が執り行われたのです。

今年、若宮様のお給仕役を務めたのは、大納言の君でした。彼女のお正月三が日の装束を、ここで紹介しておきましょう。一日は、紅《くれない》の袿《うちき》、葡萄染《えびぞめ》の表着《うわぎ》、唐衣《からぎぬ》は赤、地摺《じずり》の裳《も》という出で立ちでした。二日は、紅梅の織物の表着《うわぎ》、擣衣《うちぎぬ》の掻練《かいねり》は濃い紅《くれない》、青色の唐衣、色摺りの裳というコーディネートでした。三日は、唐綾《からあや》（綸子《りんず》）の桜襲《さくらがさね》（表は白、裏は紫）の表着《うわぎ》、蘇芳《すおう》の織物の唐衣、という組み合わせでした。

着こなしの常識として、濃い紅の掻練《かいねり》を着る際には、通常の紅を中に着て、通常の紅を着る際には、濃い紅を中に着ると良いとされていますが、大納言の君はまさにその通りの着こなしでした。

大納言の君が三日間に着た重《かさ》ね袿《うちき》の主立ったものを書いておきましょう。萌黄襲《がさね》（表が薄青、裏が縹《はなだ》)、蘇芳襲《がさね》(表が薄茶、裏が濃い赤)、山吹襲《がさね》(表が薄い朽葉色、裏が黄)の濃いのや薄いのを着たり、紅梅襲(表が紅、裏が紫)、薄色襲《うすいろ》(表が浅い縹、裏が白)など、普段も用いる色目《いろめ》の物を一度に六種類ほど着て、それに表着を組み合わせて、とても見た目が良くて、祗候していました。

【評】 寛弘六年(一〇〇九)になった。この年の十二月、中宮彰子は二人目の皇子(後の後朱雀天皇)を出産した。また、紫式部と繋がりが深いとされる具平《ともひら》親王(村上天皇の第七皇子)が、七月に亡くなっている。

『紫式部日記』の寛弘六年の記述は少ない。しかも、中宮に仕えている女房たちの人物批評に主眼が置かれている。それが、第Ⅲ部の「手紙＝消息文」へと繋がってゆく。

なお、「今年《ことし》の御賄《おほんまかな》ひ」は、中宮のお給仕とする説もあるが、若宮説に従って訳した。

この部分は、元旦や三日の行事を書くつもりだったのだろうが、いつの間にか、大納言の君という上臈女房の着こなしの話に移っていった。新しい年の始まりと共に、紫式部の関心が「行事から人へ」と移ったのである。

87　宰相の君の人となり

宰相《さいしやう》の君《きみ》の、御佩刀《みはかし》執《と》りて、殿《との》の抱《いだ》き奉《たてまつ》らせ給《たま》へるに続《つづ》きて、参上《まうのぼ》り給《たま》ふ。紅《くれなゐ》の三重《みへ》五重《いつへ》、三重《みへ》五重《いつへ》と交《ま》ぜつつ、同《おな》じ色《いろ》の擣《う》ちたる七重《ななへ》に、一重《ひとへ》を縫《ぬ》ひ重《かさ》ね、重《かさ》ね交《ま》ぜつつ、上《うへ》に、同《おな》じ色《いろ》の固紋《かたもん》の五重《いつへ》、袿《うちき》、葡萄染《えびぞめ》の浮紋《うきもん》の堅木《かたぎ》の紋《もん》を織《お》りたる、縫《ぬ》ひ様《ざま》さへ才々《かどかど》し。三重《みへ》重《がさ》ねの裳《も》、赤色《あかいろ》の唐衣《からぎぬ》、一重《ひとへ》の紋《もん》を織《お》りて、為様《しざま》も、いと唐《から》めいたり。いとをかしげに、髪《かみ》なども、常《つね》より繕《つくろ》ひ増《ま》して、様態《やうだい》・持《も》て成《な》し、労々《らうらう》じく、をかし。丈立《たけだ》ち良《よ》き程《ほど》に、脹《ふく》らかなる人《ひと》の、顔《かほ》、いと細《こま》かに、匂《にほ》ひ、をかし気《げ》なり。

[訳]　さて、三日に清涼殿で執り行われた、若宮様の「御戴餅《おおんいただきもちい》」の際に、宰相の君が着ていた装束の話をしましょう。この日、宰相の君は若宮様のお守り刀を捧げ持ち、殿

（道長様）が若宮様をお抱きになって歩かれるのに続いて、清涼殿に上られました。

紅《くれない》の袿《うちき》で、袖口の裄《ふき》（折り返し）が、三重《みえぬ》縫いになったもの、五重《いつえぬ》縫いになったもの、三重縫いになったもの、五重縫いになったもの、というように、交互に組み合わせていました。また、同じ紅色の艶出《つやだ》しをした裄《ふき》が七重《ななえぬ》縫いの擣衣《うちぎぬ》に、もう一重《ひとえ》重ねて八重縫いのようにしていました。その上に、同じ紅色で、固紋《かたもん》の五重縫いの裄《ふき》の表着《うわぎ》を着ていました。固紋は、固く締めて織ってありますので、紋様が浮くことはありません。それに対して、葡萄染《えびぞめ》の袿は、柏の葉っぱの浮紋《うきもん》（糸を浮かせて紋様を織り出した物）になっていまして、縫い方までも気が利《き》いていました。裳は、縁《ふち》が三重になっており、赤の唐衣は、同じ色の紋様が織られていて、中国風の趣向だと感じました。

この宰相の君という人は、とても綺麗な方で、髪なども、今日はいつもより念入りにお手入れをなさっていました。姿付きも、振る舞いも、とても上品で、美しいと感じられます。身長も高すぎず低すぎず、ちょうど良いくらいで、ふっくらとしている人です。お顔は細かいところまでバランスが取れていて美しく、肌色も赤くつやつやしています。

［評］「一重《ひとへ》の紋《もん》を織《お》りて」の箇所を、「ひえの紋」とする写文もある。その

うえで、「ひえの紋」は「ひしの紋」の誤写と考え、「菱《ひし》の紋」と本文を校訂する立場がある。「ひえの紋」だと「稗」かと考えられている。

この場面は、大納言の君から宰相の君へと、人物批評の対象が移っている。ところが、宰相の君に関しては、着こなしだけでなく、身体的な特徴までも詳しく書き込んだ。すると、最初に取り上げた大納言の君に関しては、身体的な特徴を何も書いていなかったことが気になって、次に、大納言の君に関する補足説明をすることにしたのである。

88　再び、大納言の君の人となり

大納言《だいなごん》の君《きみ》は、いと細《ささ》やかに、「小《ちひ》さし」と言《い》ふべき方《かた》なる人《ひと》の、白《しら》う、愛《うつく》し気《げ》に、円々《つぶつぶ》と肥《こ》えたるが、上辺《うはべ》は、いと聳《そび》やかに、髪《かみ》、丈《たけ》に三寸許《さんずんばか》り余《あま》りたる裾付《すそつ》き、髪状《かんざし》などぞ、総《すべ》て、似《に》る物無《ものな》く、細《こま》やかに、美《うつく》しき。顔《かほ》も、いと労々《らうらう》じく、持《も》て成《な》しなど、労《らう》た気《げ》に、なよびかなり。

［訳］ 私の筆は、大納言の君から宰相の君へと移ったのですが、宰相の君の容姿を詳しく書いているうちに、大納言の君の容姿については何も書いていなかったことに気づきました。そこで、話題が少し戻りますが、大納言の君の容貌について記しておきましょう。

大納言の君は、とても小柄なので、「小さい」とでも言ったほうが適切な人です。肌付きは白く、可愛らしく、ふっくらと肥っておられます。けれども、見た目はむしろすらりとした体型なのです。髪の毛は、身長よりも十センチくらい長くて、その余っている髪の裾の引きずり方や、額《ひたい》などの髪の生え方が、どの点を取っても、細部にまで気が行き届いていて、美しいのです。顔も上品で、振る舞いは、いかにも可愛らしく、もの柔らかな印象を与えます。

［評］ 「大納言の君　↓　宰相の君　↓　大納言の君」と筆が戻ったことによって、寛弘六年の記録を書くことよりも、中宮彰子に仕えている女房たちの

人物批評を繰り広げることに、作者の執筆意図が移っていった。
体型と髪についての描写が詳しい。そう言えば、『枕草子』では女性の髪の毛についての描写が独特で、清少納言には「髪の毛コンプレックス」があったのではないかと思わせるくらいである。紫式部は、それほどではない。

89 宣旨の君の人となり

宣旨《せんじ》の君《きみ》は、細《ささ》やけ人《びと》の、いと細《ほそ》やかに聳《そび》えて、髪《かみ》の筋《すち》、細《こま》やかに、清《きよ》らにて、生《お》ひ下《さ》がりの、末《すゑ》より一尺許《いつさくばか》り余《あま》り給《たま》へり。いと心恥《こころは》づかし気《げ》に、際《きは》も無《な》く貴《あて》なる様《さま》し給《たま》へり。物《もの》より、差《さ》し歩《あゆ》みて、出《い》で御座《おは》したるも、煩《わづら》はしう、心遣《こころづか》ひせらるる心地《ここち》す。（紫式部）「貴《あて》なる人《ひと》は、斯《か》うこそ有《あ》らめ」と、心様《こころざま》、物打《ものう》ち宣《のたま》へるも、覚《おぼ》ゆ。

［訳］ 宣旨《せんじ》の君《きみ》（「宮の宣旨」とも呼ばれています）は、小柄な体つきの人ですが、とても

すっきりしているように見えます。髪の毛は、一本一本の黒髪の筋が細くて美しく、一言で言えば清らかです。髪の毛の末を見ると、身長に三十センチも余っておられます。

この方を目にすると、私が思わず緊張してしまうほどに、立派な様子をしておられます。上品を通り越して高貴なお方だ、と感じ入ります。この方が物陰からお姿を現されますと、私は緊張して、こちらも立派なふるまいをしなければ相手に対して申し訳ない、という気持ちになります。この方が何かおっしゃるのを聞いていますと、「高貴なお方とは、こういう人を指すのだろう」と、その気立ての良さが感じられてなりません。

［評］やはり、体つきと、髪の毛についての描写が詳しい。中宮付きの女房の批評が三人続いたあとで、『紫式部日記』は大きな転換点を迎える。敦成親王の誕生に伴う記録から、本格的な人物批評へと切り替わるのである。

文体も一変して、「書簡体」の話し言葉になる。古来、「消息文《しょうそくぶん》」と称されてきた部分である。この「消息文」が、あとから「補入」あるいは「混入」したとする説もあるが、自然に移っているので、補入説には無理があるように感じる。

Ⅲ　ある人に宛《あ》てた手紙（消息文）

90　日記から遠く離れて

此《こ》の序《つい》でに、人《ひと》の容貌《かたち》を語《かた》り聞《き》こえさせば、物言《ものい》ひ、さがなくや侍《はべ》るべき。唯今《ただいま》をや。差《さ》し当《あ》たりたる人《ひと》の事《こと》は、煩《わづら》はし。（紫式部）「如何《いか》にぞや」など、少《すこ》しも片秀《かたほ》なるは、言《い》ひ侍《はべ》らじ。

［訳］　この日記には、寛弘五年の敦成《あつひら》親王ご誕生をめぐる記録を中心として書いてきました。続いて寛弘六年の正月三日までの記録を書きましたけれども、そこには女房たちの人物批評を書き加えました。そうしますと、本格的に、人物批評を通しての文明批評を書

いてみたくなったのです。ここで、大きく執筆方針を転換することを、読者の方には認めていただきたいと思います。「日記」というスタイルを大きく離れまして、「批評」を志したいのです。けれども、「物語」というスタイルは、『源氏物語』で可能性をとことん突き詰めていますから、ここでは「手紙＝書簡体」での批評文学の可能性を模索したいと思います。

宰相の君、大納言の君、宣旨の君と、三人の人物批評を書いたついでに、ほかの女房仲間の人物批評を私が繰り広げ、皆さんにお聞かせすることは、書き手の性格が良くないという印象を皆さんに与えてしまうことでしょう。けれども、私が書いた『源氏物語』の帚《はは》木《き》の巻の冒頭にもありますように、女房という存在は、自分の知っていることや思っていることを話したくてたまらず、口さがない性格なのです。

帚木の巻の口さがない女房は、かつて存在した光源氏という過去の人物の話を、有《あ》ることと無いこと、話し散らしたのですが、私がこれから日記に書くことは、現在も生きている人たちのことなのです。そういう人たちと私は、これからも実際に会う機会があるわけですから、本当のことはなかなか書きづらいです。彼女たちの中で、「この人は、ちょっとどうかな」と、少しでも欠点のある人などのことは、差し障《さわ》りますので、お話ししないことにいたしましょう。
これから私がお話しすることは、私が『源氏物語』の帚木の巻の「雨夜《あまよ》の品定《しなさだ》め」で試みた「会話体の批評文学」を一歩進めた、「書簡体＝手紙文」の批評文学だとご理解くださいますよう。

［評］ 私は、「差《さ》し当《あ》たりたる人《ひと》の事《こと》は、煩《わづら》はし。『如何《いか》にぞや』など、少《すこ》しも片秀《かたほ》なるは、言《い》ひ侍《はべ》らじ」と解釈したが、「差《さ》し当《あ》たりたる人《ひと》の事《こと》は、『煩《わづら》はし。如何《いか》にぞや』など、少《すこ》しも片秀《かたほ》なるは、言《い》ひ侍《はべ》らじ」と解釈することもできる。

さて、ここから『紫式部日記』は、記録文学を離れて、批評文学としての道を歩き始める。この「消息文」があるゆえに、『紫式部日記』は文学史に残ったのである。そうでなければ、「『源氏物語』の作者が書いた日記」という評価に留まったことだろう。

後世、「往来物《おうらいもの》」と呼ばれる教科書がたくさん現れた。往復書簡体の啓蒙教育書である。ただし、『紫式部日記』の「消息文」は、紫式部から「ある読者」

に宛《あ》てて書かれた書簡であり、相手からの返書はない。

私は、初めて『紫式部日記』を読んだ時に、夏目漱石の『こころ』を連想した。『こころ』では、「先生と遺書」で、先生からの手紙が異常なまでに肥大して、長大化している。漱石は、書き始めた当初は、ここまで長い手紙を書くつもりはなかっただろう。紫式部も、「消息文」をここまで長くする意図はなかったと思われる。けれども、書いているうちに、筆が止まらなくなったのだ。それが、散文の散文たるゆえんだろう。

91 もう一人の「宰相の君」

宰相《さいしやう》の君《きみ》は、北野《きたの》の三位《さんゐ》のよ、脹《ふく》らかに、いと様態《やうだい》、細《こま》めかしう、才々《かどかど》しき容貌《かたち》したる人《ひと》の、打《う》ち居《ゐ》たるよりも、見持《みも》て行《ゆ》くに、こよなく打《う》ち勝《まさ》り、労々《らうらう》じくて、口付《くちつき》に、恥《は》づかし気《げ》さも、匂《にほ》ひやかなる事《こと》も添《そ》ひたり。持《も》て成《な》しなど、いと美々《びび》しく、華《はな》やかにぞ見《み》え給《たま》へる。心様《こころざま》も、いと目安《めやす》く、心愛《こころうつく》しきものから、又《また》、いと恥《は》づかしき所《ところ》、添《そ》ひたり。

［訳］　宰相の君は、と言っても、これまで何度もこの日記に登場した、藤原道綱《みちつな》様のご息女である「宰相の君」ではありませんよ。「北野の三位《さんみ》」、つまり藤原遠度《とおのり》様のご息女のほうの「宰相の君」です。

彼女は、ふっくらとした体型で、容姿は、細部までまことに整っていて、いかにも利発そうな顔立ちをしています。彼女が、座っているところをちょっと見ただけでは、それほどの人物だとはわかりませんが、永く観察していると、その素晴らしさがわかってきて、それがどんどんよくなって、心深く感じられるようになります。口元には、こちらをたじろがせるような気品だけでなく、あでやかな魅力も加わっています。仕種《しぐさ》には、美しさの中に華やかさがおありになることが、誰の目にも明らかです。性格も、とても感じが良くて、可愛らしい一方で、こちらが緊張してしまうほどの気品も備わっておられます。

［評］　群書類従本の「打《う》ち居《ゐ》たるよりも」を、「打《う》ち見《み》たるよりも」とする写

本もある。その場合には、ちょっと見には彼女の長所はよくわからないけれども、永く見ていると良さがわかってくる、という意味になる。ただし、「打《う》ち居《ゐ》たるよりも」のままでも、「打《う》ち居《ゐ》たるを見《み》るよりも」の意味で解釈できる。

藤原遠度は、道長の父・兼家の弟である。『蜻蛉日記』の下巻では、作者（道綱の母）の養女への求婚者として登場し、人間性は低い評価を受けているが、容姿は優れていたとある。なお、もう一人の「宰相の君」は、『蜻蛉日記』の作者と兼家の間に生まれた子ども（道綱）の娘である。

92　小少将の君は「女三の宮」そっくりの人

小少将《こせうしやう》の君《きみ》は、そこはかと無《な》く、貴《あて》に、艶《なま》めかしう、二月許《きさらぎばか》りの枝垂《しだ》り柳《やなぎ》の様《さま》したり。様態《やうだい》、いと愛《うつく》し気《げ》に、持《も》て成《な》し、心憎《こころにく》く、心延《こころば》へなども、我《わ》が心《こころ》とは思《おも》ひ取《と》る方《かた》も無《な》き様《やう》に、物慎《ものづつ》みをし、いと世《よ》を恥《は》ぢらひ、余《あま》りに見苦《みぐる》しきまで、児《こ》めい給《たま》へり。腹穢《はらぎたな》き人《ひと》、悪《あ》し様《ざま》に持《も》て成《な》し、言《い》ひ付《つ》くる人有《ひとあ》らば、軈《やが》て、其《そ》れに思《おも》ひ入《い》りて、身《み》をも失《うしな》ひつべく、あえかに理無《わりな》き所《ところ》、付《つ》い給《たま》へるぞ、余《あま》り後《うし》ろめた気《げ》なる。

［訳］ 小少将《こしょうしょう》の君（「少将の君」とも呼ばれています）は、私の親友です。彼女の周りに漂っている雰囲気は、気品があって、あでやかです、喩《たと》えて言えば、二月頃のしだれ柳が風に靡いているような感じがします。容姿は、とにかく可愛らしく、振る舞いは奥ゆかしい。性格的には、自分で自分の人生をこのように切り開いて生きてゆこうとする積極的なところはありませんで、状況の中を流されてゆくようなところがあります。恥ずかしがり屋で、もう少しどうにかしてほしいと思うほどに、子どもっぽい性格の持ち主でいらっしゃいます。もしも、性格の悪い人が、彼女を陥れようとして、有ること無いことを言いふらすようなことがあったとすれば、彼女はすぐにそのことを深く気に病んで、思い詰めて出家したり、命を縮めたりするに違いないと、私に思わせる宿命的な弱さがおありです。それが、私には心配でならないのです。

［評］　本文では「言《い》ひ付《つ》くる人有《ひとあ》らば」とした箇所は、「言《い》ひ告《つ》ぐる人有《ひとあ》らば」と解釈することもできる。

さて、この小少将の君へのコメントは、『源氏物語』の女三の宮の人物造型と深く関わっている。

> 二月《きさらぎ》の中《なか》の十日ばかりの青柳《あをやぎ》の、わづかに枝垂《しだ》り始めたらむ心地《ここち》して、鶯の羽風《はかぜ》にも乱れぬべく、あえかに見え給ふ。桜の細長《ほそなが》に、御髪《みぐし》は左右《ひだりみぎ》よりこぼれ掛《か》かりて、柳の糸の様《さま》したり。（若菜下の巻）

女三の宮が弱い性格だったので、柏木の求愛を拒み通せず、密通してしまい、懐妊したこと。それが光源氏に知られたことで、出家して尼になったこと。紫式部は、自分が創作した女三の宮に、生身の女性である小少将の君を重ねている。あるいは、小少将の君が紫式部の創作意欲を刺激して、女三の宮となったのか。

93 宮の内侍は欠点のない女性である

宮《みや》の内侍《ないし》ぞ、又《また》、いと清気《きよげ》なる人《ひと》。丈立《たけだ》ち、いと良《よ》き程《ほど》なるが、居《ゐ》たる様《さま》、姿付《すがたつ》き、いと物々《ものもの》しく、今《いま》めいたる様態《やうだい》にて、細《こま》かに、取《と》り立《た》てて、をかし気《げ》とも見《み》えぬものから、いと物清気《ものきよげ》に、初々《うひうひ》しく、中高《なかだか》き顔《かほ》して、色《いろ》の合《あはひ》、白《しろ》きなど、人《ひと》に優《すぐ》れたり。頭付《かしらつ》き、髪《かん》状《ざし》、額付《ひたひつ》きなどぞ、（紫式部）「あな、物清気《ものきよげ》」と見《み》えて、華《はな》やかに、愛敬付《あいぎやうづ》きたる。徒有《ただあり》に持《も》て成《な》して、心様《こころざま》なども目安《めやす》く、露許《つゆばか》り、何方様《いづかたざま》にも後《うし》ろめたい方無《かたな》く、すべて、（紫式部）「然《さ》こそ有《あ》らめ」と、人《ひと》の例《ためし》にしつべき人柄《ひとがら》なり。艶《えん》がり、由《よし》めく方《かた》は、無《な》し。

【訳】これまで、批評してきた人は、すべて立派な人なので、誉める一方でした。宮の内侍もまた、褒め言葉しか見つかりません。彼女は、とてもさっぱりした印象を与えます。身長は、ちょうどよい位の高さなのです。特に、座っている様子や姿形が、たいそう堂々としていて、現代風です。部分部分を取り上げて、どこが取り分け素晴らしいというわけではありませんが、全体的な雰囲気がとてもさっぱりしているので、世間ずれしていないように感じられるのです。

鼻筋が通った顔立ちで、肌の色は、黒い髪とのコントラストで白く見えます。このような点が、ほかの人よりは優れています。その髪の毛ですが、頭の格好、髪の生え《は》具合、額《ひたい》への髪のかかり方など、「ああ、何てさっぱりしているのでしょう」と感嘆するほどで、華やかさがあり、魅力的です。飾ることなく自然に振る舞っていて、性格も無難で、まったくどの点を取っても欠点らしい欠点がありません。すべての面で、「このようにありたい」と、女房たちのお手本にしたくなるほどの性格の良さです。変に色っぽいところや、教養がありそうに振る舞うことなどがありません。

［評］　群書類従本の「初々《うひうひ》しく」を、「そびそびしく」とする写本がある。古典には濁点表記がなかったので、「うひうひしく」と「そひそひしく」は大変によく字体が似ている。「そびそびし」は「聳《そび》ゆ」「聳《そび》やか」の「そび」で、ほっそり高いというニュアンスだろう。

この宮の内侍へのコメントは、欠点が何もないと誉めちぎっている。はなはだリアリティに欠ける。『源氏物語』を読んでいても、例えば藤壺に関しては、何一つ、ここが不足という側面がなく、完璧であるという描かれ方なのだが、読者としては、「本当に、こんな理想的な人間が、世の中に存在しうるのだろうか」と、疑問に駆られる。それに対して、六条御息所のように、大いなる欠点のある人物のほうに、読者はリアリティを感じるものである。

『紫式部日記』の「誉め殺し」戦略は、作者の意図的なものなのだろうか。

94 宮の内侍の妹が、式部の御許《おもと》

式部《しきぶ》の御許《おもと》は、妹《おとうと》なり。いと脹《ふく》らけさ過《す》ぎて、肥《こ》えたる人《ひと》の、色《いろ》、いと白《しろ》く匂《にほ》ひて、顔《かほ》ぞ、いと細《こま》かに、由《よし》ばめる。髪《かみ》も、いみじく麗《うるは》しくて、長《なが》くは有《あ》らざるべし、繕《つくろ》ひたる業《わざ》して、宮《みや》には参《まゐ》る。肥《ふと》りたる様態《やうだい》の、いと、をかし気《げ》にも侍《はべ》りしかな。目見《まみ》、額付《ひたひつ》きなど、真《まこと》に清気《きよげ》なり。打《う》ち笑《ゑ》みたる、愛敬《あいぎやう》も多《おほ》かり。

［訳］　式部《しきぶ》の御許《おもと》は、今お話ししたばかりの「宮の内侍」の妹です。たいそうふっくらとしていまして、むしろ「肥《ふと》った人」と言ったほうがよいかもしれません。肌合いは、白くて官能的な印象を受けます。顔つきは、部分部分がよく整っていますので、どことなく趣があるように感じられます。髪の毛は、とても美しいのですが、残念なことに長くはないのでしょう、髢《かもじ》（付け髪）をして中宮様の御前《ごぜん》に参上しています。それにしても、ぷっくりした体型は、とても情感たっぷりに感じられましたよ。目もとや、額《ひたい》の格好は、本当にさっぱりしていました。何かの拍子に軽く微笑《ほほえ》んだ表情など、可愛らしかったですよ。

［評］　群書類従本の「由《よし》ばめる」を、「良《よ》く侍《はべ》る」とする写本もある。姉の「宮の内侍」が「無欠点の女」だったのに比べると、妹の式部の御許には、そこまでの理想性はない。髪の毛の長さが不足しているので、髢《かもじ》で補っている。それでも、愛嬌があった。

95 若い女房から二人ほど

若人《わかうど》の中《なか》に、（紫式部）「容貌《かたち》、良《よ》し」と思《おも》へるは、小大輔《こだいふ》、源式部《げんしきぶ》。小大輔《こだいふ》は、細《ささ》やかなる人《ひと》の、様態《やうだい》、いと今《いま》めかしき様《さま》して、髪《かみ》、麗《うるは》しく、元《もと》は、いと事痛《こちた》くて、丈《たけ》に、一尺余《いつさくよ》、余《あま》りたりけるを、落《お》ち細《ほそ》りて侍《はべ》り。顔《かほ》も、才々《かどかど》しう、（紫式部）「あな、をかしの人《ひと》や」とぞ、見《み》えて侍《はべ》る。容貌《かたち》は、直《なほ》すべき所無《ところな》し。

源式部《げんしきぶ》は、丈《たけ》、良《よ》き程《ほど》に聳《そび》やかなる程《ほど》にて、顔《かほ》、細《こま》やかに、見《み》るままに、いとをかしく、労《らう》た気《げ》なる気配《けはひ》、物清《ものきよ》く、清爽《かはらか》に、人《ひと》の娘《むすめ》と覚《おぼ》ゆる様《さま》したり。

［訳］　私を含め、中宮様に何年もお仕えしている者たちから見て、若い女房の中で「綺麗な顔をしている」と思われる女房としては、小大輔《こだゆう》と源式部《げんしきぶ》の二人を、まずは挙げるべきでしょう。

小大輔は、小柄な体つきですが、容姿は、とても現代的で、洒落ています。髪の毛は綺麗で、最初の頃はふさふさとボリュームたっぷりで、髪が身長から三十センチ以上も長くて後ろに引きずっているほどだったのですが、急に抜け細ってしまいました。顔も、利発そうで、彼女を見た瞬間に、「ああ、何て綺麗な人だろう」と感嘆してしまいます。どの部分を取っても、お顔を直す必要はないほど、完璧に整っています。

源式部は、身長はちょうど良いほどで、ほっそりとしています。顔は細部にいたるまでよく整っているので、見れば見るほどに、とても綺麗だということがわかります。いじらしい雰囲気も漂っています。清らかで、さっぱりしているので、「宮仕えしている女」と言うよりも、いかにも「良家の子女」という感じです。

［評］「小大輔」は、あるいは「伊勢の大輔」のことか。伊勢の大輔は生没年未詳だが、紫式部よりは二十歳くらいの年下であろうか。彼女の髪の毛が急速に細ったとあるのは、なぜだろうか。

伊勢の大輔は、「古《いにしへ》の奈良の都の八重桜今日九重に匂ひぬるかな」の歌で著名である。なお、中世の説話集である『沙石集《しゃせきしゅう》』の説話では、上東門院藤原彰子が、奈良興福寺の八重桜を都に移そうとしたところ、寺法師が反発した。彰子は、奈良法師の風流心に感動した、と言う。この説話は、松尾芭蕉とも、江戸時代の『徒然草』注釈書(『徒然草絵抄』)とも関連している。

96 若い女房の火遊び

小兵衛《こひやうゑ》の丞《じよう》なども、いと清気《きよげ》に侍《はべ》り。其《そ》れらは、殿上人《てんじやうびと》の見残《みのこ》す、少《すく》なかり。誰《たれ》も、取《と》り外《はづ》しては、隠《かく》れ無《な》けれど、人隈《ひとぐま》をも用意《ようい》するに、隠《かく》れてぞ侍《はべ》るかし。

[訳]「小兵衛《こひようえ》の丞《じよう》」もまた、とてもさっぱりとした雰囲気の女房です。これまで取り上げてきた小大輔や源式部も含めて、見目《みめ》優れた若い女房は、宮中に出入りする殿上人が放っておくことは、まずないだろう、というもっぱらの噂です。ですから、小大輔や小兵衛たちにも、秘めた関係にある殿方がいることでしょう。こういう噂は、下手をすると、宮中に、ぱっと広がってしまうものですが、彼女たちは誰にも見られていな

いような場所で逢瀬を持つなど、十二分に警戒しているので、他人には決して知られていないのです。

［評］　群書類従本の「小兵衛の丞《こひやうゑじよう》」を、「小兵衛《こひやうゑ》、少弐《せうに》」とする写本がある。若い女房の人数が、前者だと一人、後者だと二人になる。ただし、『紫式部日記』の他の場面に「小兵衛」は登場するが、「少弐」という女房は、ここ以外には出てこない。また、「少なかり」を「少なかンなり」とする写本もある。

宮中での華やかな宮仕えには、男女関係から免れない危険性が付き物だった。中宮付きの上臈女房でも、「道長の見残す、少なかり」という状況だったことだろう。若くはない紫式部もまた、そうだったと思われる。

97　宮木の侍従の突然の出家を惜しむ

宮木《みやぎ》の侍従《じじゆう》こそ、いと細《こま》かに、をかし気《げ》なりし人《ひと》。いと小《ちひ》さく、細《ほそ》く、猶《なほ》、童女《わらは》にて有《あ》らせまほしき様《さま》を、心《こころ》と老《お》い就《つ》き、窶《やつ》して、止《や》み侍《はべ》りにし。髪《かみ》の、袿《うちき》に少《すこ》し余《あま》りて、末《すゑ》を、いと華《はな》やかに削《そ》ぎて参《まゐ》り侍《はべ》りしぞ、果《は》ての度《たび》なりける。顔《かほ》も、いと良《よ》かりき。

［訳］ 若い女房の中で、綺麗な顔の者の紹介を続けましょう。宮木《みやぎ》の侍従という女房は、とても細かいところまで整った顔立ちの、とても綺麗な人でした。かなり背が低く、いつまでもずっと「女童《めのわらわ》」のままでいさせたいと思う様子をしていました。それなのに、何を思ったのか、そして何が起こったのか、彼女は好《す》き好《この》んで、自分が生きる時間のスピードを速く回すことを選んだのでした。苦しい人生に永く悩まされた老女が出家するのは、私にも理解できますが、宮木の侍従は、若くして尼となったのです。そして、宮仕えを辞《や》めてしまったのでした。彼女は、袿の丈《たけ》よりも長かった髪の裾を、物の見事に切った「尼削《あまそ》ぎ」の姿で、中宮様にお別れの挨拶に参上しました。それが、私が彼女を見た最後となりました。顔の綺麗な人だったので、惜しまれる出家でした。

［評］ 「95」の小大輔は、髪の毛のボリュームが急減したのだった。そこか

らの連想で、美しかった髪を惜しげも無く削《そ》ぎ落として尼になった宮木の侍従についての思い出が語られる。「33」の舟遊びでも、小大輔、源式部、小兵部たちと共に、「若き人＝若い女房」の中に、彼女の名前が見える。少なくとも寛弘五年九月十六日までは、何の憂いもなく若さを享受していたのだった。紫式部が、『紫式部日記』を実際に執筆したのがいつか、正確にはわからないが、その時点では宮木の侍従は尼になっていたのだろう。

なお、「心《こころ》と、老《お》い就《つ》き」とある箇所は、『伊勢物語』第一段の、「おいつきて（おひつきて）、言ひやりける」という難読箇所について、紫式部の解釈を示唆するのではないだろうか。「追ひつきて」「帯付《おびつ》きて」などとも解釈されているが、「老《お》い就《つ》きて」（若い人間が不自然に老成して）の意味で理解していたのではないだろうか。

98　五節の弁の髪に秘められた養父の悲劇

五節《ごせち》の弁《べん》と言《い》ふ人《ひと》、侍《はべ》り。（世間の人）「平中納言《へいちゅうなごん》の、養女《むすめ》にして傅《かしづ》く」と聞《き》こえしが、絵《ゑ》に描《か》いたる顔《かほ》して、額《ひたひ》、甚《いた》う晴《は》れたる人《ひと》の、目尻《まじり》、甚《いた》う低《ひき》く、顔《かほ》も、（紫式部）「此処《ここ》は」と見《み》ゆる所無《ところな》く、いと白《しら》う、手付《てつ》き・腕付《かひなつ》き、いとをかし気《げ》に、髪《かみ》は、見始《みはじ》め侍《はべ》りし春《はる》は、丈《たけ》に、一尺許《いつさくばか》り余《あま》りて、事痛《こちた》く多《おほ》かり気《げ》なりしが、あさましう、分《わ》けたる様《やう》に落《お》ちて、裾《すそ》も、さすがに細《ほそ》らず、長《なが》さは、少《すこ》し余《あま》りて侍《はべ》るめり。

〔訳〕　五節の弁という女房が、いました。何でも、「道長様の信任の篤い平惟仲《これなか》中納言が、養女として大切に育てている」とかいう世間の噂でした。生身の女性というよりも、「絵に描かれたような女人」といったほうが適切な顔だちをしていました。額《ひたい》は、とても広く、眦《まなじり》は、ひどく下がっていました。顔にも、「ここは優れている」と思う点は、ありませんでした。ただし、肌がとても白くて、手や足の格好は、とても魅力的でした。

ところで、彼女の髪の毛の変化には、私も驚かされました。私が初めて彼女を見ました年の春には、身長よりも三十センチ以上も長い、ボリュームたっぷりの髪の毛を誇っていたのですが、そのあと、別人ではないかと呆《あき》れるほど、分け取ったかのように、ごっそりと抜け落ちてしまったのでした。ただし、髪の毛の量は激減しても、長さだけは何とか保っていまして、髪の裾は身長よりも余ったままでした。

［評］　群書類従本の「目尻《まじり》、甚《いた》う低《ひき》く」を、「目尻《まじり》、甚《いた》う引《ひ》きて」とする写本がある。そうであれば、いわゆる「引目鉤鼻《ひきめかぎはな》」の「引目」を意味していることになり、「絵《ゑ》に描《か》いたる顔《かほ》」と照応することになる。ただし、「『此処《ここ》は』と見《み》ゆる所無《ところな》く」（ここが優れているという所はなく）と照応させるならば、「目尻《まじり》、甚《いた》う低《ひき》く」のほうがぴったりくる。ちなみに、「ここが欠点であるという所はなく」とする解釈は取らない。また、髪の毛が細ったあとの「裾《すそ》も、さすがに細《ほそ》らず」を、「裾《すそ》も、さすがに褒《ほ》められず」とする写本もある。

五節の弁の養父・平惟仲《これなか》は、『枕草子』に登場する生昌《なりまさ》の兄。藤原兼家に重用され、道隆（中の関白）にも重用されたが、後に道長（御堂関白）に乗り換えた。稀に見る能吏だったが、一〇〇五年に大宰府で、変死した。宇佐八幡の呪いとも噂された。この心痛で、彼女の髪の毛が落ちたと推定できれば、彼女の髪が長かったのを見た紫式部の「出仕時期」が、一〇〇五年（寛弘二年）以前として、ある程度推測される。

99 今では宮仕えを辞《や》めている小馬《こま》

小馬《こま》と言《い》ふ人《ひと》、髪《かみ》、いと長《なが》く侍《はべ》りし。昔《むかし》は、良《よ》き若人《わかうど》、今《いま》は、琴柱《ことぢ》に膠注《にかはさ》す様《やう》にてこそ、里居《さとゐ》して侍《はべ》るなれ。

［訳］　五節の弁は、容姿が一変した人でしたが、性格が一変した人もいます。小馬《こま》という女房は、髪がとても長い人でした。若い女房の中でも、昔は、見た目だけでなく、性格も良かったのですが、いつの間にか、それも短期間で性格が一変してしまいました。皆さんは、「琴柱《ことじ》に膠《にかわ》を注《さ》す」という故事成語をご存じでしょうか。琴を演奏する際には、

琴柱をあちこちに移動させて、音程を調律しなければなりません。その琴柱が膠で固められ、移動できないように固定されましたら、とても演奏などできるものではありません。このことから、融通が利《き》かないことの喩えとして、「琴柱《ことじ》に膠《にかわ》を注《さ》す」という故事成語が用いられるのです。

小馬にとっては、何が膠だったのかはわかりませんが、頑固で融通の利かない人になってしまい、自分の思った通りにならない宮仕えを嫌がるようになりました。そして、琴柱を膠で固定するように、自分の居場所を「里＝実家」だけに固定してしまい、中宮様のいらっしゃる宮中へ動いてくることはなくなったのでした。

［評］「琴柱《ことじ》に膠《にかわ》を注《さ》す」の出典は、『史記』藺相如《りんしょうじょ》伝である。戦場では、兵法理論ではなく、臨機応変な対応が必要だというのが、『史記』の文脈である。藺相如は、「刎頸《ふんけい》の交わり」という故事成語でも名高い。

ところで、この「髪《かみ》、いと長《なが》く侍《はべ》りし」を、与謝野晶子は、「顔の長い人であった」と訳している。不審である。『紫式部日記』の諸本で、この箇所の異同はなく、すべて「髪《かみ》、いと長《なが》く侍《はべ》りし」である。与謝野晶子が参照した『紫式部日記』の近代の活字本に「顔、いと長《なが》く侍《はべ》りし」と誤植したものがあったのか、それとも晶子の自筆の「髪」という原稿を、印刷段階で「顔」と誤植したのか。興味は尽きない。

100 中宮付きの女房たちへの批評を終えるに当たって

斯《か》う、言《い》ひ言《い》ひて、心馳《こころば》せぞ、難《かた》う侍《はべ》るかし。其《そ》れも、取《と》り取《ど》りに、いと悪《わ》ろきも無《な》し。又《また》、優《すぐ》れてをかしう、心重《こころおも》く、才故《かどゆゑ》も、由《よし》も、後《うし》ろ安《やす》さも、皆《みな》、具《ぐ》する事《こと》は難《かた》し。（紫式部）「様々《さまざま》、何《いづ》れをか採《と》るべき」と覚《おぼ》ゆるぞ、多《おほ》く侍《はべ》る。然《さ》も、怪《け》しからずも侍《はべ》る事《こと》どもかな。

［訳］ここまで、中宮彰子様にお仕えしている女房たちの人物批評を試みてきました。彼女たちの容貌を中心に書いてきたのですが、最後の「小馬《こま》」にいたって、人間は外見で

はなく、内面のほうが大切なのだ、ということが明らかになってきたようです。けれども、正しい心を持つことほど、むずかしいものはありません。また、他人の心を見抜いて、正しく批評することほど、むずかしいものもありません。

と言うのも、人間は一人一人異なった個性があり、まさに十人十色だからです。はなはだ悪い心の持ち主など、世の中にはいません。逆に、はなはだ優れている人間もいません。鷹揚《おうよう》で落ち着いた心を持ち、才能や教養も、一流の常識も、安心して任せられる信頼感も、すべてを同時に持っている人など、どこにも存在しないのです。

私は、「一長一短である女房たちの心馳せを思い比べて、どれを良しとすべきだろうか。どれもこれも、誰も彼も、良しとすることはできない」と思うことが、しばしばあります。こんな結論に達した自分ですが、この手紙を読んでおられるあなたからは、「それでは、ろくな人間は一人もいないとおっしゃる紫式部さんは、どうなんですか。あなたの結論を当てはめれば、あなたもまた『良し』とできない心の持ち主だ、ということになりませんか」という反論が寄せられるでしょうね。そういう批判を受けても仕方のない、ろくでもない内容の文章を書いた、と反省しきりです。

［評］ 他者への厳しい批評は、批評する側の心をも深く傷つける。けれども、ここまで、同僚だった中宮付きの女房たちを論じる基本姿勢は、「誉め殺し」戦略だった。だから、相手も自分も、それほど傷ついていない。

ここから、斎院付きの女房への厳しい批評に、紫式部は足を踏み入れる。今度は、返す刀で自分を切る覚悟も必要となる。その覚悟が自分にあることを、この箇所で紫式部はほのめかしている。

101 紫式部は弟の恋人の手紙を読み、公憤に駆られた

斎院《さいゐん》に、中将《ちゆうじやう》の君《きみ》と言《い》ふ人《ひと》、侍《はべ》るなり。聞《き》き侍《はべ》る頼《たよ》り有《あ》りて、人《ひと》の許《もと》に書《か》き交《か》はしたる文《ふみ》を、密《みそ》かに、人《ひと》、取《と》りて、見《み》せ侍《はべ》りし。

いとこそ艶《えん》に、我《われ》のみ、世《よ》には物《もの》の故知《ゆゑし》り、心深《こころふか》き類《たぐ》ひは有《あ》らじ。総《すべ》て、世《よ》の人《ひと》は、心《こころ》も肝《きも》も、無《な》き様《やう》に、思《おも》ひて侍《はべ》るべかンめる。

見侍りしに、漫ろに心疾しう、「公腹」とか、良からぬ人の言ふ様に、憎くこそ思う給《たま》へられしか。文書《ふみが》きにも有《あ》れ、(中将の君)「歌などのをかしからむは、我《わ》が院《ゐん》より外《ほか》に、誰《たれ》か、見知《みし》り給《たま》ふ人《ひと》の有《あ》らむ。世《よ》にをかしき人《ひと》の生《お》ひ出《い》でば、我《わ》が院《ゐん》こそ御覧《ごらん》じ知《し》るべけれ」などぞ侍《はべ》る。

[訳] 賀茂の斎院である選子《せんし》内親王様にお仕えしている女房の中に、中将の君とかいう人がいますそうです。彼女の存在を耳に入れる伝《つて》が私にはありまして、彼女がある人物との間に書き交わした手紙を、こっそりとある人が持ち出してきて、私に見せてくれたのです。

このように書くと、あなたは、私とはいったいどういう関係にあるのだろうと気になって仕方がないと思いますので、種明かしをしておきます。私の愚弟に、惟規《のぶのり》がいます。その惟規が交際している相手が、この中将の君だったというわけです。中将の君は、惟規の姉が私であることを、当然知っているでしょうから、私の存在を少しは意識して、惟規に手紙を書いたのでしょう。その手紙を私に読ませようと思ったのが、中将の君だったか、惟規本人だったか、惟規に仕える下仕えの女だったかは、ここには書かないでおきます。

その手紙から窺われるのは、その文章を書いた中将の君という女が抱いている、何の根拠もない優越感です。鼻につくほどの浮わついた色っぽい文体で書かれていました。その内容ときましたら、まるで自分だけが世界中でただ一人、物事の深い情趣を理解できており、かつ、その情趣を体得できている人間は自分のほかにいないと、思い上がっているのです。自分以外の、ほかの人間は全員、深い心も、考えも、持っていないように、思い込んでいるようなのです。

この女の手紙を読みましてすぐに、私はむしょうに腹立たしくなり、むしゃくしゃしてきました。下賤の言葉では「公腹《おおやけばら》」とか言っているようですが、私も向かっ腹が立って、立って、抑えることができませんでした。こういう手紙を書く人間に対して、憎しみすら覚えた次第です。

仮に、自分を愛してくれている気心の知れた恋人に送る手紙の文面だったとしても、こんなことまで書いてよいものでしょうか。「もし、世の中に素晴らしい和歌があったとしましても、その和歌の本当の素晴らしさを理解おできになるのは、私がお仕えしている斎院様以外に、いったい誰がいるというのでしょう。ですから、仮に、今の時代に天才的な歌人が出現したとしても、その歌人の才能の真贋を見分ける目をお持ちなのは、我が斎院様ということになりましょう」などと書いてあったのですよ。

［評］　ここから斎院論に入る。「斎院」は、選子内親王（九六四～一〇三五）。村上天皇の皇女だった選子内親王は、九七五年から一〇三一年まで、五十七年（正確には五十六年と三か月）の長きにわたって斎院を務めた。円融・花山・一条・三条・後一条の五代の御代《みよ》に渡って斎院だったので、「大斎院《だいさいいん》」（オオサイインとも）と称される。紫式部が義憤に駆られたのは、選子が五十七年にも及んだ斎院の任期の半分を少し過ぎた頃だった。『源氏物語』の成立伝承にも、選子内親王から中宮彰子が「珍《めづら》かなる物語」を所望された、とするものがある。紫式部とは、さまざまな因縁の糸で結ばれていた。

さて、『後拾遺和歌集』に、惟規が父と共に下向していた越後の国で、没した時に詠んだ辞世の歌が撰ばれている。

父の許《もと》に、越《こし》の国に侍《はべ》りける時、重く患《わづら》ひて、京に侍りける斎院の中将が許《もと》に遣《つか》はしける

都にも恋しき人《(事)》の多かれば猶《なほ》この度《たび》《旅(たび)》は生《い》かむ《行(い)かむ》とぞ思ふ

惟規の最期は、数々の説話集や歌論書でも、取り上げられている。寛弘八年（一〇一一）のことである。『紫式部日記』が書かれたのは、まだ惟規が生きていた頃だろうが、彼と「斎院の中将の君」が恋愛関係にあったことは、この歌からも明らかである。

中将の君の手紙に紫式部がカチンときたのは、これが中宮の文化サロンへの批判と、自分たち斎院の文化サロンの勝利宣言だったからである。中宮彰子のサロンの文化力を高めるために、『源氏物語』の作者である紫式部が招聘されたのであるから、紫式部としても「一言なかるべからず」というわけで、反論に打って出たのだった。

ここまで紫式部が自分の恋人のことを憎悪している事実を、惟規は知っていたのだろうか。

102 静謐な環境の斎院と、騒然とした宮中との違い

実《げ》に、理《ことわり》なれど、我《わ》が方様《かたざま》の事《こと》を、然《さ》しも言《い》はば、斎院《さいゐん》より出《い》で来《き》たる歌《うた》の、（紫式部）「優《すぐ》れて良《よ》し」と見《み》ゆるも、殊《こと》に侍《はべ》らず。唯《ただ》、いとをかしう、由々《よしよし》しうは御座《おは》すべかンめる所《ところ》の様《やう》なり。

候《さぶら》ふ人《ひと》を比《くら》べて挑《いど》まむには、此《こ》の、見給《みたま》ふる辺《わた》りの人《ひと》に、必《かなら》ずしも、彼《かれ》は勝《まさ》らじを。常《つね》に入《い》り立《た》ちて、見《み》る人《ひと》も無《な》し。をかしき夕月夜《ゆふづくよ》、故有《ゆゑあ》る有明《ありあけ》、花《はな》の便《たよ》り、時鳥《ほととぎす》の尋《たづ》ね所《どころ》に参《まゐ》りたれば、院《ゐん》は、いと御心《みこころ》の故《ゆゑ》、御座《おは》して、所《ところ》の様《さま》は、いと世離《よばな》れ、神《かん》さびたり。又《また》、紛《まぎ》るる事《こと》も無《な》し。（中宮付きの女房）「上《うへ》に、参上《まうのぼ》らせ給《たま》ふ」、若《も》しは、「殿《との》なむ参《まゐ》り給《たま》ふ」、「御宿直《おほんとのゐ》なる」など、物騒《ものさわ》がしき折《をり》も交《ま》じらず。

もて付《つ》け、自《おの》づから、知《し》り、好《この》む所《ところ》と成《な》りぬれば、艶《えん》なる事《こと》どもを尽《つ》くさむ中《なか》に、何《なに》の、奥無《あうな》き言《い》ひ過《す》ぐしをかは、し侍《はべ》らむ。斯《か》う、いと埋《うも》れ木《ぎ》を折《を》り入《い》れたる心馳《こころば》せにて、彼《か》の院《ゐん》に交《ま》じらひ侍《はべ》らば、其処《そこ》にて、知《し》らぬ男《をとこ》に出《い》で会《あ》ひ、物言《ものい》ふとも、（紫式部）「人《ひと》の、奥無《あうな》

き名《な》を、言《い》ひ負《お》ほすべきならず」など、心揺《こころゆ》るがして、自《おの》づから、艶《なま》めき馴《な》らひ侍《はべ》りなむをや。増《ま》して、若《わか》き人《ひと》の、容貌《かたち》に付《つ》けて、年《とし》の齢《よはひ》に慎《つつ》ましき事無《ことな》きが、己《おの》が心《こころ》に入《い》れて、懸想立《けさうだ》ち、(若い女房)「物《もの》をも言《い》はむ」と好《この》み立《だ》ちたらむは、こよなう、人《ひと》に劣《おと》るも侍《はべ》るまじ。

[訳] 中将の君の惟規への手紙に書いてあった言い分は、なるほど、一応の理屈は通っています。けれども、自分が仕えている斎院様のことを、そこまで最上級に誉めあげるのであれば、斎院様の文化サロンの中から誕生した名歌・秀歌が、無数になければならないはずです。ところが、実際には、斎宮様のサロンの和歌や歌人に、「はなはだ卓越している」と思われる者は、これと言って見当たりません。斎院様は、一流の文学サロンの統率者というよりも、ただ、たいそう趣深く風流なお暮らしをなさっておられるお方のように見受けられるのです。

斎院様の文化サロンと、たとえば私たち中宮様の文化サロンを比較したうえで、それでもなおかつ自分たちのほうが優れていると証明するためには、それぞれの文化サロンに属していう女房同士の優劣を判断しなくてはならないでしょう。そうしますと、この日記で私がこれまで人物批評をしてきましたような、私が日常的に拝見している中宮様付きの女房たちと比べて、斎院様の女房たちが優れているとは言えません。ただし、斎院様は中宮様と比べましたら、格段に環境面で恵まれておられます。

斎院様のお屋敷は、洛北の紫野《むらさきの》にありますので、そうしょっちゅう、来客があるということはありません。人目を気にせず、自分の思う通りのスタイルを貫いて生活できます。紫野の斎院様のお屋敷に行く機会があるとすれば、情緒たっぷりの夕月夜《ゆうづくよ》とか、風情《ふぜい》のある有明《ありあけ》とか、桜を求めての花見のついでとか、都ではなかなか聞けない時鳥《ほととぎす》の声を求めてとか、そういう美しい自然を探し求めて、斎院様のお屋敷を訪ねる場合だけでしょう。そうしますと、訪れる人間は、最初から美しい自然を投影しているのですから、斎院様には、まことに卓越した趣味心がおありだと思えてしまうのです。斎院様が住んでおられる所も、俗塵を遠く離れて、神々《こうごう》しい雰囲気が漂っています。風流心の発露を妨害するような、俗事などありません。

それに対して、私たちは何とも物騒がしい場所で暮らしています。「中宮様が、主上様《うえさま》の清涼殿にお上りになります」とか、「殿(道長様)が中宮様にご挨拶のためにお出でになりました」とか、「今夜は、主上様《うえさま》のために殿が宿直《とのい》をなさるので、宮中にお泊まりです」などという場合には、私たちの関心事は風流どころではないのです。ついつい、浅はかな言葉を用いた和歌を詠んだり、深い考えもなく軽率な和歌を詠んだりしてしまうのです。

ところが、宮中のような慌ただしい日常がない、どこまでも物静かな斎院は、振る舞いも、おのずとわきまえ、たしなめる環境ですので、風流なことの限りを尽くすことができます。なので、軽薄な言葉や和歌を口にすることが起きるはずはありません。

私は、しみじみ思うのです。私個人は、喩えて言えば、埋木《うもれぎ》のように、世間の人の目には触れず、どこかに隠れて生きていたいと願っています。埋木が折られて、地中深くに埋められたり、水中深くに沈んだりしているように、私も人知れず、一人静かに生きてゆきたいのです。そういう気持ちを持った私であっても、斎院様に宮仕えできるのであれば、誰か知らない殿方と偶然出会って、会話を交わしたとしても、ここは宮中ではなく誰も見ていないのだから、世間の人が私のことを『軽薄な女だ』などと悪口を言うことはないでしょう。そういう確信がありますので、埋木のように生きていたい私でも、勇気を奮い起こして、時には風流ぶった振る舞いをして、趣深い和歌を詠むこともできますでしょうに。

まして、中宮様にお仕えしている若い女房たちのように、容貌の面でも、若さの面でも、人前に出ることを憚ることのない人が、「思う存分に風流で艶《なま》めかしい歌を詠もう」と集中すれば、その歌が斎院様に仕えている女房たちの歌と比べてひどく劣っているということは、ありえないでしょう。

［評］　群書類従本の「知《し》り、好《この》む所《ところ》と成《な》りぬれば」の箇所を、「然《しか》、好《この》む所《ところ》と成《な》りぬれば」とする写本もある。平仮名の「り」と「か（可）」は字体が酷似している。日本語としては、「然《しか》、好《この》む所《ところ》と成《な》りぬれば」のほうが自然ではある。

『枕草子』では、斎院と中宮定子とが、互いに相手の美意識を認め合っているやりとりが、描かれている。選子には、『大斎院前《だいさいいんさき》の御集《ぎょしゅう》』『大斎院《だいさいいん》御集《ぎょしゅう》』があり、宰相、馬の内侍、斎院の中務、斎院の中将、右近などの女房たちとの文学的な日常が垣間見える。斎院サロンでは、「歌司《うたづかさ》」や「物語司《ものがたりづかさ》」までが任命されていたという。また、選子の『発心《ほっしん》和歌集』は、仏教歌集として異色である。

斎院が、定子や彰子と並ぶ文化サロンを形成していたことは事実である。

103 中宮の文化サロンは、確かに地味ではある

然《さ》れど、内裏《うち》辺《わた》りにて、明《あ》け暮《く》れ見慣《みな》らし、軋《きし》ろひ給《たま》ふ女御《にようご》・后《きさい》、御座《おは》せず、（中宮付きの女房）「其《そ》の御方《おほんかた》」、「彼《か》の細殿《ほそどの》」と、言《い》ひ並《なら》ぶる御辺《おほんあた》りも無《な》く、男《をとこ》も女《をんな》も、挑《いど》ましき事《こと》も無《な》きに、打《う》ち解《と》け、中宮《みや》の様《やう》として、色《いろ》めかしきをば、（中宮彰子）「いと淡々《あはあは》し」と思《おぼ》し召《め》いたれば、（中宮付きの女房）「少《すこ》し良《よ》ろしからむ」と思《おも》ふ人《ひと》は、朧気《おぼろげ》にて、出《い》で居《ゐ》侍《はべ》らず。心安《こころやす》く、物恥《ものはぢ》せず、「と有《あ》らむ」、「斯《か》からむ」の名《な》をも惜《を》しまぬ人《ひと》、将《はた》、異《こと》なる心馳《こころば》せ述《の》ぶるも、無《な》くやは。

唯《ただ》、然様《さやう》の人の安《やす》きままに、立《た》ち寄《よ》りて、打《う》ち語《かた》らへば、（中宮を訪れた殿上人）「中宮《ちゆうぐう》の人《ひと》、埋《う》もれたり」、若《も》しは、「用意無《よういな》し」なども、言《い》ひ侍《はべ》るなるべし。上﨟《じやうらふ》・中﨟《ちゆうらふ》の程《ほど》ぞ、余《あま》り引《ひ》き入《い》り、上衆《ざうず》めきてのみ侍《はべ》るめる。然《さ》のみして、中宮《みや》の御為《おほんため》、物《もの》の飾《かざ》りには有《あ》らず。（紫式部）「見苦《みぐる》し」とも、見侍《みはべ》り。

此《これ》らを、斯《か》く、選《え》りて侍《はべ》る様《やう》なれど、人《ひと》は皆《みな》、取《と》り取《と》りにて、こよなう劣《おと》り優《まさ》る事《こと》も侍《はべ》

若人《わかうど》だに、然《さ》れど、侍《はべ》るめるかし。などぞ、後《おく》れ」彼《か》の事《こと》、敏《と》ければ、其《そ》の事《こと》、らず。「

戯《ざ》れ侍《はべ》らむも、見苦《みぐる》しう、世《よ》に、忠実立《まめだ》ち侍《はべ》るめる「重《おも》りかならむ」と、(中宮付きの若い女房)

見侍《みはべ》る。と、情無《なさけな》からずもがな」いと斬《か》く、「大方《おほかた》を、(紫式部)唯《ただ》、いと片端《かたは》ならむ。

[訳]　けれども、私たち、中宮様にお仕えする女房の側にも、反省点はあります。私たちが暮らしている宮中には、八年ほど前に皇后定子様がお亡くなりになった後は、中宮様には主上《うえ》様《さま》の寵愛を得ようとして、昼となく夜となく挑み合わなければならない女御様やお后様が、いらっしゃいません。弘徽殿《こきでん》の女御《にょうご》はいらっしゃいますが、主上《うえ》様《さま》の愛はもっぱら中宮様にのみ注がれています。そのため、女房の立場から見ましても、「あの女御様に仕えている誰それは、なかなかの切れ者らしい」とか、「あのお后様に仕えていて、あそこの細殿《ほそどの》の局《つぼね》に住んでいる女房は、かなりの美形で、なおかつ才女でもあるらしい」などと比べ合い、競い合うこともありません。何と言っても、殿(道長様)が盤石の重石《おもし》となっておられるので、宮中では、男も女も、争うことをしなくなりました。そのような宮中ののんびりした空気に、私たち女房は順応して、ゆったりとした日々を過ごしています。

別の言い方をすれば、私たちには優れた歌を詠むために必要な緊張感が欠けています。

また、中宮様のご気風として、度を超した風流、つまり、あだっぽいことや、色めかしいことを、「まことに軽薄である」と思っておられます。ですから、「中宮様のお眼鏡《めがね》に少しでも適《かな》いたい」と考える女房は、めったなことでは人前、特に殿方の前には出て行って話をするということはいたしません。ただし、誰とでも気さくに話ができて、極度の引っ込み思案でない女房は、「あの女房は、誰それと話をしていた」とか、「あの女房は、誰それと深い仲らしい」などという噂が立つことも気にかけないので、人前に出て行かない女房たちとは、また、異なる心を発揮して、殿方と会話を楽しむことも、なくはないのです。

そういう人前に出てくる女房には気楽に話しかけられるので、殿方たちは彼女たちの局に立ち寄っては話し込みます。けれども、彼女以外の女房たちと話すことはありません。その結果、宮中における中宮様付きの女房たちの評価がどうなるかと言いますと、「中宮様の女房は、いつも引っ込んでいて、話をしてくれない」、あるいは、「中宮様の女房は、奥ゆかしさに欠ける」などという、両極端の批判がなされてしまうのです。特に、上﨟《じょうろう》や中﨟《ちゅうろう》の女房たちは、ほとんどが引っ込みすぎていて、殿方との接触を極度に避けているようです。そんな態度を続けていては、中宮様にとっては何の飾り物にもなりません。私は、そういう女房たちを、自分を棚に上げて、「見苦しい」と思います。

このように書きますと、私が中宮様お付きの女房たちの良くない点ばかりを、次々に捜し出してあげつらっているように思われるかもしれませんが、私の真意は違うのです。人は皆、違う個性や性格を持っています。まさに十人十色、百花繚乱です。そういう目から見ますと、ひどく優れている人もいなければ、ひどく劣った人もいません。「人間には、一つ長所があれば、一つ短所がある」（一長一短）とか、「帯《おび》に短し、襷《たすき》に長し」という諺も、世の中にはあるようです。けれども、若い女房たちですら、中宮様のお心に感化されて、「殿方と軽々しく話し込んだりしないようにしよう」と意識して、生真面目《きまじめ》に励んでおりますのに、年配の女房が、人目を気にせず殿方とふざけ合っておりますのも、はなはだみっともないことです。私は、ただ、「中宮様のお近くの雰囲気を、今のように、風流に欠けるものではないようにしたい」と思っているばかりなのです。

【評】　紫式部は、中宮に仕えている女房たちを、「引っ込み思案」と「奥ゆかしさに欠ける」という二つのタイプに分類する。世間の女房に対する評価を決定するのは、上臈女房の態度であるが、彼女たちには前者の「引っ込み思案」

タイプが多くて、その結果、中宮サロンが地味になってしまい、風流さに欠ける傾向にある、という分析である。

紫式部は、自分が「引っ込み思案」であることを棚に上げているが、こういう反論を『紫式部日記』で書くことが、自分の役割だと腹をくくって、斎院の文化サロンと戦っているのである。

104 中宮彰子には、忘れられない幼児体験があった

然《さ》れば、中宮《みや》の御心《みこころ》、飽《あ》かぬ所無《ところな》く、労々《らうらう》じく、心憎《こころにく》く御座《おは》しますものを、余《あま》り物慎《ものづつ》みせさせ給《たま》へる御心《みこころ》に、（中宮彰子）「何《なに》とも、言《い》ひ出《い》でじ。言《い》ひ出《い》でたらむも、後《うし》ろ安《やす》く、恥《はぢ》無《な》き人《ひと》は、世《よ》に片端者《かたはもの》」と、思《おぼ》し慣《な》らひたり。

実《げ》に、物《もの》の折《をり》など、却々《なかなか》なる事《こと》、し出《い》でたる、後《おく》れたるには劣《おと》りたる業《わざ》なりかし。殊《こと》に深《ふか》き用意無《ようい な》き人《ひと》の、所《ところ》に付《つ》けて、我《われ》は顔《がほ》なるが、生僻々《なまひがひが》しき事《こと》も、物《もの》の折《をり》に言《い》ひ出《い》だした

りけるを、未《ま》だ、いと幼《をさな》き程《ほど》に御座《おは》しまして、(彰子)「世《よ》に無《な》う、片端《かたは》なり」と聞《き》こし召《め》し、思《おぼ》し染《し》みにければ、唯《ただ》、異《こと》なる咎《とが》無《な》くて過《す》ぐすを、唯《ただ》、目安《めやす》き事《こと》に思《おぼ》したる御気色《みけしき》に、打《う》ち見《こ》めいたる、人《ひと》の娘《むすめ》どもは、皆《みな》、いと良《よ》う、適《かな》ひ聞《き》こえさせたる程《ほど》に、斯《か》く慣《な》らひにける、とぞ心得《こころえ》て侍《はべ》る。

[訳] さて、その中宮様のお心ですが、ここが足りないというような点が一つもありません。細かなことにまでお気づきになり、奥ゆかしくていらっしゃいます。けれども、あまりにも控え目でいらっしゃいますので、「自分からは、女房たちに対して、こうしたらどうかとか、そんなことはしてはいけないとかは、言わないでおこう。言ったとしても、これまでの生き方に固執し、厚かましく振る舞う、見苦しい女房たちだから」と、常々思っておられます。

確かに、控え目なことは、悪いことではありません。何かの折に、「そんなことをしなければよかったのに」と思われることをしでかした時には、何もしないで済ませたほうが、よほど勝《まさ》っています。「過ぎたるは、猶《なお》、及ばざるが如し」という諺の通りです。

中宮様がまだ幼かった頃に、忘れられない体験をなさったことを、私は直接お聞きしたことがあります。特にこれと言って、深い思慮分別があるわけではない女房がいたそうです。けれども、彼女は中宮様の前でも、我が物顔に振る舞い、何か大切なことがありました場で、思わず嫌悪感を催すような間違った内容を得意げに話しまくったそうなのです。それをお聞きになった中宮様は、お若くいらしたものの、それが間違いであることを見抜かれ、「こういう間違ったことを臆面もなく話し散らかすのは、まったくもって、みっともないことだ」と身に染《し》みてお考えになったということなのです。それ以来、中宮様は、これと言った失態なしに身を処すことを、ひたすら安心・安全なことだとお思いになるようになられたのです。その中宮様のお気持ちに適《かな》うようにと、子どもも子どもした若い女房たちの皆が皆、とてもよく仕えたので、今のように、「中宮様の女房は引っ込み思案が過ぎる」と言われるような雰囲気が醸し出され、行き渡ったのだと、私は考えます。

［評］冒頭の「然《さ》れば」を、「然《さ》るは」とする写本もある。また、群書類従本の「恥《はち》無《な》き人《ひと》は、世《よ》に片端者《かたはもの》」の箇所を、「世《よ》に難《かた》い物《もの》」（世の中には、めったにいないもの）とする写本もあり、そちらのほうが意味を取りやすい。ただし、群

書類従本で、もう一箇所、「世《よ》に無《な》う、片端《かたは》なり」とある箇所は、他の写本でも「片端《かたは》」となっていて、あながち「世《よ》に難《かた》い物《もの》」のほうが正しいとも言い切れない。それでも、「世に難い物」の本文で、現代語訳しておこう。

「自分からは、女房たちに対して、こうしたらどうかとか、そんなことはしてはいけないとかは、言わないでおこう。言ったとしても、そのことを後悔せず、言ったことが無駄になって、こちらが恥ずかしい思いをしないですむ女房など、めったにいないだろう」。

それにしても、幼少期の中宮彰子に、「出過ぎた言動の女房は見苦しい」というトラウマを与えたのは、誰だったのだろう。また、どういう具体的な言動だったのだろう。私の現代語訳では、「中宮様がまだ幼かった頃に、忘れられない体験をなさったことを、私は直接お聞きしたことがあります」としたが、彰子本人からではなく、幼少期の彰子のことをよく知る人から漏れ聞いた、という可能性もある。

105 中宮が笛吹けど踊らぬ、女房たちの引っ込み思案

今《いま》は、漸《やうや》う、大人《おとな》びさせ給《たま》ふままに、世《よ》の有《あ》ンべき様《さま》、人《ひと》の心《こころ》の良《よ》きも、悪《あ》しきも、過《す》ぎたるも、後《おく》れたるも、皆《みな》、御覧《ごらん》じ知《し》りて、（中宮彰子）「此《こ》の宮辺《みやわた》りの事《こと》を、殿上人《てんじやうびと》も、何《なに》も、目馴《めな》れて、（殿上人たち）『殊《こと》に、をかしき事無《ことな》し』と思《おも》ひ言《い》ふべかンめり」と、皆《みな》、知《し》ろし召《め》いたり。

然《さ》りとて、心憎《こころにく》くも有《あ》り果《は》てず、取《と》り外《はづ》せば、いと淡《あは》つけい事《こと》も、出《い》で来《く》るものから、情無《なさけな》く引《ひ》き入《い》れたる、（彰子）「斯《か》うしても、有《あ》らなむ」と思《おぼ》し宣《のたま》はすれど、其《そ》の慣《な》らひ、直《なほ》り難《がた》く、又《また》、今様《いまやう》の君達《きんだち》と言《い》ふ者《もの》、倒《たふ》るる方《かた》にて、有《あ》る限《かぎ》り、皆《みな》、忠実人《まめびと》なり。

斎院《さいゐん》など様《やう》の所《ところ》にて、月《つき》をも見《み》、花《はな》をも愛《め》づる、ひたぶるの艶《えん》なる事《こと》は、自《おの》づから求《もと》め、思《おも》ひても言《い》ふらむ。朝夕《あさゆふ》、立《た》ち交《ま》じり、床《ゆか》し気無《げな》き辺《わた》りに、直言《ただこと》をも聞《き》き寄《よ》せ、打《う》ち言《い》ひ、若《も》しは、をかしき事《こと》をも、言《い》ひ掛《か》けられて、答《いら》へ、恥無《はぢな》からず、すべき人《ひと》なむ、世《よ》に難《かた》くなりにたるぞ、人々《ひとびと》は言《い》ひ侍《はべ》るめる。自《みづか》ら、え見侍《みはべ》らぬ事《こと》なれば、え知《し》らずかし。

［訳］　その中宮様も、今では敦成《あつひら》親王をご出産あそばされて母親になられたように、すっかり大人になられました。考え方も成熟されました。この世の中をどのように生きてゆくのがよいのかも、人の心の善悪の違いも、出しゃばりな人間と引っ込み思案の人間が入り交じっていることも、すべてご存じでいらっしゃいます。ですから、中宮様は、「自分の所に何度も出入りする殿上人や誰それたちは、ここを見慣れて遠慮しなくなったためでもあろうが、『そんなに風流で心引かれることの起きない所だ』などと思ったり、口にして言ったりしているであろう」と、すべて、見抜いておられます。

かと言って、「奥ゆかしさ」を、自分たちの基本路線に据えて、それを徹底的に推し進めようとしても、それで押し通せないこともわかっておられます。ただし、「奥ゆかしさ」路線からの転換は、一歩踏み間違えれば、ひどく軽はずみで淫靡な事態も起きてしまいかねません。それでも、中宮様は、物の哀れを理解しない姿勢を貫き、殿方の前から引き隠れている上臈や中臈の女房たちを歯がゆく感じられて、「ねえ。あなたたちは、もう少し積極的に男の人と話をしたり、ものの哀れを感じさせる和歌でも詠んだらどうですか」と思うだけでなく、口にもされるのです。

けれども、女房たちの側は、一度身についてしまった風習や習慣、趣味などを、そう簡単に軌道修正できるものではありません。さらに不思議なことがありまして、若くて現代的な趣味が好《この》みのはずの君達《きんだち》でさえ、自分たちのスタイルを押し通すことはせずに、「郷に入っては郷に従え」とやらで、中宮様の文化サロンの中では、「風流」や「色めかしさ」を封印して、真面目《まじめ》青年を装っているのです。

そういう若者たちは、斎院の文化サロンのような風雅な場所に一歩足を踏み入れた途端に、水を得た魚のように自由に振る舞います。そして、満月を見た思いや、花を愛《め》でる気持ちなどの純粋に風流な気持ちを、自分たちも進んで求め、あるいは思案して口にする、つまり、風流な和歌を詠むのでしょう。彼らは、泉のように和歌が溢れてくる斎院とは違って、中宮様の文化サロンでは、なぜ和歌が思い浮かばないのかについて、いろいろ話し合っているようです。それが、女房の質の低下の指摘のようなのです。

「中宮様のあたりには、朝となく夕方となく、何度も出入りさせてもらっています。けれども、何というか、風流な感じがまったく感じられないのです。こちらが何気《なにげ》ない言葉を口にしても、それを風流な次元に引き上げて解釈してくれて、雅《みや》びやかな会話を続けてくれるとか、あるいは、私たち男性が、女房たちに気の利いた言葉や和歌を口にしたら、打てば響くように、恥ずかしくない返事を返してくれたりする女房が、昨今は、本当に見当たらなくなりましたな。特に、中宮様のあたりでは顕著です」などと、殿方たちは批評しているとかいう噂です。ただし、私自身がこのような会話を、現実に耳にしたわけではありませんので、実際のところはよくわかりません。

［評］　群書類従本の最後の「世《よ》に難《かた》くなりにたるぞ、人々《ひとびと》は言《い》ひ侍《はべ》るめる」の部分を、「難くなりにたるとぞ」とする写本がある。「とぞ」とすれば、このあたりは、男性貴族たちの直接話法になる。また、「難くなりにたるをぞ」とする写本もあり、「たるぞ」と「たるとぞ」の中間形態である。

群書類従本のままでは、直接話法と思われた文章が、いつのまにか間接話法に変わってしまう。けれども、『源氏物語』でも、直接話法が間接話法に「化《ば》ける」ことは、普通に起きている。

なお、「倒《たふ》るる方《かた》にて」の「倒る」は、「屈する、折れる、気持ちが折れる」という意味の用例として、「日本国語大辞典」では、この『紫式部日記』の場面が挙がっている。風流心を持っていても、地味な中宮サロンの磁場に負けてしまって、風流心を発露できない、というのである。

106 「人の心」を持った女房が少ないのは認めよう

必《かなら》ず、人《ひと》の立《た》ち寄《よ》り、儚《はかな》き答《いら》へをせむからに、憎《にく》い事《こと》を引《ひ》き出《い》でむぞ、奇《あや》しき。いと、良《よ》う、然《さ》ても有《あ》りぬべき事《こと》なり。此《これ》を、「人《ひと》の心《こころ》、有《あ》り難《がた》し」とは、言《い》ふに侍《はべ》るめり。何《な》どか、必《かなら》ずしも、面憎《おもにく》く、引《ひ》き入《い》りたらむが、賢《かしこ》からむ。又《また》、何《な》どて、混《ひた》けて、さ迷《まよ》ひ、差《さ》し出《い》づべきぞ。良《よ》き程《ほど》に、折々《をりをり》の有様《ありさま》に従《したが》ひて、用《もち》ゐむ事《こと》の、いと難《かた》きなるべし。

［訳］　殿方が、女房の局《つぼね》に立ち寄って、ちょっとした言葉のやりとりや、和歌の贈答をしようとすることは、中宮様の文化サロンだけでなく、どこでも頻繁に起きる出来事です。こういう時に、必ずと言って良いほど、相手の我慢の限界線を越え、「今の一言は許せない」と思わせる、憎たらしい言葉を口にする女房がいるものです。大変に良くないこ

とです。そして、そういう女房が、中宮様には何人も仕えているのです。
こういう時に、殿方に話を合わせて、相手の言葉を用いてキャッチボールしさえすれば、何と言うことはなく、その場はうまく収まるのです。実際には、それさえ困難なのですから、「理想的な心を持った女房など、中宮様のあたりにはめったにいない」という結論になるのです。どうして、相手に合わせてあげることすらできず、奥に引っ込んでいて返事もしない人が、賢女とか才女であるなどとか言えるでしょう。かと言って、逆に、どうして、大はしゃぎでこちらでもあちらでも騒ぎ立て、出しゃばっているのが良いと言えるでしょうか。「心」というものは、その時その時の状況に応じて、見苦しくない程度に働かせたほうが、良いのです。けれども、それが、まことにむずかしいのでしょう。

【評】「混《ひた》けて」とある。ゴタゴタしていて、節度がない、しまりがない、という意味である。『源氏物語』須磨の巻にも、「人繁《ひとしげ》く、混《ひた》けたらむ住まひは、いと本意無《ほいな》かるべし」とある。『紫式部日記』にも用いられているから、紫式部が好むボキャブラリーだったのだろう。

107 具体例を挙げながら熱弁を振るう紫式部

先《ま》づは、宮《みや》の大夫《だいぶ》、参《まゐ》り給《たま》ひて、啓《けい》せさせ給《たま》ふべき事有《ことあ》りける折《をり》に、いとあえかに児《こ》めい給《たま》ふ上臈達《じやうらふたち》は、対面《たいめん》し給《たま》ふ事《こと》、難《かた》し。又《また》、会《あ》ひても、何事《なにごと》をか、捗々《はかばか》しく宣《のたま》ふべくも見《み》えず。言葉《ことば》の足《た》るまじきにも有《あ》らず、心《こころ》の及《およ》ぶまじきにも侍《はべ》らねど、（上臈女房）「慎《つつ》まし」、「恥《は》づかし」と思《おも》ふに、僻言《ひがごと》もせらるるを、（上臈女房）「あいなし」、「すべて、聞《き》かれじ」と、仄《ほの》かなる気配《けはひ》をも、見《み》えじ。外《ほか》の人《ひと》は、然《さ》ぞ侍《はべ》らざンなる。

斯《か》かる交《ま》じらひ成《な》りぬれば、こよなき貴人《あてびと》も、皆《みな》、世《よ》に従《したが》ふなるを、唯《ただ》、姫君《ひめぎみ》ながらの持《も》て成《な》しにぞ、皆《みな》、物《もの》し給《たま》ふ。下臈《げらふ》の出《い》で会《あ》ふを、大納言《だいなごん》、（藤原斉信）「快《こころよ》からず」と思《おも》ひ給《たま》ひたンなれば、然《さ》るべき人々《ひとびと》、里《さと》に罷《まか》で、局《つぼね》なるも、理無《わりな》き暇《いとま》に障《さは》る折々《をりをり》は、対面《たいめん》する人無《ひとな》くて、罷《まか》で給《たま》ふ時《とき》も、侍《はべ》るなり。

其《そ》の外《ほか》の上達部《かんだちめ》、中宮《みや》の御方《おほんかた》に参《まゐ》り馴《な》れ、物《もの》をも啓《けい》せさせ給《たま》ふは、各々《おのおの》の心寄《こころよ》せの人《ひと》、自《おの》づから、取《と》り取《ど》りに、仄知《ほのし》りつつ、其《そ》の人《ひと》、無《な》い折《をり》は、凄《すさ》まじ気《げ》に思《おも》ひて、立《た》ち出《い》づる人々《ひとびと》の、事《こと》に触《ふ》れつつ、此《こ》の宮辺《みやわた》りの事《こと》、「埋《う》もれたり」など言《い》ふべかンめるも、理《ことわり》に侍《はべ》る。

［訳］ それでは、中宮様お付きの上臈女房たちの良くない点を、具体例を挙げて説明しましょう。批評は、論理だけでなく、比喩（たとえ話）や具体例を伴うと説得力が増すことは、私が『源氏物語』の「雨夜の品定め」で証明したことでもありますから。

ここでは、何と言っても、中宮職《ちゅうぐうしき》の長官である藤原斉信《ただのぶ》様を具体例として挙げるべきでしょう。斉信様は、仕事柄、頻繁に中宮様のもとへお出でになります。けれども、中宮様とは直接にはお言葉を交わすことはできませんので、どうしても女房が言葉を取り次がなければなりません。

けれども、人見知りをする子どものような上臈女房たちは、とてもひとり立ちした大人のようには、しゃきしゃきとは振る舞えません。彼女たち本人が斉信様の前に現れて、斉信様の言葉をよく聞いて中宮様に伝え、中宮様の言葉をしっかりと斉信様に伝える、ということはめったにないのです。それに、上臈女房が斉信様と対面したとしても、はっきりとした言葉で斉信様と話をして、しっかりと意思の疎通を図るという意思が感じられませんで、むにゃむにゃと何を話しているのかわからないような口ぶりなのです。

彼女たちに言語能力が不足していて、社会的な場面で口にする言葉を知らないのではありません。また、彼女たちの気が利かず、教養も不足していて、斉信様が何を話しているのか理解できないのでもありません。彼女たちは、「直接に会うのは気詰まりだ」とか、「対面するのは恥ずかしい」と思った途端に、ついつい言い損ないをしたりしてしまうのです。そこで、「対面すること自体が自分にとっては不都合である」とか、「自分の話す言葉はすべて、相手に聞かれたくない」などという追い込まれた気持ちになって、相手に自分の姿を少しでも見られないように、奥へと引っ込んでしまうのです。これは、中宮様に仕える上臈女房たちに共通する顕著な性格であるようで、ほかのお方に仕えている女房たちは、そうでもないようです。

私は「雨夜の品定め」で、元は「上《かみ》の品《しな》」だった人間が、「中《なか》の品《しな》」になることがある、と書きました。中宮様にお仕えしている上臈女房たちは、皆さん、大変な良家の子女でいらっしゃり、「箱入り娘」として育てられた方々です。けれども、生まれはそうだったとしても、今は「女房」として中宮様にお仕えしています。女房の仕事は、男の人と会って、その人の意向を中宮様に伝えることです。ほかの場所では、元は高貴な生まれのお方でも、

「中の品」になったのならば、それに適応して、それなりに世間のやり方に従って生きてゆきます。そのことが、中宮様付きの上臈女房にはおできにならないのが、私にはじれったくてならないのです。彼女たちは、今でも自分が「皆から傅《かしず》かれているお姫様」と思い込んで、その頃のはきはきしない態度で、女房をしておられます。

上臈女房が応対に出てこず、中臈女房たちも出てこず、かろうじて下臈女房が応対に現れるので、温厚な斉信様ですら、さすがに、「中宮様の女房たちは、不愉快だ」とお思いになっておられるようです。斉信様の相手をするのにふさわしい上臈女房が、実家に里下がりしていたり、局《つぼね》にいても、しなくてはならない雑事に手がふさがっている時などは、誰も斉信様のお相手を務める者がいなくなりますので、中宮様に言葉を取り次いでもらうことを諦めて、そのまま引き返されることもあるようです。

中宮様の女房たちに不満をお持ちなのは、斉信様ばかりではありません。中宮様の御所に参上する機会が多い公卿の方々は、それぞれが気に入っている女房を持っていて、言わば自分の担当者のように使っておられます。そのうち、その公卿と女房の間には、おのずとほのかな信頼感も生まれてきます。ところが、その取り次ぐ担当者が、たまたま不在であるような時には、ほかの女房が代わりに応対するという、当然のことが、この中宮様の御所ではないのです。そうなると、その方は、面白くない気持ちになって、去ってゆかれます。そういう不愉快な体験をした斉信様や公卿の方々が、あちこちで、何かの折に、私たち中宮様にお仕えしている女房たちのことを、「引っ込み思案すぎて、良くない」などと批評しているようなのです。けれども、彼らの不満も尤《もっと》もであると、私には思われます。

［評］ 抽象的な議論から、具体例の提示へと入る。これは、「雨夜の品定め」における「三周《さんしゅう》の説法」の方法論である。『法華経』が、抽象論、比喩、具体例を挙げながら真理を説いているのと同じように、「雨夜の品定め」も展開してゆく。最後は、参加者各自が体験した具体的な恋愛譚で終わる。『紫式部日記』で、「藤原斉信」という人物を出してきたのは、「中宮付きの女房の欠点を論じる」というテーマが煮詰まってきて、最終段階に至っていることを示している。この時、紫式部は、「雨夜の品定め」の議論を終始リードし続けた左の馬の頭に成りきっている。あとは、うなずきながら聞いてくれる「光源氏」のような、聞く耳を持った読者に『紫式部日記』が恵まれるかどうか、である。

108　斎院の中将の君からの批判への批判を、ここで終わらせる

斎院辺《さいゐんわた》りの人《ひと》も、此《これ》を、貶《おとし》め思《おも》ふなるべし。然《さ》りとて、（斎院の中将の君）「我《わ》が方《かた》の、見《み》所有《ところあ》り。外《ほか》の人《ひと》は、目《め》も見知《みし》らじ。物《もの》をも聞《き》き留《とど》めじ」と、思《おも》ひ侮《あなづ》らむぞ、又《また》、理無《わりな》き。総《すべ》て、人《ひと》を擬《もど》く方《かた》は易《やす》く、我《わ》が心《こころ》を用《もち》ゐむ事《こと》は難《かた》かンべい業《わざ》を、然《さ》は思《おも》はで、先《ま》づ、我賢《われさか》しに、人《ひと》を無《な》きに成《な》し、世《よ》を譏《そし》る程《ほど》に、心《こころ》の際《きは》のみこそ、見《み》え顕《あらは》るめれ。いと、御覧《ごらん》ぜさせまほしう侍《はべ》りし文書《ふみが》きかな。人《ひと》の隠《かく》し置《お》きたりけるを、盗《ぬす》みて、密《みそ》かに見《み》せて、取《と》り返《かへ》し侍《はべ》りにしかば、嫉《ねた》うこそ。

［訳］　ここで、私があなたにこの手紙を書くきっかけとなった、斎院に仕えている中将の君が惟規に宛《あ》てて書いた手紙に、話を戻しましょう。その中将の君とやらも、このような側面をとらえて、中宮様の文化サロンを形成している女房たちの質は低い、などと意気がってみせたのでしょう。

けれども、そうだからと言って、「自分が仕えている斎院様の文化サロンのみが、素晴らしい。ほかのサロンの人たちは、物の哀れに満ちた世界の真実を、目で見ていないだろうし、耳で聞いてもいないだろうし、見ても聞いても理解できないだろう」などと、ほかの人たち、例えば中宮様の女房たちを小馬鹿にしているのもまた、おかしなことです。

総じて、他人の欠点や短所はすぐに目につくので、人の悪口を言うのは簡単なことです。けれども、自分の心を正しく理解するのはむずかしいことです。まして、自分のことを意地悪な目で見ている他人から見ても、自分の心が美しいように磨き立てることは、至難のわざと言えましょう。そのことをわかりもしないで、軽率にも、自分だけが頭も心も良いと思い込んで、他人などいてもいなくてもよいくらいに軽蔑し、世間の人々を自分の思い込みで非難するというのでは、お話になりません。そういうことを言う中将の君とやらの心の浅さと卑しさが、はっきりとわかってくるではありませんか。

それにしても、この中将の君の手紙の実物を、あなたにもお見せしたかったですわ。その書き方のひどさと言ったら、めったにないものでした。手紙をもらった人――恥ずかしながら、私の弟である惟規です――が大切にしまっておいたのを、ある人がこっそり持ち出して、私に見せてくれました。けれども、そのあとで、取り戻されてしまったので、私の手元にはありません。ずっと私が持っていればよかったと、取り戻されたことが癪に障ってなりません。

【評】ここで、斎院の女房から始まった批評文が、一段落した。弟の恋人の手紙を、偶然に読んだことがきっかけで、「ある人物」に向けて、長い手紙を書くことになった紫式部だったが、本当に偶然だったのだろうか。

弟に仕える下女たちに、中将の君からの手紙を持ち出すように、紫式部は命じていたのかもしれない。というのは、『源氏物語』夕霧巻に、夫へ届いた手紙を奪い取る妻（雲居の雁）の姿が描かれているからである。

この「消息文」が、中宮付きの女房たちを「誉め殺し」とも思える絶賛で書き始められたのは、斎院に仕える中将の君からの批判に対応するためだった。けれども、中将の君を批判するプロセスで、紫式部は、中宮付きの女房たちの根源的な欠陥を認めざるを得なかった。そのことが、紫式部の筆から「遠慮」を取り除いた。

ここから、紫式部の人物批評は、同時代を生きた三人の女性文学者への「忌憚ない批評」に突入する。ひりひりする文芸時評が、十一世紀の初頭に出現したのである。

109 紫式部が和泉式部を斬る

和泉式部《いづみしきぶ》と言《い》ふ人《ひと》こそ、面白《おもしろ》う、書《か》き交《か》はしける。然《さ》れど、和泉《いづみ》は、怪《け》しからぬ方《かた》こそ有《あ》れ。打《う》ち解《と》けて、文《ふみ》、走《はし》り書《か》きたるに、其《そ》の方《かた》の才《ざえ》有《あ》る人《ひと》。儚《はかな》い言葉《ことば》の、匂《にほ》ひも見《み》え侍《はべ》るめり。

歌《うた》は、いと、をかしき事《こと》。物覚《ものおぼ》え、方《かた》の理《ことわり》、真《まこと》の歌詠《うたよ》み様《ざま》にこそ侍《はべ》らざンめれ、口《くち》に任《まか》せたる事《こと》どもに、必《かなら》ず、をかしき一節《ひとふし》の、目《め》に留《と》まる、詠《よ》み添《そ》へ侍《はべ》り。其《そ》れだに、人《ひと》の詠《よ》みたらむ歌《うた》、難《なん》じ、断《ことわ》り居《ゐ》たらむは、（紫式部）「いでや、然《さ》まで、心《こころ》は得《え》じ。口《くち》に、いと、歌《うた》の詠《よ》まるるなンめり」とぞ見《み》えたる筋《すぢ》に侍《はべ》るかし。（紫式部）「恥《は》づかし気《げ》の歌詠《うたよ》みや」とは、覚《おぼ》え侍《はべ》らず。

［訳］ 斎院の女房からの手紙を契機として、これまで女房論を繰り広げてきました。このついでに、世間の人たちが「女房」と聞いて、すぐに思い浮かべるであろう三人について書いておきましょう。三人とも、文学者としてよく知られています。

最初に、和泉式部を取り上げます。この和泉式部という人とは、私も、楽しく手紙をやりとりしたことがありました。というのは、彼女も、中宮様の女房として務めたことがあったからです。ただし、敦成親王様がお生まれになった寛弘五年には、まだ出仕してはいませんでした。確か、その翌年からだったと思います。

和泉式部は、恋愛に関して奔放な心を持っており、その点では感心できませんでした。ただし、彼女の文章は生き方とまったく別物で、感心しきりでした。彼女の手紙もそうですが、「散文を書く」という意識もなしに、肩の力を抜いて、さっと走り書きしているのですが、読んでみると、彼女には文才のあることが明らかでした。ちょっとした言葉にも生命力があり、書いた人の肉体を彷彿《ほうふつ》とさせるような艶《なま》めかしい官能性が漂っているように感じられます。

散文ですらそうなのですから、和歌は文句なしに素晴らしい生命力に満ちていました。古歌の知識量や、歌の方面の理論については物足りないところがありますので、「正真正銘の歌の名人」とまでは言えません。けれども、次から次へと、思わず口をついて流れ出てきた歌の中には、一首の中に必ず、「面白い言葉だな、感動的な趣向だな」と目に留まる箇所を、詠み入れています。

ただし、歌の実作面では卓越しているのですが、歌の理論面ではそれほどでもありません。和泉式部が、ほかの人の詠んだ歌を非難したり、具体的に批評分析しているのを聞いたことがあります。そうしますと、「さあて、今の発言はどうだろう。それほど和歌の本質にたどり着いてはいないようだ。理論ではなくて、無意識のうちに言葉が生まれてきているのが、この人の和歌なのだ」と思われるタイプの歌人なのかもしれない、と感じました。私には、「こちらが恥ずかしくなるほど、絶対的に素晴らしい歌人である」とは思われないのです。

[評]　群書類従本の「物覚《ものおぼ》え、方《かた》の理《ことわり》、真《まこと》の歌詠《うたよ》み様《ざま》にこそ侍《はべ》らざンめれ」

の「方《かた》の理《ことわり》」を、「歌《うた》の理《ことわり》」とする写本がある。「方《かた》の理《ことわり》」でも、「歌の方面の理論」という意味だから、大差は無い。「う」と「か（可）」は字体が酷似しているので、誤写しやすい。

古来、「歌聖」あるいは「歌の名人」と呼ばれる歌人は、和歌の実作だけでなく、歌論書を書き残している。紀貫之の『古今和歌集』の仮名序《かなじょ》、藤原公任の『新撰髄脳《しんせんずいのう》』『和歌九品《わかくぼん》』、藤原定家の『詠歌之大概《えいがのたいがい》』などである。「歌合」などでの発言も、理論に裏打ちされた和歌の批評が要請されていた。和泉式部には、「実作」だけがあって、「理論」がない点を、紫式部は突いた。ただし、紫式部の和歌と、和泉式部の和歌。文学史に残ったのは、和泉式部の歌だった。ただし、『源氏物語』の和歌は、文化史的なプレミアムが付いているので、長く日本人に愛唱され続けた。

さて、紫式部は、和泉式部を「散文の書き手」として評価している。『和泉式部日記』は、和泉式部の自作なのか、他作なのか、いまだに決着が付いていない。私自身も、はなはだ迷い続けている。

110 紫式部は赤染衛門には手心を加えた

丹波《たんば》の守《かみ》の北《きた》の方《かた》をば、中宮《みや》、殿《との》などの辺《わた》りには、「匡衡衛門《まさひらゑもん》」とぞ言《い》ひ侍《はべ》る。殊《こと》に、止事無《やんごとな》き程《ほど》ならねど、真《まこと》に故々《ゆゑゆゑ》しく、歌詠《うたよ》みとて、万《よろづ》の事《こと》に付《つ》けて、詠《よ》み散《ち》らさねど、聞《き》こえたる限《かぎ》りは、儚《はかな》き折節《をりふし》の言《こと》も、其《そ》れこそ恥《は》づかしき口付《くちつ》きに侍《はべ》れ。動《やや》もせば、腰離《こしはな》れぬ計《ばか》り、折《を》れ掛《か》かりたる歌《うた》を詠《よ》み出《い》で、えも言《い》はぬ由《よし》ばみ事《ごと》しても、我賢《われかしこ》に思《おも》ひたる人《ひと》、憎《にく》くも、いとほしくも、覚《おぼ》え侍《はべ》る業《わざ》なり。

［訳］　私の批評の俎《まないた》に載せる二人目の文学者は、赤染衛門《あかぞめえもん》です。父親の苗字を取って、「赤染」という女房名が付いたのです。中宮様や殿（道長様）の周辺では、彼女が丹波の守である大江匡衡《まさひら》殿の北の方ですので、夫の名前を付けて「匡衡《まさひら》衛門」と言っています。

彼女は、特に卓越した歌人とまでは言えませんが、まことに知的で、作者の深い教養を感じさせる歌を詠みます。けれども、「歌人」であることを誇ることはなく、何を見ても歌を詠んだり、何かがあると歌を詠むという、和泉式部のような、量産する歌の数を誇るタイプではありません。ですから、赤染衛門の詠んだ歌の数はそれほど多くはないのですが、世間で話題になっている彼女の和歌は、何げない機会に詠まれた歌でさえ、こちらが恥ずかしくなるほど立派な歌なのです。

こういう赤染衛門の作風の和歌に接したあとでは、ともすれば「五七五七七」の第三句と第四句のつながりが悪くて、人間の体に喩えれば腰が折れそうになっている、不自然な歌を詠む人たちが、「憎たらしい」とも、「かわいそうだ」とも思われてなりません。そういう手合いに限って、教養もないのにもったいぶっているので、何とも批評しようがありません。また、下手なくせに、自分には和歌の才能があるなどと誤解しているのです。

［評］　紫式部は、和泉式部の反対概念として、赤染衛門を持ち出している。紫式部の批評の軸は、作品それ自体を評価するのではなく、作者の「人間性」や、作品を生み出した基盤としての「教養」を重視する点に特色がある。

近現代の文芸批評では、たとえ人間性に問題はあっても、作品が卓越していれば高く評価される。石川啄木も、太宰治も、だからこそ文学史に輝いている。また、学識の多寡は、文芸の質と無関係である。深すぎる教養は、かえって読者の共感が得られないという側面もある。

こう考えてくると、紫式部は、『源氏物語』を生み出した自らの学識に自信を持っているのだろう。だから、学識のない和泉式部を批判できた。そして、学識がありそうな清少納言を批判する軸は、「人間性」に加えて、「真の教養の不足」なのだった。

111 紫式部は不倶戴天の敵・清少納言を斬れたのか

清少納言《せいせうなごん》こそ、したり顔《がほ》に、いみじう侍《はべ》りける人《ひと》。然許《さばか》り賢《さか》し立《だ》ち、真名《まな》、書《か》き散《ち》らして侍《はべ》る程《ほど》も、良《よ》く見《み》れば、未《ま》だ、いと堪《た》へぬ事多《ことおほ》かり。

斯《か》く、（清少納言）「人《ひと》に異《こと》ならむ」と思《おも》ひ、好《この》める人《ひと》は、必《かなら》ず、見劣《みおと》りし、行《ゆ》く末《すゑ》、うたてのみ侍《はべ》れば、艶《えん》に成《な》りぬる人《ひと》は、いと凄《すご》う、漫《すず》ろなる折《をり》も、物《もの》の哀《あは》れに進《すす》み、をかしき事《こと》も見過《みす》ぐさぬ程《ほど》に、自《おの》づから、然《さ》るまじく、徒《あだ》なる様《さま》にも成《な》るに侍《はべ》るべし。其《そ》の、徒《あだ》に成《な》りぬる人《ひと》の果《は》て、如何《いか》でかは良《よ》く侍《はべ》らむ。

［訳］　清少納言ほど、自分自身に対する絶対的な自信を持っていて、ひどく勝ち誇ったような顔をしていた女は、ほかに見たことがありません。それほどまでに賢そうに振る舞い、得意げに漢字をたくさん使っていますけれども、さて、どの程度の学識なのだろうかと、私が余計なお節介をして検証してみましたところ、まだまだでした。それどころか、まったく見るに堪《た》えない間違いが山ほどあるのです。

漢字を多用するなど、「自分は、ほかの人たちとは違った美意識を持ちたい。自分は、これまでに誰も書いたことのない斬新な文体を発明したい」と思い、そういう新しい美を好《す》き好《この》んで追い求める人は、そのうち化《ば》けの皮が剝《は》がれて、必ず人よりも劣ってしまうものです。そういう人の未来には、面白くもないことしか待ち受けていません。風流嗜好型の人間になってしまったなら、どうしようもなく殺風景で、風流など、とてもとても感じられないような時ですら、そこに「物の哀れ」を発見して、あるはずのない美を見つけてしまうのです。そうしているうちに、自然と、常識人ならば決してそうあってはならないと考える、軽佻浮薄な態度にもなってしまうのでしょう。そこまで浮かれた人間の末路がどうなるのか、どうして良い最期を迎えられることがありましょうや。あなたもご存じのように、清少納言はひどくみじめな老残の身を晒《さら》していたらしいですわね。

［評］　冒頭の「清少納言こそ」を、「弁清少納言」、「斎清少納言」とする写本がある。「斎清少納言」は、「せいしょうなごん」の「せい」を「さい」と誤写したからだろうとは推測できるが、「弁（＝辨）清少納言」のほうは誤写する理由が思いつかない。

清少納言の学識の不足をあげつらう文章は、群書類従本では「未《ま》だ、いと堪《た》へぬ事多《ことおほ》かり」であるが、「いと足《た》らぬ」とする写本もある。

清少納言には、晩年、ひどく落ちぶれたという落魄《らくはく》伝説がある。その点を紫式部は責め立てているのだが、その紫式部にも、狂言綺語《きょうげんきご》の罪によって地獄に落ちたとする「堕地獄伝説」がある。謡曲『源氏供養《げんじくよう》』の素材である。

和泉式部への批評が、上げたり下げたりしていたのに対して、清少納言への批評は辛口一色である。その点に、紫式部の本気が感じられる。紫式部が清少納言を批判すればするほど、紫式部が清少納言の才能を恐れていたことが、浮き彫りになってくる。「清紫二女」と並び称されるのも、納得できる。

紫式部は、権力の絶頂を極める道長の庇護を受け、『源氏物語』を完成させた。清少納言は、中の関白家（道隆）の没落という悲惨な状況の中で『枕草子』を完成させた。明治時代に、新しい女性文学の道を独力で開拓した樋口一葉が、紫式部よりも清少納言に強く自己投影していたのも、頷ける。

自己主張しない紫式部の『源氏物語』は、あまたの模倣作を退けて文芸の高みに屹立《きつりつ》し、『源氏物語』以前に『源氏物語』なく、『源氏物語』以後に『源氏物語』なしという、文学史上の孤峰として君臨し続けた。「私が、私が」という自己主張に終始した『枕草子』は、人間の心の真実と美しさを描き、普遍性の高みに到達し、二十一世紀の今もなお読み継がれている。普遍から入って特殊に到達した紫式部と、特殊から入って普遍に到達した清少納言。まさに、「清紫」と並び称されるべき両天才だった。『源氏物語』と『枕草子』のない日本文学史は、どんなに寂しいものだったろう。

それにしても、紫式部は、本当に清少納言を斬れたのだろうか。

112 ここから、自己批評へ

斯《か》く、方々《かたがた》に付《つ》けて、一節《ひとふし》の思《おも》ひ出《い》で、取《と》るべき事無《ことな》くて、過《す》ぐし侍《はべ》りぬる人《ひと》の、殊《こと》に、行《ゆ》く末《すゑ》の頼《たの》みも無《な》きこそ、慰《なぐさ》め思《おも》ふ方《かた》だに侍《はべ》らねど、（紫式部）「心凄《こころすご》う、持《も》て成《な》す身《み》ぞ」とだに、思《おも》ひ侍《はべ》らじ。

其《そ》の心《こころ》、猶《なほ》、失《う》せぬにや、物思《ものおも》ひ増《ま》さる秋《あき》の夜《よ》も、端《はし》に出《い》で居《ゐ》て眺《なが》めば、いとど、（紫式部）「月《つき》や、古《いにしへ》を愛《め》でけむ」と見《み》えたる有様《ありさま》を、催《もよほ》す様《やう》に侍《はべ》るべし。「世《よ》の人《ひと》の忌《い》むと言《い》ひ侍《はべ》る咎《とが》をも、必《かなら》ず渡《わた》り侍《はべ》りなむ」と憚《はばか》られて、少《すこ》し、奥《おく》に引《ひ》き入《い》りてぞ、さすがに、心《こころ》の中《うち》には、尽《つ》きせず思《おも》ひ続《つづ》けられ侍《はべ》る。

[訳] さて、これまで、数多くの女性たちの処世術や心の持ち方の優劣を論じてきましたが、ここからは、翻って、私自身はどうなのかを考えてみます。

私はこれまで、それなりに永い人生を生きてきました。さまざまな角度から自分の人生を検証しますと、「これだけは、私の人生で誇りうることだ」という思い出が、何一つとして思い当たらないのです。未来に対する展望がまったく開けない私には、「こういうふうに考えたら、心が慰められる」という方法を見つけることなどできません。真っ暗な人生を生きてきた私ですけれども、「暗黒の心を引き受けて、明るい世界を信じない虚無的な生き方を貫こう」などとも、まったく思わないのです。

そういう心が、今もなお残っているのでしょう、物思いが増える秋の夜には、部屋の庭近くまでにじり出て行って空を眺めながら物思いに耽《ふけ》ることがあります。「この月は、昔、若くて、今よりも美しかった頃の私を優しく照らしたのと同じ月だ。あの頃の月は、私を慈しんでくれるように思われたものだった。今の月は、年齢を重ねた私を、どういう思いで見下ろしているのだろうか」と思うと、私は懐旧の念にひたりつつ、幸福だった昔を思い出し、少しは心が軽くなったのでした。そのうち、「いけない。いつまでも月を見ていたら、良くないことが我が身に起きて、それを引き受けさせられると、言われているのに」と気づいた私は、少しだけ部屋の奥に引っ込みましたが、それでも私の心の中の物思いは、月のかなたに透けて見えた明るかった世界と、そこで生きていた幸福だった私の存在を、果てることなく思い続けたのでした。

［評］　群書類従本と他の写本との本文の違いを記しておこう。「一節《ひとふし》の思《おも》ひ出《い》で、取《と》るべき事無《ことな》くて」→「一節《ひとふし》の思《おも》ひ出《い》でらるべき事無《ことな》くて」。「月《つき》や、古《いにしへ》を愛《め》でけむ」→「月《つき》や、古《いにしへ》、誉《ほ》めてけむ」。また、「世《よ》の人《ひと》の忌《い》むと言《い》ひ侍《はべ》る咎《とが》をも」→「世《よ》の人《ひと》の忌《い》むと言《い》ひ侍《はべ》る鳥《とり》をも」。わずかな文字の写し違いによって、微妙に、あるいは大きく本文の意味が変わってくる不思議さに、驚かされる。本書は、一貫して、群書類従本の本文で解釈を試みている。仮に意味が通りにくい箇所があったとしても、江戸時代後期以降の人々は、この群書類従本で、頭を悩ませつつも、紫式部の心の内実に迫ろうとしてきたからである。

さて、清少納言をめぐった斬りにした直後、紫式部の分析は、自分の心と、自分の生き方の省察へと向かい始めた。

113　紫式部の肖像画は、この場面から描かれた

風《かぜ》の涼《すず》しき夕暮《ゆふぐれ》、聞《き》き良《よ》からぬ独《ひと》り琴《ごと》を、掻《か》き鳴《な》らしては、（紫式部）「『嘆《なげ》き加《くは》はる』と聞《き》き知《し》る人《ひと》や有《あ》らむ」と、（紫式部）「忌々《ゆゆ》しく」など覚《おぼ》え侍《はべ》るこそ、烏滸《をこ》にも哀《あは》れにも侍《はべ》りけれ。然《さ》るは、怪《あや》しう、黒《くろ》み煤《すす》けたる曹司《ざうし》に、箏《さう》の琴《こと》、和琴《わごん》、調《しら》べながら、心《こころ》に入《い》れて、（紫式部）「雨《あめ》降《ふ》る日《ひ》、琴柱《ことぢ》、倒《たふ》せ」なども言《い》ひ侍《はべ》らぬままに、塵《ちり》積《つ》もりて、寄《よ》せ立《た》てたりし厨子《づし》と、柱《はしら》の狭間《はざま》に、首《くび》、差《さ》し入《い》れつつ、琵琶《びは》も、左右《ひだりみぎ》に立《た》て侍《はべ》り。

大《おほ》きなる厨子《づし》一双《ひとよろひ》に、隙《ひま》も無《な》く積《つ》みて侍《はべ》る物《もの》、一《ひと》つには、古歌《ふるうた》・物語《ものがたり》の、えも言《い》はず、虫《むし》の巣《す》に成《な》りにたる、難《むつ》かしく這《は》ひ散《ち》れば、開《あ》けて見《み》る人《ひと》も侍《はべ》らず。片《かた》つ方《かた》に、書《ふみ》ども、態《わざ》と置《お》き重《かさ》ねし人《ひと》も、侍《はべ》らず成《な》りにし後《のち》、手触《てふ》るる人《ひと》も、殊《こと》に無《な》し。

其《そ》れらを、徒然《つれづれ》、迫《せ》めて余《あま》りぬる時《とき》、一《ひと》つ二《ふた》つ、引《ひ》き出《い》でて見侍《みはべ》るを、女房《にようばう》、集《あつ》まりて、（女房たち）「御前《おまへ》は、斯《か》く御座《おは》すれど、御幸《おんさいは》ひは少《すく》なきなり。何《なん》でふ女《をんな》が、真名書《まんなぶみ》は読《よ》む。昔《むかし》は、経《きやう》誦《よ》むをだに、人《ひと》は制《せい》しき」と、後《しり》う言《ご》ち言《い》ふを、聞《き》き侍《はべ》るにも、「物忌《ものい》みける人《ひと》

の行《ゆ》く末《すゑ》、命永《いのちなが》かるめる由《よし》ども、見《み》えぬ例《ためし》なり」と、言《い》はまほしく侍《はべ》れど、思《おも》ひ隅無《ぐまな》き様《やう》なり。事《こと》、将《はた》、然《さ》も有《あ》り。

【訳】 物思いに耽っている私の心には、ふと、過去のある情景が浮かんできました。それは、夕暮れの薄明かりの中で、箏《そう》の琴《こと》(十三絃)を爪弾《つまび》いている私の姿でした。風がひんやり涼しく感じられた記憶がありますから、晩夏から初秋にかけての時期だったのでしょう。合奏してこそ音が引き立つ箏の琴を、しかも他人様《ひとさま》に聞かせるにはあまりにも拙い腕で、一人、掻き鳴らしていたのです。私は、『古今和歌集』の古歌を思い出しました。

侘び人《わびと》の住むべき宿と見るなべに嘆き加はる琴の音《ね》ぞする

そして、「生きることに倦《う》み、人生を諦めている私は、絶望から抜け出せるかと思って、箏の琴を一人で奏でてみた。ところが、嘆きは薄まるどころか、大きくなる一方だった。そのことが琴の調べには、きっと表れていることだろう。私の乱れた琴の音を、屋敷の外を通りかかって聞く人も、屋敷の中で聞く侍女たちも、私が虚無の底に沈みつつあることを聞き分けるに違いない」などと考えていました。そして、私の嘆きに気づいた人は、その原因をどこに求めるのだろうかと思い至って、「いまいましいことだ」と考える自分の性格が、滑稽でもあり、我ながら不憫《ふびん》でもありました。夫の宣孝《のぶたか》との死別、『源氏物語』を書き紡いだこと、彰子様への宮仕え、宮仕えしている私が殿（道長様）との関係を噂されていること。それらは、無視しておけばそれで済むことではあるのですが。

ところで、その時の私がいたのは、どういう場所だったのでしょうか。私は里に下がっており、ひどく煤《すす》けて黒ずんでいる自分の部屋にいたのです。箏の琴や和琴《わごん》（六絃）は、既に調律を済ませて、いつでも弾ける状態にしてありました。けれども、楽器の管理に注意を払って、「雨が降る日に、琴柱《ことじ》を立てて調律したままにしておくと、弦が弛《ゆる》んでしまいます。だから、雨の日には琴柱を倒すように」と侍女に言うこともありませんでした。だって、私自身がそのことを忘れていたのですから。調律はしてあっても、演奏する気力が出てこないので、永いこと手も触れず、箏も和琴も、絃が弛んだまま、塵が積もってしまっています。最初は、この箏と和琴を厨子《ずし》（棚）に立てかけていたのですが、今見ると、いつの間《ま》にか、厨子と柱の間《はざま》に楽器の首の部分がずれ落ちています。いつから、そして、どれくらい、こんなみっともない状況のまま放置されていたのでしょうか。箏と和琴の両側には、琵琶《びわ》（四絃、または五絃）が、ぞんざいに置かれています。

厨子は、二つあって、どちらも書棚として使っていまして、ぎっしりと本を横積みしています。一つは、私の本棚で、古い歌を収めた歌集や物語類を置いています。ところが、今では無数の紙魚《しみ》の住みかになってしまい、冊子を開いて読もうとした瞬間に、気持ちの悪い小さな虫たちが、いきなり光を浴びたものですから、飛び散るように逃げ回りますので、誰も実際に本を手に取って開いて読もうとする人はおりません。

もう一つの厨子は、亡くなった夫である宣孝の本棚です。彼は、漢籍をたくさん持っていて、内容や必要度を基準にして、整然と分類して、この書棚に収納していたのです。けれども、彼が亡くなってからというもの、この厨子の漢籍を手に取る人は、ぱったりいなくなりました。

いや、一人だけ、います。私です。人生に倦んだ私の心の虚無が、極大値に達すると、どうにもやりきれない時があります。そういう時に、私は夫が残した漢籍を、一冊、二冊と書棚から引き出しては、ぱらぱらとめくって、読むとはなしに読んでいます。そうしていると、侍女たちが何人かで集まっては、私に聞こえよがしに悪口を言うのです。

「奥様は、あんな風に熱心に本を読んでいらっしゃいますけれど、それで幸福にはなっていませんね。いったい、どこの女が、漢字で書かれた本など読むのでしょう。漢籍は殿方が読むべきもので。女が読むものではありません。漢籍を読むのは、奥様が女を捨てておられるからで、だから女の幸福に恵まれないのです。昔は、漢字で書かれたお経を女が誦《よ》むことですら、人々は止《や》めるように言ったものです」というのが、侍女たちが私を心配して口にした言葉です。

それを聞いていた私も、『こんなことは、していけない。あんなことは、止《や》めるべきだ』という迷信を信じた人が、長生きできて幸せに暮らしたという実例は、見たことがないわね」とでも言い返したくてたまらないのですが、それを口にしたら私の心配をしてくれている侍女たちへの配慮に欠けてしまうようです。まあ、実際、侍女たちが言うのが正しいのかもしれません。現に、漢籍を時折読む私は、幸せではないのですから。

【評】「何《なン》でふ女《をんな》が、真名書《まんなぶみ》は読《よ》む」の部分は、濁らずに、「何《なン》でふ女《をんな》か、真《まん》名書《なぶみ》は読《よ》む」と、反語で解釈することもできる。女が経典を誦むと、夫が若死にしてしまうなどの理由で批判されるのは、『蜻蛉日記』にも見える。

清少納言を、漢籍の理解が不十分であるという理由で批判した紫式部は、自分と漢籍の深い結びつきに筆を進めた。

なお、この場面は、菊池容斎《きくちようさい》の『前賢故実《ぜんけんこじつ》』で、紫式部の肖像画の背景となっている。有職故実《ゆうそくこじつ》の研究でも知られた菊池容斎が、紫式部の肖像を描くに際して、最も「紫式部らしい」と考えたのが、漢籍を読む背景に、書棚が置かれ、楽器が置かれている、この『紫式部日記』の場面だったのである。

114 人間には二つのタイプがあり、両者は水と油である

万《よろづ》の事《こと》、人《ひと》に依《よ》りて、異々《ことごと》なり。誇《ほこ》りかに、煌々《きらきら》しく、心地良気《ここちよげ》に見《み》ゆる人《ひと》、有《あ》り。万《よろづ》、徒然《つれづれ》なる人《ひと》の、紛《まぎ》るる事無《ことな》きままに、古《ふる》き反古《ほんご》、引《ひ》き捜《さが》し、行《おこな》ひがちに、口《くち》ひひらかし、数珠《ずず》の音《おと》、高《たか》きなど、(紫式部)「いと心付《こころづ》き無《な》く見《み》ゆる業《わざ》なり」と、思《おも》ひ給《たま》へて、心《こころ》に任《まか》せつべき事《こと》をさへ、我《わ》が使《つか》ふ人《ひと》の目《め》に憚《はばか》り、心《こころ》に慎《つつ》む。

増《ま》して、人《ひと》の中《なか》に交《ま》じりては、言《い》はまほしき事《こと》も侍《はべ》れど、(紫式部)「いでや」と思《おも》ほえ、心得《こころう》まじき人《ひと》には、言《い》ひて益無《やくな》かるべし。物擬《ものもど》き、打《う》ちし、「我《われ》は」と思《おも》へる人《ひと》の前《まへ》にて

は、煩《うるさ》ければ、物言《ものい》ふ事《こと》も、物憂《ものう》く侍《はべ》る。
殊《こと》に、いとしも、物《もの》の方々《かたがた》得《え》たる人《ひと》は、難《かた》し。唯《ただ》、我《わ》が心《こころ》の立《た》てつる筋《すち》を捉《とら》へて、人《ひと》をば無《な》きに為《な》すめり。

［訳］人間には、二つのタイプがあります。一つは、他人の目などお構いなしに、自分のやりたいことをやりたいように貫くタイプです。もう一つは、他人の目を気にして、やりたいこともせずに我慢するタイプです。むろん、私は後者のタイプです。

世の中では、さまざまなことが起きますが、それらへの対処法は、その人が二つのタイプのうちのどちらに属しているかで、大きく変わってきます。前者のタイプの人は、何事に付けても自信たっぷりに、他人からも目立つように、いかにも気持ちよさそうに振る舞うのです。そういうタイプの人間は、何もすることがなくなりますと、ほかに何も気を紛らわせることがないので、昔、もらった手紙を読んだりする時でも、捜し方ががさつで、あちこちひっくり返しては古くなった手紙を見つけ出すのです。また、仏様へのお勤めをする時でも、お経の誦《よ》み方が口元を震わせたりしてわざとらしく、数珠をこする音がけたたましいほどに高いのです。

後者のタイプに属する私は、前者のタイプの人の振る舞いを見ると、「ひどく不愉快なやり方だなあ。自分は、こういう振る舞いは絶対にしたくない」と思います。そんな私ですから、自分の思った通りのスタイルで物事を自由にできるはずなのですが、侍女たちの目や口を憚って、じっと我慢しているのです。

先立った夫が待ち受けているわけでもない里に下がっていてさえ、そうなのですから、宮仕えに上《あ》がって、たくさんの人の中に交じっている時には、言いたいことはあっても、「さあ、口にして良いものだろうか。人からどう思われるかわからないから、止《や》めておこう」と考えてしまう性分なのです。常識がなく、私の気持ちを理解してくれそうにない人には、何を言っても無駄でしょう。何かにつけ、他人の悪口ばかりを口にし、「自分が一番」と自信たっぷりに振る舞う人の前では、そもそもそういう人の前にいることだけでも面倒なので、話しかけることには二の足を踏んでしまいます。

他人を悪く言う人というのは、それほど、ありとあらゆる領域に精通し、卓越しているわけでもないのです。そんな万能の天才など、そうそう世の中にいるはずはありません。ただ、一つでも二つでも、自分に得意な分野があると、その領域でしか通じない評価基準を、ほかのあらゆる領域に強引に適用して、「あの人は、物事をわかっていない」などと悪く言うもののようです。

【評】『我《われ》は』と思《おも》へる人《ひと》」を、「『自分が一番』と自信たっぷりに振る舞う人」と訳したのは、この表現の背後に、清少納言タイプの人間への批判があると感じたからである。「我はと思ひ上がる」という表現は、『源氏物語』の桐壺の巻などで用いられている常套表現である。けれども、『紫式部日記』の文脈の中では、清少納言タイプへの生理的嫌悪感を表明したものと言えるだろう。

清少納言タイプの人間は、「口ひひらかし」、口角から泡を飛ばしてしゃべりまくる。「ひひらかす」（他動詞）は珍しい動詞であるが、「ひひらく」という動詞（自動詞）は、『源氏物語』帚木の巻の「雨夜の品定め」でも用いられている。『紫式部日記』の長大な「消息文」は、批評文学として、「雨夜の品定め」に匹敵すると私は考える。雨夜の品定めの会話（討論）をリードしたのが、左の馬の頭だった。その左の馬の頭に「ひひらき」が用いられていることは、消息文を書き綴り、自らの批評を語り続ける紫式部本人が「ひひらきゐたり」ということである。

けれども、紫式部は、自分と正反対のタイプの人間の特徴として、「ひひらく」を用いている。自己省察がまだ足りないのだろうか。それとも、自分は「後者のタイプ」と言いながら、本質は「前者のタイプ」で、清少納言とは同類なのだろうか。

115 紫式部は、仮面をかぶり続けていた

其《そ》れ、心《こころ》より外《ほか》の我《わ》が面影《おもかげ》を、（他の女房）「恥《は》づ」と見《み》れど、え避《さ》らず差《さ》し向《む》かひ、交《ま》じり居《ゐ》たる事《こと》だに、有《あ》り。（紫式部）「然々《しかじか》さへ、擬《もど》かれじ」と、恥《は》づかしきには有《あ》らねど、難《むつか》しく思《おも》ひて、呆《ほ》けられたる人《ひと》に、いとど成《な》り果《は》てて侍《はべ》れば、（他の女房）「斯《か》うは、推《お》し量《はか》らざりき。いと艶《えん》に、恥《は》づかしく、人《ひと》に見《み》え難気《にくげ》に、稜々《そばそば》しき様《さま》して、物語好《ものがたりこの》み、由《よし》めき、歌勝《うたが》ちに、人《ひと》を人《ひと》とも思《おも》はず、妬気《ねたげ》に、見落《みお》とさむものとなむ、皆人々《みなひとびと》、言《い》ひ、思《おも》ひつつ、

侍《はべ》る」とぞ、皆《みな》、言《い》ひ侍《はべ》る」とは、思《おも》ひ

憎《にく》みしを、見《み》るには、奇《あや》しきまでおいらかに、『異人《ことひと》か』となむ覚《おぼ》ゆる」とぞ、皆《みな》、言《い》ひ侍《はべ》るに、恥《は》づかしく、（紫式部）「人《ひと》に、斯《か》う、おいらけ者《もの》と、見落《みお》とされにける」とは、思《おも》ひ侍《はべ》れど、（紫式部）「唯《ただ》、此《これ》ぞ、我《わ》が心《こころ》」と、慣《な》らひ持《も》て成《な》し侍《はべ》る有様《ありさま》、中宮《みや》の御前《おまへ》も、（彰子）「『いと、打《う》ち解《と》けては見《み》えじ』となむ思《おも》ひしかど、人《ひと》より異《け》に、睦《むつ》まじう成《な》りにたるこそ」と、宣《のたま》はする折々《をりをり》、侍《はべ》り。

［訳］　そういう勝ち誇ったタイプの上臈女房たちは、本心を隠しておとなしく宮仕えをしている私を見て、「この女は、私たちに比べて劣っているのを恥じているのだ」と判断したようです。そういう女房たちとさえ、顔と顔を突き合わせて一緒に働かなければならないのです。私は、「こんな点も未熟だし、あんな点でも劣っている」などという批判を受けたくありませんので、別に相手が立派で、自分が恥じているわけではないのですが、反論していさかいに発展するのは面倒なので、何を言われても鈍感な、ぼんやりした人間になりきろうと、演技しているのです。

すると、勝ち誇った女房たちは、「あら、紫式部さんが、こんなおとなしいお方だとは予想もできませんでしたわ。女性らしさを前面に出して、一緒にいたら気詰まりで、近づきにくく、つんとした高慢さがあり、物語を読むことと書くことが大好きで、教養を鼻にかけ、機会を見つけては和歌を詠んで悦《えつ》に入り、他人を小馬鹿にし、人間嫌いで、すぐに他人と張り合おうとなさる、そういうお方だと私どもは思い込んでおりましたの。ですから、紫式部さんがこの中宮様のお屋敷で宮仕えを始められ、私たちと同僚になるという話を聞きまして、皆、あなたのことを悪く言ったり、勝手に憎んだりしていましたのよ。それなのに、私たちの目の前に現れたあなたは、信じられないほどにおっとりとしておられ、『この人は、紫式部と名乗っているけれども、本当は紫式部ではない、別人のなりすましではないかしら』と思われてなりませんのよ」と、口々に私を誉めそやすのです。

彼女たちは、私が「勝ち誇った女」のタイプで、自分たちと同類のようなので、本当に勝つのはどちらになるかで、反発必至だと予想していたのでしょう。あに図らんや、実際に目の前に現れた私が、そうではないと知って、本当の意味での勝利感と優越感にひたりきっているのです。私は、「自分は、ここまで、ぼんくら人間だと、甘く見られてしまったのか」と、一瞬、猛反発を感じましたが、ここが我慢のしどころです。私は、「自分は、他人の目を気にして、やりたいこともせずに我慢するタイプなのだから、ここで、ぐっと怒りを飲み込んで、作り笑いをするのが私の人生訓なのだ」と思い直して、彼らが私に期待している通りの人間として、皮をかぶり続けました。そのありさまは、中宮様の目にも留《と》まり、中宮様までも、「実はね、あなたのことを、本心では、『私とは、そう簡単に胸襟《きょうきん》を開いて語り合う関係にはならないだろう』と思っていたのよ。それなのに、今となっては、あなたとは、私に仕えてくれる女房の中で、最も親しい関係になれましたね。不思議だわ」とおっしゃったことが、一度ならず何度もあったのです。これは、中宮様が「勝ち誇った女」のタイプではなくて、私と同じ「じっと我慢する女」のタイプなので、私の演技の苦しさを見抜いてくださったからではないかと思うのです。

［評］　群書類従本の「呆《ほ》けられたる人《ひと》」を、「呆け痴《し》れたる人」とする写本もあり、そちらが解釈はしやすい。また、「我《わ》が面影《おもかげ》を、『恥《は》づ』と見《み》れど」の箇所は、「我《わ》が面影《おもかげ》をば、つと見《み》れど」と解釈することも可能である。

この場面を読むと、平安版『仮面の告白』とでも称したい気持ちになる。真実の自分を他人に見破られないように、仮面をかぶって宮仕えする女性の苦悩には、リアリティがある。勝ち誇った顔つきの女たちから侮蔑される屈辱に、じっと耐えられるのは、最後に勝つのは自分だ、という確信があるからだろう。そう考えると、「自分は天才である」と確信している紫式部は、窮極の「勝ち組」タイプで、一見勝ち誇っている連中こそが「負け組」である、ということになる。

116 あるべき女性論、あるべき女房論

癖々《くせぐせ》しく、優《やさ》し立《だ》ち、恥《は》ぢられ奉《たてまつ》る人《ひと》にも、側目《そばめ》、立《た》てられで侍《はべ》らまし。様好《さまよ》う、総《すべ》て、人《ひと》は、おいらかに、少《すこ》し、心掟《こころおきて》、長閑《のどやか》に、落《お》ち居《ゐ》ぬるを基《もと》としてこそ、故《ゆゑ》も由《よし》も、をかしく、後《うし》ろ安《やす》けれ。若《も》しは、色《いろ》めかしく、徒々《あだあだ》しけれど、本性《ほんじやう》の人柄《ひとがら》、癖《くせ》無《な》く、傍《かたは》らのため、見《み》え難《にく》き様《さま》せずだに成《な》りぬれば、憎《にく》うは侍《はべ》るまじ。「我《われ》は」と、奇《くす》しく、口持《くちもち》、気色《けしき》、事々《ことごと》しく成《な》りぬる人《ひと》は、立《た》ち居《ゐ》に付《つ》けて、我《われ》、用意《ようい》せらるる程《ほど》に、其《そ》の人《ひと》には、目留《めとど》まる。目《め》をし留《とど》めつれば、必《かなら》ず、物《もの》を言《い》ふ言葉《ことば》の中《なか》にも、

来《き》て居《ゐ》る振《ふ》る舞《ま》ひ、立《た》ちて行《い》く後《うし》ろ手《で》にも、必《かなら》ず、癖《くせ》は、見付《みつ》けらるる業《わざ》に侍《はべ》り。物言《ものい》ひ、少《すこ》し、打《う》ち合《あ》はず成《な》りぬる人《ひと》と、人《ひと》の上《うへ》、打《う》ち貶《おとし》めつる人《ひと》とは、増《ま》して、耳《みみ》も、目《め》も、立《た》てらるる業《わざ》にこそ侍《はべ》るべけれ。人《ひと》の、癖《くせ》無《な》き限《かぎ》りは、（紫式部）「如《い》何《か》で、儚《はかな》き言《こと》の葉《は》をも聞《き》こえじ」と慎《つつ》み、無《な》気《げ》の情《なさ》け、作《つく》らまほしう侍《はべ》り。

［訳］　これまで述べてきましたように、私は、他人の反感を買わないようにして生きてきました。中宮様に仕える上臈女房の方々は、ある人は個性的で、ある人は優雅で、ある人は中宮様や殿（道長様）からも一目置かれていらっしゃいます。そういう人たちから、冷たい目で見られたら、私などが宮仕えを続けることはできないでしょう。

ここからお話を一般化しますと、女性は、見た目が良く、おっとりとしているのがよいのでしょう。女性が心得るべきこととしては、少々ゆったりとしていて、落ち着いていることを生活方針の基本にすべきでしょう。そうしてこそ、その人の情趣も教養もにじみ出てきて、他人の目から見て魅力的にもなりますし、安心して見ていられます。

もし、おっとりできない性格の女性で、艶《なま》めかしく、婀娜《あだ》っぽい人であっても、その人の人柄の根本が、変に偏《かたよ》ったことがなく、そばにいる人から見て、一緒にいたくないと思われないように振る舞えば、他人から憎まれることはないでしょう。

ところが、他人との違いを強調して、「私が世界で一番優れている」と言わんばかりの口を利《き》き、見た目が尊大に感じられるようになってしまった女性に対しては、何事につけ、その人を見ている側の人間も、自然と注意して観察することになり、ついついその人の一挙手一投足に目がゆくのです。注意して見ていれば、必ず、欠点や短所が見つけられてしまいます。口にした言葉の一つ一つにも、こちらにやってきて座るという、たったそれだけの動作にも、用事を済ませて帰ってゆく後ろ姿にも、欠点は見つけようと思えば、いくらでも見つかるものです。

良くないのは、以前に話した内容と、次に話した時の話の内容が違っていたり、ある人に対して話した内容と、別の人に対して話した内容とが違っているような人です。また、他人のことを、すぐに悪く言うような人も、良くありません。そういう人たちには、自己主張する人たちよりも、なおいっそう、世間からの監視が厳しくなり、「耳に障る言葉だなあ」とか、「目にあまる振る舞いだ」などと批判されてしまうことになります。

そういう欠点のない女性に対しては、私としましても、「できることならば、どうでもよいような悪口は言わないでおこう」と配慮したくもなりますし、本心からではなくても、お愛想の一つも言ってあげたくなるものです。

［評］　群書類従本の「口持《くちもち》」を、「くひもち」「ならひもち」などとする写本がある。「ならひもち」は「馴らひ持ち」で、そういう習慣が身につくこと。「日本国語大辞典」や「広辞苑」では、「くちもち」の項目があり、口の形、口つき、物を言う様子、などの意味だとされる。その用例は、群書類従本『紫式部日記』である。つまり、江戸時代後期から昭和四十年代まで、『紫式部日記』は群書類従本で読まれてきたので、群書類従の本文で意味がよくわからない言葉でも、そういう言葉があるものと考えて立項されたのである。

同じような現象が、『枕草子』にも起きている。江戸時代中期から昭和の戦前期まで、弘く読まれたのは、『春曙抄《しゅんしょしょう》』（能因本）の『枕草子』である。ところが、現在は「三巻本」系統の『枕草子』が席巻している。その結果、近世と近代で、永く読まれてきた『枕草子』の言葉が消滅し、わずかに注釈書と国語辞書の中に残っているのである。本書が群書類従本を底本としたのも、「黒川本」

のみで『紫式部日記』を読むと、これまでの『紫式部日記』の読まれ方の歴史が忘却されてしまうことを恐れたからである。

さて、ここで書かれている「紫式部の生活と意見」は、『源氏物語』帚木の巻の「雨夜の品定め」と響き合っている。

117 自分を憎む人を、憎み返してもよいのか

人《ひと》、進《すす》みて、憎《にく》い事《こと》、し出《い》でつるは、悪《わ》ろき事《こと》を過《あやま》ちたらむも、言《い》ひ笑《わら》はむに、憚《はばか》り無《な》う、覚《おぼ》え侍《はべ》り。いと心良《こころよ》からむ人《ひと》は、我《われ》を憎《にく》むとも、我《われ》は、猶《なほ》、人《ひと》を思《おも》ひ、後《うし》ろむべけれど、いと、然《さ》しも、え有《あ》らず。慈悲深《じひふか》う御座《おは》する仏《ほとけ》だに、「三宝《さんぼう》を譏《そし》る罪《つみ》は、浅《あさ》し」とやは説《と》き給《たま》ふなる。増《ま》いて、斯許《かばか》りに、濁《にご》り深《ふか》き世《よ》の人《ひと》は、猶《なほ》、辛《つら》き人《ひと》は辛《つら》かりぬべし。其《そ》れを、「勝《まさ》りて言《い》はむ」と、いみじき言《こと》の葉《は》を言《い》ひ告《つ》げ、向《む》かひ居《ゐ》て、気色悪《けしきあ》しう、目守《まも》り交《か》はすとも、然《さ》は有《あ》らず、持《も》て隠《かく》し、上辺《うはべ》は、なだらかなるとの区別《けぢめ》ぞ、心《こころ》の程《ほど》は見《み》え

侍《はべ》るかし。

［訳］　ある人が意図的に、こちらが憎たらしいことをしたと感じることを仕掛けてきた時でも、不注意でこちらにとって良くないことを仕掛けて来た時でも、こちらとしては、その人を悪く言ったり、あざ笑ったりするのは、何の遠慮もいらないと、私は思います。

もしも、心根《こころね》が百パーセント純真で、美しい人が世の中にいるのでしたら、他人が自分をどんなに憎んでも、やはり自分のほうは、自分を憎んでいる人を好意的に思い、いろいろと面倒を見てあげるのでしょう。けれど、そんな人は、この世にいるはずはありません。だって、どこまでも広大な慈悲の心をお持ちの仏様ですら、「三宝――仏・法・僧――に対して悪口を言う人の罪は浅く、許してあげよう」とおっしゃったでしょうか。いいえ、仏様ですら、三宝を譏《そし》る悪人を憎まれたのです。

まして、今は、仏教の教えが衰えた末法《まっぽう》の濁世《じょくせ》です。こんな濁りきった世の中を生きる人間は、自分を恨む人間を、恨み返すというのが、やはり真実ではないでしょうか。ただし、自分を憎んでいる人が憎いからと言って、「相手が自分のことを悪く言っている以上のことを、倍返ししてやろう」として、聞くに堪えない罵詈雑言《ばりぞうごん》を口にしたり、当の相手と向かい合って、互いに目と目で睨《にら》み合って、言葉も交わさないという態度に出るのは、どういうものでしょうか。そういう態度ではなくて、心の中にある相手への反発心を表面には出さずに我慢して、おっとりとした態度を貫くというのが、良いと私は思うのです。この二つの対照的な態度で、「良くできた人」と「未熟な人」との違いがはっきりとわかるものです。

［評］ 群書類従本の「勝《まさ》りて言《い》はむ」を、「我勝《われまさ》りて言《い》はむ」とする写本もある。それだと、「自分のほうが相手より優れているように言い返す」という意味になる。

このあたり、「仏」という具体例が挿入されてはいるものの、かなり抽象的な議論が続いている。まさに、近代的意味での評論に近づいている。このような文体が、中世になると『徒然草』のような作品の文体になるのだろう。『徒然草』でも、評論的な部分の前後には、具体例がある。そこで、『紫式部日記』でも、「仏」だけでは足りないので、次の「左衛門の内侍」が登場してくることになった。紫式部が気に入らない女である左衛門の内侍は、紫式部に関する貴重な証言を持参してくれた。

118 「日本紀《にほんぎ》の御局《みつぼね》」という悪口を言いふらされる

左衛門《さゑもん》の内侍《ないし》と言《い》ふ人《ひと》、侍《はべ》り。奇《あや》しう、漫《すず》ろに良《よ》からず思《おも》ひけるも、え知《し》り侍《はべ》らぬ、心《こころ》憂《う》き後《しり》う言《ごと》の、多《おほ》う、聞《き》こえ侍《はべ》りし。

内裏《うち》の主上《うへ》の、『源氏《げんじ》の物語《ものがたり》』、人《ひと》に読《よ》ませ給《たま》ひつつ、聞《き》こし召《め》しけるに、（一条天皇）「此《こ》の人《ひと》は、『日本紀《にほんぎ》』をこそ読《よ》み給《たま》ふべけれ。真《まこと》に、才有《ざえあ》るべし」と宣《のたま》はせけるを、ふと、推《お》し量《はか》りに、（左衛門の内侍）「いみじくなむ才有《ざえあ》る」と、殿上人《てんじやうびと》などに言《い》ひ散《ち》らして、「日本紀《にほんぎ》の御局《みつぼね》」とぞ、付《つ》けたりける。いと、をかしくぞ侍《はべ》る。此《こ》の里邸《ふるさと》の女《をんな》の前《まへ》にてだに、慎《つつ》み侍《はべ》るものを、然《さ》る所《ところ》にて、才《ざえ》、栄《さか》し出《い》で侍《はべ》らむよ。

［訳］左衛門《さえもん》の内侍《ないし》という女房が、います。若宮様の誕生後に、主上様《うえさま》が土御門邸に行幸なさった時に、御剣《ぎょけん》を捧げ持った人でしたね。

その左衛門の内侍が、なぜなのか、理由はわからないのですが、私のことをむしょうに悪く思っていたのです。彼女が口にしたという、聞いていて不愉快になる悪口が、いくつも私の耳に入ってきましたが、そのほとんどは私にはまったく思い当たる節《ふし》のないものでした。

中宮様は、若宮様のご出産を終えて宮中にお戻りなさった時に、主上様《うえさま》に『源氏物語』の冊子本をお土産《みやげ》として差し上げられました。主上様《うえさま》は、その『源氏物語』を、女房に朗読させながら、お聞きになっておられたそうですが、何げなく、「この物語の作者は、漢文で書かれた『日本書紀』を初めとする六国史《りっこくし》を読んで、理解しておられるようだな。女性でありながら、漢学の深い教養があるようだ」という感想を述べられたそうなのです。まことに、光栄なことではあります。

ところが、左衛門の内侍は、もとから私に対する悪意を持っていたので、このお言葉を素直に受け取ることができませんでした。主上様《うえさま》のお言葉には、「此《こ》の人《ひと》は、『日本紀《にほんぎ》』をこそ読《よ》み給《たま》ふべけれ」とありました。天皇ともあろう至高のお立場のお方が、たかが女房ふぜいに対して、「給ふ」という尊敬語をお使いになるのは、めったにないことです。その点を、左衛門の内侍は邪推して、主上様《うえさま》は『源氏物語』の作者を「誉め殺し」になさっている、主上様《うえさま》は、紫式部が女性でありながら漢学に通じていることを揶揄《やゆ》されている、と思い込んだのでしょう。

左衛門の内侍は早速、行動に起こして、自分が顔を合わせる殿上人たちに、誰彼となく、「主上様《うえさま》がね、『此《こ》の人《ひと》は、「日本紀《にほんぎ》」をこそ読《よ》み給《たま》ふべけれ』とおっしゃいました。『給ふ』ですよ。大絶賛ですわね。男性以上の漢学の素養があるというのですから、もう女性を超越している人ですよね」などと、言いふらしたのです。あまつさえ、「これから、あの人には『紫式部』なんて優雅な名前はふさわしくありませんわ。そうですね、『日本紀《にほんぎ》の局《つぼね》』とでも名乗らせたらどうでしょう。いえ、日本で一番地位の高い主上様《うえさま》から『給ふ』という尊敬語を使われたのですから、『日本紀《にほんぎ》の御局《みつぼね》』ですわね」などと語って、溜飲を下げていたらしいのです。左衛門の内侍が、自分のコンプレックスをこのような形で発散したのは、まことに笑止千万なことでした。

けれども、私が宮中を下がった里ですら、侍女たちの前でも漢籍を手にするのを遠慮していることは、前にも述べました。まして、宮中のように、男性知識人たちが犇《ひし》めいている場所で、どうして漢学の教養をひけらかすことがありましょうか。

［評］　紫式部が「日本紀の御局」と呼ばれたことは、この記述によって、広く知られ、文学史だけでなく、歴史の教科書にも記載されている。

ところが、群書類従本には「此《こ》の人《ひと》は、『日本紀《にほんぎ》』をこそ読《よ》み給《たま》ふべけれ」とあり、「給ふ」という尊敬語が用いられている。一方、「読み給ふべけれ」の箇所を、「読みたまへけれ」とする写本もある。これを、「よみたるへけれ」（読みたるべけれ）の誤写だと推測することから、現在の通説、「此《こ》の人《ひと》は、『日本紀《にほんぎ》』をこそ読《よ》みたるべけれ」という改訂本文が出現した。

ただし、群書類従の本文でも、いくつかの解釈は可能である。ここでは、意地悪な左衛門の内侍の敵意が全開になるような、「給ふ」のニュアンスを読み取ってみた。一つの解釈として、ここに提出したい。

なお、この時代の「日本紀《にほんぎ》」という言葉は、『日本書紀』だけでなく『日本書紀』を含む「六国史《りっこくし》」の総称だとされる。確かに、『源氏物語』には、宮廷行事など、歴史書を読み込み、利用した痕跡が何か所も残っている。
また、『日本書紀』に限定しても、須磨・明石の巻で語られる光源氏の流離が、『日本書紀』のヒコホホデミノミコト（山幸彦）の記述を踏まえているという指摘が、古く鎌倉時代からなされている。

119　父親を落胆させた愚弟惟規《のぶのり》の思い出

此《こ》の式部《しきぶ》の丞《じよう》と言《い》ふ人《ひと》の、童《わらは》にて、書読《ふみよ》み侍《はべ》りし時《とき》、聞《き》き慣《な》らひつつ、彼《か》の人《ひと》は、遅《おそ》う読《よ》み取《と》り、忘《わす》るる所《ところ》をも、奇《あや》しきまでぞ聡《さと》く侍《はべ》りしかば、書《ふみ》に心入《こころい》れたる親《おや》は、（藤原為時）「口惜《くちを》しう。男子《をのこご》にて持《も》たらぬこそ、幸《さいは》ひ無《な》かりけれ」とぞ、常《つね》に嘆《なげ》かれ侍《はべ》りし。

［訳］　私と漢学については、子どもの頃からの思い出があります。式部の丞《じよう》という人がいます。「式部の丞《じよう》」という役職の人間は何人かいますので、はっきり言いますと、私の

弟の惟規《のぶのり》です。斎院の「中将の君」という女房と親密な仲になって、彼女から惟規に宛《あ》てた手紙を、偶然に読んだ私が激怒したことが、あなたへのこの長い「消息文」を書き始めるきっかけでした。

この惟規がまだ幼い頃の思い出があります。父の為時が、彼に漢学を教えていました。父は、菅原家や大江家のような学問の家柄ではありませんが、漢詩人として、漢学者として、それなりの名声を得ていました。それを、息子の惟規にも受け継いでもらい、できればさらに発展させてもらいたかったのでしょう。父は、熱心に、幼い惟規に教えていました。

ところが、何ともじれったかったのですが、惟規には、学問の才能がありませんでした。漢文を理解して暗記するのにも手間がかかりました。また、暗唱しても、途中を忘れて、飛ばしてしまうこともありました。私は、弟の稽古を横で聞いているのが習慣だったのですが、父の教える漢文を弟よりも早く暗記し、暗唱するのも完璧でした。

漢籍を熱心に読み、息子にも教え、漢学の家を興《おこ》してもらいたいとまで願っていた父親は、弟のあまりの体《てい》たらくに絶望して、「ああ、残念だなあ。この姉を男子として持たなかったことが、私の一生の不覚だった。自分には、運がなかった」と、しょっちゅう嘆いていたのでした。

[評]「聞き慣らひつつ」は、「聞き習ひつつ」と表記することもできる。

惟規は、かつては紫式部の兄とする説が有力だったが、現在は弟とする説が有力である。兄弟姉妹の年齢はわかりにくく、『源氏物語』の頭中将と葵の上も、どちらが年長なのか、簡単には決着がつかない。

惟規は愚かだったのではなく、それなりの才能の片鱗を見せたのではないか。説話の伝えるところでは、惟規は変人である。学問的には、エクセントリックな資質を持った人が独創的な学問体系を打ち立てることがある。けれども、紫式部のオーソドックスな才能が、群を抜いていた。その結果、「賢姉愚弟」のイメージができあがったのだろう。

教育学的にも、父親の為時が息子の惟規に対して取った態度は、失敗である。これで、惟規が伸びるはずはない。

さて、紫式部は、漢学を吸収して、大和言葉で『源氏物語』を書いた。後世の『源氏物語』注釈者の多くが、一流の男性知識人であるのも納得できる。すなわち、『源氏物語』は、「和」と「漢」の融和と調和をめざす芸術理念の支柱となったのである。

120 『白氏文集《はくしもんじゅう》』を進講させた中宮彰子と「政道読み」

其《そ》れを、「男《をのこ》だに、才《ざえ》がりぬる人《ひと》は、如何《いか》にぞや。華《はな》やかならずのみ侍《はべ》るめるよ」と、漸《やうや》う、人《ひと》の言《い》ふも、聞《き》き留《と》めて後《のち》、「一《いち》」と言《い》ふ文字《もじ》をだに、書《か》き渡《わた》し侍《はべ》らず。いと手《て》づつに、あさましく侍《はべ》り。

読《よ》みし書《ふみ》など言《い》ひけむ物《もの》、目《め》にも留《と》めず成《な》りて侍《はべ》りしに、愈々《いよいよ》、斯《か》かる事《こと》、聞《き》き侍《はべ》りしかば、（紫式部）「如何《いか》に、人《ひと》も伝《つた》へ聞《き》きて憎《にく》むらむ」と、恥《は》づかしきに、御屏風《みびやうぶ》の上《かみ》に書《か》きたる事《こと》をだに、読《よ》まぬ顔《かほ》をし侍《はべ》りしを、中宮《みや》の御前《おまへ》にて、『文集《もんじふ》』の所々《ところどころ》、読《よ》ませ給《たま》ひなどして、然《さ》る様《さま》の事《こと》、知《し》ろし召《め》させまほし気《げ》に思《おぼ》いたりしかば、いと忍《しの》びて、人《ひと》の候《さぶら》はぬ物《もの》の隙々《ひまひま》に、一昨年《をととし》の夏頃《なつごろ》より、『楽府《がふ》』といふ書《ふみ》、二巻《にくわん》をぞ、しどけなく、斯《か》う、教《をし》へ立《た》て聞《き》こえさせて侍《はべ》るも、隠《かく》し侍《はべ》り。中宮《みや》も忍《しの》びさせ給《たま》ひしかど、殿《との》も、主上《うち》も、気色《けしき》を知《し》らせ給《たま》ひて、御書《おほんふみ》どもを、めでたう書《か》かせ給《たま》ひてぞ、殿《との》は、奉《たてまつ》らせ給《たま》ふ。

真《まこと》に、斯《か》う、読《よ》ませ給《たま》ひなどする事《こと》、将《はた》、彼《か》の、物言《ものい》ひの内侍《ないし》は、え聞《き》かざるべし。知《し》りたらば、如何《いか》に譏《そし》り侍《はべ》らむものと、総《すべ》て、世《よ》の中《なか》、事業《ことわざ》繁《しげ》く、憂《う》き物《もの》に侍《はべ》りけり。

［訳］このように、私は少女時代から漢籍に深く親しんでいたのですが、少しずつ、漢籍や漢字に疎《うと》くなってゆきました。というのは、「漢学は男性のものですが、その男性だって、漢学の素養をひけらかすようなタイプの人は、どういうものでしょうね。出世だって、ろくにできないようですよ。まして、女性ならばなおさら、漢学の素養を持っているだけで、皆から敬遠されることでしょうよ」と助言されることが多くなり、私も、その忠告を、身に染《し》みて受け止めたのです。その結果、一番易しい漢字である「一」という字すら、自分は書いて見せないようになりました。仮面を永くかぶり続けていると、いつのまにか仮面が取れなくなるように、演技がいつのまにか本質となり、まことに、私が無

学であることは、我ながらあきれるばかりです。

少女時代に読んだことのある漢籍などは、もう自分には親しいものではなくなり、読むことはおろか、手に取って眺めることもなくなりました。それなのに、「漢籍に詳しい女性」という私の噂はますます大きくなる一方で、とうとう、「日本紀の御局」などという、とんでもない渾名《あだな》をつけられたと聞きました。私は、「左衛門の内侍が言いふらした渾名を聞いて知った人は、どんなにか私のことを、憎たらしく思うだろうか」と恥ずかしくてたまりません。中宮様の御所には、たくさんの屛風があります。屛風というものには、上の方に和歌や漢詩を記した色紙が貼ってあることが多いのですが、私はまったく漢詩や漢文が読めないという演技を貫きました。自分でも理解できないという顔をしていましたし、他人から「何が書いてあるのか教えてください」と頼まれても、「さあ、私も読めないのですよ」と答えることにしていました。

それなのに、中宮様の御前《おまえ》で、『白氏文集《はくしもんじゅう》』のあちらこちらを私に読ませなさったことがありました。それによって中宮様の好奇心や向学心がいたく刺激されたと見え、漢詩文についてもっと詳しいことを知りたいと思われるようになりました。それで、一昨年の夏くらいから、人目につかないように細心の注意を払い、中宮様の近くに誰も人がいない時を見計らって、『新楽府《しんがふ》』という漢詩を、お粗末ながら教えていますが、そのことも秘密にしているのです。この『新楽府』は、白楽天の『白氏文集』の巻三と巻四に当たっていますが、為政者の参考になる内容を多く含んでいるのです。

このことは、私だけでなく、中宮様も内緒にしておられましたが、殿（道長様）も、主上《うえ》様《さま》も、二人の秘密をいつのまにかお知りになりました。私たちが読んでいます『新楽府』を初めとする漢籍を、殿は能書家に書かせて、中宮様に献上なさったのでした。

このように、中宮様が私に漢籍を教えさせて読んでおられることを、私に「日本紀の御局」という渾名を付けた「うるさ型」の左衛門の内侍は、まだ知らないのでしょう。もし、彼女がこの話を聞きつけたならば、どんなに私を批判するか、わかったものではありませんん。「文集《もんじゅう》の御局《みつぼね》」や「楽府《がふ》の御局」では済まないでしょう。中宮様まで巻き込んだのですから。この世の中は、何から何まで、複雑な出来事がほどきようもなくこんがらがっていて、すっきりしません。特に人間関係の網の目は、厄介なものなのですね。

［評］　紫式部が中宮彰子に『新楽府《しんがふ》』を進講したのは、「一昨年《をととし》」とある。これは、紫式部が、『紫式部日記』のこの場面を執筆している時点から見て「一昨

年」ということである。『紫式部日記』の執筆がいつかで、進講の年が変わってくる。

『新楽府』は、『白氏文集』の中でも、諷諭詩《ふうゆし》としての性格が強く、政治的・社会的なメッセージ性が強い。

『源氏物語』には、『白氏文集』からの引用が膨大に存在する。『上陽白髪人』『陵園妾』『縛戎人』『議婚』『重賦』など、諷諭詩からの引用も目立つ。それらは、漢籍に親しんだ紫式部の幼児体験から『源氏物語』に取り込まれた。そのことが、『源氏物語』を男女の色恋の物語ではなく、天下国家の経営の書として読んだ中宮彰子の心を打った。それゆえの『新楽府』進講なのだろう。

このことは、中世源氏学が、「古今伝授《こきんでんじゅ》」を通して確立した「政道読み」こそ、『源氏物語』の誕生直後の読まれ方であったことを証し立てている。詳しくは、拙著『和歌の黄昏　短歌の夜明け』（花鳥社）を参照されたい。

121　出家に踏み切る勇気が無い紫式部

如何《いか》に、今《いま》は、言忌《こといみ》し侍《はべ》らじ。人《ひと》、と言《い》ふとも、斯《か》く言《い》ふとも、唯《ただ》、阿弥陀仏《あみだぼとけ》に、弛《たゆ》み無《な》く、経《きやう》を習《なら》ひ侍《はべ》らむ。世《よ》の厭《いと》はしき事《こと》は、総《すべ》て、露許《つゆばか》り、心《こころ》も留《と》まらず成《な》りにて侍《はべ》れば、聖《ひじり》に成《な》らむに、懈怠《けたい》すべうも侍《はべ》らず。唯《ただ》、直道《ひたみち》に背《そむ》きても、雲《くも》に昇《のぼ》らぬ程《ほど》の揺蕩《たゆた》ふべき様《やう》なむ、侍《はべ》るべかンなる。其《そ》れに、躊躇《やすら》ひ侍《はべ》るなり。

年《とし》も、将《はた》、良《よ》き程《ほど》に成《な》り持《も》て罷《まか》る。甚《いた》う、此《これ》より老《お》い惚《ほ》れて、将《はた》、珍《めづら》にぞ経誦《きやうよ》まず、心《こころ》も、いと弛《たゆ》さ、増《ま》さり侍《はべ》らむものを。心深《こころふか》き人真似《ひとまね》の様《やう》に侍《はべ》れど、今《いま》は唯《ただ》、斯《か》かる方《かた》の事《こと》をぞ、思《おも》ひ給《たま》ふる。

夫《そ》れ、罪深《つみふか》き人《ひと》は、又《また》、必《かなら》ずしも叶《かな》ひ侍《はべ》らじ。前《さき》の世《よ》知《し》らるる事《こと》のみ多《おほ》く侍《はべ》れば、万《よろづ》に付《つ》けてぞ、悲《かな》しく侍《はべ》る。

[訳]　これまでの私は、他人の目を気にして、自分のやりたいことも我慢し続けて生き

てきました。でも、いよいよ私も、「第二の人生」を考えるべき年齢に差しかかっています。さあ、もうこの年齢になったからには、他人の気持ちなどを忖度《そんたく》して、言いたいことも言わずに我慢することは止《や》めにしましょう。

人が私のことを、どう批判しようが、憎悪しようが、かまわないことにします。ひたすら、阿弥陀仏《あみだぶつ》を信じて、その前で、余念なく、お経を唱え続けることにしましょう。これまでの人生を通して、私はこの世が厭わしいものだということを、身に染みて痛感しました。この世で私が成し遂げたかったことが、果たして実現できたのか、よくわかりません。けれども、もうこの世——俗世間のことです——に留《とど》まりたいという気持ちが、全くなくなったことは事実です。出家して、尼になったとしても、修行に心が向かわないということはないでしょう。ただし、強い気持ちを持って出家したとしても、臨終を迎える際に極楽へのお迎えの雲の上に昇ることができるのかどうか、自分の往生を信じられずに心が迷うであろうことが、心配でなりません。そのため、なかなか出家に踏み切れないでいるのです。

そう言えば、私もそう遠くない未来に、女性の大厄とされる三十七歳になります。私が書いた『源氏物語』で、藤壺や紫の上の運命が大きく動いた年齢です。私の人生も、大きな、そして最後の転換期を迎えています。出家するには、良い潮時かもしれません。これよりも、さらに何歳も年を取り、老いて、正常な意識活動がむずかしくなったならば、もしかして、出家してもめったにお経も誦《よ》まず、お経を唱えているのが珍しいくらいに、お勤めが怠慢になってしまうことでしょう。思慮分別のある人は、そこまで考慮したうえで、ぎりぎり若いうちに出家するのでしょう。私は、その真似をするのではありませんが、今は、ひたすら、このようなことを考えているのです。

でも、罪深い人間は、極楽往生だけでなく、出家すらも叶わないと言われていますから、私も、そうなのかもしれません。自分は、前世でどういう悪事を犯したというので、現世で、ここまで苦しい人生を背負わされ、我慢と忍従の人生を生きてきたあげくに、出家もままならないのでしょうか。すべて、悲しく思われます。こんな人生は、私だけなのでしょうか。それを知りたくて、私は『源氏物語』を執筆したのですが、結論は得られませんでした。

［評］　群書類従本と他の写本の本文の違いを、二つほど挙げておく。「雲《くも》に昇《のぼ》らぬ程《ほど》の」→「雲《くも》に乗《の》らぬ程《ほど》の」。「将《はた》、珍《めづら》にぞ経《きやう》誦《よ》まず」→「将《はた》、目暗《めくら》うて経《きやう》

誦《よ》まず」。前者は、意味が変わらないが、後者は、かなりの問題である。というのは、現代では、「将《はた》、目暗《めくら》うて経誦《きやうよ》まず」という本文を根拠として、紫式部が、この時、「老眼」を意識していたと解釈され、三十八歳前後ではないかと推測されているからである。生まれた年が不明である紫式部の年齢を推測する根拠の一つとなっている。

けれども、群書類従本の「将《はた》、珍《めづら》にぞ経誦《きやうよ》まず」に従えば、老眼は消えてしまう。ただし、「年《とし》も、将《はた》、良《よ》き程《ほど》に成《な》り持《も》て罷《まか》る」という文章には、平安時代に女性の大厄とされた三十七歳が意味されていると考えれば、紫式部の年齢がある程度は見えてくる。けれども、この文脈は、執筆時点で三十六歳ということはなく、もっと前の年齢のように思える。

ちなみに、「日本国語大辞典」にも「広辞苑」にも、「めずら（珍）」という項目があり、用例として、『類従本紫式部日記』のこの箇所の文章を挙げている。

出家のためらいは、極楽往生への不安でもある。紫式部の視線は現世から来世へと向かいつつあるのだろうか。

122　長かった評論的書簡文が、ここで終わった

御文《おんふみ》に、え書《か》き続《つづ》け侍《はべ》らぬ事《こと》を、良《よ》きも、悪《あ》しきも、世《よ》に有《あ》る事《こと》、身《み》の上《うへ》の憂《うれ》へにても、残《のこ》らず聞《き》こえさせ置《お》かまほしう侍《はべ》るぞかし。

怪《け》しからぬ人《ひと》を思《おも》ひ、聞《き》こえさすとても、斯《か》かるべき事《こと》やは侍《はべ》る。然《さ》れど、徒然《つれづれ》に御座《おは》しますらむ。又《また》、徒然《つれづれ》の心《こころ》を、御覧《ごらん》ぜよ。又《また》、思《おぼ》さむ事《こと》の、いと斯《か》う、益無《やくな》し事多《ごとおほ》からずとも、書《か》かせ給《たま》へ。見給《みたま》へむ。

夢《ゆめ》にても、散《ち》り侍《はべ》らば、いと、いみじからむ。又々《またまた》も、多《おほ》くぞ侍《はべ》る。此《こ》の頃《ごろ》、反古《ほんご》ども、皆《みな》、破《や》り、焼《や》き失《うしな》ひ、雛《ひひな》などの屋作《やづく》りに、此《こ》の春《はる》、し侍《はべ》りにし後《のち》、人《ひと》の文《ふみ》も、侍《はべ》らず。（紫式部）「紙《かみ》に、態《わざ》と書《か》かじ」と思《おも》ひ侍《はべ》るぞ、いと窶《やつ》れたる。事悪《ことわ》ろき方《かた》には侍《はべ》らず。殊更《ことさら》に。

御覧《ごらん》じては、疾《と》う給《たま》はらむ。え読《よ》み侍《はべ》らぬ所々《ところどころ》、文字《もじ》落《お》としぞ侍《はべ》らむ。其《そ》れは、何《なに》かは。御覧《ごらん》じも、漏《も》らさせ給《たま》へかし。斯《か》く、世《よ》の人事《ひとごと》の上《うへ》を思《おも》ひて、果《は》てに、閉《と》ぢめ侍《はべ》れば、身《み》

を思《おも》ひ捨《す》てぬ心《こころ》の、然《さ》も、深《ふか》う侍《はべ》るべきかな。（紫式部）「何《なに》せむ」とにか侍《はべ》らむ。

［訳］ いよいよ、このお手紙を結ぶべきかと思います。こんなにも長い手紙になろうとは、書き始めた時には、思いもよらないことでした。というのは、世の中にありふれた普通の手紙であれば、用件だけしか書きませんので、短いものになるのが当然だからです。このお手紙は、普通の手紙には書けない、いえ、普通の手紙では書かないことを、良いことでも、悪いことでも、世の中で起きるあらゆること、私の身で起きたあらゆること、私が苦しみ抜いた生きてゆくことのつらさを、一切合切《いっさいがっさい》、このお手紙に書こうとしたからこそ、これほど長いお手紙になったのです。あなたには、私の人生のすべてを理解していただきたかったからです。

私に辛《つら》い仕打ちをし続けた、人間として問題のある人のことを思い出し、文章として書き記し、あなたに申し上げるとしても、ここまではっきりと書かないほうがよかったかもしれません。けれども、あなたは、たくさんの時間をお持ちです。また、あなたと同じように、私が時間を持てあました所在なさを、この手紙から読み取っていただきたいと思います。また、あなたが「徒然《つれづれ》」なる時間の中で、生きることの意味についてお思いになることは、どんなに書いても意味がないと思われたとしても、ぜひ、お書きになってくださ い。私は、あなたが書く文章を読みたく思っています。

また、私があなたに宛てて書いたこの長大な消息文が、世間に漏れ出たならば、まことに大きなスキャンダルになるでしょう。先ほどから、私はあなたへの手紙に、「また」「また」と、「また」の字を、何とかの一つ覚えみたいに使ってきました。申しわけありませんでした。

このところ、私は手紙を書く機会も、手紙をもらう機会もなくなりました。最近、これまで多くの人たちからいただいた手紙を、すべて破り捨て、焼いて燃やしました。焼かなかった手紙も、雛遊《ひなあそ》びの家を造る材料として、全部使い果たしました。そのあとは、友人もいない私に送られてきた新たな手紙など、存在しません。私は、『源氏物語』を書きつつあるのですが、書くのが苦しい第二部や、宇治十帖に入ってからは、紙の上に文字を書き記すことさえ苦しく、切なくて、白い紙にはできれば何一つ書き記したくはないのです。もう疲れ果ててしまったのでしょうか。それでも、書きたくない暗い気持ちを、精一杯振り絞って、手元に残っている反故紙《ほごがみ》を掻き集めて、あなたに手紙を書いたのですよ。本当に、この手紙には、そして、この手紙を読むあなたとの人間関係には、私にとって特別な意味があるのです。これは、嘘いつわりではありません。

この手紙をお読みになりましたら、すぐに、この手紙ごと、お返しください。いえ、お返事ではありません。この手紙そのものをお戻しください。この手紙は、私が夢中になって、一気に書いたものですので、文脈が意味不明で解読できない箇所も、多いと思います。また、文字の書き漏らしも、たくさんあることでしょう。でも、それは、どうでもよいことです。そういう箇所は、読み飛ばしてくださいませ。意味の通る所をたどりつつ読んでいただいて、私の手紙の真意を読み取ってくださいませ。

こんなふうに、世間の人が私の書いた文章をどのように理解するだろうか、どのように批評するだろうかと思いながら、この手紙を結ぶことにしましょう。最後まで、私は「人聞き」を気にしていました。私は、「名聞《みょうもん》」、つまり、私の書いた物語や手紙などの文章が、後世にまで語り伝えられてほしいという名誉欲・名声欲から、最後まで逃れきれなかったのでしょう。永遠の名声を得たからと言って、それが何になるのでしょうね。何にも、なりません。それがわかっていながら、書くことの意味にこだわり続ける私とは、いったい、何だったのでしょうか。

［評］　群書類従本の「又々《またまた》も」を、「耳も」とする写本もある。「耳も」とすると、「壁に耳あり」で、他人に漏れ聞かれることを用心しなければならないという意味になる。ここは、「また」という言葉を紫式部が繰り返していることを、冗談交じりに謝った、という意味で解釈した。

また、「世《よ》の人事《ひとごと》の上《うへ》を思《おも》ひて」の「人事《ひとごと》」（世間一般のこと）は、「人言《ひとごと》」（他人の言葉、世間の噂）とも表記でき、それぞれで解釈可能である。

それにしても、長大な「消息文」だった。人物批評は、いつの間にか、自己省察へと変わり、生きる意味を見いだせない、かと言って出家する決意もつかない、宙ぶらりんの自分の現在を書いて、結ばれた。この結び方は、どことなく宇治十帖の終わり方とも似ている。

なお、「徒然」という言葉を用いているのは、後世の『徒然草』へと繫がってゆく。『徒然草』には、『源氏物語』と『枕草子』の影響が大きいとされているが、『紫式部日記』を兼好が読む機会があったのかどうか、気になるところである。

Ⅳ　日記（寛弘七年・一〇一〇年）

123　まずは、土御門邸の持仏堂《じぶつどう》の思い出から

十一日《とをかあまりひとひ》の暁《あかつき》、御堂《みだう》へ渡《わた》らせ給《たま》ふ。御車《みくるま》には、殿《との》の上《うへ》。人々《ひとびと》は、舟《ふね》に乗《の》りて、差《さ》し渡《わた》りけり。其《そ》れには後《おく》れて、夜去《ようさり》、参《まゐ》る。

教化《けうげ》、行《おこな》ふ所《ところ》、山《やま》・寺《てら》の作法《さほふ》移《うつ》して、大懺悔《おほいさんげ》す。「しらい塔《たう》」など、多《おほ》う絵《ゑ》に描《か》いて、興《きよう》じ遊《あそ》び給《たま》ふ。上達部《かんだちめ》、多《おほ》くは罷《まか》で給《たま》ひて、少《すこ》しぞ留《と》まり給《たま》へる。後夜《ごや》の御導師《みだうし》、教化《けうげ》ども、説相《せつさう》、皆《みな》、心々《こころごころ》、二十人《はたたり》ながら、中宮《みや》の、斯《か》くて御座《おは》しますの由《よし》を、「こちかひきしな」言《こと》葉絶《ばた》えて、笑《わら》はるる事《こと》も、数多有《あまたあ》り。

［訳］　再び、日記に戻りましょう。いきなり日記に戻るのは唐突ですので、消息文で書いていた「漢籍の思い出」つながりで、『白氏文集《はくしもんじゅう》』にまつわる思い出を書くことにしましょう。それには、私が『白氏文集』の中の詩句を連想した経緯を、説明しておかなければなりません。

ある年のある月、ということにしておきましょう。十一日の暁に、中宮様は、土御門邸の池のほとりに建てられている御堂《みどう》（持仏堂《じぶつどう》）に、お渡りになりました。私たち女房は舟に乗って、池の上を御堂まで移動しましたが、身重の中宮様は輦車《れんしゃ》（手車《てぐるま》）にお乗りになりました。殿（道長様）の奥方で、中宮様の母君である倫子様が、同車されました。私は、ほかの女房たちにはたいそう遅れて、夜が暗くなってから参上しました。

私が到着しました時には、ちょうど説経が行われているところでした。このたびの法要は、中宮様の安産を祈るものですので、比叡山延暦寺や園城寺《おんじょうじ》（三井寺《みいでら》）の作法をそのままに再現して行われています。過去の罪を仏に懺悔《さんげ》する読誦もなされました。白い百万塔《ひゃくまんとう》をたくさん絵に描《か》いて奉納する時には、参列した公卿の方々《かたがた》も、面白がって楽しまれました。

そのうち、公卿の多くは、御堂を退出されましたが、何人かは残っておられました。午前四時頃、「後夜《ごや》のお勤め」をされる導師が、和讃《わさん》を唱えます。普通は一人の導師が唱えるのですが、このたびは二十人もの僧が、次々に和讃を唱えるのです。その唱え方も、唱える言葉も、二十人がそれぞれに違っていて、面白く感じました。彼らは、懐妊中の中宮様が無事に出産されることを、それぞれの言葉で、仏に祈っているのです。ところが、二十人もの僧が交互に和讃を唱えるのですが、順に一人ずつということができず、何人かの声が重なったり、一瞬、誰も唱えずに言葉が途絶《とだ》えたりするので、聴いている女房たちから笑われてしまうことも、たびたびありました。

［評］ ここから、再び日記に戻る。

「しらい塔《たう》」と「こちかひきしな」は、解釈が難解な箇所として知られる。「しらい塔」は、白い印塔《いんとう》、白い百万塔の意味だとされる。ただし、「こちかひきしな」は、現在に至るまで、妥当な解釈案は提示されていない。さすがの与謝野晶子も、この難解な部分の口語訳は断念して、カットしてある。

さて、「十一日」とあるが、何年何月の十一日であるかが、書かれていない。『紫式部日記』が書き始められたのは寛弘五年の秋で、中宮にとって最初の皇子の出産直前だった。それに遡る寛弘五年の夏、おそらく五月とする説がある。

また、このあとの『紫式部日記』は、第二子となる皇子の誕生を語っているので、その懐妊期間だとすれば、寛弘六年ということになる。

「消息文＝評論」から「日記＝記録」に戻る移行期間なので、紫式部は自らの「意識の流れ」に従って、消息文で書き記した「漢籍＝白氏文集」の記憶を、ここに書き記したのであろうから、それが何年何月のことであるかは、明記しなかったのだろう。

124 持仏堂に残った人々と、池に舟で漕ぎ出す人々

事《こと》、果《は》てて、殿上人《てんじやうびと》、舟《ふね》に乗《の》りて、皆《みな》、漕《こ》ぎ続《つづ》きて、遊《あそ》ぶ。御堂《みだう》の東《ひんがし》の端《つま》、北向《きたむ》きに押《お》し開《あ》けたる戸《と》の前《まへ》、池《いけ》に造《つく》り下《お》ろしたる階《はし》の高欄《かうらん》を押《お》さへて、宮《みや》の大夫《だいぶ》は居給《ゐたま》へり。殿《との》、あからさまに、参《まゐ》らせ給《たま》へる程《ほど》、宰相《さいしやう》の君《きみ》など、物語《ものがたり》して、御前《おまへ》なれば、打《う》ち解《と》けぬ用意《ようい》、

内《うち》も外《と》も、をかしき程《ほど》なり。

［訳］法要がすべて終わり、導師たちは退出しました。お開きになったあとの解放感から、最後まで残っていた若い殿上人たちは、舟に乗り込んで次々に池に繰り出し、管絃を奏《かな》でては、「水上の音楽」を楽しんでいます。

御堂の東の端《はし》には、北向きに押し開いてある妻戸《つまど》があるのですが、その前にはそのまま池に下りることが可能な階段が設けられています。その階段の欄干を押さえるようにして、中宮職の長官である藤原斉信様が座っておられます。その近くには、殿（道長様）もおられたのですが、ほんのちょっと、中宮様にご挨拶されるために、簾の中に入ってゆかれました。そのわずかな時間を利用して、斉信様は宰相の君と会話を交わしました。ここは御堂ですし、何と言っても中宮様の御前《ごぜん》ですので、簾の外にいる斉信様も、簾の中にいる宰相の君も、互いに馴れ馴れしい態度を示さないように配慮しているのも、私には好もしく感じられました。

【評】 法要が終わって、残った人々は二つのグループに分かれた。舟に乗って池に漕ぎ出したグループと、持仏堂に留まったグループである。

後者は、道長、中宮彰子、道長の腹心であり中宮職の長官である斉信、中宮の女房たち。紫式部の目は、後者だけでなく、前者の池の舟にも注がれている。

このあとで、いよいよ『白氏文集』の思い出が始まる。これまでの文章は、『白氏文集』の詩句を呼び出すための、長い「序詞《じょことば》」のようなものである。

125 『白氏文集』「海漫漫《うみまんまん》」の思い出

月《つき》、朧《おぼろ》に差《さ》し出《い》でて、若《わか》やかなる君達《きんだち》、今様歌《いまやううた》、謡《うた》ふも、舟《ふね》に乗《の》り仰《おほ》せたるを、若《わか》う、をかしく聞《き》こゆるに、大蔵卿《おほくらきやう》の、おほなおほな、交《ま》じりて、さすがに、声《こゑ》、打《う》ち添《そ》へむも慎《つつ》ましきにや、忍《しの》びやかにて居《ゐ》たる後《うし》ろ手《で》の、をかしう見《み》ゆれば、御簾《みす》の内《うち》の人《ひと》も、密《みそ》かに笑《わら》ふ。（紫式部）「舟《ふね》の中《うち》にや、老《お》いをば嘲《かこ》つらむ」と言《い》ひたるを、聞《き》き付《つ》け給《たま》へるにや、大夫《だいぶ》、（斉信）「徐福《じよふく》、文成《ぶんせい》、誑誕多《きやうたんおほ》し」と、打《う》ち誦《ず》ンじ給《たま》ふ声《こゑ》も、様《さま》も、こよなう今《いま》めかしく見《み》ゆ。（舟に乗った殿上人）「池《いけ》の浮草《うきくさ》」と謡《うた》ひて、笛《ふえ》など吹《ふ》き合《あ》はせたる、暁方《あかつきがた》の風《かぜ》の気配《けはひ》さへぞ、心異《こころこと》なる。儚《はかな》い事《こと》も、所柄《ところから》、折柄《をりから》なりけり。

〔訳〕折しも、有明の月の光が、おぼろに差し込んできました。うまく舟に乗り込めて池に漕ぎ出している若い殿方たちは、今様《いまよう》を謡《うた》っています。その声が、若々しく、面白く、御堂の中にいる私たちの耳に聞こえてきます。

ふと気づきましたが、大蔵卿である藤原正光《まさみつ》様が、若君達《わかきんだち》ばかりの中にたった一人、交じっているのです。正光殿は、確か御年《おんとし》五十三歳。おそらく、若者たちが我先にと舟に乗り込んだのにつられて、深い考えもなしに、うかうかと乗ってしまったのでしょう。今になって、自分一人が舟の中の若者たちと不釣り合いで、場違いであることに気づいたのでしょう、声を合わせて今様を謡うこともできず、目立たないように座っています。その後《うし》ろ姿《すがた》が滑稽だったので、簾の中にいる女房たちは笑いを禁じ得ません。

私が中宮様に『白氏文集』の『新楽府《しんがふ》』をご進講したという話は、「消息文」にも書きました。その『新楽府』には、「海漫漫《うみまんまん》」という詩があります。そこに、秦の始皇帝が徐福《じょふく》という人物と童男童女を舟に乗せて、東海に向かわせ、蓬萊にあるという不老不死の薬を探し求めさせた、という伝説が書かれています。童男童女は、いたずらに舟の中で老いてしまったのでした。私は、若者たちばかりの舟に、一人だけお年を召した正光様が交じっている姿を見て、とっさに徐福のエピソードを思い出しました。それで、「舟《ふね》の中《うち》にや、老《お》いをば喞《かこ》つらむ」と口ずさんだのです。この『白氏文集』の思い出を書きたくて、「消息文」の直後を、土御門邸の舟遊びから始めたのでした。前置きが長くなって、申しわけありませんでした。

するとと、階段の欄干を押さえるように座っていた斉信様が、私の声を簾越しに聞かれたようで、「海漫漫」の一節を口ずさまれたのです。「徐福《じょふく》、文成《ぶんせい》、誑誕多《きやうたんおほ》し」。その声も、仕種《しぐさ》も、格別に現代風に感じられます。

舟に乗った若君達《わかきんだち》は、「池の浮草」などと謡《うた》っては、それに合わせて笛などを演奏しています。人間の声、楽器の音、暁近くの風の音などが一つに融け合い、忘れられない瞬間となりました。こんな小さな思い出も、場所と時間に恵まれれば、永遠の記憶となるのです。

［評］ 秦の始皇帝は、「不死の薬」の獲得に失敗した。人間にとって望みうる最高の幸せは「不老不死」ではない。ましてや、権力でも、富でも、子孫繁栄でもない。「美しい時間の記憶」なのであり、その記憶を美しいものにしている「人間関係」なのだろう。

なお、「池の浮草」は、「今様」の一節なのだろうが、出典はわからない。『源氏物語』の胡蝶の巻には、「亀の上の山も訪ねじ舟の中《うち》に老いせぬ名をばここに残さむ」という歌があり、ここに、「海漫漫」が引用されている。ただし、「海漫漫」の童男童女たちは老いてしまったが、この六条院では不老不死の理想郷が現前している、という内容になっている。

126 『源氏物語』の思い出も少々、道長も添えて

『源氏《げんじ》の物語《ものがたり》』、御前《おまへ》に有《あ》るを、殿《との》の御覧《ごらん》じて、例《れい》の、漫《すず》ろ言《ごと》ども、出《い》で来《き》たるついでに、

梅《むめ》の枝《えだ》に、敷《し》かれたる紙《かみ》に、書《か》かせ給《たま》へる、

（道長）好《す》き者《もの》〔酸(す)き物(もの)〕と名《な》にし立《た》てれば見《み》る人《ひと》の折《を》らで過《す》ぐるは有《あ》らじとぞ思《おも》ふ

賜《たま》はせたれば、

（紫式部）人《ひと》に未《ま》だ折《を》られぬものを誰《たれ》か此《こ》の好《す》き者《もの》〔酸(す)き物(もの)〕ぞとは口馴《くちな》〔口鳴(くちな)〕らしけむ

（紫式部）「めざましう」と聞こゆ。

［訳］『源氏物語』についても、消息文にはいろいろと書きましたので、漢籍の思い出話の次には、『源氏物語』の思い出も、ここで書いておきましょう。

中宮様のお部屋に、私の書いた『源氏物語』が置かれていました。殿（道長様）が、たまたま中宮様のお部屋に立ち寄られまして、ぱらぱらと冊子をめくっておられましたが、お得意の冗談を口にされるなど、上機嫌でした。この物語に書かれてある秘密の恋愛に、殿はいたく興味を引かれたものと見えます。

中宮様のお部屋には、梅の枝が置かれ、その下には紙が敷いてありました。殿は、その紙に歌を書き付けられました。掛詞《かけことば》というよりも、殿お得意の駄洒落《だじゃれ》（地口《じぐち》）が眼目の歌で

した。

（道長）好《す》き者《もの》《酸(す)き物(もの)》と名《な》にし立《た》てれば見《み》る人《ひと》の折《を》らで過《す》ぐるは有《あ》らじとぞ思《おも》ふ

（この梅の枝についている花は、やがて実となるが、酸っぱいことこの上もない。「酸《す》き物《もの》」の代表が、この梅であるならば、『源氏物語』で不義や密通などを好んで描いてきたそなたは、さしずめ「好《す》き者《もの》」の代表者であろう。高く伸びた梅の立《た》ち枝《え》を折らずに通り過ぎる人が誰もいないように、そなたを見て恋愛感情を持たない男など、この世には誰もいないことであろう。たとえば、この私じゃ。私は、そなたという花の枝を、既に折り取っておるぞ。）

『源氏物語』という作品の内容と、『源氏物語』の作者の性格を混同されているのは滑稽ですが、笑ってばかりもいられません。中宮様も聞いておられますし、殿と私との男女関係について噂になるのは、どうしても避けたいところだからです。そこで、私は反論しました。

（紫式部）人《ひと》に未《ま》だ折《を》られぬものを誰《たれ》か此《こ》の好《す》き者《もの》《酸(す)き物(もの)》ぞとは口馴《くちな》《口鳴(くちな)らし》らしけむ

（なるほど、確かにこの梅の枝は、誰かに折り取られています。けれども、私は誰とも恋愛関係を取り結んではおりません。折り取られた梅の花にしても、やがて実を結び、それが思わず、「チュッチュッ」と口を鳴らすほどに酸っぱいとは、折り取ってしまえばもうわかりません。まして、私は誰とも道ならぬ関係になっていませんので、私が「好《す》き者《もの》」であるかどうかは、誰にも絶対にわからないはずです。）

私は、言葉でも「心外でございます」と申し添えました。

【評】「消息文」から「日記」への繋ぎの役割を果たす二つ目が、『源氏物語』の思い出である。

群書類従本「梅《むめ》の枝《えだ》に、敷《し》かれたる紙《かみ》に」の部分を、「梅《むめ》の下《した》に、敷《し》かれたる紙《かみ》に」とする写本が多い。この場合には、梅の花ではなく、梅の実の下に敷いてある紙、という意味になる。けれども、道長の歌の「折《を》らで過《す》ぐるは」は、花の付いた梅の立《た》ち枝《え》を折る、という意味である。「実」だけでなく、「花」もまた、歌の背景には存在している。

道長の妻は、倫子も明子も、名門の源氏出身だった。道長は高貴な血を引く女性への憧れが強かったので、『源氏物語』の藤壺や紫の上にも、憧れを抱いていたのだろう。道長は、ちらと見て『源氏物語』の存在を認めたのではなく、手に取ってあちこちを拾い読みした、と取りたい。宿木の巻の、「この花《はな》、一《ひと》枝許《えだゆる》す」のあたりだと面白い。

さて、道長と紫式部の贈答歌は、二人の関係が成立していないとすれば、「あなたには恋人がいますか」「いません」というやりとりになる。でも、それだと、いかにも間《ま》が抜けている。やはり、紫式部は、道長の召人なのだろう。この時点で、二人の関係は成立していると思われる。

「紫式部」と逢う時の道長は、藤壺や紫の上と関係する光源氏に自分を重ねていたのかもしれない。紫式部は「高貴な女性」ではないが、高貴な女性である藤壺や紫の上を造型している。しかも、紫の上が登場する「若紫の巻」は、藤原公任の口から話題になるほどに有名だった。

127 夜の訪問者は道長だった

渡殿《わたどの》に寝《ね》たる夜《よ》、戸《と》を叩《たた》く人《ひと》、有《あ》り、と聞《き》けど、恐《おそ》ろしさに、音《おと》もせで、明《あ》かしたる翌《つと》

朝《めて》、

（道長）夜《よ》もすがら水鶏《くひな》より異《け》に泣《な》く泣《な》く《鳴(な)く鳴(な)く》ぞ槙《まき》の戸口《とぐち》に叩《たた》き侘《わ》びつる

返《かへ》し、

（紫式部）徒《ただ》ならじとばかり《戸計(とばか)り》叩《たた》く水鶏故《くひなゆゑ》開《あ》けては《明(あ)けては》如何《いか》に悔《くや》しからまし

［訳］ 土御門邸の渡り廊下にある自分の局《つぼね》で、私は眠っていました。すると、夜中に、私の局を誰かが訪れて、戸を叩く音がしました。私は、その叩き方が殿（道長様）の合図だということを知っています。けれども、この夜は、わけあって殿を局の中に入れることはしませんでした。その理由は、「恐ろしかったから」ということに、しておきましょう。私は物音も立てず、息も殺して、局の中には誰もいないふりをして、やり過ごしました。

翌朝、殿から和歌が届きました。

（道長）夜《よ》もすがら水鶏《くひな》より異《け》に泣《な》く泣《な》く《鳴(な)く鳴(な)く》ぞ槙《まき》の戸口《とぐち》に叩《たた》き侘《わ》びつる

（そなたが私を局の中に入れてくれなかったから、夜通し、水鶏《くいな》がホトホトと戸を叩くように鳴く、その音よりも大きな声で、私は泣きながら戸口で立ちんぼして、どうしようもなかったことだ。)

私の返事は、むろん、贈答歌の基本にしたがって、相手に対する反発を前面に押し出しました。

(紫式部)徒《ただ》ならじとばかり《戸計(とばかり)》叩《たた》く水鶏故《くひなゆゑ》開《あ》けては《明(あ)けては》如何《いか》に悔《くや》しからまし

(このままでは済まされない、必ず中へ入るぞと言わんばかりの大きな音で、水鶏のように私の局の戸を叩かれたあなたは、私が居留守を使うと簡単に諦めて、すぐに去ってゆかれました。そんな浅い愛情の人を局に呼び入れたならば、結ばれたあとで、簡単に捨てられ、どんなにか辛《つら》い思いをしたでしょうか。戸を開けなかったのは正解でした。)

[評]「水鶏《くいな》」が読まれているので、季節は夏だろう。

この歌のやりとりからは、既に関係が成立した男女の「感情のもつれ」が感じられる。何らかの理由で、紫式部はつむじを曲げた。そのご機嫌を取ろうとして、道長が訪れる。でも、紫式部は、無視し続けたのだった。この翌日はどうだったのか。それは書かれていないので、読者の想像に委ねられている。

128　寛弘七年正月の記録

今年《ことし》、正月三日《むつきみか》まで、宮達《みやたち》の、御戴餅《おほんいただきもちひ》に、日々《ひび》に、参上《まうのぼ》らせ給《たま》ふ。御供《おほんとも》に、皆《みな》、上臈《じやうらふ》も参《まゐ》る。左衛門《さゑもん》の督《かみ》、抱《いだ》い奉《たてまつ》り給《たま》ひて、殿《との》、餅《もちひ》は取《と》り次《つ》ぎて、主上《うへ》に、奉《たてまつ》らせ給《たま》ふ。二間《ふたま》の東《ひんがし》の戸《と》に向《む》かひて、主上《うへ》の、戴《いただ》かせ奉《たてまつ》らせ給《たま》ふなり。

下《お》り、上《のぼ》らせ給《たま》ふ儀式《ぎしき》、見物《みもの》なり。大宮《おほみや》は、上《のぼ》らせ給《たま》はず。

【訳】　寛弘六年（一〇〇九）の冬には、大きな出来事がありました。十月四日、これまで里内裏《さとだいり》であった一条院が、火事で焼けてしまったのです。そのため、十月十九日、主上様《うえさま》は、殿（道長様）の所有されている枇杷殿《びわどの》にお移りになりました。十一月二十五日、中宮様はご自身にとって二番目のお子様となる敦良《あつなが》親王（後の後朱雀《ごすざく》天皇）をお生みになりました。十二月二十六日、中宮様は、枇杷殿の里内裏《さとだいり》にお入りになりました。

　そして、年が改まり、寛弘七年（一〇一〇）となりました。この年の正月一日から三日まで、中宮様がお生みになった敦成《あつひら》親王（三歳）と敦良《あつなが》親王（二歳）の二人の皇子《みこ》は、主上様《うえさま》から頭《かしら》に餅を載せていただく「御戴餅《おおんいただきもちい》」のために、毎日、清涼殿にお上《のぼ》りになります。お供として、中宮様にお仕えしている上臈女房たちも、ほぼ全員が参上されます。殿のご長男である頼通様が、若宮様をお抱きになります。殿（道長様）はと言えば、餅を清涼殿まで持参した者から受け取って、主上様《うえさま》にお渡しする役割に徹しておられました。清涼殿の東側にある二間《ふたま》の部屋の扉に向かって、主上様《うえさま》は二人の若宮の頭に餅を載せられるのです。

お二人の若宮様が清涼殿へ参上して、退下《たいげ》なさる儀式は、素晴らしい見物《みもの》でした。ただし、母宮である中宮様は、お上りにはなりませんでした。

【評】 前の年には、元日が「坎日《かんにち》」に当たっていたので、敦成親王の「御戴餅」は三日まで行われなかった。今年は元日から敦成親王と敦良親王の「御戴餅」が行われたのである。二人の宮を頼通一人が抱けるわけはないので、一人ずつ頼通が抱いて、一条天皇の前に進み出たのではないだろうか。

中宮は、敦良親王を出産してまだ一か月なので、体調が思わしくないのだろう。

129 御薬《おおんくすり》の儀が行われる

今年《ことし》の朔日《ついたち》、御賄《おほんまかな》ひ、宰相《さいしやう》の君《きみ》、例《れい》の、物《もの》の色合《いろあひ》など、殊《こと》に、いとをかし。女蔵人《くらうど》は、内匠《たくみ》、兵庫《ひやうご》、仕《つか》うまつる。髪上《かみあ》げたる容貌《かたち》などこそ、御賄《おほんまかな》ひは、いと殊《こと》に見《み》え給《たま》へ、理無《わりな》しや。

薬《くすり》の女官《にようくわん》にて、文屋《ふや》の博士《はかせ》、賢《さか》し立《だ》ち、才《さい》らき居《ゐ》たり。膏薬《たうやく》、配《くば》れる、例《れい》の事《こと》どもなり。

［訳］今年の一月一日、中宮様の御所では、「御薬《おおんくすり》の儀」が執《と》り行われました。その陪《ばい》膳《ぜん》役は、宰相の君が勤めました。この儀式では、陪膳役の女房以外は、「生気《しょうげ》の服」と言って、その年に縁起の良い方角の色の服を、唐衣《からぎぬ》の上に着るきまりになっています。ところが、宰相の君は陪膳役なので、生気の服ではなく、いつものように、色鮮やかな色彩配合の妙を感じさせる装束を着ています。そのため、いつも以上に彼女の衣装センスの良さが際立《きわだ》っていました。

御膳《おぜん》の取り次ぎ役の女蔵人《にょくろうど》は、内匠《たくみ》と兵庫《ひょうご》が仰せつかりました。彼女たちは簡素な髪型でしたので、衣装の点でも髪飾りの点でも、陪膳役の宰相の君が圧倒的に目立つ結果になりました。これも、女蔵人の側から見れば、髪型も着る物も決まりに従わざるをえませんので、やむをえないことです。

お屠蘇《とそ》などを献ずる「薬の女官《くすりのにょうかん》」の役割は、「文屋の博士《ふやのはかせ》」(「博士の命婦」とも言います)という女房が勤めました。いかにも自分が賢そうに振る舞って、大きな態度でした。膏薬などは、中宮様に献じられたあと、お裾分けとして女房たちも賜りました。これらは、例年と同じでした。

ちなみに、「膏薬」ですが、「こうやく」ではなく、「とうやく」と発音します。「皇焼く《こうや》」では主上様《うえさま》に対して、縁起が悪いからです。楽器の「横笛」も、「おうてき」と読むと「王敵」になってしまうので、「ようじょう」と発音するのと同じですね。

[評]「才《さい》らき居《ゐ》たり」の「さいらく」は、珍しい言葉である。「日本国語大辞典」や「広辞苑」など、国語辞書や古語辞典には、「さいらく」という項目を立項し、才知がありそうに振る舞う、という意味を載せているが、用例は、『紫式部日記』のこの箇所のみである。「日本国語大辞典」には、「一説に、『ひ

ひらく』（べらべらしゃべる意）の誤りとする」と注記してあるのは、「さいらく」の用例が他に見えないからだろう。

「ひひらく」の用例は、『源氏物語』などにもある。

130 三歳と二歳の年子《としご》の宮たちは可愛らしかった

二日《ふつか》、中宮《みや》の大饗《だいきやう》は停《と》まりて、臨時客《りんじきやく》、東面《ひんがしおもて》取《と》り払《はら》ひて、例《れい》の如《ごと》、したり。上達部《かんだちめ》は、傅《ふ》の大納言《だいなごん》、右大将《うだいしやう》、中宮《ちゆうぐう》の大夫《だいぶ》、四条《しでう》の大納言《だいなごん》、権中納言《ごんちゆうなごん》、侍従《じじゆう》の中納言《ちゆうなごん》、左衛門《さゑもん》の督《かみ》、有国《ありくに》の宰相《さいしやう》、大蔵卿《おほくらきやう》、左兵衛《さひやうゑ》の督《かみ》、源宰相《げんさいしやう》、向《む》かひつつ居給《ゐたま》へり。源中納言《げんちゆうなごん》、左兵衛《さひやうゑ》の督《かみ》、左右《ひだりみぎ》の宰相《さいしやう》の中将《ちゆうじやう》は、長押《なげし》の下《しも》に、殿上人《てんじやうびと》の座《ざ》の上《かみ》に、着《つ》き給《たま》へり。

若宮《わかみや》、抱《いだ》き、出《い》で奉《たてまつ》り給《たま》ひて、例《れい》の言《こと》ども、言《い》はせ奉《たてまつ》り、愛《うつく》しみ聞《き》こえさせ給《たま》ふ。上《うへ》に、（道長）「幼宮《いとみや》、抱《いだ》き奉《たてまつ》らむ」と、殿《との》、宣《のたま》ふを、いと嫉《ねた》き事《こと》に、し給《たま》ひて、（敦成親王）「ああ」

と苛《さいな》むを、愛《うつく》しがり聞《き》こえ給《たま》ひて、申《まう》し給《たま》へば、右大将《うだいしやう》など、興《きよう》じ聞《き》こえ給《たま》ふ。

［訳］ 正月二日には、本来、臣下が宮中の中宮御所で拝謁して、饗応される「大饗《だいきょう》」が催されるのですが、今年は敦良親王のご出産から日を経ていないこともあって、取りやめとなりました。そのかわり、規模を縮小した「臨時客《りんじきゃく》」の宴が、こちらは例年通りに催されました。東側の廂《ひさし》の間《ま》を取り払って、催されたのです。

参列された公卿の方々のお名前を、記しておきましょう。藤原道綱様、藤原実資様、藤原斉信様、藤原公任様、藤原隆家様、藤原行成様、藤原頼通様、藤原有国様、藤原正光様、藤原実成様、源頼定様。この面々が、二列に向かい合って座っておられました。源俊賢様、藤原懐平《かねひら》様、そして、源経房様と藤原兼隆様は、長押《なげし》の下手《しもて》にある殿上人たちの座の中で、最も上手《かみて》に近い場所にお座りになります。

殿（道長様）が、若宮様（敦成親王）をお抱きになって、宴会にお顔を出されます。数えの三歳になられた若宮様に、列座している公卿や殿上人たちへの簡単な挨拶のお言葉を、言わせなさいます。殿がまず、言葉を口にされ、それを若宮様に真似させておられるのです。

殿は、若宮様を、「よくお出来になりました」と目を細めています。殿の夫人の倫子様は、幼宮《いとみや》様（敦良親王）をお抱きになっていましたが、殿は、「私にも、幼宮《いとみや》様を抱っこさせてほしいものですな」とおっしゃると、最近、弟がお出来になったため、これまでは自分一人が大切にされていたのに、弟に皆の愛情が移ったことを本能で察知された若宮様が、もっと自分だけをかまってもらいたくて、「あ〜っ、あ〜っ」とむずかられます。殿が、にっこり笑いながら、「ごめんなさいませ、若宮様」などと、あやされますと、それを見ていた実資様などが面白がって、「下《した》の子が生まれたら、上《うえ》の子と、親や祖父母の愛情の奪い合いになると申しますが、まさにそれですな」などと、面白がっておられました。

【評】　出席者の官職名には「左兵衛の督」が重複しているので、二つ目は「左衛門の督」か「右衛門の督」かとされている。

道長の異母弟である道綱は、「傅《ふ》の大納言《だいなごん》」と書かれている。藤原定家が御物本『更級日記』の奥書で、「常陸《ひたち》の守《かみ》、菅原孝標《すがはらのたかすゑ》の女《むすめ》の日記《にき》なり。母《はは》、倫寧《ともやす》朝臣《あそん》の女《むすめ》。傅《ふ》の殿《との》の母上《ははうへ》の姪《めひ》なり」と書いた、その「傅《ふ》の殿《との》」である。

公任・行成・斉信・俊賢の四人は、いわゆる「四納言」である。

それにしても、兄弟で祖父の愛の奪い合いをする宮様たちが、可愛らしい。

131 道長は紫式部の父親も気に掛けていた

上《うへ》に参《まゐ》り給《たま》ひて、主上《うへ》、殿上《てんじやう》に出《い》でさせ給《たま》ひて、御遊《みあそ》び有《あ》りけり。殿《との》、例《れい》の、酔《ゑ》はせ給《たま》へり。（紫式部）「煩《わづら》はし」と思《おも》ひて、隠《かく》ろへ居《ゐ》たるに、（道長）「何《な》ど、御父《おんてて》の、御前《おまへ》の御遊《みあそ》びに召《め》しつるに、候《さぶら》はで、急《いそ》ぎ罷《まか》でにける。僻《ひが》みたり」など、難《むつ》からせ給《たま》へる。（道長）「然《さ》るは、歌一《うたひと》つ、仕《つか》うまつれ。親《おや》の替《か》はりに。初子《はつね》の日《ひ》なり。詠《よ》め。詠《よ》め」と、責《せ》めさせ給《たま》ふ。打《う》ち出《い》でむに、いと片端《かたは》ならむ。

こよなからぬ御酔《おんゑ》ひなンめれば、いとど御色合《おんいろあひ》、清気《きよげ》に、火影《ほかげ》、華《はな》やかに、あらまほしくて、（道長）「年頃《としごろ》、中宮《みや》の、凄《すさ》まじ気《げ》にて、一所《ひとところ》、御座《おは》しますを、索々《さうざう》しく見奉《みたてまつ》りしに、斯《か》く、難《むつ》かしきまで、左右《ひだりみぎ》に見奉《みたてまつ》るこそ嬉《うれ》しけれ」と、大殿籠《おほとのご》もりたる若宮達《みやたち》を、引《ひ》き開《あ》

けつつ、見奉《みたてまつ》り給《たま》ふ。（道長）「野辺《のべ》に小松《こまつ》の無《な》かりせば」と、うち誦《ず》ンじ給《たま》ふ。新《あたら》しから
む言《こと》よりも、折節《をりふし》の、人《ひと》の有様《ありさま》、めでたく覚《おぼ》えさせ給《たま》ふ。

［訳］　中宮様の臨時客の催しが終わったあと、公卿や殿上人の方々は、主上様《うえさま》のいらっしゃる清涼殿へと参上なさいます。主上様《うえさま》は、殿上《てんじょう》の間《ま》にお出でなさって、そこで管絃の遊びがありました。

殿（道長様）は、上機嫌で、いつものようにお酒をたくさん聞こし召して、酔われているのが明らかでした。私は、「面倒なことになった。ここは、気配を殺して誰にも気づかれないようにしよう」と思いまして、物陰に潜んで、隠れておりました。けれども、私の浅知恵など、殿には、とうにお見通しです。すぐに見つけ出されてしまいました。

殿は私に、「そなたの父御《ててご》の為時殿《ためとき》には、困らせられておる。と言うよりも、腹を立てておるのじゃ。今日は主上様《うえさま》の御前で管絃の遊びがあるが、当然、詩歌も披露されるであろう。そなたの父御《ててご》の為時殿は、漢詩人としても知られておるから、私が今日の遊びにはぜひとも参加するようにと、前もって言っておいたのじゃ。だが、何としたことか、ここ

には参らずに、さっさと退下《たいげ》してしもうたのは、まことにもって無礼極まりないことじゃ。為時殿が変人なのか、それとも私に対して含むところがあるのかの」と、酔った勢いで難癖を付けてこられました。殿は、なおも、「そうではあるが、父御《てご》の不調法の責任を取って、娘であるそなたが、親の代わりに和歌を詠んだら、許してやらぬでもない。そうじゃ、今日は初子《はつね》の日じゃ。初子《はつね》の歌を、詠むのだ。さあ、詠みなさい」とおっしゃるので、私は困ってしまいました。私が、この場で、殿から命じられた通りに初子《はつね》の歌を詠んだとしても、差し出がましいことですし、ろくな歌は詠めないでしょう。そこで、黙ってやり過ごすことにしました。

殿は、私が恐れていたほど、大量にお酒を聞こし召されたのではなく、ほどよく酔っておられました。お顔の色もほんのりと赤くなって、むしろさっぱりした美しさを感じさせるくらいの酔いだったのです。燈《とも》し火《び》に照らされたお姿は、華やかで、「男の鑑《かがみ》」のようでした。

殿は、真面目《まじめ》な顔で、しみじみと述懐なさいます。「中宮様は、主上様《うえさま》に入内《じゅだい》なされてから、九年間もお子様に恵まれなさらず、寂しそうにお一人でお暮らしだった。それが、ここ二年間で、二人の親王様に恵まれなさった。私も、かわいい孫の親王殿下が二人も、うるさいくらいに左側と右側にまとわりついてこられるのを拝見できるのが嬉しくてたまらないのだよ」とおっしゃって、とっくに眠っていらっしゃる二人の宮様の帳台の帷子《かたびら》を、引っ張って開けては、中にいるお二人のお顔を覗き込んでおられます。「子《ね》の日《ひ》する野辺《のべ》に小松《こまつ》の無《な》かりせば千代《ちよ》の例《ため》しに何《なに》を引《ひ》かまし」という、壬生忠岑《みぶのただみね》の古歌を口ずさまれます。こういう時には、私などが新たに詠み出した「子の日」の歌などよりも、評価の定まった名歌のほうが、ふさわしいのです。殿は、そのことをよくご存じです。とても立派だと、私は感じ入りました。

［評］「何《な》ど、御父《おんてて》の、御前《おまへ》の御遊《みあそ》びに召《め》しつるに、候《さぶら》はで、急《いそ》ぎ罷《まか》でにける」という文章の「御父《おんてて》」であるが、中宮彰子の父親である道長本人を指すとする説と、紫式部の父親である為時を指すとする説とがある。現在は、為時説が有力である。道長にとって、『源氏物語』の作者である紫式部は利用価値のある女房であるが、その父親である為時も、利用価値のある文人だったのである。

わざわざ道長から誘われたのに、詩歌管絃の遊びに加わらなかった為時の心境は、わからない。あるいは、娘と道長の関係で待遇が良くなっていると、世間から見られることを、為時がためらったのかもしれない。それとも、単なる人見知りなのか。

とにかく、紫式部は、道長との特別の関係を、読者に隠そうとはしていない。

132 道長の言葉を女房仲間と称え合う

又《また》の日《ひ》、夕《ゆふ》つ方《かた》、「何時《いつ》しか」と霞《かす》みたる空《そら》を、造《つく》り続《つづ》けたる軒《のき》の隙《ひま》無《な》さにて、唯《ただ》、渡《わた》殿《との》の上《うへ》の程《ほど》を、仄《ほの》かに見《み》て、中務《なかつかさ》の乳母《めのと》と、昨夜《よべ》の御口遊《おんくちずさ》みを、愛《め》できこゆ。此《こ》の命婦《みやうぶ》ぞ、物《もの》の心得《こころえ》て、才々《かどかど》しくは侍《はべ》る人《ひと》なれ。

［訳］ その翌日、つまり一月三日の夕方のことです。「本格的な春になるのが待ちきれない」と言わんばかりに、早くも空は霞み始めています。その霞んだ黄昏時《たそがれとき》の空を見上げ

ようにも、里内裏《さとだいり》である枇杷殿《びわどの》は、たくさんの建物がぎっしりと建て込んでいまして、どこから見ても見えるのは軒ばかりで、「見上げる空」も見えません。かろうじて、渡り廊下の上に広がる空が見えるくらいです。その空を、私は中務《なかつかさ》の乳母《めのと》（中務の命婦《みょうぶ》）と二人で見上げつつ、世間話に興じていました。私は、昨夜、殿（道長様）が、二人の宮様に恵まれた喜びを、「子《ね》の日《ひ》する野辺《のべ》に小松《こまつ》の無《な》かりせば千代《ちよ》の例《ため》しに何《なに》を引《ひ》かまし」という古歌に託して述懐された、という話をしました。

中務の乳母は、中宮様のお二人目の幼宮様《いとみや》（敦良親王）の乳母なのです。野辺の小松が、千代《ちよ》の松《まつ》が枝《え》に成長するように、幼宮様《いとみや》が立派に成長されて天皇に即位されることを、彼女は強く願っています。ですから、私が話した「子の日する」の歌を殿が口ずさまれたことに、心から感動したようでした。二人で、殿の心の素晴らしさを称賛したことでした。この中務の乳母は、世間の常識をしっかりと持った、しかも気の利く人なのです。

［評］群書類従本の「此《こ》の命婦《みやうぶ》ぞ、物《もの》の心得《こころえ》て、才々《かどかど》しくは侍《はべ》る人《ひと》なれ」のままでは、係り結びが合わない。他の写本も、同じである。そこで、本文を、「此《こ》の命婦《みやうぶ》こそ、物《もの》の心得《こころえ》て、才々《かどかど》しくは侍《はべ》る人《ひと》なれ」と校訂して、係り結び

を合わせる立場もある。
なお、敦良親王は、後朱雀天皇である（即位は一〇三六年）。

133 道長、紫式部、小少将の君の三角関係は起きるか

あからさまに罷出《まかで》て、二《に》の宮《みや》の御《おほん》五十日《いか》は、正月十五日《むつきもちのひ》、其《そ》の暁《あかつき》、参《まゐ》るに、小少将《こせうしやう》の君《きみ》、明《あ》け果《は》てて、はしたなく成《な》りたるに、参《まゐ》り給《たま》へり。例《れい》の、同《おな》じ所《ところ》に居《ゐ》たり。二人《ふたり》の局《つぼね》を、一《ひと》つに合《あ》はせて、互《かた》みに里《さと》なる程《ほど》も住《す》む。一度《ひとたび》に参《まゐ》りては、几帳《きちやう》許《ばか》りを隔《へだ》てにて有《あ》り。殿《との》ぞ、渡《わた》らせ給《たま》ふ。（道長）「互《かた》みに、知《し》らぬ人《ひと》も、語《かた》らはるる」など、聞《き》き難《にく》く。然《さ》れど、誰《たれ》も、然《さ》る、疎々《うとうと》しき事無《ことな》ければ、心安《こころやす》くてなむ。

［訳］敦良《あつなが》親王様の「御《おおん》五十日《いか》の祝い」は、一月十五日に催されることになりました。
私はそれまで、実家に戻っていました。ほんの短期間でも里下がりして、我が家のお正月

を済ませようとしたのです。十五日には、人目に付かないように、まだ暗い暁の時分に宮中に戻りました。けれども、同じように里下がりしていた小少将の君は、周りがすっかり明るくなってから、宮中に戻って来られました。私は、多くの人の目に付くのが心配でたまらないのですが、彼女は、あまり気にしていないようです。

この小少将の君と、私は、このところずっと、同じ局《つぼね》で暮らしているのです。もともとは、隣り合った二つの局に、別々にいたのですが、お互いに相手が里に下がっている間《あいだ》は、局の仕切りを取り払って、二人分の局を一人で占有して使うことにしています。二人同時に宮仕えしている時には、簡単な几帳《きちょう》（移動式カーテン）だけを間に置いて、それで二つに区切っています。

殿（道長様）が私たちの局にお越《こ》しになられて、二人の「同居生活」を御覧になったことがあります。殿は、「こんな隔てもない二人住みだと、夜、男がやって来ても、お目当てではないほうの女と契ってしまう、ということにもなりかねないな。そなたたちも、お互いに、自分の恋人だと思って引き入れても、別の男だったりしてな」と、まるで私たちが男の人を自分たちの局に引き入れているかのようにおっしゃるので、本当に閉口しました。けれども、私と小少将の君との間《あいだ》には、何の隠し事もありませんので、相手に恋人はいないことが互いによくわかっているので、安心です。唯一の悩みと言えば、私も小少将の君も、どちらも殿の「召人《めしうど》」ですので、殿が局に入っていらっしゃった時に、殿の方でも、どちらがその夜のお目当てか、すぐにはわからないでしょうし、その夜のお目当てでないほうは、逢瀬の間、どういうふうにして時間をやり過ごせば良いのか、それだけが心配なのです。

［評］群書類従本の「殿《との》ぞ、渡《わた》らせ給《たま》ふ」の箇所を、「殿《との》ぞ、笑《わら》はせ給《たま》ふ」とする写本もある。

小少将の君（少将の君）と紫式部の「ルーム・シェア」の実態が語られている。道長の言葉をどのように解釈するか、さまざまな説があるか、ここでは思い切って訳してみた。

134 敦良親王の五十日の祝い

日《ひ》、闌《た》けて、参上《まうのぼ》る。彼《か》の君《きみ》は、桜《さくら》の織物《おりもの》の袿《うちき》、赤色《あかいろ》の唐衣《からぎぬ》、例《れい》の、摺裳《すりも》、着給《きたま》へり。紅梅《こうばい》に萌黄《もえぎ》、柳《やなぎ》の唐衣《からぎぬ》、裳《も》の摺目《すりめ》など、今《いま》めかしければ、取《と》りも替《か》へつべくぞ、若《わか》やかなる。

上人《うへびと》ども、十七人《とたりあまりななたり》ぞ、中宮《みや》の御方《おほんかた》に参《まゐ》りたる。幼宮《いとみや》の御賄《おほんまかな》ひは、橘《たちばな》の三位《さんゐ》。取《と》り次《つ》ぐ人《ひと》、端《はし》には、小大輔《こだいふ》、式部《しきぶ》、内《うち》には、小少将《こせうしやう》。

帝《みかど》、后《きさい》、御帳《みちやう》の中《うち》に、二所《ふたところ》ながら御座《おは》します。朝日《あさひ》の光《ひか》り合《あ》ひて、眩《まばゆ》きまで恥《は》づかし気《げ》なる御前《おまへ》なり。主上《うへ》は、御直衣《おほんなほし》、小口《こぐち》、奉《たてまつ》り、中宮《みや》は、例《れい》の、紅《くれなゐ》の御衣《みぞ》、紅梅《こうばい》、萌黄《もえぎ》、柳《やなぎ》、山吹《やまぶき》の御衣《みぞ》、上《うへ》には、葡萄染《えびぞめ》の織物《おりもの》の御衣《みぞ》、柳《やなぎ》の上白《うへしろ》の御小袿《みこうちき》、紋《もん》も、色《いろ》も、珍《めづら》しく、今《いま》めかしき、奉《たてまつ》れり。

彼方《あなた》は、いと顕証《けそう》なれば、此《こ》の奥《おく》に、やをら滑《すべ》り留《とど》まりて居《ゐ》たり。中務《なかつかさ》の乳母《めのと》、幼宮《みや》、抱《いだ》き奉《たてまつ》りて、御帳《みちやう》の間《はざま》より、南様《みなみざま》に、率《ゐ》て奉《たてまつ》る。細《こま》かに、稜々《そばそば》しくなどは有《あ》らぬ容貌《かたち》の、唯《ただ》、緩《ゆる》らかに、物々《ものもの》しき様《さま》、打《う》ちして、然《さ》る方《かた》に人《ひと》をしつべく、才々《かどかど》しき気配《けはひ》ぞしたる。
葡萄染《えびぞめ》の織物《おりもの》の小袿《こうちき》、無紋《むもん》の青色《あをいろ》に、桜《さくら》の唐衣《からぎぬ》着《き》たり。

［訳］ お日様が高く昇るまでに、お化粧や着付けなどを済ませ、私たちは局《つぼね》を出て、中宮様の御前に参上しました。先ほどまで話題にしていた小少将の君は、桜の綾織《あやおり》の袿《うちき》に、禁色《きんじき》の赤い唐衣《からぎぬ》、そして、いつものように、上﨟女房に許されている地摺《じずり》の裳《も》を着ておられました。私はと言えば、紅梅（表が紅、裏が蘇芳）の重ね袿と、萌黄《もえぎ》（表も裏も、萌黄色）の表着《うわぎ》、柳襲《やなぎがさね》（表が白、裏が青）の唐衣という出で立ちでした。けれども、裳は摺り模様が現代的で、いかにも若向きなのです。若くて綺麗な小少将の君と、交換したほうがよいのではと思うほどで、気恥ずかしさを感じました。

幼宮《いとみや》様（敦良親王）の「御《おおん》五十《い》日《か》の祝い」のために、主上様《うえさま》にお仕えする内裏《だいり》女房《にょうぼう》が、十七人も大挙して、中宮様のもとへ参上してきました。この儀式は、里内裏となっている枇杷殿の東の対屋《たいのや》で執《と》り行われました。幼宮《いとみや》様の陪膳役は、橘の三位《さんみ》です。この人は、主上《うえ》様《さま》（一条天皇様）の乳母《めのと》であった方です。廂の間《ま》で、女蔵人《にょくろうど》が運んできたお膳を受け取り、母屋の中にいる上臈女房に取り次ぐ役目は、小大輔《こだゆう》や式部（源式部）が勤め、それを受け取る上臈女房の役目は、小少将の君です。

「御五十日《おおんいか》の祝い」が行われる東の対屋には、主上様《うえさま》と中宮様の御座所である御帳台が、二つ置かれています。まだ午前中の、高みに翔け上ってゆく太陽の爽やかな光が差し込み、輝かしくご立派なお二人でいらっしゃいます。

主上様《うえさま》は、直衣《のうし》と小口袴《こぐちばかま》をお召しになっていらっしゃいます。中宮様は、いつものように、紅《くれない》の単衣《ひとえ》の上に、紅梅襲《がさね》（表が紅、裏が蘇芳）、萌黄襲（表も裏も、萌黄色）、柳襲（表が白、裏が青）、山吹襲（表は薄朽葉《うすくちば》、裏は黄）のお召し物を着ておられ、その上に、葡萄染《えびぞめ》の綾織の表着《うわぎ》を着ておられます。さらにその上には、柳襲の中重《なかえ》の表が白い小袿《こうちき》を着ておられます。その小袿は、紋様も、色合いも、いつもと違って珍しく、現代的な感覚の物でした。

私は、上達部たちの座に近い東の廂は、殿方たちの目にはっきり見えてしまうので、主上様《うえさま》と中宮様の御帳台の後ろに膝行《いざ》り逃れて、身を隠しておりました。

中務《なかつかさ》の乳母《めのと》が、今日のお祝いの主人公である幼宮様《いとみや》をお抱き申し上げて、二つの御帳台の間《あいだ》から、南面《みなみおもて》へお連れしました。この中務の乳母は、顔の細部まで整っており、変に気取ったよそよそしいところがなく、ひたすらゆったりとして、それでいて堂々とした雰囲気を漂わせていました。女房として、しかるべき地位に就《つ》かせるのが妥当な、才気煥発な女性です。彼女の当日の装束は、葡萄染《えびぞめ》の織物の袿と、紋様の無い青色の表着《うわぎ》、桜襲の唐《から》衣《ぎぬ》という出で立ちでした。

【評】　群書類従本と他の写本との異同を挙げておく。「稜々《そばそば》しく」→「そびそびしく」、「然《さ》る方《かた》に人《ひと》をしつべく」→「然《さ》る方《かた》に人教《ひとをし》へつべく」。

敦良親王の五十日の祝いには、中宮彰子も出席している。

135　宰相の君、若い女房の装束の色合いを批判する

其《そ》の日《ひ》の、人《ひと》の装束《さうぞく》、何《いづ》れと無《な》く、尽《つ》くしたるを、（宰相の君）「袖口《そでぐち》の合《あは》ひ、悪《わ》ろう重《かさ》ねたる人《ひと》しも、御前《おまへ》の物《もの》、取《と》り入《い》るとて、許多《そこら》の上達部《かんだちめ》、殿上人《てんじやうびと》に、差《さ》し出《い》でて、目守《まぼ》られつる事《こと》」とぞ、後《のち》に、宰相《さいしやう》の君《きみ》など、口惜《くちを》しがり給《たま》ふめりし。然《さ》るは、悪《あ》しくも侍《はべ》らざ

りき。唯《ただ》、合《あは》ひの、定《さだ》めたるなり。

小大輔《こだいふ》は、紅一重《くれなゐひとかさね》、上《うへ》に、紅梅《こうばい》の、濃《こ》き薄《うす》き、五《いつ》つを重《かさ》ねたり。唐衣《からぎぬ》、桜《さくら》。源式部《げんしきぶ》は、濃《こ》きに、又《また》、紅梅《こうばい》の綾《あや》ぞ、着《き》て侍《はんべ》るめりし。織物《おりもの》ならぬを、（宰相の君）「悪《わ》ろし」とにや。其《そ》れ、あながちの事《こと》。顕証《けそう》なるにしもこそ、取《と》り過《あやま》ちの、仄見《ほのみ》えたらむ側目《そばめ》をも、選《え》らせ給《たま》ふべけれ。衣《きぬ》の劣《おと》り勝《まさ》りは、言《い》ふべき事《こと》ならず。

［訳］　その日の女房たちの装束は、誰も彼も趣向を凝らしており、見事でした。ただし、後日、宰相の君などは、「袖口の色合いが、良いとは言えない配合をした女房が、よりにもよって、幼宮《いとみや》様の御膳を取り次ぐ際に、たくさんの公卿や殿上人たちの目の前に姿を現して、はっきりと見られてしまったことが残念でならないわ。まるで、中宮様の女房たち全員の色彩感覚がおかしいかのように思われてしまうではありませんか」と、切歯扼腕《せっしやくわん》していたようでした。

宰相の君たちから、センスの悪さを批判されているのは、小大輔《こだゆう》と源式部の二人ですが、このうちの小大輔(伊勢の大輔)は私が可愛がっている若女房ですので、少しばかり弁護しておきます。宰相の君が言っているほどには、小大輔たちの着こなしはひどいものではありませんでしたよ。ただ、上臈女房と、それ以下の間には、着られる装束に厳格な区別があって、上臈女房ではない者は、素材も色合いも、自分の意思だけでは決められないのです。それが、この二人の装束の色合いが、ぱっとしないように見えた理由です。

小大輔は、紅《くれない》の単衣《ひとえ》の上に、紅梅襲《がさね》(表が紅、裏が蘇芳)の袿の濃い色や薄い色を五枚重ねて着ていました。唐衣は、桜襲(表は白、裏は赤など)でした。源式部は、濃い紅の重ね袿の上に、紅梅襲の綾織の表着《うわぎ》を着ていましたような記憶があります。

この着こなしは、赤とピンク系統だけなので、確かに単調ではあります。唐衣が織物ではないことを、宰相の君は「良くない」と批判したのでしょうか。けれども、織物の唐衣を着られるのは、勅許を得た上臈女房に限られます。ですから、その点を批判するのは、織物の唐衣を着用できない彼女たちには、可哀想というものです。

このたびのお祝いのように、表立って衆人環視のもとで行われる宮中行事では、式次第や動作に過失があった場合には、たとえそれがほんの些細な過《あやま》ちであったとしても、それを取り立てて批判するのは妥当だと思います。けれども、装束についての良《よ》し悪《あ》しは、批判の対象外なのではないでしょうか。

【評】 群書類従本の「唯《ただ》、合《あは》ひの、定《さだ》めたるなり」を、「唯《ただ》、合《あは》ひの、褪《さ》めたるなり」とする写本がある。それだと、色合いが、ぱっとしなかった、という意味になる。ここでは、「定めたるなり」（身分上の制約がある）と、結果として「褪めたるなり」（ぱっとしなかった）とを、ミックスした訳を試みた。

それにしても、宰相の君の美意識は繊細であり、細かい。

136 餅を含ませる儀が終わる

餅《もちひ》参《まゐ》らせ給《たま》ふ事《こと》ども、果《は》てて、御台《おほんだい》など罷《まか》でて、廂《ひさし》の御簾《みす》、上《あ》ぐる際《きは》に、上《うへ》の女房《にようばう》は、御帳《みちやう》の西面《にしおもて》の昼《ひ》の御座《おまし》に、押《お》し重《かさ》ねたる様《やう》にて、並《な》み居《ゐ》たる。三位《さんゐ》を始《はじ》めて、典侍達《ないしのすけたち》も、数多《あまた》、参《まゐ》れり。

［訳］　幼宮様《いとみや》に、主上様《うえさま》がお餅を含ませる儀式も、無事に終わりました。食膳なども取り下げられて、母屋の東と西の両側にある「廂《ひさし》の間《ま》」の御簾《みす》が、巻き上げられました。主上様《うえさま》お付きの女房たちは、主上様《うえさま》と中宮様の御帳台のある母屋《おもや》――つまり、ここが枇杷殿《びわどの》の「昼《ひ》の御座《おまし》」なのです――の中の西側に、鮨詰め状態になって、ずらりと座っています。ここに、幼宮様《いとみや》の陪膳役を務めた橘の三位《さんみ》をはじめ、典侍《ないしのすけ》（内侍所《ないしどころ》の次官である女官）たちも、たくさん控えていました。

［評］　五十日の祝いの中心は、父あるいは祖父が、生まれたばかりの子どもに餅を含ませることである。その儀式が無事に終わった。

137　宴会と遊びの準備がなされる

中宮《みや》の人々《ひとびと》は、若人《わかうど》は、長押《なげし》の下《しも》、東《ひんがし》の廂《ひさし》の南《みなみ》の障子《さうじ》、放《はな》ちて、御簾《みす》、掛《か》けたるに、上《じやう》﨟《らふ》は居《ゐ》たり。御帳《みちやう》の東《ひんがし》の間《はざま》、唯《ただ》、少《すこ》し有《あ》るに、大納言《だいなごん》の君《きみ》、小少将《こせうしやう》の君《きみ》、居給《ゐたま》へる所《ところ》に、訪《たづ》ね行《ゆ》きて、見《み》る。

主上《うへ》は、平敷《ひらしき》の御座《ござ》に、御膳《おもの》、参《まゐ》り据《す》ゑたり。御前《おまへ》の物《もの》、為《し》たる様《さま》、言《い》ひ尽《つ》くさむ方《かた》無《な》し。簀子《すのこ》に、北向《きたむ》きに、西《にし》を上《かみ》にて、上達部《かんだちめ》、左《ひだり》、右《みぎ》、内《うち》の大臣殿《おほいとの》、東宮《とうぐう》の大夫《だいぶ》、中宮《ちゆうぐう》の大夫《だいぶ》、四条《しでう》の大納言《だいなごん》、其《そ》れより下《しも》は、え見侍《みはべ》らざりき。

〔訳〕　主上様《うえさま》お付きの女房たちが、母屋の中にいたことは述べました。中宮様にお仕えしている私たちの居場所を書いておきましょう。中﨟以下の若い女房たちは、廂《ひさし》の長押《なげし》の下手《しもて》（孫廂）に、座っていました。上﨟女房たちは、母屋の東の廂の間《ま》の、南側の襖を取りはずして、御簾をかけてある部分に、控えておりました。母屋には、既に主上様《うえさま》と中宮様の御帳台が二つ置かれていて、なおかつ母屋の中の西側のスペースには、主上様《うえさま》お付きの女房たちが犇《ひし》めいています。ところが、主上様《うえさま》の御帳台のすぐ右側に、狭いスペースが空いていたのです。そこに、中宮様の側近中の側近である大納言の君や小少将の君が、座っていらっしゃいました。私は何とかそこまで移動して、そこからその後の管絃の遊びを見ることにしたのです。

主上様《うえさま》は、母屋の南側の廂の間に置かれた御座《ぎょざ》にお移りになりました。倚子《いし》ではなく、畳を二枚、床に敷いて、豪華な茵《しとね》を置いた「平敷《ひらしき》」の御座でした。そこに、祝宴用の御膳が、運び据えられました。この御膳は、食材、盛り付け、食器など、すべての面で最高の贅《ぜい》を凝らしたもので、言葉で言い表せないほどの素晴らしさでした。

廂の外にある南の簀子《すのこ》（縁側）には、北向きに、西を上座として、公卿のお歴々が座っていらっしゃいます。左大臣（道長）様、右大臣（顕光）様、内大臣（公季）様、東宮の大夫様、中宮の大夫（斉信）様、四条の中納言（公任）様が、順に座っておられましたが、それから下《しも》の方々はよく見えませんでした。


【評】「東宮の大夫」が、もし、他の写本にあるように「東宮の傅《ふ》」であるならば、道綱のことである。

紫式部は、絶好のポジションを確保して、管絃の遊びを見ようとしている。

138　管絃の遊び、そして突然の擱筆

御遊《みあそ》び、有《あ》り。殿上人《てんじやうびと》は、此《こ》の対《たい》の、巽《たつみ》に当《あ》たりたる廊《らう》に、候《さぶら》ふ。地下《ぢげ》は、定《さだ》まれり。景斉《かげまさ》の朝臣《あそん》、惟風《これかぜ》の朝臣《あそん》、行義《ゆきよし》、ともまさ、など様《やう》の人々《ひとびと》。

殿上《うへ》に、四条《しでう》の大納言《だいなごん》、拍子《はうし》取《と》り、頭《とう》の弁《べん》、琵琶《びは》、琴《こと》は、経孝朝臣《つねたかあそん》、左《ひだり》の宰相《さいしやう》の中将《ちゆうじやう》、笙《さう》の笛《ふえ》とぞ。双調《さうでう》の声《こゑ》にて、「安名尊《あなたふと》」。次《つぎ》に、「席田《むしろだ》」「此殿《このとの》」など謡《うた》ふ。曲《ごく》の物《もの》は、「鳥《とり》」の、破《は》・急《きふ》を遊《あそ》ぶ。外《と》の座《ざ》にも、調子《てうし》などを吹《ふ》く。歌《うた》に、拍子《はうし》、打《う》ち違《たが》へて、咎《とが》めらる。「伊勢《いせ》の海《うみ》」にぞ有《あ》りし。

右《みぎ》の大臣《おとど》、「和琴《わごん》、いと面白《おもしろ》し」など、聞《き》き囃《はや》し給《たま》ふ。戯《ざ》れ給《たま》ふめりし果《は》てには、いみじき過《あやま》ちの、いとほしきをこそ、見《み》る人《ひと》の身《み》さへ、冷《ひ》え侍《はべ》りしか。

御贈物《おほんおくりもの》、笛二《ふえふた》つ。筥《はこ》に入《い》れて、とぞ、見侍《みはべ》りし。

［訳］主上様《うえさま》の御前《ごぜん》で、管絃の遊びが始まりました。公卿の方々は、母屋の簀子《すのこ》に座り、

殿上人たちは、東の対屋の東南の渡り廊下に祗候しておられます。ここからは、主上様《うえさま》や、庭の様子を眺められるのです。

昇殿を許されない地下《じげ》の者たちは、お庭で演奏するのですが、彼らは座る場所も決められています。藤原景斉《かげまさ》の朝臣《あそん》、藤原惟風《これかぜ》の朝臣《あそん》、平行義《ゆきよし》（笛）、それから「ともまさ」と聞いたのですが、もしかしたら藤原「遠理《とほまさ》」（篳篥《ひちりき》）だったのかもしれません。ともかく、そのような人々が、庭に控えていました。

殿上《てんじょう》では、こういう場では指導者的な役割を果たされる公任様が、笏《しゃく》を打ち鳴らして、全体の拍子を取っておられます。源道方様が琵琶、経孝の朝臣が琴、笙は源経房様とか、聞きました。春の調べである「双調《そうじょう》」の声調で、催馬楽《さいばら》の「安名尊《あなとうと》」が謡《うた》われ、次には「席《むしろ》田《だ》」、さらには「此殿《このとの》」などが謡われました。いずれも、お祝いの席にふさわしい、おめでたい歌詞の催馬楽《さいばら》でした。

器楽の曲としては、「鳥《とり》」（「迦陵頻《かりょうびん》」）の「序破急《じょはきゅう》」のうち、「破」と「急」の部分が演奏されました。庭に控えている地下《じげ》の楽人たちも、調子を取るための笛を吹き合わせていました。ただし、時として、歌の拍子を打ち間違えて、そのことを咎められたりしたのは、ご愛嬌でした。それは、催馬楽の「伊勢の海」の時なのでした。

右大臣の顕光様は、「和琴《わごん》が、まことに妙音を奏でておる」と、ひどく感心なさいました。ところが、あまりにもお調子に乗りすぎられた結果、とんでもない大失態をしでかされまして、それを見ていた私までが、心臓が止まりそうなくらい、凍りついてしまいました。何と、主上様《うえさま》の御膳に載っていた鶴の飾り物を取ろうとして、酔った勢いで、折敷《おしき》を壊してしまったのです。

なお、殿（道長様）から主上様《うえさま》への贈り物は、笛二つでした。筥《はこ》に入れて献上されたのを、私は自分の目で拝見いたしました。

［評］　群書類従本の「経孝朝臣」は、他の写本では脱落している。また、群書類従本「『伊勢《いせ》の海《うみ》』にぞ有《あ》りし」を、「伊勢の守《かみ》にぞ有りし」とする写本もある。それだと、藤原長能《ながとう》（道綱の母の弟で、歌人）が失敗したことになる。また、「笛二つ《ふえふた》」を、『御堂関白記《みどうかんぱくき》』によって「笛歯二つ《はふた》」と校訂して、名笛として知られる「歯二つ」が、道長から一条天皇に献上された、と解釈することがある。

『紫式部日記』が「消息文」から「日記」に戻ってまもないのに、いきなり、ここで突然の終幕を迎える。本来は、これに続く部分が書かれていたのかどうか、よくわからない。ただし、『源氏物語』が突然に擱筆された夢浮橋の巻の終わり方と、よく似ている。紫式部は、こういう中途半端にも見える擱筆を好んでいる。

139 群書類従本の奥書

邦高親王　御在判

右以伏見殿邦高親王御筆之本書写一校畢
右紫式部日記以屋代弘賢蔵本書写以流布印本及扶桑拾葉集校正畢

［訳］ 以上の『紫式部日記』の本文のあとに、伏見宮邦高親王（一四五六～一五三二）が書写されたという判（花押《かおう》）が押されています。
また、「右の『紫式部日記』の本文は、伏見宮邦高親王が自筆で筆写された本をもって、

校合した」と、記してあります。

最後に、「右の『紫式部日記』の本文は、師である塙保己一《はなわほきいち》の『群書類従』刊行を支えた屋代弘賢《やしろひろかた》（一七五八〜一八四一）が所蔵していた写本を基に、『流布印本』こと壺井義知《つぼいよしちか》（一六五七〜一七三五）の『紫式部日記傍註』の本文と、水戸光圀が編纂させた『扶桑拾葉集《ふそうしゅうようしゅう》』に収められた『紫式部日記』の本文とを付き合わせて、校合した」と、記してあります。


［評］これが、群書類従本『紫式部日記』の本文の来歴である。

この本文で、江戸時代後期から昭和四十年くらいまでの人々は、『紫式部日記』を読んできた。「『紫式部日記』の近代」は、この群書類従本である。

あとがき

ＮＨＫラジオ第二「古典講読」で、令和二年度の「王朝日記」を担当しませんかというお誘いをいただいたのは、今から二年前の初夏だった。同じＮＨＫラジオ第二の別番組「こころをよむ」で、「『源氏物語』に学ぶ十三の知恵」を担当した経験を踏まえ、自分の研究人生の一つの転換点にしたいと思って、喜んでお引き受けした。というのは、私は、いつの日にか『源氏物語』の注釈か現代語訳のどちらかに取りかかりたいと、漠然と考えてはいたものの、具体的な方針がまったく立っていなかったからである。王朝日記の名作を原文で読みながら、『源氏物語』の難解な古文を現代化する手がかりをつかみたいと思った。

当初は一年間の予定だったので、『更級日記』と『和泉式部日記』を半年ずつ担当することにした。『更級日記』は、学部学生の頃から、恩師秋山虔先生の「新潮日本古典集成」の注釈に書き込みながら勉強してきたので、その成果をぶつけた。その際、自分なりの「現代語訳」を試みた。「原文と厳密に対応した逐語訳」ならば、既に何種類も刊行されている。私は、文学的な意味での「新訳」に挑戦したかった。すなわち、「批評としての古典訳」の可能性を開拓したかったのである。これまでの日本文化を踏まえ、新しい日本文化を切り開く、そういう「新訳」が必要だと思い続けてきた。それが、『新訳更級日記』となった。

「古典講読」で『更級日記』が放送され始めた年（西暦二〇二〇年）は、奇《く》しくも、作者である菅原孝標の女《むすめ》が、父親の赴任地である上総の国を旅立って都へ向かってからちょうど「千年目」の節目に当たっていた。ところが、思いもよらぬコロナ禍の発生で、収録開始直後に、スタジオ収録ができなくなった。その危機意識の高まりの中で、私の古典観も王朝日記観も鍛えられたと感じている。

その年度の後半は、『和泉式部日記』を取り上げた。私は、この作品の本文を、「現在の主流」から、「近代の主流」へと引き戻そうとした。拙著『和歌の黄昏　短歌の夜明け』では、日本の近代とは何であったかを、和歌と『源氏物語』の読まれ方を通して問うた。「日本の近代」という、不可思議な文化構造の実質に迫るためには、近代に流れ込んだ古典の読まれ方を検証する必要がある。ならば、実際に、明治・大正・昭和の戦前期の文化人や一般人が読んだ古典の本文で読むのが良い。そこで、江戸時代の「扶桑拾葉集《ふそうしゅうようしゅう》」という版本を底本として、『和泉式部日記』を読んだ。

コロナ禍で、「古典講読」の予定が四回ほど減少したこともあり、二年目も引き続き、担当させていただくことになった。まず、前半は『蜻蛉日記』を読んだが、難行苦行の連続だった。何せ、信頼すべき本文も、実際に広く読まれた本文も、存在しない作品だったからである。「虫食い算」のような『蜻蛉日記』の文章と向かい合うことで、私は『蜻蛉日記』と『源氏物語』との共通点を、いくつも体で感じることができた。

二年目の後半は、満を持して『紫式部日記』を取り上げている。本書の「あとがき」を書いている時点で、鋭意、放送中である。『紫式部日記』は、『源氏物語』の作者が残した貴重な作品である。『源氏物語』の作者が、どういう人間であったかを、はっきりと示している。ここでも、「日本の近代を問う」という観点から、「現在の主流」ではなく、「近代の主流」である本文へと立ち戻ることにした。それが、「群書類従《ぐんしょるいじゅう》」の本文への回帰だった。

二年間にわたるＮＨＫ「古典講読」の放送と連動して、「新訳」シリーズを花鳥社から刊行できたのは、僥倖だった。学問に裏打ちされた「大人の読み物」こそが文化を向上させると考える花鳥社の橋本孝氏の支えは、本当にありがたかった。橋本氏とは、文化の話ができる。古典とは文化そのものであることを、橋本氏との語らいで痛感した。

また、古典の本文には漢字をたくさん宛《あ》て、その替わりにルビを多く振るという私の方針があるので、印刷（組版）には膨大な手作業が必要となる。面倒きわまりない組版を担当していただいた江尻智行氏には、感謝の言葉もない。

このようにして、二年間のNHK「古典講読」の成果としては、『新訳更級日記』『新訳和泉式部日記』『新訳蜻蛉日記　上巻』『新訳紫式部日記』という、花鳥社「新訳シリーズ」四冊が実を結んだ。

また、実際の「古典講読」での語り口を残した『王朝日記の魅力』も、姉妹版として花鳥社から刊行できた。三浦雅士氏が『王朝日記の魅力』を、毎日新聞の書評欄「今週の本棚」で取り上げ、書評してくださったことで、大いなる勇気をいただいた。

いつの日にか、『源氏物語』を現代化する仕事ができればと願っている。

最後になったが、NHKラジオ第二「古典講読」で毎回、見事な朗読をしてくださり、古文に命が吹き込まれる瞬間に立ち会わせていただいた加賀美幸子さん、番組制作を担当してくださった田中英志氏と増子紫穂さん、そして音声担当の若林政人氏に、心から感謝します。

令和三年十二月二十五日　亡父の誕生日を母と祝いながら

島内景二

島内景二（しまうち・けいじ）

一九五五年長崎県生
東京大学文学部卒業、東京大学大学院修了。博士（文学）
現在　電気通信大学名誉教授
二〇二〇年四月から二年間、ＮＨＫラジオ第二『古典講読・王朝日記の世界』を担当。

主要著書
『新訳更級日記』『新訳和泉式部日記』『新訳蜻蛉日記　上巻』『王朝日記の魅力』（共に、花鳥社）
『和歌の黄昏　短歌の夜明け』（花鳥社）
『塚本邦雄』『竹山広』（コレクション日本歌人選、共に、笠間書院）
『源氏物語の影響史』『柳沢吉保と江戸の夢』『心訳・鳥の空音』（共に、笠間書院）
『北村季吟』『三島由紀夫』（共に、ミネルヴァ書房）
『源氏物語に学ぶ十三の知恵』（ＮＨＫ出版）
『大和魂の精神史』『光源氏の人間関係』（共に、ウェッジ）
『文豪の古典力』『中島敦「山月記伝説」の真実』（共に、文春新書）
『源氏物語ものがたり』（新潮新書）
『御伽草子の精神史』『源氏物語の話型学』『日本文学の眺望』（共に、ぺりかん社）
歌集『夢の遺伝子』（短歌研究社）
『楽しみながら学ぶ作歌文法・上下』（短歌研究社）

新訳紫式部日記

二〇二二年二月二十八日　初版第一刷発行

著者……島内景二
発行者……橋本 孝
発行所……株式会社 花鳥社
https://kachosha.com
〒一五三-〇〇六四 東京都目黒区下目黒四-十一-十八-四一〇
電話 〇三-六三〇三-二五〇五
FAX 〇三-三七九二-二三二三

装幀……花鳥社装幀室＋佐藤香織
組版……江尻智行
印刷・製本……モリモト印刷

ISBN 978-4-909832-52-8 C1095

和歌の黄昏　短歌の夜明け

好評既刊　島内景二著

歌は、21世紀でも「平和」を作りだすことができるか。
日本の近代を問い直す!

『古今和歌集』から日本文化が始まる」という新常識のもと、千四百年の歴史を誇る和歌・短歌の変遷を丁寧にひもとく。「令和」の時代を迎えた現代が直面する、文化的な難問と向かい合うための戦略を問う。江戸時代中期に興り、本居宣長が大成した国学は、平和と調和を祈る文化的エッセンスである「古今伝授」を真っ向から否定した。『古今和歌集』以来の優美な歌では、外国文化と戦えないという不信感が『万葉集』を復活させたのである。強力な外来文化に立ち向かう武器として『万葉集』や『古事記』を持ち出し、古代を復興した。あまつさえ、天才的な文化戦略家だった宣長は、「パックス・ゲンジーナ」(源氏物語による平和)を反転させ、『源氏物語』を外国文化と戦う最強の武器へと組み換えた。これが本来企図された破壊の力、「もののあはれ」の思想である。だが、宣長の天才的な着眼の真意は、近代歌人には理解されなかった。『源氏物語』を排除して、『万葉集』のみを近代文化の支柱に据えて、欧米文化と渡り合おうとする戦略が主流となったのである。

王朝日記の魅力

好評新刊　島内景二著

本書はこの数年に公刊した『新訳更級日記』『新訳和泉式部日記』、『新訳蜻蛉日記　上巻』の姉妹版です。NHKラジオ放送と連動してそれぞれの全文の現代語訳は果たされたが、放送では話されたものの既刊3冊には含まれていない台本を基にして書き下ろされたものです。

三浦雅士氏評『毎日新聞』2021年10月23日「今週の本棚」掲載〈古典が現代に蘇るのはなぜか〉

名著である。記述新鮮。冷凍されていた生命が、目の前で解凍され、再び生命を得て動き出す現場に立ち会っている感じだ。道綱の母も孝標《たかすえ》の娘も和泉式部も、生身の女性として眼前に現われ、それぞれの思いをほとんど肉感的な言葉で語り始める。ですます調ではないが、もと放送用に書かれたからかもしれない。だがそれ以上に、著者が女たちに共鳴し、それが読者にまで及ぶからだと思える。

『蜻蛉日記』中巻、『更級日記』、『和泉式部日記』の三部から成る。目次を見て、なぜ『蜻蛉日記』の上巻からではなく中巻から始まるのか、などと訝《いぶか》しく思ってはならない。中巻は『蜻蛉日記』作者の夫・兼家らの策謀によって、醍醐《だいご》帝の皇子で臣籍降下した源高明《たかあきら》失脚の安和《あんな》の変から始まる。藤原一族の外戚政治が決定的になった事件である。この兼家の子が道隆、道綱、道長なのだ。

言うまでもなく、道隆の娘・定子が一条帝に嫁した後宮で清少納言の『枕草子』が書かれ、同じ帝に嫁した道長の娘・彰子の後宮のもとで紫式部の『源氏物語』が書かれた。『源氏物語』が、その心理描写において、いかに『蜻蛉日記』の影響下に書かれたか、言葉遣いはもとより、人間関係の設定そのものに模倣の跡が見られることが、記述に沿って説明されてゆく。しかも、『源氏物語』に死ぬほど憧れたのが『更級日記』の作者・孝標の娘であり、彼女は道綱の母の姪《めい》にほかならなかった。

まるで、ある段階の藤原一族がひとつの文壇、それも世界文学史上まれに見る高度な文壇を形成したようなもの。さらにその孝標の娘が、『夜の寝覚《ねざめ》』『浜松中納言物語』の作者である可能性が高いと著者は言う。読み進むにつれて、それは間違いないと思わせる。『浜松中納言物語』に描かれた輪廻《りんね》転生が三島由紀夫の「豊饒《ほうじょう》の海」四部作まで流れてくるわけだが、日本語の富というほかない。日本文学は、一族が滅ぼしたその相手側の悲劇を深い同情の念をもって描く美質をもっていることに、あらためて感動する。

むろん、すべて周知のことだろうが、これまでは独奏、室内楽として読まれてきた日記や物語が、じつは巨大なオーケストラによる重厚な交響曲の一部にほかならなかったことが明かされてゆくのである。その手際に驚嘆する。

この手法はどこから来たか。著者には、古典現代語訳のほかに、『北村季吟』『三島由紀夫』という評伝があってその背景を窺《うかが》わせるが、とりわけ重要なのは、評伝執筆後、雑誌『日本文学』に発表された評論「本居宣長と対話し、対決するために」である。十年ほど前の作だがネットで読める。季吟、宣長、橘守部《たちばなもりべ》三者の、王朝語に向き合う姿勢を対比して、古代がイデオロギーとして機能してゆくそのダイナミズムを論じたものだが、最後に浮き彫りにされるのは現代あるいは現在というものの重要性というか謎である。

小林秀雄『本居宣長』冒頭は折口信夫との対話の様子から始められるが、印象に残るのは「宣長は源氏ですよ」と別れ際に語った折口の一言。著者の評論は、この小林と折口の対話の焦点を理解するに必須と思えるが、それ以上に、本書『王朝日記の魅力』の淵源《えんげん》を端的に語る。王朝文学が21世紀の現在になぜ生々しく蘇《よみがえ》るのか、その謎の核心に迫るからである。

四六判、全490ページ・本体2400円＋税

新訳蜻蛉日記　上巻

好評既刊　島内景二著　『新訳』シリーズ

『蜻蛉日記』を、『源氏物語』に影響を与えた女性の散文作品として読み進む。『蜻蛉日記』があったからこそ、『源氏物語』の達成が可能だった。作者「右大将道綱の母」は『源氏物語』という名峰の散文作品の扉を開けたパイオニアであり、画期的な文化史的意味を持つ。

四六判、全408ページ・本体1800円＋税

新訳和泉式部日記

好評既刊　島内景二著　『新訳』シリーズ

もうひとつの『和泉式部日記』が蘇る！

底本には、現在広く通行している「三条西家本」ではなく、江戸から昭和の戦前まで広く読まれていた「群書類聚」の本文、「元禄版本」（「扶桑拾葉集《ふそうしょうようしゅう》」）を採用。あなたの知らない新しい【本文】と【訳】、【評】で、「日記」と「物語」と「歌集」の三つのジャンルを融合したまことに不思議な作品〈和泉式部物語〉として、よみなおす。

四六判、全328ページ・本体1700円＋税

新訳更級日記

好評既刊　島内景二著『新訳』シリーズ

安部龍太郎氏（作家）が紹介――「きっかけは、最近上梓された『新訳更級日記』を手に取ったことです。島内景二さんの訳に圧倒されましてね。原文も併記されていたのですが、自分が古典を原文で読んできていなかったことに気づきました。65年間もできていなかったのに〝今さら〟と言われるかもしれませんが、むしろ〝今こそ〟読むべきだと思ったんです。それも原文に触れてみたい、と」……

『サライ』（小学館）２０２０年８月号「日本の源流を溯る～古典を知る愉しみ」より

「更級日記」の一文一文には、無限とも言える情報量が込められ、それが極限にまで圧縮されている。だから、本作の現代語訳は「直訳」や「逐語訳」では行間にひそむモノを説明しつくせない。「訳」は言葉の背後に隠された「情報」を拾い上げるものでなければならない。踏み込んだ「意訳」に挑んだ『新訳更級日記』によって、作品の醍醐味と深層を初めて味読できる『新訳』に成功。

第２刷出来　四六判、全４１２ページ・本体１８００円＋税